THESIS SERIES

Series Editors: T. D. Märk, S. Prock

I0024722

universität
innsbruck

*i*up • ***innsbruck*** university press

www.uibk.ac.at/iup

Diese Publikation wurde mit finanzieller Unterstützung der Leopold-Franzens-Universität Innbruck im Rahmen der Druckkostenzuschüsse für österreichische Dissertationen gedruckt.

© 2008 *innsbruck* university press
1. Auflage
Alle Rechte vorbehalten.

innsbruck university press
Univ.-Prof. Dr. Dr.h.c.mult. Tilmann Märk
Universität Innsbruck
Christoph-Probst-Platz, Innrain 52
A-6020 Innsbruck
www.uibk.ac.at/iup

Autorin: Mag.Dr. Margherita Müllner
Verlagsredaktion: Carmen Drolshagen, Gregor Sailer
Umschlaggestaltung: Gregor Sailer
Herstellung: Books on Demand

ISBN: 978-3-902571-50-2

Selbstverletzung im Alltag und im Spiegel der Kunst

Margherita Müllner

Ich werde am Du;
Ich werdend spreche ich Du.
Alles wirkliche Leben ist Begegnung.

Martin Buber

Die Entfremdung weist auf
das Verfehlen der Begegnung hin.
Der andere wird vom Du zum Es.

Peter Stöger

Inhaltsverzeichnis

Vorbemerkung

Ich möchte mich nach dem Abschluss dieser Arbeit bei allen Personen bedanken, die zu ihrem Gelingen beigetragen haben.

Mein erster Dank gebührt Herrn Univ.-Prof. Dr. Hans Jörg Walter für das entgegenkommende Vertrauen, sowie die Tätigkeit als Begutachter. Durch seine Anregungen und seine Unterstützung gestaltete sich diese Abschlussarbeit leichter für mich.

Ein herzlicher Dank gilt auch dem Vizerektorat für Forschung, das mir auf Grund einer Evaluierung einen Druckkostenzuschuss für die Veröffentlichung meiner Dissertation gewährte.

Bedanken möchte ich mich bei allen Fachexperten und Fachexpertinnen, die sich für ein Interview zur Verfügung stellten und wertvolle Erfahrungen weitergeben konnten. Dadurch gestaltete sich meine Arbeit facettenreicher und interessanter. Sehr geschätzt habe ich die fachliche Kompetenz und Verlässlichkeit von der Psychologin Petra Grubinger, die für meine Forschungsarbeit Ansprechpartnerin auf der Jugendpsychiatrie war. Sie ermöglichte mir Interviews mit betroffenen Mädchen. Ebenso vermittelte mir Dr. Nienhusmeier Jugendliche, die sich selbst verletzten.

Besonders danken möchte ich meinen Mann für das Verständnis, die Ermutigung und Unterstützung für diese Arbeit. Auch Freunde, die mir in vielen Diskussionen neue Impulse gaben, trugen zum Abschluss der Dissertation bei.

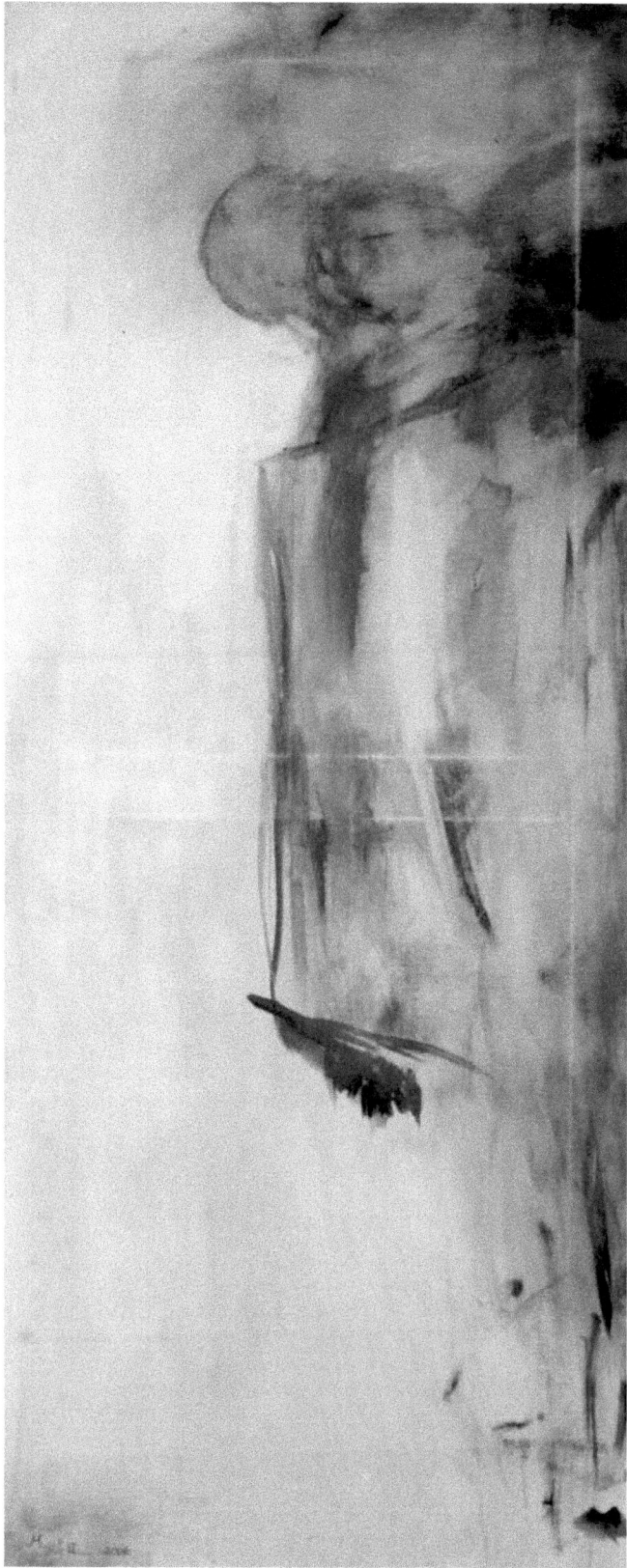

Vorhergehende Seite:

Abbildung 1: „BALANCE" 2006, Margherita Müllner

Selbstverletzung gab es immer schon in der Geschichte der Menschheit, jedoch ist sie in letzter Zeit zunehmend als Thema in die Öffentlichkeit gerückt. Speziell junge Frauen in unserer Zeit sind von der Selbstverletzung betroffen, der Zusammenhang für dieses geschlechtsspezifische Phänomen und die Ursachen der Selbstverletzung sind jedoch noch wenig diskutiert. Meine Intention ist es, mit dieser Arbeit die Hintergründe und den „Sinn" des „Ritzens" zu erforschen und die Lebenswelt, mit der der einzelne Jugendliche konfrontiert ist, näher zu beleuchten. Die Selbstverletzung, wie der Titel es bereits ankündigt, stellt eine Konfliktbewältigung dar, die den ritzenden Mädchen und Frauen eine kurzfristige Lösung für ihre Probleme anbietet. Bei der Selbstverletzung bzw. Selbstschädigung gibt es eine Reihe von unterschiedlichen Verhaltensweisen, die gegen den eigenen Körper gerichtet sind. So kann man viele Aktivitäten in diese Richtung interpretieren, ohne dass sie nach außen hin als solche auffallen. Körperliche Passivität und Bewegungsarmut, selbstprogrammierter Misserfolg, der Missbrauch von übermäßiges Konsumieren von Genussmitteln (Rauchen, Trinken), geistige Verarmung, indem man seine eigenen Wünsche und Bedürfnisse ignoriert oder überhaupt destruktive Verhaltensweisen im Alltagsgeschehen zählen doch auch zu selbstschädigenden Formen.

Ritzen jedoch kann nicht passiv geschehen, sondern ist eine bewusst gesetzte Handlung gegen sich selbst und zählt zur Gruppe der Autoaggressionen. Dieser Begriff kommt aus dem Griechischen *„autos"* und bedeutet „selbst, eigen". Aggression wird aus dem Lateinischen von *„aggressio"* abgeleitet und heißt übersetzt „Angriff", das heißt also, dass ein Angriff gegen sich selbst stattfindet, ich würde das Ritzen auch als Attacke gegen sich selbst bezeichnen. Meiner Meinung nach drückt dieser Begriff die Dramatik und Problematik des Agierenden recht gut aus. Durch Ritzen bzw. durch Schneiden führt der Betreffende eine momentane psychische Druckentlastung herbei. Junge Frauen schneiden sich mit einem spitzen Gegenstand in Arme, Beine oder im Bauch- und Brustbereich, um ihren psychischen Schmerz besser aushalten zu können. Aufgestaute Wut, Selbsthass, Euphorie und Depression finden durch Selbstverletzung ein Ventil, es muss auch als ein Hilferuf an die Umwelt gedeutet werden.

Warum ich dieses Thema wählte?

Ich arbeite seit einigen Jahren in einer einjährigen Haushaltungsschule in Schwaz und unterrichte hauptsächlich Jugendliche, die aus problematischen Familienverhältnissen kommen. Zusätzlich besuchen auch Heimschüler den Unterricht, die noch keinen positiven Hauptschulabschluss geschafft haben, sie nützen hier die Chance, zu einem positiven Zeugnis zu kommen. Einige Schüler werden uns über das Jugendamt vermittelt, weil sie noch keinen Arbeitsplatz finden konnten, obwohl sie schon die Schulpflicht erfüllt haben. Andere wiederum kommen aus der Sonderschule und wollen ihre Schulausbildung aufwerten. Insofern stehe ich nicht einer „normalen" Klasse gegenüber, sondern die unterschiedlichen Anforderungen jedes Einzelnen fordern mich sehr. Seit vier Jahren führen wir diese Klasse als Integrationsklasse, d.h., auch geistig und körperlich behinderte Jugendliche sind in die Klasse integriert.

Als besonders auffallend erlebe ich Mädchen und Burschen, die im Heim untergebracht sind. Häufig beschäftigen sie ihr Umfeld so intensiv, dass ein geregelter Tagesablauf nur mit intensiver Unterstützung bewältigt werden kann. Für sie ist es oft schwer, sich in eine Gemeinschaft einzuordnen und diese Situation stellt eine besondere Herausforderung für Lehrer und Mitschüler dar. Einige Jugendliche können keine konstruktiven Lösungen für ihre Probleme finden und richten ihre Aggression gegen sich selbst. Einige davon gehen so massiv gegen sich vor, dass sie sich selbst verletzen oder sogar selbst verstümmeln. Dabei stellt sich für mich die Frage, mit welchen Problemen junge Menschen konfrontiert sind, welche Ängste ihr Leben so extrem bedrohen, dass sie sich selbst Schmerz zufügen müssen, um „seelisch überleben" zu können. Welchen gesellschaftlichen Zusammenhang gibt es dabei? Warum tritt dieses Phänomen häufiger auf als noch vor zehn Jahren? Es ist mir ein Anliegen, dieser Frage näher nachzugehen und ich meine, dass ein Zusammenhang zwischen Selbstverletzung und Lebenswelt, den Lebensbedingungen, mit denen Jugendliche konfrontiert sind, besteht. Ich möchte die Hintergründe näher beleuchten und verschiedene Formen der Autoaggression auf gesellschaftliche Strukturen hin reflektieren.

In meiner Tätigkeit als Lehrerin mit verhaltensauffälligen Schülern beobachtete ich, dass viele Schüler unter erschwerten Bedingungen in ihrer Familie aufwachsen. Ich stellte fest, dass viele Jugendliche sich selbst überlassen sind und manche zu Hause keinen Ansprechpartner haben. Sie können wenig Geborgenheit erfahren und ihre Wut richtet sich teilweise gegen ihre Mitschüler, teilweise gegen sich selbst. Außerdem taucht für mich in den letzten Jahren ein neues Phänomen auf, es gibt plötzlich Jugendliche, die quasi „verwaist" sind. Eltern, die getrennt voneinander sind, leben wieder in einer neuen Partnerschaft und weder Vater noch Mutter wollen die Verantwortung für ihr Kind übernehmen. Emotionale Nähe ist zu diesem Zeitpunkt schon verloren gegangen. Ich vermute, dass einige von diesen auf sich allein gestellten Jugendlichen ritzen, es bleibt jedoch meistens ein gut gehütetes Geheimnis, ob sie tatsächlich zur Rasierklinge greifen. Das ist die Herausforderung, mich mit diesem Thema näher auseinanderzusetzen, um meinen Blickwinkel zu erweitern und diesem Problem gerecht zu werden.

Bei der Bearbeitung dieses Themas wurde mir bewusst, dass es in unserer Kultur an sprachlichen Mitteln mangelt, um über körperliche Erlebnisse, körperlich spürbare Gefühle oder Bedürfnisse zu sprechen. In unserer abendländischen Kultur herrscht ein rationalistisches Weltbild vor, d.h., die Vernunft hat einen hohen Stellenwert, während körperliche Empfindungen und Bedürfnisse eine geringere Wertschätzung genießen. Das drückt sich in unserer Alltagssprache aus. Jugendliche, die die Erfahrung gemacht haben, dass sie allein klarkommen müssen, haben oft wenig Mittel zur Verfügung, um ihre Gefühle und Kränkungen auszudrücken. Es ist in unserer Gesellschaft das Paradox entstanden, dass sich einerseits ein rasant zunehmendes Körperbewusstsein bildet, d.h., dass der Körper einerseits eine Aufwertung erfahren hat, gleichzeitig aber eine Abwertung. Körper dient im gesellschaftlichen Kontext als Statussymbol und wird entsprechend gestylt und herausgeputzt, im naturwissenschaftlichen Bereich gilt er noch als „Prothese". Wenn der Körper zu einer „leeren Hülle" geworden ist, eignet er sich gut für ein Objekt, das man „anritzen", beschädigen kann, um sich wieder zu spüren. In meinen Befragungen stellte sich heraus, dass zu diesem Hilfsmittel häufiger gegriffen wird als früher und das Ritzen teilweise als Modewelle erscheint. Vor zehn Jahren war „Ritzen" noch kaum ein Thema in der Öffentlichkeit.

Auch Primar Haring stimmt mit mir überein, dass Selbstverletzung eine Modeerscheinung unserer Zeit ist. Er meint, dass diese Gesellschaft prädestiniert dafür ist, sich in dieser Welt leer und fremd zu fühlen, weil jeder Einzelne zwar scheinbar viel Freiheit hat, in Wirklichkeit bezeichnet er uns als eine uniforme Gesellschaft. Er sieht den Schmerz nicht nur als etwas Physisches, sondern auch als etwas Psychisches. Je nach Zeit sind bestimmte pathologische Muster vorherrschend, in unserer Zeit kommt dieser psychische Schmerz in Form von Selbstverletzung zur Anwendung. Er meint, dass es dieses Phänomen vor 100 Jahren noch nicht gegeben hat. Es handelt sich um Symptommuster, die gesellschaftlich zu sehen sind und nicht als gottgegeben. Schneiden ist ein Ausdrucksmittel unserer Zeit.

Um die Lebenswelt der Jugendlichen, die sich ritzen, kennen zu lernen, hatte ich die Möglichkeit, auf der Jugendpsychiatrie Interviews mit Betroffenen zu führen. Zusätzlich erschien es mir sinnvoll, Fachexperten zu befragen, die tagtäglich mit dieser Problematik zu tun haben. Ihre Meinungen und Erfahrungen habe ich in die Arbeit einfließen lassen.

Zusätzlich möchte ich für die Selbstverletzung die Theorie von Mathias Hirsch heranziehen, der die Ursache für die Selbstverletzung in einer Störung der frühen Mutter-Kind-Dyade sieht. Diese Störung führt er auf einen Mangel an Mütterlichkeit, aber auch auf eine Überaktivität der Mutter in Form einer Überstimulierung zurück. Dabei wird die Integration des „Körperselbsts" bei Kindern bzw. bei Jugendlichen verhindert. Er sieht dies als Ursache, dass Kinder die Aggression als Bewältigungsstrategie gegen sich selbst einsetzen. Wenn traumatische Erlebnisse vorliegen, hat der Mensch die Fähigkeit entwickelt, einen Teil abzuspalten, um mit schmerzhaften Gegebenheiten besser leben zu können. Dies dient zur Abwehr und zu einer Kompensation einer Desintegration des Körperselbsts. Damit wird ein Teil der Körperrepräsentanz einer Desintegration geopfert, um „das Ganze" zu retten. Allerdings sind das auch später Bewältigungsmechanismen, die in einer Krise notwendig und keineswegs nur destruktiv sind.

Die Theorie von Didier Anzieu half mir, die Haut als Hülle, ihre Funktionen aus psychophysiologischer Sicht näher zu beleuchten. Die Haut steht in enger Beziehung zu anderen Menschen und benötigt von Geburt an Hautkontakt. Anzieu beschreibt die Entwicklung der Identität, führt den Begriff des „Haut-Ichs" ein (abgeleitet von S. Freuds „Ich"). Er beleuchtet, wie schmerzvolle Erfahrungen zu Spaltungen führen können und somit zu einem Durcheinander von Verbindungen. Das spielt eine große Rolle beim Beschädigen der Haut. Anzieu nimmt den Begriff „psychischer Apparat" von Sigmund Freud auf und stellt Verbindungen zu W. R. Bion her. Dieser vergleicht psychische Prozesse mit dem „Verdauungsapparat" und weist ebenfalls auf schmerzvolle Erfahrungen, die unverdaut geblieben sind, hin. Dabei ist die emotionale Erfahrung Ausgangspunkt für psychisches Geschehen.

In meinen Interviews stimmen Fachexperten mit mir überein, dass Jugendliche, die sich selbst verletzen, mit problematischen Erfahrungen in der Herkunftsfamilie konfrontiert sind und viel „Unverdautes" mit sich schleppen müssen, d.h., sie sind permanent mit ihrer Lebenssituation überfordert.

Ich versuchte, einschlägige Literatur zu diesem Thema zu finden, stellte jedoch fest, dass ich bis auf ein paar Ausnahmen Bücher und Artikel hauptsächlich im

Rahmen einer psychiatrischen Sicht finden konnte. Meine Intention war es aber, das Phänomen des Ritzens als gesellschaftliche Folge gewisser Lebensumstände zu sehen und einen Kontext zwischen Individualisierungsprozess in unserer Gesellschaft und Jugendlichen, die auf der Strecke bleiben, herzustellen. In meiner Arbeit mit Jugendlichen begegnete ich vielen Problemen und versuchte, den Anforderungen mit Hilfe der Pädagogik gerecht zu werden.

Am Ende meiner Arbeit möchte ich die Kunst für sich sprechen lassen und den Wiener Aktionismus und ähnliche Kunstströmungen einfließen lassen, da bereits in den siebziger und achtziger Jahren Künstler wie Günter Brus, Otto Mühl, später Elke Krystufek eine Performance vor dem Publikum durchführten, in der sie sich selbst verletzten. Die Künstler wollten mit ihren „Cuttings" auf mangelhafte Kommunikation und menschliche Isolation in unserer Gesellschaft hinweisen. Als Medium diente der eigene Körper, der praktisch immer zur Verfügung steht. Mit ihrer Performance wollten die Wiener Aktionisten der Gesellschaft einen Spiegel vorhalten. Die Kunst hat für mich die Aufgabe, gesellschaftliche Zustände und Missstände schonungslos aufzuzeigen. Jugendliche, die in ihrer Not unter großen Druck geraten sind, greifen zu verfügbaren Mitteln und reproduzieren gewisse Mechanismen, die ihnen die Gesellschaft zur Verfügung stellt. Jede Zeit schafft ihren Nährboden, um psychische Not, erlittenes Unrecht … auszudrücken. Wir leben in einer Zeit, in der dem Körper eine besondere Bedeutung zukommt und die Kunst, speziell der Wiener Aktionismus, rückt den Körper in den Vordergrund, zeigt auf, dass Körper als geeignetes Medium zu jeder Zeit verfügbar ist, um ihn zu gebrauchen, zu benutzen, um Emotionen auszuleben. Hier möchte ich „Gesellschaft und Körper" unter die Lupe nehmen.

Begriff „Ritzen"

Mit Ritzen wird ein Verhalten beschrieben, bei dem sich jemand, meist ein Mädchen oder eine Frau mit einem Gegenstand bewusst in die Haut schneidet. Es werden auch Begriffe wie Schneiden oder Schnibbeln verwendet.

Am häufigsten werden beim Schneiden Gegenstände wie Rasierklingen, Scherben, Messer benutzt. Selbstverletzung geschieht auch durch das Sich-Zufügen von Verbrennungen mit Zigaretten oder einem Feuerzeug, auch eine Manipulation von bestehenden Wunden oder großflächigen Kratzspuren ist nicht ausgeschlossen. Manche Menschen schlucken auch Gegenstände wie Schmuck, Besteck etc. Betroffen von Verstümmelungsaktionen sind meistens die Unterarme, häufig auch die Beine, ab und zu können sie auch im Bauch- oder Kopfbereich vorkommen. Viele Selbstverletzungen sind nicht allzu tief und hinterlassen deshalb auch keine gravierenden Narben.

„Es gibt aber auch tiefe Schnitte bis zur Muskelfaszie, mit Gefäßverletzungen und Nervendurchtrennungen, die bleibende Schäden und entstellende Narben hinterlassen. Nach meiner Erfahrung korrespondiert die Schwere der SVV mit der Schwere der Störung." (Sachsse 2002, S. 35)

Im deutschsprachigen Raum gibt es für den Begriff Selbstverletzung wenig Unterscheidungsmöglichkeiten, während in der anglo-amerikanischen Literatur zwischen *„Self-injury"*, *„Self-destruction"* und *„Self-mutilation"* unterschieden wird. Den letzten beiden Formen ist die Verheimlichung der Selbstverletzung gemeinsam. Menschen mit einer artifiziellen Erkrankung täuschen bewusst Symptome vor, um damit ein bestimmtes Ziel zu erreichen. Auch hier bleibt die Selbstschädigung verborgen, sie unterscheidet sich nur insofern von anderen Formen, weil der Agierende immer einen Dritten, sei es ein Arzt oder eine andere Versorgungseinrichtung, miteinbezieht. Der Patient versucht, eine Dreieckskonstellation zwischen dem Selbst, dem abgespaltenen Körper und dem Arzt herzustellen. Diese Konstellation bedeutet einen Ausweg aus der Mutter-Kind-Dyade und macht zumindest kurzzeitig Beziehung im gemeinsamen Bemühen um das kranke Kind möglich – so lange, bis Verdacht geschöpft wird, dass Manipulation im Spiel ist. In der Dermatologie werden heimlich herbeigeführte Hautveränderungen als Artefakte bezeichnet. Lange Zeit wurde ein selbst zugefügter Schaden als Nicht-Krankheit angesehen, es wurde einfach nur der Aggression zugeordnet.

Ich habe mich dafür entschieden, den Begriff Selbstverletzung oder selbstverletzendes Verhalten zu verwenden, weil er wertneutral und nicht bewertend oder verurteilend ist. Den Begriff „Selbstschädigung" möchte ich im Zusammenhang mit einer bestimmten Person vermeiden, da dieser Ausdruck eine bestimmte Vorannahme bildet, nämlich, dass der Patient sich nicht nur verletzt, sondern zu radikalern Mitteln gegen sich selbst greift. Zusätzlich gebrauche ich noch den Ausdruck „Ritzen", er wird von den interviewten Mädchen selbst verwendet. Ritzen ist zwar nicht immer der angemessene Begriff für die Selbstverletzung, weil er nicht viel über das Ausmaß der Verletzung aussagt und als solcher ein schwammiger Begriff in Bezug auf die Tiefe der Schnittwunden ist. Mit Ritzen verbindet man eher ein leichtes Anritzen der Haut, das für einen Teil der Mädchen zutrifft, andere wiederum fügen sich so tiefe Schnitte hinzu, dass die Wunde auseinanderklafft und der Knochen sichtbar wird. Speziell Mädchen, die nur oberflächlich ritzen, wollen es meistens einfach nur ausprobieren, einige wollen bewusst Druck auf ihre Umgebung ausüben. Mädchen, die in ihrer psychischen Verfassung stark gefährdet sind, schneiden sich tendenziös tief und verursachen dabei schwere Verletzungen. Einige gehen knapp an die Grenze des Suizidalen und schneiden sich bewusst im Bereich der Schlagadern. Ihr radikaler Umgang mit ihrem Körper spiegelt die schwierige psychische und psychosoziale Gesamtlage wieder.

Die Mädchen, die ich interviewte, schnitten sich tendenziös sehr tief, sodass gut sichtbare Narben zurückgeblieben sind. Ich habe beschlossen, den Begriff „die Ritzerin" zu vermeiden, da ich diese Bezeichnung abwertend finde. Außerdem wird mit dieser Formulierung ein bestimmtes Verhaltensmuster tendenziös in den Mittelpunkt gerückt. Meine Intention ist es, das betreffende Mädchen als eigenständige Persönlichkeit mit all ihren Eigenschaften wahrzunehmen und das Ritzen nur als einen Teil ihres Verhaltens zu sehen.

Leitfadengestützte Interviews Betroffener

Ich versuchte, betroffene Mädchen auf der Jugendpsyhiatrie zu interviewen, um nähere Hintergründe zu erfahren und mir ein Bild vom Ritzen machen zu können. Die Gespräche waren für mich sehr hilfreich und bestätigten meine Theorie, dass Mädchen, die sich selbst verletzen, einem sehr großen Druck ausgesetzt sind und in der Familie viel an Verantwortung mittragen müssen. Die Jugendlichen leiden unter einem starken Minderwertigkeitsgefühl, bei manchen Mädchen gibt es auch

Täter in ihrem Umfeld, die mit schuld daran sind, dass sie mit zerstörten Gefühlen, Selbstverachtung und dem verzweifelten Bemühen um Zuwendung leben müssen. Hier spreche ich vor allem den sexuellen Missbrauch an. Manchen Eltern ist es auch nicht mehr möglich, ihren Kindern die nötige Zuwendung, die sie brauchen würden, zu geben. Ein Grund kann sein, dass sie selbst unter einem Suchtphänomen leiden und kaum für sich selbst sorgen können oder einfach ihr Leben nicht im Griff haben und orientierungslos sind. Sie können den eigenen Kindern nur wenig Halt geben. Alle Jugendliche, die ritzen, leiden unter einem geringen Selbstwertgefühl.

Wir leben in einer Zeit, in der es sehr viele Scheidungen gibt. Manche Ehepaare trennen sich vorbildlich, sowohl Vater als auch Mutter kümmern sich liebevoll um ihr Kind. Sie können trotz der Trennung sehr viel Zuwendung und Geborgenheit vermitteln. Die Kinder haben durch die positive Konfliktregelung in der Familie die Möglichkeit, sich mit Unterstützung der Eltern gut zu entwickeln und erfahren, wie Probleme positiv bewältigt werden können. Es gibt aber auch Eltern, die mit so vielen eigenen Problemen beschäftigt sind, dass die Kinder emotional sich selbst überlassen sind und von keinem Elternteil wirklich unterstützt werden. Sie bleiben mit ihren Gefühlen allein zurück und sehen in ihrer Verzweiflung das Ritzen als einzige Möglichkeit, ihr Leben in den Griff zu bekommen. Vor allem Mädchen greifen zur Selbstverletzung. Burschen wenden ihre Aggression eher nach außen.

Ich möchte am Beginn meiner Arbeit die Interviews wiedergeben, um dem Leser die Thematik und Problematik des Ritzens vor Augen zu führen und erahnen zu lassen, mit welchen Lebenssituationen diese Mädchen konfrontiert sind. Es handelt sich dabei um extreme Lebenssituationen, trotzdem glaube ich, dass es leider keine Einzelfälle sind. Die Beispiele zeigen vielleicht nur die Spitze eines Eisberges! Aber diese Mädchen halten uns meiner Meinung nach einen gesellschaftlichen Spiegel vor Augen, sie zeigen uns konkrete Lebenssituationen in unserer individualisierten Gesellschaft!

Bei den Interviews versuchte ich, sie vom Inhalt her möglichst wirklichkeitsgetreu wiederzugeben, ich musste jedoch einen Kompromiss eingehen, damit die Texte für den Leser verständlich bleiben und habe deshalb meine Version an die Standardsprache angeglichen.

Die Namen sind geändert, meine Interviewpartnerinnen waren mit der Veröffentlichung einverstanden.

Befragungen

Anmerkung: Im folgenden Text steht F: als Abkürzung für die Interviewerin. Zur Transkription der Tonbandprotokolle (Interviews):

Da es sich bei meiner Arbeit um keine linguistische Untersuchung von Dialektvarianten handelt, spielen regionale Unterschiede keine Rolle. Es geht um die Verständlichkeit der Inhalte – auch für Nicht-Tiroler. Trotzdem spiegelt die Art und Weise des Redens der befragten Mädchen eine nicht zu unterschätzende Authentizität wider, auf die ich nicht verzichten will. Daher habe ich gewisse dialektale Varianten ausgeglichen, etwa „habe ich", welches als „hun i, hunn i, han i, hann i, hab i" in den Interviews auftauchte. Dafür steht einheitlich „hab' i. Analoges gilt für „kein" („koan, koin", u. a.) oder „kommen" („kemmen" und andere Varianten). Fehlende Buchstaben werden grundsätzlich durch Apostroph markiert.

Für Nicht-Tiroler unverständliche Dialektausdrücke habe ich in Klammern übersetzt, z.B.

„amol" (= einmal)

„aufer" (= herauf)

„g'rad" (= gerade)

„Häfen" (= Gefängnis)

„kimmt" (= kommt)

„lass'n" (= gelassen)

„Letten (= Schlamm)

„mi" (=mich)

„möchat" (= möchte)

„moin" (= meine)

„nachat" (= nacher)

„siech" (= sehe)

„tan" (= tun)

„willsch" (= willst)

„woll" (= doch)

„wurscht" (= egal)

„zach" (= arg).

Interview: Sabine (März 2003)

Sabine: 20 Jahre alt

Beginn: 16 Jahre, aus Ibk.

Mutter: zwanghaftes Lügen und Alkoholproblem

Familienkonstellation

Geschwister: 1 echter Bruder (22 Jahre alt), 2 Stiefbrüder (21 und 23 Jahre alt).

Freunde: Wenige, sie ist Einzelgängerin, hat gerne ihre Ruhe.

Mutter: Sabine war bis zu ihrem 16. Lebensjahr bei ihrer Mutter; diese verlangte Untermiete, weil die Tochter sozusagen den ganzen Tag da war, die Mutter „nahm alles zum Versaufen".

Berufliche Laufbahn: Sie arbeitete unter anderem in einer Gärtnerei, dann als Drogistin, schließlich in der Altenpflege, insgesamt hatte sie 8 Arbeitsstellen.

Vater: Mit 16 ½ Jahren wohnte Sabine bei ihrem Vater.

Mit 18 erkannte sie, welche Lügen ihre Mutter verbreitete, hauptsächlich erfuhr sie es durch den Vater.

Sabine trank täglich weiß-süßen Spritzer, sogar während des Arbeitens, um den Alltag irgendwie zu bewältigen.

Jetzt wohnt Sabine in einer Wohngemeinschaft.

Ausbildung: Sie musste die Ausbildung immer wieder abbrechen, weil ihr Zustand nicht stabil war.

Als ich Sabine das erste Mal sah, fiel mir das Lied „She Looks Like An Angel" ein. Sabine hat blondes, langes lockiges Haar, das ihr blasses Gesicht umrahmt. Sie wirkt schmächtig, etwas durchscheinend, man gewinnt den Eindruck, dass sie ihre Umgebung mit sehr viel Sensibilität wahr- und aufnimmt. Die Fragen beantwortet sie sehr klar und gefasst, zu Beginn des Gespräches wirkt sie eher leblos, gegen Ende hin, als es um die Zukunftsperspektive geht, wird Sabine lebendig und bekommt etwas Farbe im Gesicht. Ihr Problembereich liegt eindeutig in der Herkunftsfamilie, der ganze Druck der Familie lastete auf Sabine. Ritzen war für sie ein Ventil, um Druck abzulassen.

F: Wie hast du geritzt?

„Da bin i vor mein Bett gekniet und wollt ma's Messa einistoßen, weil's ma da so mies gangen ist, i hab's wiederholt, wenn ma's einmal tut, tut mas immer. Die Schmerzen hab' i braucht."

F: Hat es für dich einen Anlass gegeben?

„I hab' viel erfahr'n über die Mutter und i hab's nimmer packt, auf die ganzen Lügen bin i erst beim Vater draufgekommen und i hab's nimmer ertragen. Sie hat den Vater dargstellt, als sei er das größte Arschloch der Welt und dabei wor's eigentlich umgekehrt, dass der Vater immer die Wahrheit g'sagt hat und die Mutter falsch war."

Sabines Eltern waren geschieden und sie lebte nun bei ihrem Vater und dessen neuer Partnerin, die sie zwar als Partnerin ihres Vaters akzeptierte, jedoch nicht als Mutter. Obwohl Sabine leugnete, dass sie in der Familie Gewalt erlebte, stand im Befundbericht, dass sie und ihr Halbbruder oft in ihrer Kinderzeit von ihrem Vater geschlagen wurden, weil er ihnen Disziplin beibringen wollte. Seit der Vater eine neue Lebensgefährtin hat, kommt dies jedoch nicht mehr vor. Er schreit zwar noch häufig, aber er schlägt seine Kinder nicht mehr.

F: Mit welchem Gegenstand bzw. Gegenständen hast du dich geritzt?

„I hab' an Butterfly und mit'n Butterfly wollt' i mi jedes Mal umbringen.

Beim Vater hab' i mi ausg'lebt, da sein erst die Probleme kommen, dass i Selbstmordprobleme gehab't hab', dass i abghaut bin, dass i g'soffen hab', i hab's gleiche Muster wie die Mutter g'habt. Mit der Mutter hab' i nur Kontakt am Gericht. Es geht um die Kinderbeihilfe, die sie mir eigentlich geb'n hätt soll'n. Früher war i total zornig, wenn die Mutter g'rad 5 Minuten g'redet hat, jetzt is sie bei mir so ausgschlichen, dass sie mir erbarmen tut, jetzt tut sie ma leid, dass sie so is."

Sabine wirkt sehr bestimmend, sie sieht die Beziehung mit ihrer Mutter als abgeschlossen und doch liegt noch viel Schmerz in ihrer Stimme.

F: Warum ist die Mutter so geworden?

„Von ihrer Familie is sie a nit gut behandelt word'n und von daher is es kommen. I hab' in Bernhard (Halbbruder) glei aufgeklärt, wie's mit der Mutter geht und des hat er verstanden."

F: An welchen Körperstellen hast du dich geritzt?

„Am meisten hab' i mi beim Arm bei der Hand und beim Bauch geritzt. Du kimmst erst nachher drauf, was eigentlich für an Blödsinn du g'macht hast."

F: Hast du Freunde, die dir beigestanden sind? Wie war die Schulzeit für dich?

„I hab' a Freundin, die weiß, wenn's ma schlecht geht und die glei Zeit hat. Die Schulzeit war eher positiv, auch von den Mitschülern her."

F: Wie denkst du über das Schneiden bzw. über das Ritzen jetzt?

„I denk' ma, warum hab' i die Dummheit eigentlich g'macht und nachher geht's ma no mieser, und danach muss ma wieder weiterritzen, es kann sein, dass i an ganzen Tag g'ritzt hab', die Wunden hab' i ma wieder aufg'ritzt. Jetzt geht's ma gut, jetzt hab' i mi vom Ritzen abgewandt. I bin draufkommen, wenn du di aufkratzt, fangt's so brennen an und des hat mir einfach a leichteres Gefühl geben. Blut hat kein Symbol, nur i hab' das Blut so gern gsechn (gesehen), und i hab' mir Rasierklingen gekauft und hab' jedes Mal a neue Rasierklinge g'nommen, die recht

scharf war. Eine Wunde is bis zum Knochen runtergangen, also i hab' in Knochen scho' g'spürt (sie zeigt mir die Narben ihrer Schnittwunden) *also i hab' da jedes Mal a kleines Loch g'macht und des is mit der Zeit so auseinander gangen, und des hab' i schon g'spürt.*"

Sabine konnte nicht weinen. Sie war zu traumatisiert und musste um ihr seelisches Überleben jeden Tag neu kämpfen. Ich hatte den Eindruck, dass in ihrer Erzählung das Fließen von Blut von großer Bedeutung war, vielleicht auch als Ersatz für viele ungeweinte Tränen stand. Sie erlebte das Ritzen auch als Bedrohung und fürchtete sich immer wieder davor, sich mit ihren tiefen Schnitten umzubringen. Andererseits signalisierte ihr das Blut, dass sie noch am Leben war.

F: Bist du nach dem Schneiden verarztet worden?

"I hab's versteckt und immer weiter g'macht und jeden Tag is es tiefer g'worden. Die Wunde is innerhalb von einer Woche tiefer gworden. Die anderen Stellen waren eher knapp vor der Ader. Auf der Ader selber hab' i viel zuviel Angst g'habt. Am Montag komm i in die WG, da bin i no, der stationäre Aufenthalt war schon, und da hat's mi dann a wieder owigschmissn. Der stationäre Aufenthalt war so, dass die ersten zwei Wochen gut gangen sind und nacher is a andere Person in die WG kommen und sie hat jedes Mal g'sagt, wie grausig das Leben is und des hat mi dann selber a wieder runtergschmissn (hinuntergezogen). *Diese Frau wird am Montag entlassen und deshalb kann i am Montag wieder in die WG.*"

F: Hast du manchmal das Gefühl, dass dir andere zu nahe kommen?

"Für mi spielt das Vertrauen a wichtige Rolle. Wenn i jemandem vertrauen kann, macht's a kein Problem zu reden, aber wenn i's Vertrauen nit hab', dann red' i ziemlich wenig und zieh' mi zurück. Mei' Urvertrauen is' gestört durch die Beziehung zur Mutter. In der Klinik hab' i's Vertrauen wieder a biss'l gewonnen und es macht mir jetzt weniger Probleme, wenn i jetzt kein Vertrauen hab'. Also i hab' so oft über meine Probleme g'redet, dass es jetzt kein Problem mehr is, über meine Sachen zu reden."

F: Wie sind daheim Konflikte gelöst worden?

"Von der Mutter her mit Prügeln, vom Papa einfach nur mit Reden. Sie hat Ohrfeigen verteilt oder den „Pragger" geholt, jedesmal wenn i mit ihr diskutieren wollt'.

Es hat immer Diskussionen geben, wenn sie ma kein Geld zum Einkaufen geb'n hat oder wenn i nit wollt', dass sie jedes Mal mit an andern Mann, an Freier kemmen is."

F: Sind diese Freier dir gegenüber gewalttätig geworden?

"Nur ein Freier wurde mir gegenüber gewalttätig, da bin i dann mit Prellungen und blauen Flecken in der Klinik g'wesen (mit 15 Jahren). Die Mutter beauftragte mich, den Mann anzuzeigen, damit sie Schmerzensgeld bekommt. I selber wollte aber eine persönliche Entschuldigung haben und ein Händeschütteln, die Mutter hingegen wollte das nicht und wurde immer böser zu mir und tat mir alles zu Fleiß. Allgemein hatten die Männer genauso ein Alkoholproblem, so auch dieser und aus

diesem Grund wurde er auch so grob. Vergangen hat sich nie jemand an mir. Die Mutter nahm jeden zweiten Tag einen anderen mit."

F: Wie hast du deine Aggressionen, deine Wut ausleben können?

„I hab' dann mit der Faust gegen die Wand g'schlagen, bis i blutig war, so hab' i meinen Grant ausg'lassen – des sieht ma eh noch – da hab' i ma vorg'stellt, dass die Wand die Mutter is. I bin dann a saufen gangen, untertags bin i arbeiten gangen und am Abend sein ma no saufen gangen und dann wieder arbeiten. Des hab' i a no beim Vater ein, zwei Wochen g'habt. I hab' dann ziemlich viel gezittert, des war wie a Entzug vom Alkohol. I hab' härtere Getränke getrunken, aber i hab' nie a Alkoholvergiftung g'habt. Da Körper hat nach a gewissen Zeit stopp g'sagt, mehr hab' i dann nimmer trinken können.

Jetzt hab' i keinen Kontakt mehr mit den Freundinnen, damals haben wir uns bei der Klinik troffen und dann sin ma saufen gangen. Die besten Freunde hab' i in der Klinik kennen g'lernt, die haben a dieselben Probleme und versteh'n einen dann.

I drück' meine Gefühle meistens in Zeichnungen aus. Es fällt mir einfach leichter, mi durch Zeichnungen auszudrücken. Hauptsächlich mal' i Tiere, die je nach meiner Stimmung a trauriges oder glückliches G'sicht haben. Die Augen sag'n für mi viel aus, weinendes Auge – da schreib' i „no tears of war" – von Augen bin i total fasziniert, die drücken so viel aus."

F: Wie geht es dir jetzt?

„Manchmal hab' i no so a Wut in mir, z.B., wenn i mit der Mutter an Gerichtstermin hab', dass i mi nimmer kontrollieren kann. I hab' in der Arbeitsstelle keine Wut auf andere g'habt, nur auf meine Mutter. Den nächsten Gerichtstermin mit ihr hab' i verschieben können, erst wenn i wieder stabil bin, bekomm' i den Gerichtstermin."

Sabine fühlte sich bei ihrem Vater wohler als bei ihrer Mutter, auch wenn es nicht wirklich ihr Zuhause war. Besser konnte sie ihren Vater als Zuhause akzeptieren, als sie in eine Wohngemeinschaft zog. Sie fürchtete sich davor, den Vater zu enttäuschen und verschwieg ihm, wenn ihr etwas Schlimmeres widerfahren war. So war es einmal sehr spät geworden, nachdem sie den Abend in einer Disco verbracht hatte, und sie traute sich anschließend nicht mehr nach Hause. Die Angst vor der Reaktion des Vaters saß ihr zu sehr im Nacken. Daraufhin ging sie mit einem flüchtig kennen gelernten Mann mit nach Hause, um dort zu übernachten. Nachdem sie sich ihm sexuell verweigert hatte, schloss er sie am nächsten Morgen in die Wohnung ein und ging zur Arbeit. Sabine kletterte aus dem Fenster und irrte daraufhin in der Sillschlucht herum. Sie fühlte sich elend und suchte dann Hilfe auf der Jugendpsychiatrie.

Sie äußerte auch Ängste, dass sie daheim wie ein kleines Kind behandelt würde. Zusätzlich fühlte sie sich nach diesem Ereignis wie eine „Hure" und sie machte sich Gedanken darüber, wie jetzt ihr Vater über sie denken würde. Diese Thematik, dass jemand von ihr denken könnte, sie sei so wie ihre Mutter, schien bei Sabine eine große Rolle zu spielen. Sie wollte auf keinen Fall ihren Vater verärgern, weil sie ihn nicht verlieren wollte, da er der Einzige aus ihrer Familie war, den sie noch hatte. Also lag Sabine viel daran, mit ihm konstruktiv an der Vater-Tochter-Beziehung zu arbeiten, um den Kontakt nicht abreißen zu lassen.

Ich spürte bei Sabine eine unendliche Trostlosigkeit und hatte nicht den Eindruck, dass sie stabil war. Ihre Erzählungen überschwemmten mich förmlich. Ich nehme an, dass ich für sie so etwas wie ein „Container" war, der das aufnahm, was sie empfand. Ich war selbst grenzenlos geworden und konnte mich des Gefühls der Sinnlosigkeit nicht erwehren. Dabei hatte ich meine Standfestigkeit verloren und war froh, dass ich sitzen konnte. Ihre Erlebnisse und Gefühle wurden in mich hineinprojiziert und ich übernahm die Funktion, das Unverdaute aufzunehmen. Ihre Wut auf die Mutter war groß und Sabine schaffte es nicht, Abstand zu gewinnen. Sie verbreitete ein Gefühl der Ohnmacht und wirkte stereotyp in ihren Bewegungen, wenn sie von ihrer Mutter sprach. Sie hat sicherlich eine „tötende Mutter" erlebt, die Ich-Grenzen übertrat, zerstörte, die eindrang, entmündigte, letzteres wörtlich genommen: Sabine konnte sich nicht mehr verbal mitteilen, sie war ohne Stimme, war verstummt, Sabine blieb nur noch der Weg der Autoaggression und der Sucht, die leider ja auch ein Bewältigungsmuster im Alltag darstellt.

Zwischenbilanz:

In der Zwischenzeit versuchte man die Lösung zu treffen, dass Sabine in eine Wohngemeinschaft ziehen könnte. Sowohl der Vater, als auch seine Lebensgefährtin äußerten Bedenken wegen ihrer schwierigen finanziellen Lage und stellten die Frage, ob es Sabine allein, ohne vertraute Person, in einer WG aushalten würde.

Ein Jahr später: Interview (März 2004)

„I war vom Jänner bis zum November 2003 in der Klinik in Innsbruck und in Hall. Inzwischen hab' i das Ritzen g'lass'n und in dem Jahr Klinikaufenthalt hab' i überhaupt nimmer g'ritzt. Der Körper is immer schwächer g'worden, deshalb bin i dann in die Klinik gangen und des psychische Problem, dass i nimmer vorausschaun hab' können. Jedesmal wenn i vorausgschaut hab', hab' i wieder Angst kriegt und bin wieder zurückg'fall'n. Auf der geschlossenen Abteilung war i, weil i Angst- und Panikzustände g'habt hab' und weil i a's Gfühl g'habt hab', dass i mi umbringen will und da haben's mi sicherheitshalber auf die Geschlossene getan."

Mein Gefühl, dass Sabine in ihrer Existenz sehr gefährdet war, bestätigte die Tatsache, dass sie ein, zwei Wochen nach dem Interview in der geschlossenen Station aufgenommen wurde.

„G'fangen hätt i mi besser, wenn sie mir nit des Haldol geben hätten. Jetzt krieg i nur mehr Vitamintabletten und des war's. Des Ritzen hab' i hinter mir g'lassen, obwohl i manchmal das Gfühl hab', i möchte ritzen, aber wenn i dann meine Arm anschau denk' i ma: schau amal die Wunden und Narben an, de zurückbleib'n und i denk eben, des was i denk, beinhart ausizulass'n. Dann is der Druck nimmer so groß."

F: Kannst du mir noch einmal beschreiben, wie für dich aus der jetzigen Sicht das Ritzen war?

„Wenn ma so eine innere Spannung hat und sich no denkt, jetzt will i mir etwas antun, dann ritzt ma sich, weil dann lasst die Spannung nach und es geht dir *besser, wenn du dein eigenes Blut siehst. Mit dem Blut spürt man sich selber besser und man sieht, also i hab' gesehn, dass i no leb'. Bevor i mi g'ritzt hab', hab' i innerlich so a Leere g'fühlt. I hab' den Körper aus zwei Blickwinkeln g'sehn, einmal, dass i neben mir im Bett bin und mir zuschau', wie i mi selber ritz und zum anderen, i hab' mi dabei angefeuert, indem i zu mir g'sagt hab', he, des schaut lässig aus, tu nur weiter. I hab' mi in an tranceähnlichen Zustand befunden und dann gleitet man eher weg, wenn ma des tut, ma is eher weit weg, i hab' des eher dreidimensional g'sehen. I hab' da a Blutlacke neben dem Bett gesehen, obwohl da keine war – des war das Ärgste für mi."*

Man vermutet, dass bei Selbstverletzung biochemische Vorgänge stattfinden. „Diese Hypothesen beinhalten die Feststellung, dass der Körper bei Stress (eine Verletzung kann als Stress gewertet werden) Endorphine ausschüttet, diese haben eine ähnliche Wirkung wie Opiate. Bei der Selbstverletzung werden so angenehme, rauschartige Gefühle ausgelöst, die sich die Betroffene immer wieder wünscht. Dies kann zur Verstärkung der Problematik führen." (Stefanie Ackermann 2002, S. 45)

F: Hast du während des Schneidens Angst gehabt?

„Nein, in dem Zustand is keine Angst. Eher nachher hab' i Angst g'habt. Da geht man her und sagt, schaut's her, i hab' mi so tief g'schnittn, helft's mir! Von den meisten ist diese Aktion ein Hilferuf, Hilfe, i komm nimmer weiter! Anfänglich hab' i das Ritzen hergezeigt, dann nimmer, dann hab' i Pullover angezogen, damit man des nimmer sieht. Im Sommer hab' i dann langärmlige Sach'n angezogen, damit man nix mehr sieht. Die Narben sieht man noch immer, die gehen nimmer weg, aber sie gehör'n zu mir, die erinnern mi an die Vergangenheit, wie's mir gangen ist. Für mi is des Tagebuch einfach die Haut, in der alles drinnen steht.

Das Öffnen anderen gegenüber geht jetzt viel leichter, ich kann mi jeden gegenüber öffnen. I hab's mit der Zeit gelernt, dass i Grenzen setze. Meine richtige Mama is für mi g'storbn, i mag von ihr nichts mehr wissen. Mit dem Gerichtsverfahren hab' i nichts mehr zu tun, des laft (läuft) jetzt von Anwalt zu Anwalt, damit hab' i nichts mehr zu tun. Für mi is vom Papa die Freundin mei richtige Mama, die für mi da is. Zu ihr hab' i an guten Draht. I seh' sie nit so oft, vielleicht im Monat einmal, dass i runter geh, weil, wenn i jede Woche runter geh', dann weiß i nicht mehr, was i reden soll. Ma kimmt sich oft daheim noch vor, wie a schwarzes Schaf, aber sie lernen was dazu, wenn bei an anderen was passiert und i lern' a daraus. Entweder sie lernen mit mir umgehn oder sie solln's lassen. Mit meinen Geschwistern hab' i nach wie vor an guten Kontakt."

F: Wie ging es beruflich weiter?

„I könnte wieder im Juni oder Juli anfangen im Artis, des heißt, ein Jahr Berufstraining. Da gibt's die Tischlerei, Küche und Näherei und i war ja in der Tischlerei und i möchte auch wieder zurück. Sie suchen mit dir nach einer Arbeit und sie begleiten die dann auch noch weiter, wenn du die Arbeit hast. Sie informieren sich drei bis viermal im Monat beim Chef und telefonieren sich zusammen mit dem Chef, wie es geht. Jetzt bin i mit zehn andere Leut in der Schneeburggasse, des is a so eine psychische Gesundheitswohngemeinschaft. Meine Tiere hab' i leider nicht mehr, weil die meisten a Doppelzimmer hab'n und solange i ein Doppelzimmer hab', darf i keine Haustiere hab'n. Es wird jetzt

umgebaut, dass jeder ein Einzelzimmer bekommt, dann kann's sein, dass die Tiere dann wieder erlaubt sind. Leider sind des nicht mehr meine Tiere, die ich behütet und gehütet hab', aber sie hab'n jetzt alle einen guten Platz gefunden.

Geschnitten hab' i seit meinem 15./ 16. Lebensjahr, also fünf Jahre hab' i des g'macht. Eine Zeichnung hab' i noch g'funden. Das hab' i allerdings von an Heftl außertun müssen. Da hab' i für jede Zeile eigentlich einen eigenen Satz gebildet, a, um den Beruf zu zeichnen und Klammern, aber i hab' nimmer außerg'funden, was, obwohl die Zeichnung eher für's traurige Kind steht, Leben und Achtung, hab' i ein „Happy day" hingschrieben, also muss es für mi a guter Tag g'wesen sein. Da Radiergummi daneben bedeutet, dass i mein Leben ausradieren, auslöschen könnt und der schwarze Ring am Finger, den hab' i wirklich g'habt, des war a schwerzer Glasring als Zeichen, dass es mir schlecht gangen is. Am liebsten hätt i an allen Fingern an schwerz'n Ring g'habt. Links, des soll mein Kopf sein, alles, was in ihm vorgeht und oben, der schwerze Fleck in mir. Aber des war eine meiner letzen Zeichnungen, die i während des Ritzens g'macht hab'."

F: Hast du einen Platz für dich gefunden, an den du dich zurückziehen konntest?

„Immer, wenn i an Konflikt hab', geh i in mei Traumwelt. I hab' a Traumwelt aufgebaut in mir, da schweb' i auf einer Insel, und da geht a Wasserfall ins All und i red' mit den Tieren, mit meinen Tieren. Wenn i an Konflikt hab', dann stell' i mir vor, was er sagt, was i sag' – und dann find' i a Lösung. Da ritz' i mi a nimmer, seit i die Traumwelt hab'. Als Kind hab' i a Fabelwesen g'habt, das mich beschützt hat, auf einmal war das weg, dann hab' i mi geritzt."

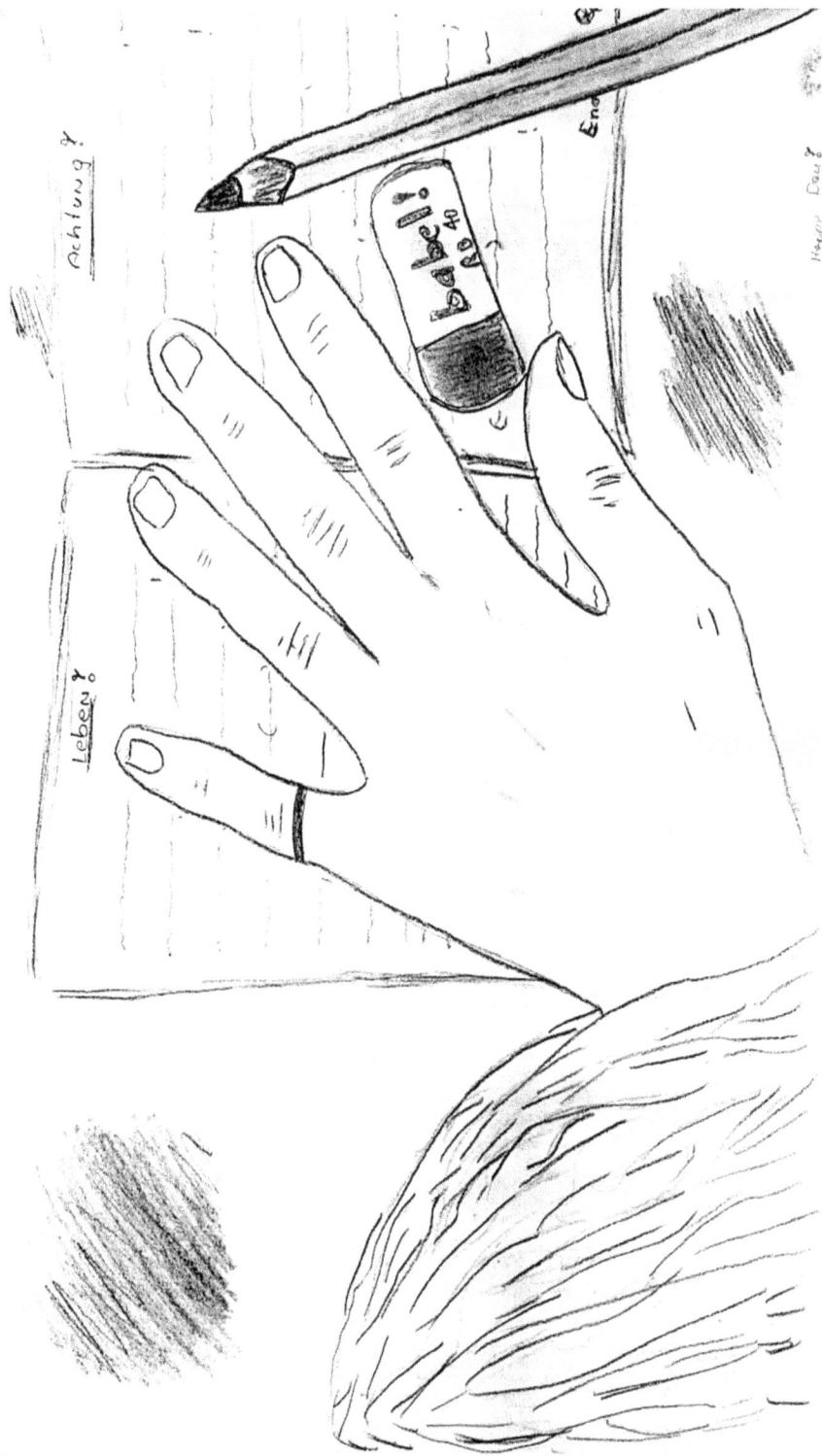

Vorhergehende Seite:

Abbildung 2: „A HAPPY DAY" 2003, Sabine

Kinder und Jugendliche brauchen ihre Welt „eine gute Welt", in die sie sich zurückziehen können. Sabine ist diese Welt abhanden gekommen. Sie konnte keine Grenzen zur Außenwelt bilden, um sich in ihre eigene Welt zurückzuziehen. Ihr fehlte eine Schutzmauer um sich, um seelisch überleben zu können. Sie wurde überschwemmt von Gefühlen, die sie nicht integrieren konnte und sie orientierungslos machten.

Sabine erklärt mir, dass sie sehr viele kenne, denen es psychisch schlecht gehe, und das Ritzen sei eine Nebenerscheinung. Kaum jemand von denen komme mit der Realität, mit dem Stress im Beruf zurande. Fünf von fünfzehn, die sie kennengelernt hatte, wurden in ihrer Kindheit vom Vater bzw. eine von ihrem Onkel sexuell missbraucht. Für diese Frauen ist das Ritzen eine lebensnotwendige Funktion.

Vor einem Jahr wirkte Sabine schmächtig, etwas durchscheinend und machte auf mich den Eindruck, dass sie ihre Umwelt mit ihren wasserblauen Augen sehr sensibel wahrnahm. Mit einem flinken, nervösen Augenspiel checkte sie für sich ab, woran sie war. Sie beantwortete meine Fragen zwar sehr klar und gefasst, aber sie wirkte leblos, ich hatte das Gefühl, dass sie keinen Halt, keine Sicherheit hatte. Sie war ein „Häufchen Elend".

Ein Jahr später war meine Überraschung groß. Sabine wirkte ruhig, gefasst und ausgeglichen. Ihre Ritzaktionen hat sie hinter sich gelassen, ihr Lebensrhythmus hatte sich eingespielt, sie konnte mittlerweile für sich sorgen und die Geschichte mit ihrer Mutter, die das Ritzen ausgelöst hatte, war für sie erfolgreich aufgearbeitet. Sie schmiedete inzwischen neue Zukunftspläne, wollte als Selbständige ein Kinderspielzeuggeschäft eröffnen, mit schönen Spielsachen handeln oder bei ihrem Vater als Bürokraft arbeiten.

Ich gewann den Eindruck, dass Sabine mit Hilfe einiger Psychiatrieaufenthalte den Start ins selbständige Leben geschafft hatte, den Großteil ihrer heftigen Familiengeschichte, in der sie viel Gewalt, Sucht, die Trennung der Eltern erlebt hatte, gut integrieren konnte. Ich denke, dass sie zwar ihre Geschichte als Teil ihrer Persönlichkeit ins weitere Leben mitnehmen wird, und sie vielleicht auch manchmal von ihrer Geschichte eingeholt wird, aber vielleicht auch die Chance hat, sich selbst und ihre Muster zu erkennen. Im Bereich des Mutterbildes bleibt für mich noch vieles offen. Einerseits hat Sabine ihre Mutter nicht als Mutter erlebt, die Leben hervorbringt, sondern eher als tötende Mutter, die ihre Tochter für ihre Sucht benutzt hat. Es klingt zwar schön, dass Sabine ihre „Stiefmutter" als Mutter anerkennt, doch scheint mir diese Beziehung nicht besonders tief zu gehen. Ich habe eher den Eindruck, dass Sabine sie als neue Frau ihres Vaters akzeptieren kann, aber sie vermittelt nicht, dass sie zu ihr eine besondere Beziehung entwickeln hätte können. Es reicht Sabine, wenn sie einmal im Monat ihre Familie besucht, ein Bedürfnis von Austausch ihrerseits ist nicht vorhanden.

Interview: Sarah (März 2003)

Im März 2003 interviewte ich Sarah zum ersten Mal.

Ich versuchte zwar, unser Gespräch aufzuzeichnen, aber leider schlug mir die Technik ein Schnippchen und ich bemerkte zu Hause mit Entsetzen, dass mein MD-Player das Gespräch nicht aufgenommen hatte. So versuchte ich beim nächsten Treffen, das ungefähr ein Jahr später stattfand, nachdem ich Sarah endlich wieder ausfindig gemacht hatte, einen Vergleich zum Vorjahr zu ziehen, soweit mir dies aus dem Gedächtnis möglich war.

Interview: (März 2004)

Sarah kommt mit Schwung auf mich zu, das erste, was mir an ihr auffällt, sind ihre vielen Pearcings im Gesicht: bei der Augenbraue, in der Nase, unter der Lippe. Sarah wirkt leicht nervös, im Vergleich zum Interview im Vorjahr ist auch sie jedoch um vieles ruhiger und sicherer geworden. Während unseres Gesprächs beginnt sie zu zittern, raucht viel und zittert so stark, dass sie das Glas Wasser mit beiden Händen aufnehmen muss, um es halten zu können. Sie wirkt nervös, hat nur wenig Zeit und leidet sichtlich unter starkem Druck. Ihre hellen Augen blicken offen in die Welt, jedoch ohne eine Spur von Jugendlichkeit. Sie spricht in kurzen, klaren Sätzen, wobei sie wie in Trance ihre Geschichte „abspult". Ihr Leben sieht sie jetzt aus einem anderen Blickwinkel, sie hat sich etwas verändert, Sarah sieht verschiedene Dinge anders. Sie steht ihren Eltern wesentlich kritischer gegenüber, vor einem Jahr beurteilte sie ihre Eltern noch als okay. Sie hat das Gefühl, dass ihre Eltern ihr eine Scheinwelt vorgelebt, eine Harmonie innerhalb der Familie nur vorgespielt hätten, die nicht wirklich da war. Die Enttäuschung war riesengroß. Ich denke, dass Sarah das schon früher gespürt hat und dies beim Ritzen eine Rolle gespielt hat. Das Ritzen hat für sie Sinn, sie versucht ihre Aktionen nicht zu verstecken, sondern sieht das Ritzen als Teil ihrer Persönlichkeit und Geschichte.

F: Wie geht es dir jetzt, ein Jahr später nach dem letzten Interview?

„Mir geht's jetzt gut, i krieg a Depot (rispotal) alle 14 Tage. Das Ritzen hat no nit aufgört, i ritz mi nimmer so oft, die Spannung is einfach weniger gworden, i zuck nimmer so schnell aus."

F: Was ist besser geworden für dich?

„I bin ruhiger und ausgeglichener g'worden, ausgeglichener mit dem Medikament. Es ist durch tiefere Verletzungen zustande gekommen, es hat sich bei mir so tief eingeprägt und i bin dann mit der Zeit auf Drogen kommen und dann hab'n die Depressionen angefangen und dann das Ritzen."

F: Hat das Ritzen erst mit den Drogen begonnen?

„Nein, es hat schon vorher begonnen, in der Hauptschule hab' ich's amal ausprobiert und es hat ma taugt, i weiß bis heut' no nit, wieso, ja, und des is ma dann halt hängen geblieben und es war dann Alkohol und andere Drogen und des Ritzen war total interessant und da war'n teilweise meine Füße und Hände aufgeschnitten, das Gesicht ritze ich erst seit kurzem, vor allem den Hals, weil i des

bei den Armen nimmer spüre. Des spürst nimmer, wenn du des so lang g'macht hast."

F: Wann hast du das erste Mal geritzt?

„Das erste Ritzen? Des war noch in der Hauptschule bei einer Kollegin, die hat mir des dann erklärt, warum sie des tut und i hab' des einfach so ausprobiert und des hat mir dann so getaugt, weil wenn i so depressiv war, dann bin i wieder aufikommen irgendwie, ja, mit der Zeit is mir des so hängen blieben, dass i dann einfach g'ritzt hab' und dann war alles wieder vorbei.

Im Poly hab' i mi dann a g'ritzt, da hat sich fast jede g'ritzt. Viele haben's nachgmacht, weil sie es bei den anderen geseh'n hab'n. Den Kolleginnen, denen es Ernst damit war, die hab'n sich grad und tief g'ritzt, die, was es nit ernst gemeint hab'n, die haben sich eher Verzierungen auf die Arme geritzt, schöne Ornamente, aber das beinharte Schneiden von graden Schnitten hab'n die nit g'macht."

F: Welchen Sinn hat das Ritzen für dich gehabt?

„I seh' jetzt besser, warum i des getan hab', i hab' jetzt des mit der Therapie sehr, i hab's mit der Therapie noch einmal durcherlebt, es war sinnvoll, es hat an Sinn g'habt, es is ma dann einfach besser gangen danach. Mit 13 / 14 Jahren hab' i mein Freundeskreis g'wechselt und da hat es a ang'fangen mit den Alkoholexzessen, ma kann die Schuld nit auf andere schieb'n, ma macht's letztendlich immer selber, es hat sehr viel mit dem Umfeld zu tun, wie ma lebt, wie ma denkt und ma is total von der Umwelt abhängig, ma gliedert sich ein und ma muss die Freunde durchprobieren, i hab' jetzt mit denen des erlebt, mit anderen erleb i des und i muss mir einfach des heraussuchen, da wo i hingehöre. Meine Eltern, de hab'n sich vor an Jahr getrennt, i hab' alles Halbgeschwister und i hab' ma lange gedacht, dass i die beste Familie der Welt hab', i hab' a Vorzeigefamilie und mir is gut gangen in der Kindheit, bin dann aber irgendwie draufkommen, dass des alles nit stimmt."

Die Enttäuschung war Sarah ins Gesicht geschrieben. Auch bei ihr war bemerkbar, wie sehr sie unter der Trennung der Eltern gelitten hatte und litt, dass vieles, was sie für lange Zeit in Ordnung gehalten hatte, plötzlich überschwemmt wurde von dem Gefühl, dass ihre Eltern nicht das lebten, was sie vorgaben, dass diese Harmonie, an die sie geglaubt hatte, nicht mehr vorhanden war.

F: Wie ging deine Familie mit dem Problem des Ritzens und der Einnahme von Drogen um?

„Es hat jeder auf seine Weise versucht, mir zu helfen, aber i hab' mi nit drauf einlassen. I wollt' mir einfach nit helfen lassen und war a bissl blind vielleicht vor der Welt. I hab' dann professionelle Hilfe gebraucht, meine Mutter hat's früher gemerkt, da wollt' i aber no nit so und zu an Psychologen geh'n, des war sowieso was, so wie in die Psychiatrie gehen, da kimmt (kommt) ma nimmer außa, des is die Denkweise, die ma hat, ja, und dann hab' i aber irgendwann an Punkt erreicht, wo i dann g'sagt hab', jetzt muss i aber was tun. I bin dann in die Psychiatrie gangen und hab' mi dann g'meldet. Des war alles vor einem Jahr."

F: Welche Bedeutung hat Blut für dich?

„Blut bedeutet für mich Erleichterung, einfach, wenn ma sieht, dass der Schnitt rot wird. Einfach so sieht ma den Schmerz richtig und da hat ma's Gefühl, jetzt geht's einem besser. Mit Sich-selber-Spüren hat das nichts zu tun. Die Wunden und Narben gehör'n einfach so zu mir dazu, ich akzeptiere es.

Momentan muss etwas Schweres vorfallen, das mich aus der Bahn wirft, dann ritz' i halt wieder, danach geht's ma aber wieder, des kommt höchstens einmal im Monat vor. I kimm' (komm') nimmer so tief owi, sondern i kimm' leichter wieder heraus. I weiß, was auf mi zukimmt (zukommt'), wie wieder herauskimm' (herauskomm') und dann geht's einfach wieder."

Wie sind deine Freunde?

„Den Freundeskreis – einige seh' ich sporadisch, mit einigen hab' i Briefkontakt und jetzt versteh'n ma uns wieder recht gut und es geht wieder, aber so an direkten Freundeskreis bin i erst wieder beim Suchen, bis i erst wieder an fixen Wohnplatz hab', dann geht's wieder aufwärts. Jetzt hab' i an Kurs einmal pro Woche und da lernt ma halt das Bewerbungsgespräch und ma kann a dort arbeiten, wenn a Platz frei wird und nebenbei is eine Lehrstellensuche, da geht's einigermaßen voran, ja man arbeitet einfach wieder. I such' mein alten Beruf wieder – Chemielaborantin. I schau' in Kufstein, ob i a Stelle find', i bin jetzt halt a in Innsbruck beim Suchen. Zu den Eltern hab' i wieder guten Kontakt, am Wochenende besuche ich sie wieder, es geht ganz gut.

Sarah betäubte ihren eigenen Körper mit oral-süchtigem Verhalten. Alkohol-, Medikamenten- und Drogenmissbrauch gehört bei ihr zum Alltag. Sie braucht noch immer Betäubungsmittel und ich habe den Eindruck, dass sie noch nicht wirklich die Bedeutung ihrer Abhängigkeiten versteht. U. Sachsse schreibt zum Thema Sucht: „Der eigene Körper ist vom Selbst abgespalten und wird als fremdes, bedrohliches Objekt schlecht bemuttert. Er wird nicht liebevoll zärtlich gestillt und umsorgt, sondern rabiat zum Schweigen gebracht. Er wird mit Drogen betäubt, vergiftet und durch Selbstbeschädigung als Neuinszenierung einer Kindesmisshandlung interpretiert." (Sachsse, S. 100) Sarah war die Enttäuschung über ihre Familie ins Gesicht geschrieben, als sie im 2. Interview sich über die sogenannte intakte Familie beklagte, die ihr etwas vorgaukelte. Sie vermittelte den Eindruck, dass das Ritzen für ihr Leben absolut essentiell ist, weil sie dadurch Druck ablassen kann. Sie hat es noch immer nicht geschafft, beruflich Fuß zu fassen, obwohl sie die Vorstellung hat, wieder in den früheren Lehrberuf einzusteigen und eine Lehre neu zu beginnen. Sarah übernimmt die Verantwortung für sich selbst zur Gänze und schiebt niemandem anderen Schuld zu. Sie wirkt in ihrem Verhalten sehr erwachsen, ihr harter Umgang mit sich selbst spiegelt sich für mich in ihren harten Gesichtszügen wider. Ihre Jugend ist mit 16 Jahren vorbei, das Gespräch fühlt sich „beinhart" an, sie sieht den Tatsachen klar „ins Gesicht", Ritzen gehört zu ihrem Alltag dazu. Meines Erachtens ist sie sich nicht der Folgen bewusst, diesbezüglich begibt sie sich für mich in eine Scheinwelt, weil sie es nicht als notwendig erachtet, mit sich schonungsvoller umzugehen, um den Alltag seelisch überleben zu können, um sich eine Zukunft beruflich wie privat, zu schaffen. Schneiden ist für sie nach wie vor eine legitime Krisenbewältigung und sie zeigt keinerlei Anzeichen, damit aufhören zu wollen oder es als „krank" zu sehen. In gewisser Weise versteckt sie sich hinter ihrer „coolen" Fassade.

Interview: Nina (Mai 2004)

Nina sitzt mir fröhlich und mit strahlenden Augen gegenüber und berichtet, dass sie in 16 Wochen ein Baby mit Freude erwartet. Für mich ist es kaum vorstellbar, dass Nina je so tief in einer Krise steckte.

F: Wann hast du das erste Mal geritzt?

„Mit 12 / 13 Jahren ritzte ich das erste Mal. Meine Freundinnen und ich waren zammen und wir macht'n Blutsbrüderschaft. So hat das eigentlich ang'fangen. I hab' so a komisches G'fühl gehab't, so ein Kitzeln, weil's doch weh getan hat. Es war so a Befreiungsgefühl da, irgendetwas anderes da. Wir haben das mit alten Dosen am Arm gemacht, des hat jeder tan, dann war das erledigt. Mit der Zeit ist es mir schlecht gangen, der Freund hat Schluss g'macht, so was, eigentlich waren's Kleinigkeiten."

F: Hat es jemanden für dich gegeben, der dich begleitet hat, als es dir schlecht ging?

„Da war ich 13 / 14 Jahre alt, da hat's angefangen. I hätt' zwar jemanden gehab't, der mich aufgefangen hat, aber i war der Mensch, der alles hineing'fressen hat. Dann hab' i doch wieder amal ang'fangen und hab' wieder probiert und dann is es mir einfach besser gangen, zwar nit lang, aber mei, wenn's Blut siehst, denkst dir, i spür' mich noch, mich gibt's noch. Es ist doch irgendwo ein Weh, es is jetzt nit so, wie wenn di mit dem Messer schneid'st, des tut volle weh, aber wenn du des Blut siehst und der Schmerz, des is a irgendwie a anderer Schmerz, wie wenn du jetzt irgendwo anstoßt, des brauchst jetzt einfach, dass des einfach außerkimmt (außerkommt)."

F: Hat Blut für dich eine symbolische Bedeutung?

„Es heißt Okay, mi gibt's noch, i blut' noch, also wird's mi no geb'n. Blut hat insofern eine Bedeutung, i seh' noch, mich gibt's noch, ich blute noch. Brennen hätt's für mi nie geben, weil Blut so wichtig war."

F. Welche Gegenstände hast du benutzt, um dich zu schneiden.

„Ja, so irgendwie a Messer halt. Das war ab und zu. Mit 19 hat's so richtig ang'fangen, wo einfach koa Woche vergangen is, wo i mi nit geschnittn hätt' mit Rasierklingen, Tapetenmesser z.B. I hab' des nit mitgehab't, es war einfach wichtig, es war für mi a Ritual, wenn ich gemerkt hab', okay, mir geht's schlecht. Wenn ich allein daheim war, was i fast immer war, da hab' i mei Zeug hergrichtet, was ich einfach brauch und dann hab' i's gemacht. Des is so wie bei Bulimiekranken, die sich schon des ganze Essen volle herrichten, so hab' i hergrichtet, was i eigentlich brauch'. Dadurch, dass i erfahr'n hab', dass i schwanger bin, ab da war's für mi klar, i hab' des Ritzen aufg'hört. Ein Ersatzritual gibt´s nicht für mich."

F: Wie war deine Beziehung innerhalb der Familie?

„Meine Mum, die eher eine Freundin für mi is, da hab' i jetzt a gutes Verhältnis, die hat's nie verstanden, warum i ritz' und warum sich jemand absichtlich selber

wehtun kann. Sie hat's Ritzen scho' ab und zu mitg'kriegt, weil i's Blut nit immer sauber aufgwischt hab', im Bad oder sonst wo, dann hat sie's halt g'wisst. No hat sie mi halt g'fragt, i hab's meistens abg'stritten, weil i's nit wollt."

F: Hast du einen Vater?

„Vater hab' ich keinen, meine Eltern sind gschied'n, der is in Kärnten. Das Ritzen hängt nit mit der Familiensituation z'sammen, sondern wie's ma gangen is einfach, weil i mi innerlich nit akzeptieren hab' können."

F: Wie war dein Leben? Was hast du beruflich oder für Ausbildungen gemacht?

„Nach'm Poly hab' i Arbeit g'sucht, dann hab' i an Kurs mit Berufsorientierung g'macht, da hab' i nix g'funden. Dann war i an Kurs vom „ibis acam" in Innsbruck. Da bin i einen gangen. Dann bin i im Altersheim g'wesen, um a Praktikum zu mach'n, um die Pflegerausbildung zu mach'n. Hab' dann ang'fangen, für a halbes Jahr hab i a Ausbildung g'macht, dann hab' i's lass'n, weil i nit klar kommen bin, i bin nit klar kommen mit dem, was sie oben g'sagt hab'n, was ma glernt hab'n, weil i einfach find', du brauchst viel Zeit für irgendjemanden, für alte Leut' b'sonders, a wenn sie im Bett liegen, oder? Des war eher so schnell wie möglich, mit dem bin i nit klar kommen, dann hab' i g'sagt, i lass' es.

Dann bin i in Swarovski kommen, um Steind'ln auszusortieren. Des hab' i a halbes Jahr tan, des war volle anstrengend, des is brutal, da putzt du dir des ganze Kreuz her, na, mag i nimmer, des wollt' i nimmer weiter mach'n und so war i wieder arbeitslos. Ökomobil hat mi dann aufg'nommen, i war in der Gartenarbeit tätig, fast ein Jahr. Des war a vom Junet aus. Des is so a Gartenarbeit g'wes'n, da war i fast ein Jahr. Dann hab' i beim Holland Blumenmarkt ang'fangen in Mils bis Juni/ Juli. Mit a Kollegin bin i nit klar kommen und so hab' i's Arbeiten wieder lass'n.

I war wieder arbeitslos bis im März im letzten Jahr, wo i jetzt bin. Hier fühl i mi wohl. Meine Mutter zieht von daheim aus und i darf in der Wohnung dann bleiben."

F: Hast du Drogen genommen oder Alkohol regelmäßig getrunken?

„Ich hab' lang Drogen g'nommen, so mit 18 / 19. I hab' an falschen Freund kennen g'lernt. Der war einfach in der Szene bekannt, und er hat mi so schön langsam eing'führt irgendwo und für mi war er all's und da hab'n tausend Leut g'sagt, er is total dumm, kann nichts, arbeitet nichts und kann nichts, i hab' etwas Besseres verdient, i hab' es aber nicht kapiert. I bin mit ihm gemeinsam komplett abgrutscht, mit ihm z'samm und hab' Extasy, Speed, Heroin, ich hab' alles durchprobiert. Er hat im März in Häfen (Gefängnis) müssen wegen Autobetrug, i bin dann total abg'stürzt, bis Juni/ Juli hab' i total zach Gas geb'n, jedes Wochenende, unter der Woche ab und zu. Mit dem Geld is es a nit so gut gangen. Dann hab' i aufg'hört damit, von heut auf morgen."

F: Hast du Entzugserscheinungen gehabt?

„Ich weiß nit, nein, bei mir war das nit so. Entzugserscheinungen hab' i nit g'habt, weil das Lokal, wo wir immer war'n, hat zugsperrt und bei uns im Alpachtal wollt' i es nit tun, de Leut' hab'n nichts damit zu tun g'habt. Zu meine früheren Freundinnen hab' i langsam den Kontakt wieder aufbaut. Die tun so was nicht. De *hab'n mir volle geholfen. De hab'n mir zeigt, okay, dass es etwas anderes a no gibt, nit nur Drogen.*

Nach einem Jahr is er (Freund) wieder rauskommen, ja, und er hat öfter Ausgang g'habt und dann is er irgendwann überhaupt nimmer zurückgangen, dann hab'n ma einbroch'n. Er hat g'wusst, ich bin soundso so dumm und tu ihm alles und er hat mir einfach leid tan, weil i g'wusst hab', er kommt vom Häfen außer und hat sonst niemanden und dann hab' i ma gedacht, okay. Da war i schon fast zwanzig."

Nina hat eindeutig ein Problem von Nähe und Distanz, sie schafft es nicht, ihren Freund, damals eigentlich schon Exfreund, abzuweisen, obwohl sie weiß, dass er ihr nicht gut tut. Um die Situation irgendwie zu bewältigen, kommt dann noch das Suchtproblem dazu. Es ist häufig, dass Mädchen und junge Frauen, die ritzen, auch häufig mit Alkohol, Drogen oder Medikamenten zu tun haben oder hatten. Es zeigt sich ein oral-süchtiges Verhalten. Auf diese Weise können „Spannungszustände" betäubt werden. Häufig sind diese jungen Frauen nicht in der Lage, Krisen und Konflikte auszuhalten. Suchtmittel bieten die Möglichkeit, psychischen Schmerz, Unruhe, Hilflosigkeit, Einsamkeit und Leere zu lindern bzw. zu dämpfen. Auf diese Weise können einengende, unbefriedigende Lebenssituationen mit allen Mitteln sofort befriedigt werden oder momentan aus der Welt geschafft werden. Für Nina ist es nicht möglich, sich von diesem Freund abzugrenzen, obwohl sie weiß, dass er ihr sehr schadet. Ihr Freund spielt mit ihrer Gutmütigkeit und Nina erkennt erst später, dass es für sie lebensnotwendig ist, ihre Grenzen nicht nur zu erkennen, sondern sie auch abzustecken. Nina war schon fast 20, als sie ihren Freund und seinem Kumpel das Einbrechen ausreden wollte, weil beide auf Bewährung waren und sie wusste, dass der Einbruch zu nichts Gutem führen werde.

Nina erzählte ihre Geschichte weiter.

„Aber wir brauchten Geld. Da hab'n wir dann eingebrochen, dann sind wir abgehaut, ja, des war eigentlich nicht so aufregend. In dem Moment, dadurch, dass wir eh schon den ganzen Nachmittag drüber g'redt haben, dass sie des tun wollen, am Abend. I hab' eh g'sagt, es seids so dumm, des bringt euch ja nichts. Sie hab'n dann g'sagt, woll (=doch), des bringt an Haufen Geld, i hab' g'sagt, i tu einfoch nit mit. Er hat des einfach können, auf mi so lang einreden, bis i g'sagt hab', okay, es passt. Nachher sind wir für eine Woche nach Italien abgehaut, bis wir kein Geld mehr gehab't hab'n. Dann sind wir heim. Für den Einbruch bin i verurteilt worden, weil i dabei war, a wenn i nit direkt im G'schäft drin war, sondern nur draußen g'schaut hab', dass niemand kommt. Jetzt hab' ich drei Jahre auf Bewährung kriegt. 2005 is des vorbei. Er hat dann wieder in den Hefen müssen und dann hab i die Kraft g'habt zu sagen, dass mi des nit interessiert. I hab' dann einfach an anderen Freund g'habt und jetzt möchat i des sowieso nicht mehr."

F: Wie war in dieser Zeit das Verhältnis zu deiner Mutter?

„Meine Mutter, für sie war das sehr schwer, sie hat mi ein paar Mal außigeschmissen. Sie hat g'sagt, es interessiert sie nimmer. I soll schaug'n, wo i bleib'. Das erste Mal bin i mit 16 abgehauen, drei Tage lang. Dann war des alle 2 Jahr wieder, weil i ja doch nix gearbeitet hab' und außer dem Geld hab' i nix kriegt. I hab' nicht gearbeitet und nie viel Geld gehab't. Einmal war i fünf Tage mit einem Freund auf der Straße, i möcht des nie mehr wieder machen. Im Winter, des war

sowieso total zach, volle. Dann hab' i immer wieder Freund g'habt, wo i gwusst hab', zu denen kann i gehen. Es is a immer irgendwie gangen, ja, die mir gholfen haben. Alle zwei Jahr' bin i immer wieder abgehauen. Es is aber immer wieder gangen, ich hab' mi immer wieder selbst herausziehen können, i hab' g'wusst, jetzt schaff i es hundertprozentig, es hat zwar immer wieder an Absturz geben, aber i weiß, dass i alles schaffen kann, wenn i es möcht'."

F: Ritzt du noch?

„I hab' dafragt, dass i schwanger bin, davor war's einfach no volle brutal, im letzten Herbst is es mir einfach schlecht gangen , no hab' i einfach dafrogt, dass i schwanger bin, und dann hab' i ma gedacht, na, des gibt's nimmer, jetzt muss i erwachsen werd'n. Und ritzen mecht (möchte) i a nimmer. I weiß gar nit, wie i des amal meinem Kind erklären soll, die ganzen Narben und so."

F: Hast du noch Narben?

„I hab' no Narben am Fuß, bei der Hand, so ab16 / 17 hab' i's dann nimmer tan, weil's einfach jeder g'sehen hat. I hab's volle versteckt, des war für mi, ich hab' g'wusst, es geht mir nit gut. Für mi war es Sucht, es is no keine Woche vergangen, wo i's nit a paar Mal g'macht hätt'. I hab' einfach g'wusst, a wenn's nur für ein oder zwei Stunden is, nach dem Ritzen geht es dir besser. Ich hab' einfach g'wusst, mi gibt's noch. Drogen und Ritzen war bei mir gleichzeitig, ich hab' einfach die Drogen gebraucht, dass i mei Traumwelt aufbauen kann. In der Welt is es mir gut gangen. Damit es mir gut geht, hab' i Drogen g'nommen oder mi g'schnitten, ich hab' des gebraucht. Irgendwie hat mir immer meine Mum g'holfen. Ich weiß, mit dem Blödsinn, was i bis jetzt aufg'führt hab', sie is immer hinter mir g'standen, a wenn sie mi immer wieder hinausgschmiss'n hat, irgendwann hat sie a nimmer können, irgendwann war einfach die Kraft vorbei, aber sie hat mi doch immer wieder aufg'nommen."

F: Hast du noch Geschwister?

„I hab' a jüngere Schwester, sie is 19 Jahre alt und a schon vor drei Jahren ausgezogen. Sie wohnt bei ihrem Freund und macht dort a Ausbildung."

Auch Ninas Schwester ist sehr früh, also mit 16 Jahren, von zu Hause ausgezogen. Bei ritzenden Jugendlichen herrschen häufig Familiensituationen vor, wo entweder desolate Familienverhältnisse oder alleinerziehende, überforderte Mütter sind. Die Kinder versuchen, möglichst früh auszubrechen, sie wollen ihren Lebensweg allein gehen, auch wenn sie selbst überhaupt nicht mit ihrer Lebenssituation zurechtkommen.

Wie fühlt sich das Ritzen an?

„Beim Ritzen hab' i Glücksgefühle bekommen, wenn's dann vorbei is und du alles siehst oder so, wie tief die Wunde wieder war, dann überkommt di wieder's Gefühl, ah, du bist so dumm. Eigentlich bist du volle fertig mit dem und dann is einfach der Kreislauf da, der volle schwer zu durchbrechen is, dass du wirklich außßerkommst. Es kann dir zwei Stunden gut geh'n, und irgendwann siehgst(siehst) das wieder, und denkst dir, ach Gott, du bist so dumm, irgendwie bist decht (=doch) no so jung,

und du möchtest ja decht irgendwelche kurze Röck anziehen oder sonst
irgendetwas und des kannst dann nimmer."

F: Wie oft hast du geritzt? Warum hast du geritzt? Was hat dir so Druck gemacht?

„Man hat scho' a paar Tage vorher's Gefühl, du möchtest's gerne, aber du
möchtest's no außziehen. Es kann dann irgend a Kleinigkeit sein oder beim
Arbeiten oder sonst a Kleinigkeit, es schaut di jemand schief an, dann is vorbei.
Dann bin i auf schnellstem Weg nach Hause, um zu ritzen. Jetzt tut es mir nix
mehr, wenn mi jemand schräg anschaut. I weiß, dass es mir jetzt gut geht, es is mir
wurscht (=egal), was andere machen."

F: Wie bist du auf das Ritzen gekommen? Wann hast du es das erste Mal getan?

„Manchmal habe ich auch mehrmals am Tag geritzt, je nachdem, wie es mir
gangen is. Des is einfach innerlich g'wes'n. Am Anfang, wie i 14 war, hat's jeder
tan, i hab' koa einzige Freundin, die nit irgendwo a Narb'n hat vom Ritzen, i wollt
des einfach, es hat so gekitzelt. Wenn irgendjemand a Problem g'habt hat, okay
dann schneid'n wir uns halt auf. Es war a Modetrend. Es war g'rad' in an Winter,
und nachat (=nacher) hab'n' ma halt an Haufen getrunken oder so, und dann ist
einem eh alles wurscht, ohne Alkohol is doch eine Hemmung da. Es is keine dabei
geblieben beim Ritzen außer i, mir hat's halt diesen Kick geben, irgendwo, i bin halt
nit wegkemmen von dem. Mir hab'n uns a die Namen eing'ritzt, von denen, die mir
grad mög'n hab'n oder sonst irgendwas, aber sonst hab'n mir uns beinhart g'rad
gschnitt'n. Man probiert's einfach aus, ob es der erste Rausch is oder die erste
Zigarett'n, du probierst es einfach. Des is des Gleiche wie mit dem Rauchen oder
Trinken, entweder du bleibst dabei oder eben nit."

F: Bedeutet für dich Ritzen genauso Sucht wie Alkohol oder Drogen?

„Für mi is es alles Sucht, ob Ritzen, Alkohol oder Rauchen. Es is dann einfach der
Kreislauf da, solang es nit klick macht, kannst du nit aufhör'n. Genauso is es mit
dem Trinken oder sonst irgendwas oder mit den Drogen, des is a nix and'res, wie a
Suchtverhalten, genauso is es mit dem Ritzen und Schneiden, weil der Kreislauf da
is. Sobald du des durchbrochen hast, und über des einmal wirklich nachdenk'n
kannst, dann is es vorbei, find i. Es gibt so viele Möglichkeiten, zu mir hat a immer
jemand g'sagt, dass i laufen, schwimmen oder sonst was geh'n sollt, aber, du
weißt, irgendwas Körperliches musst tun. Nach dem Laufen hast a des G'fühl, dir
tut alles weh, du hast einen Muskelkater, es is des Gleiche, aber du musst es g'rad'
finden."

Alle Mädchen, die ich interviewte, meinten, dass es sich beim Ritzen um Sucht
handelt, dass sie nicht die Möglichkeit haben, gegen das Ritzen zu entscheiden. In
meinen Gesprächen mit Fachexperten hingegen gab es unterschiedliche
Meinungen, ob es sich beim Ritzen um ein Suchtphänomen handelt oder nur ein
eingelerntes Muster, das man durch ein besseres ersetzen könnte. In der
Auseinandersetzung mit diesem Thema bin ich aber zu der Überzeugung gelangt,
dass es sich beim Ritzen sehr wohl um Sucht handelt. Bestärkt wurde meine
These durch Peter Schellenbaum. Er schreibt in seinem Buch, dass Sucht

„irrtümlich volksetymologisch mit dem Wort „suchen" in Verbindung gebracht" wird. „Sucht bedeutet aber kein Suchen[1]" (meiner Meinung nach ist ja „Suche nach etwas" eine Eigenschaft, die zum Menschsein dazugehört, also etwas, mit dem jeder konfrontiert ist, das aber kein Suchtphänomen ist!),

„sondern Sucht ist Krankheit, nämlich Abhängigkeit. Es hat den gleichen Wortstamm wie das Wort „siech" und bedeutet „krank sein". Es ist wichtig, die Dinge beim Namen zu nennen – mit ihrer korrekten Bedeutung." (Peter Schellenbaum 2002, S. 41 f)

Beim Ritzen handelt es sich um einen Zwang, alle Jugendliche beschreiben, dass sie ritzen müssen, dass sie wie in Trance ein Messer, eine Rasierklinge, ein Cuttermesser in die Hand nehmen müssen, um sich zu schneiden. Es gibt keinen Ausweg, sie müssen es tun, um die letzte Möglichkeit zu nützen, sich zu spüren, um sich am Leben zu erhalten, um den Selbstmord zu vermeiden. Sie haben das Gefühl, sich in sich zurückziehen zu müssen, in ihrem Gefühl der Verlassenheit können sie sich nur mehr auf sich selbst verlassen. Dieses Ritual des Schneidens hilft ihnen, ihre Existenz aufrechtzuerhalten, ihren seelischen Schmerz mit dem körperlichen zu überdecken, sodass sie das Gefühl haben, dass das Leben weitergeht, das sie nur mit diesem „Siechtum", mit „ihrer Krankheit" leben können.

F: Welches Verhältnis hast du zu deinem Körper? Welche Rolle spielt Gewalt für dich?

„I hab' mi nie in meinem Körper wohl g'fühlt. Ich hab's G'fühl gehab't, dass mei Körper nix wert is. Jetzt hab' i a gutes Körpergefühl."

F: Bist du als Kind geschlagen worden, könnte das schlechte Körpergefühl damit zusammenhängen?

„Als Kind bin i nit g'schlagen worden, aber später durch den Freund. I hab' genügend Gewalterfahrungen g'macht. Es is vorbei, i denk' zwar oft nach, find' es aber zäh, oder i überleg' mir, wie dumm i in bestimmten Situationen sein hab' können. Es gehört einfach zu mir. Mit 17 / 18 Jahren hat mi mei Freund voll g'schlag'n, blaue Flecken und a blaues Auge hab' i a g'habt. I hab' immer das Glück g'habt, so Psychopathen kennen zu lernen, die total krank sind. I bin a vergewaltigt worden vom Freund, letztes Jahr. I kann es jetzt wegstecken, ich hab' seit April letzten Jahres einen Psychologen g'habt bis jetzt, und jetzt hab' i es verdaut. I kann es sowieso nimmer ändern. Es is jetzt vorbei, i find's zach, i denk volle oft drüber nach. I frag' mi, wie i so dumm sein hab' können in manchen Situationen. I weiß nit, g'hört einfach zu mir. Des hab' i einfach g'lernt, i kann's nit ändern, mit dem muss i mi abfinden und i glaub', wenn i nit all's mitg'macht hätt', dann wär' i nit I."

Auffallend war, dass alle Mädchen, die ich interviewt habe, ein Nähe-Distanz-Problem äußerten. Sie konnten entweder keine engere Beziehung zu einem

---

[1] „suchti" zu gotisch „siukan" bedeutet „krank sein" (vgl. „siech", englisch „sick"), Friedrich Kluge: Etymologisches Wörterbuch der deutschen Sprache)

Freund aufbauen, weil sie sich bedrängt fühlten oder sie setzten sich der Gewalt, teilweise sogar sexueller Nötigung aus, weil sie nicht die Kraft hatten, dem Freund ihre Grenze aufzuzeigen. Die Angst, verlassen zu werden, war zu groß. Auch Nina schätzt ihre Abhängigkeit von ihrem damaligen Freund als sehr groß ein, aber durch die Schwangerschaft schaffte sie für sich einen bestimmten Abnabelungsprozess. Für mich war es erstaunlich, wie schnell Nina aus dem Ritzen aussteigen, von Alkohol und Drogen Abstand nehmen konnte und wie klar sie jetzt ihre Situation realistisch einschätzte und versuchte, mit ihrer Geschichte klar zu kommen. Ich fragte nach, wie es Nina jetzt mit dem Baby geht, ob sie sich überfordert fühlt und wirklich die Situation durch das Kind verändern konnte, oder ob sie durch Stresssituationen wieder das gleiche Muster einholt. Nach meinen neuesten Informationen geht es Nina sehr gut, obwohl ihr Freund sie nicht wirklich unterstützen kann, weil er sich mit der Situation, Vater zu sein, überfordert fühlt. Aber Nina meistert die Situation mit Hilfe ihrer Mutter gut. Für Nina hat sich eine neue Welt eröffnet. Sie glaubt, dass ihr diese Veränderung so viel Kraft gibt, dass sie ihre Vergangenheit hinter sich lassen kann.

Interview: Lilly (Juni 2004)

Lilly ist momentan stationär auf der Jugendpsychiatrie aufgenommen. Sie ist in Holland aufgewachsen. Als sie 11 Jahre alt war, zog sie nach Österreich und lebt seit 3 Jahren in Tirol. Lilly wechselte ins Internat nach Zams, um das Oberstufenrealgymnasium zu besuchen. Das ist eine Klosterschule. Momentan geht sie wieder in die Hauptschule, eher zur Ablenkung, weil sie in Innsbruck stationär aufgenommen wurde. Es ist absehbar, dass sie das Jahr wiederholen muss, aber das ist ihr egal. Lilly spricht perfekt deutsch, obwohl sie erst seit drei Jahren in Tirol lebt. Sie meint, dass sie deshalb die Sprache so schnell lernen konnte, weil sie in der Schule mit ihren Freundinnen viel gesprochen hat. Mir kam dabei der Gedanke, dass sie unheimlich schnell Neues aufnimmt, offen auf ihre Umwelt zugeht, alles Neue aufsaugt wie „ein nasser Schwamm" und vielleicht manchmal zu durchlässig ist, d.h., dass sie zu wenig „ihr" Leben lebt und für ihre Werte steht.

F: Wo habt ihr am Anfang gewohnt?

„I bin in Holland aufg'wachsen. Wie i elf Jahr' alt war, bin i nach Oberösterreich zog'n, dann nach Vorarlberg, jetzt bin i so seit drei Jahr'n da und i bin z'erst in die Hauptschule in St. Anton gangen, dann bin i nach Zams in a Internat, des is so a Oberstufenrealgymnasium. Des is von Klosterschwestern. Momentan bin i da (in Innsbruck auf der Jugendpsychiatrie) und geh' in die Hauptschule. Des isch eher zur Ablenkung. Jetzt hab' i wiederholen müss'n, aber des is ma ziemlich egal."

F: Wie alt bist du jetzt? Seit wann kannst du Deutsch?

„I bin 14. I kann erst seit 3 Jahr'n deutsch sprechen. Des isch von selber gangen, weil wenn ma in der Schual (=Schule) isch, dann dalernsch (lernst du) des schnell."

F: Mit wem bist du hergezogen?

„Ich bin mit meiner Mutter und meiner Schwester hergezogen und wir hab'n im Wohnwag'n gelebt, bis ma a Wohnung g'funden hab'n. Nacher sein ma in a Wohnung zogen, in a Art Ferienwohnung, aber die wird vermietet."

F: Warum seid ihr gerade hierher gezogen?

„Des is eher a komische G'schicht. Wir waren alle hier im Urlaub und mei Mutter hat es hier sehr gut g'fallen und sie hat g'sagt, sie wöllat (möchte) gerne nur für die Wintersaison und ihr geht's halt daweil (inzwischen) da in die Schul und es hat uns allen so gut g'falln, dass wir alle drei dableiben wollten. Mir isch das auch komisch vorkommen. Zuerst wollt' i nur ein Semester dableib'n, dann hat es uns so gut g'falln, dann hab' i ma gedacht, wir bleiben noch ein oder zwei Monat und nach a Weile sind wir halt geblieben. Mei Schwester is ein Jahr jünger, der Vater is in Holland geblieben. Aber zuerst hab i keinen Kontakt mehr mit ihm. Dann hat das Jugendamt g'sagt, wenn mei Schwester und i nit woll'n, dass da Kontakt da bleibt, dann verbietet das Jugendamt des. Des hab' i jetzt so g'macht."

F: Warum willst du keinen Kontakt mehr?

„Also des war so: er hat immer so schlecht über die Mama g'redet nach der Scheidung und i hab' ihm öfter g'sagt, des will i nit, hör auf, so schlecht über die Mama zu reden, aber er hat es nit g'lassen . Wir hab'n uns deshalb öfter zerstritten und nach a Weil' hab' i wieder den Kontakt abbrochen, hab' mi dann wieder troffen, hob den Kontakt wieder abbrochen. Aber nach a Weile sein bestimmte Sachen passiert, weil ich von meiner Kindheit total viel verdrängt hab', ich hab' es einfach vergess'n, oder, und dann sind bestimmte Sachen passiert, wo all's wieder aufakommen is. I hab' mi an total viele Sachen wieder erinnern können, die mit meinem Vater zu tun gehabt haben. Da war's dann ganz aus, da wollte i überhaupt keinen Kontakt mehr mit ihm hab'n."

F: War das der Zeitpunkt, wo das Ritzen begonnen hat?

„Na, das Ritzen hab' i davor scho g'habt, ungefähr so zwei Jahre vorher. Da hab' i das mit meinem Vater no nit so g'habt, da war des mit mein Vater no nit so a Thema."

F: Waren das massive Bereiche, wo er dich verletzt hat?

„Ja, es is um mehr gangen."

Die Stimme klingt für mich ziemlich betroffen, Traurigkeit zeigt sich auf Lillys Gesicht. Ich merke, dass sie an einem Punkt angelangt war, wo sie momentan nicht mehr weiter sprechen kann.

F: Wie hat das Ritzen begonnen?

„I hab' am Anfang nit gwusst, dass es des gibt. Ich hab' Mädchenzeitschriften gelesen und hab'a Reportage vom Borderlinesyndrom g'lesen und i hab des gar nit kennt. I hab' mir gedacht, da muss ma aber an Vogel hab'n, dass ma des überhaupt tut. Nach a Weile is es ma halt schlecht gangen und dann hab' i ma gedacht, vielleicht hilft's wirklich. I denk' ma, vielleicht hab i des tun und es wor eher, um bei da Mama Aufmerksamkeit zu erregen. I hab' damit ang'fangen aber nach a Weile, i hab's einfach geheim g'halten und irgendwann amal hab' i damit nit aufhören können. Es hat einfach brutal ang'fangen."

F: War der Druck, den du verspürt hast, so groß, dass du das einfach tun hast müssen?

„Es war dann a brutaler Druck da, aber davor war's einfach so, wenn's mir einmal schlecht gangen is und mi jemand verletzt hat oder da Schmerz groß war, hab' i irgendwie versucht, des alles abzuschalten, dass i völlig leer bin, nach a Weile hab' i es nimmer packt, weil i moan, i hab a einmal nimmer können oder so. Dort hab' i mi wieder verletzt, damit die Gefühle nit wieder da sein. Des war halt dann so a Kreislauf irgendwie."

F: Wie hast du geschnitten?

„Am Anfang hab' i's mit spitzen Gegenständen g'macht, mit Rasierklingen, dann mit Messer, i hab's dann noch a Paarmal wirlich nimmer tun woll'n. Dann hab' i mi a Freundin anvertraut und hab' g'sagt, bitte nimm ma das Messer weg, i möcht's nimmer tun, aber war zu blöd dazu und hab' nit drüber nachdacht und bin dann draufkommen, dass i's dann mit Rasierklingen mach'n könnt' und des sind dann

immer schlimmere Verletzungen mit der Rasierklinge, des war'n no zache Verletzungen, so schlimm war's mit'n Messer nit."

Es ist auffallend, dass sich die Art des Schneidens meistens verändert, es wird zu immer „stärkeren Mitteln" gegriffen, d.h., statt dem Messer verwendet man Rasierklingen oder größere Messer, man schneidet tiefer, damit der gewisse „Kick" gegeben ist. Natürlich ist die Heftigkeit des Schneidens auch immer mit dem Ausmaß des seelischen Schmerzes verbunden. An Armen und Beinen wird am häufigsten geritzt bzw. dort wird meistens begonnen, wenn man sich zum Ritzen entschließt, radikalere Methoden sind dann im Bauch- Brustbereich zu schneiden oder am Hals oder gar im Gesicht.

F: Hast du dir auch immer tiefere Wunden an der gleichen Stelle hinzugefügt?

„Des war unterschiedlich. Manchmal hab' i an der gleichen Stelle wieder aufgekratzt und manchmal hab' i wieder woanders ang'fangen zu schneiden, des war unterschiedlich."

F: Wo hast du dich geschnitten?

„An den Armen und a paarmal hab' i's am Bauch g'macht. An den Beinen hab' ich's nie g'macht."

F: Welche Bedeutung hat für dich Blut?

„Irgendwie war's a befreiendes G'fühl, wie's Blut außag'flossen is, i hab's Gefühl gehab't, dass es einfach weggeht."

F: Welche Last hast du mit dir herumschleppen müssen?

„Es isch alles zammenkommen. I hab' Probleme mit meiner Mama gehab't, mit mein Vater hab' i Probleme gehab't und nacher mit mein Exfreund hat's Probleme geben und so und i mein', i hab' a schlechtes Selbstbewusstsein gehab't und dann hab i alles nimmer ausgehalten."

F: Hast du Freundinnen gehab't?

„Ich hab' schon Freundinnen gehab't und so, aber wie i herzogen bin, hat mi am Anfang niemand mögen oder vielleicht is es a an mir g'legen, weil i mi ziemlich zurückzogen hab'. I hab' selbst nit so an mi glaubt. Seit i im Gymnasium war, hab' i zerst viele Freundinnen g'habt. Es is dann a and'res Mädchen auf mi aufmerksam g'worden, weil es mir psychisch ziemlich schlecht gangen is, bei mir is da Kreislauf ziemlich oft z'sammenbroch'n und de hab'n ma dann alle geholfen, im Krankenhaus und so. Do hab'n sich dann total starke Bindungen entwickelt. Jetzt hab' i brutal viele gute Freundinnen. Wir telefonieren jeden Tag, die helfen ma."

F: Wo liegen konkret die Problembereiche, wo hast du dich unverstanden gefühlt?

„Des war so, wo wir da herzogen sein, dort war i no im Wohnwag'n, der Wohnwag'n war zu klein für uns drei und mei Mama hat nix bessers zu tun g'wusst als ins Kaffee aufzugeh'n, weil es ihr sonst zu langweilig g'worden wär und sie hat and're Leut getroffen. Es hat sich so entwickelt, dass es jeden Abend g'worden is und sie hat dann immer mehr trunken. Des ist immer öfter g'wesen. Als ma dann

umzogen sein, dann hat sie die Finger nimmer vom Alkohol weglass'n können und hat dann a trunken und is halt gegenüber mir und mei Schwester aggressiv g'worden. Des hat mi sehr belastet, weil sie war halt nie daheim, weil sie bei der Arbeit war uns so, und i hab' mit mei Schwester das Haus putzen können, kochen und wir hab'n alles mach'n können im Prinzip. I hab' mi ziemlich bloßg'stellt g'fühlt, weil i mit meine Freundinnen nit schwimmen geh'n hab' können. Nach der Arbeit hab' i erst am Abend Hausaufgab mach'n können und dann war es wieder zum Schlafengehn. Da war sonst nix, was i hätt' tun können. Dann hab' i mein Exfreund troffen, mit dem is es halt gut g'laufen, nur zwei Monat und der hat mir ziemlich gut daheim g'holf'n und so. Er war a der Sohn vom Freund von meiner Mama, nach den zwei Monaten war er ziemlich eifersüchtig a auf meine Freundinnen und Kollegen und nach a Weile hat er überhaupt verboten, dass i mi überhaupt no amal mit meinen Freundinnen triff (=treffe) und des wollt' i nit und dann hat er g'sagt, i soll mi halt entscheiden zwischen ihm und meinen Freundinnen. Dann hab' i g'sagt, wenn du des so sigsch (=siehst), dann magst mi nit, dann bleib i halt bei denen. Er hat dann g'sagt, des hat er nit so gmeint. Dann sein ma halt doch z'sammenblieb'n, aber er wollt' mi jeden Tag seh'n und er hat dann versucht, Gerüchte über mi herumzuerzähl'n, weil er die Freundschaft zwischen meiner Freundin und mir kaputtmach'n wollt, so ziemlich hinterhältig. I hab' öfter Schluss mit ihm g'macht, weil i mi brutal eingeengt g'fühlt hab, aber er hat dann alle Register gezog'n und hat gedroht, dass er sich umbringt. Ich bin dann doch mit ihm zusammenkommen, weil i ihn doch lieb gehabt hab, obwohl er soviel „Scheiße" baut hat. Nach einer Weile is mir dann aufg'fallen, dass er ziemlich viel trunken hat und er dann wirklich no a Weile meine Meinung nit akzeptiert hat. Er hat immer des durchzog'n, was er meint. Nacher sein ma amal zu seiner Tante g'fahr'n und dann sind wir ausgang'n und hab'n was trunken und er hat sowieso brutal viel umag'sponnen. I hab' ihn g'fragt, was los is und er hat g'sagt, dass nix los is und dann fragt er mi, ob i mit ihm schlafen will. Mir hab'n davor schon Sex gehab't, aber er hat so komisch g'fragt und i hab' ihm g'sagt, dass i heit (=heute) nit mag. I hab' ihn g'fragt, ob er deshalb an Grant hat und er sagt, ja vielleicht. I hab' mi scho' nit auskennt und i fand's volle komisch. Dann sein ma halt zurückgangen wieder und nacha hat er wieder g'fragt und dann sein ma hinters Haus gangen und dann hat er g'sagt, dann kommsch amal (= einmal) mit, i will dir was im Keller zeigen, als kleiner Bua hab' i so a Krippe g'macht. Dann sein ma ochi (=hinunter) gangen in den Keller und dann hat er mir halt so a komische Krippe zeigt, dann hab' i mi schon überhaupt nit auskennt, was des soll und dann hat er mi vergewaltigt im Keller drin. Ich war total fertig. Noch a Weile isch er kommen und hat g'sagt, i muss dir was sag'n, i hab' heut' total viele Tabletten g'nommen, und weil ich sterben wollt', deswegen kann i nix dafür. Es kann sein, dass i in a paar Stund sowieso nix mehr weiß und dann sowieso hin bin. I hab' mi sound so nit auskennt, auf jeden Fall, dann hab'n ma aufigeh'n (= hinaufgehen) müssen zu seiner Tante, weil die sonst nit schlafen geh'n hätt' können und i hab' ihn no g'lobt bei seiner Tante, weil i es nit wahrhab'n hab' woll'n. Dann hab' i no mit ihm im gleichen Bett schlaf'n müssen und er hat am nächsten Tag so tan, als ob er nix mehr von dem weiß. Ja, super oder, i bin voll fertig g'wesen, und dann hab' i erst, weil er arbeiten hat müssen, 12 Stunden in an Einkaufszentrum warten müssen, bis er mit Arbeiten fertig is. I hab' nix zum Essen gehab't und er hat g'sagt, jetzt kannst du heimgeh'n und i hab' g'sagt, na, jetzt mag i a nimmer z'rückgeh'n und warum überhaupt. Dann hat er g'sagt, des sollst du nit wissen."

Der Zorn aus Lillys Stimme ist unüberhörbar. Erst jetzt kann sie eine Grenze ziehen zwischen sich und dem, was passiert war. Damals war es ihr nicht möglich, anders zu agieren.

„I bin dann zurückgangen zu meiner Freundin und hab' ihr des erzählt, dann hat sie halt g'sagt: "Mach Schluss, das kannst du da nit g'fallen loss'n.". I hab' dann Schluss g'macht, und dann bin i doch wieder mit ihm z'sammenkommen, weil er gedroht hat, dass er sich umbringt. I hab' nit g'wusst, was i tun soll. I kann mi a nimmer so genau erinnern. Er hat mi immer wieder zu Sex gezwungen, obwohl i nit wollt'. I hab' nur mehr Angst gehab't vor dem Schluss-Mach'n, i hab' Angst gehabt, dass er mir was antut. Wenn i nit wollt', hat er mi voll fest am Arm festgehalten, dann hab' i beim Ausgehn und so bei ihm bleib'n müss'n. Dann hab' i mei Freundin getroffen und die hat g'sagt, du kannst nit nur dein ganzes Leben lang aus Angst z'sammenbleiben. Des geht einfach nit. Er war aggressiv. Sie hat ma versproch'n, dass sie, jedes Mal, wenn i vor die Tür geh, dass sie mitgeht. Sie hat gegenüber g'wohnt. Dann hab i schlussendlich Schluss g'macht und nach a paar Mal is er mir nimmer nachgangen, hat keine SMS geschrieben und hat mi ziemlich in Ruh g'lassen. Das is dann gut gangen."

F: Hast du dich in der Zeit geritzt?

„I hab' erst amal mitgekriegt, dass i nix ess' oder alles breche und hab mir die Schuld an dem gegeben. Nach a Weile hat's mir koa Ruah g'lass'n und i hab' mit mein Exfreund g'redet, er hat zu mir g'sagt: Ich kann nix dafür, ich hab' ma denkt, du willsch (=willst) des, dass i solche Sochen mach' (sie meinte die Vergewaltigungen), weil i hab' halt mit dein Vater g'redet" und der hat g'sagt, wenn er sie nit verlieren will, dann soll er des mach'n und er steckt mit mein Vater unter einer Decke und sie wollten mi volle fertig mach'n und er hat volle Scheiße g'redet."

Jetzt ist der Hass und die Zumutung über dieses Zusammenspiel von Freund und Vater unüberhörbar. Sie spricht in einem unheimlich schnellen Tempo.

F: Wo lebt dein Vater, lebt er noch in Holland? Wie konnte ein Kontakt zwischen Vater und Freund zustande kommen?

„Ja, aber mein Vater is uns öfters besuchen kommen und einmal isch mei Freund mitgangen, wo wir a Gespräch gehabt hab'n. Nachdem i mit mein Vater den Kontakt abgebroch'n hab', wollt' mei Vater a nimmer mit mir reden. Dann bin i halt gangen und mei Freund is dort blieben. Ich hab' ma gedacht, warum kommt er nit nach, warum is er nit da, wo i ihn jetzt total brauch', warum bleibt er da bei mein Vater. Nach a Weile, nach einer Stund is er erscht kommen, ja und anscheinend hab'n sie dort ausg'macht, wie sie mi fertig mach'n können. Sie hab'n die Nummern austauscht und all's solche Sach'n, keine Ahnung, mei Exfreund meldet sich nimmer und mei Vater will kein Kontakt mit mir aufnehmen. Des is a besser so, es is a blöd, weil wir im gleichen Dorf leben und beim Ausgehen kann's sein, dass wir uns im gleichen Dorf treffen. Des is doch ziemlich Scheiße. I geh ihm einfach aus'm Weg."

F: Was hast du mit deinem Vater in deiner Kindheit erlebt, wie war deine Beziehung zu ihm?

„Es is so, ich hab' mi nimmer erinnern können, aber nach der Vergewaltigung isch die Erinnerung wieder aufakommen und seit meiner Geburt hat mei Vater mi eigentlich nit mögen, weil er wollt' lieber an Sohn hab'n. Mei Mama hat so Depressionen kriegt nach meiner Geburt. Sie hat sich nit viel um mi gekümmert. Mei' Vater hat mi wirklich gehasst. (Jetzt wird die Sprechgeschwindigkeit wieder etwas langsamer.)

Zwischen meinen Eltern is es a nimmer so gut g'laufen. Sie hab'n oft wegen dem Finanziellen g'stritten. Nach einer Weile außer einem Hallo und der Streiterei hab'n sie kein Kontakt miteinander gehab't, sie hab'n a nit mehr miteinander schlaf'n. Mei Vater hat sich dann einfach gedenkt, wenn schon mei Frau nimmer mit mir schlaft, so nimm i halt mei Tochter. Wenn i sie schon sonst zu nix gebrauchen kann, dann nimm i halt mei Tochter."

F: In welchem Lebensalter war das?

„Des wird so zwischen dem 6. und 12. Lebensjahr gangen sein. Dann hat er oft, i war ihm soundso scheißegal und er war so lässig cool und dann hat er öfters etwas mit Kollegen versucht auszumach'n, und dann hat er g'meint, ja mei, wenn ich mit denen schlafe, dann zahl'n sie ihm Geld. Ich bin dann wegg'laufen. Des hat er bei seiner Arbeit g'macht. Da hat er Geschäftspartner gehab't, aber i bin dann eh weggelaufen, i weiß es eh nimmer so genau. Aber grad fein war des nit. Mei' Vater hat Angst gehabt, dass i ihn irgendwie verpfeif' und hat a einmal irgendwie, des war im Campingurlaub, i weiß a nit genau, wie des abg'laufen isch, i hab' des dann vom Exfreund erfahr'n, aber er hat irgendwie an ab'grichteten Hund auf mi losg'lassen, weil er Angst gehab't hat, dass i ihn sonst verpfeif. Es war a Warnung. I bin zu mei Mama gangen und hab' ihr g'sagt, da Papa macht des und des, aber sie hat's ma nie glaubt. Sie hat mi dann z'sammengeschrien, ich soll nit solche Scheiße über den Vater sag'n. Mei Mama hat ziemlich wenig von dem mitkriegt, weil sie oft so an Rausch gehab't hat, dass sie sich am nächsten Tag nit amal dran erinnern hat können, was passiert is. Sie hat des erst jetzt richtig abcheckt. Jetzt glaubt es mir mei Mama, aber sie weiß nimmer, dass i des ihr amol g'sagt hätt, jetzt steht sie hinter mir und sie will a nimmer, dass i mit mein Vater Kontakt hab' oder mei Schwester und des geht halt jetzt ziemlich gut und sie glaubt's a. Jetzt hoff'n ma, dass es mit ambulanter Betreuung besser wird und sonst muss i halt wieder die Jugendpsychiatrie besuchen und unter'm Jahr bin i im Internat."

Es ist bei sexuellem Missbrauch üblich, dass eine „Atmosphäre der Verschwiegenheit" vorherrscht. Für Lilly selbst war der Missbrauch tabuisiert und ihr Verdrängungsmechanismus funktionierte so gut, dass sie sich erst an den Missbrauch erinnerte, als ihr Freund mit ihr dasselbe Spiel spielte. Ihre Mutter flüchtete sich in Alkohol und Depression und wollte die Wahrheit nicht erkennen. Lilly reagiert auf den sexuellen Missbrauch mit einem in der Gesellschaft ebenfalls tabuisierten Muster, nämlich der Selbstverletzung.

F: Wie geht es dir mit dem Klosterleben im Internat?

„Es is ganz hetzig (= lustig, interessant), weil i denk' ma, die schlimmsten Mädeln werden dorthin g'schickt, damit sie braver werd'n. Da geht's ziemlich ab, wir habn's schon hetzig, im Zimmer hab'n wir schon was trunken und so und um 21.30 Uhr hab'n wir Nachtruhe und wir bleib'n manchmal bis 1.00 oder 2.00 auf. Wenn ma a *bissel zu laut sein, dann krieg'n ma Tischdecken auf, das krieg'n wir dann so oft auf, dass es niemand mehr mach'n kann, weil der Plan für das ganze Jahr voll ist."*

Lilly lacht von Herzen und sie wirkt sehr gelöst, wenn sie von der Schule spricht.

„Es is ziemlich lässig, die Schul' is ziemlich schwer, aber wir hab'n genügend Ausgang, wenn ma mit der Freundin z'samm is, dann passt des eh all's. Ich kann besser deutsch sprechen als holländisch, mit'n Reden tu i mi volle leicht, es is halt die Rechtschreibung, da tu i mi schwer, aber es geht a."

Lilly kommt jetzt ziemlich in Fahrt, wenn sie von der Schule spricht, sie gewinnt an Fröhlichkeit.

F: Wo nimmst du deine Fröhlichkeit her? Deine Kindheit klingt ziemlich traurig oder hast du das nicht so empfunden?

„Am Anfang hab' i mi gar nimmer erinnern kennen, seit dem letzten Jahr im August weiß is. I hab's am Anfang gar nit wahrhaben woll'n und hab' mit niemandem drüber g'prochen, weil i ma denk, wenn i näher auf solche Sach'n eingeh, dann kimmt des all's wieder aufa (= herauf). I hab' des alles nimmer packt, weil i nimmer die Wahrheit von der Fantasie unterscheiden hab' kennen. Manchmal hab' i dann an Verfolgungswahn kriegt, manchmal Panikattacken und i hab' des einfach nimmer packt. Des is dann …, nach a Weile hab' i dann solche Depressionen kriegt, dass i nimmer leb'n wollt. Es is immer schlimmer g'worden. Nach a Weile is a Zeitpunkt g'wesen, wo alles z'sammenkommen is. Ich hab' a ganze Packung Tabletten g'schluckt und sie hab'n mi dann ins Krankenhaus tan, dann bin i herkommen (auf die Jugendpsychiatrie)."

F: Hat dich deine Mutter gefunden, nachdem du die Tabletten geschluckt hast?

„Na, des war im Internat. Meine Freundinnen hab'n mi g'funden, i hab' meine Freundinnen alle voll zusammeng'schrien, sie soll'n mi in Ruh lass'n. Da hab' i schon volle an Grant g'habt, dann bin i ins Klo g'rennt und mei Freundin hat's glei g'wusst, dass da irgendetwas nit stimmt und hat glei nachg'schaut und hat mi glei am Klo g'funden. I bin volle zusammenzuckt wegen der Tabletten, i war halb weg."

F: Was waren das für Tabletten?

„Des war'n Kreislauf–Herztabletten oder so was Ähnliches. Mei Freundin hat glei a Schwester informiert und die hat glei die Rettung g'rufen und dann war i im Krankenhaus. Was danach g'wesen is, weiß i nimmer. I hab' alles gebrochen und dann bin i drei Tag geblieben und dann bin i daher g'führt worden mit der Rettung (auf die Jugendpsychiatrie). Aber des war mei Entscheidung und dann hab' i halt durch mei Psychologin hab' i halt g'lernt, über die Sach'n reden zu können und sie hat so g'sagt, i muss lernen, dass alles wieder aufakommt, und nocha tut's mir nimmer so weh. I versuch' mehr auf die Zukunft zu schau'n und i denk' ma, des is Vergangenheit. I hab' jetzt meine Freundinnen und i muss schau'n, dass es mir besser geht und dass die Zukunft besser geht als die Vergangenheit. Was g'wesen is, kann ma sowieso nimmer ändern und i kann alles verarbeiten, mir fällt's viel leichter, da drüber zu reden, mir tut's nimmer so fest weh wie früher. Dadurch, dass i ang'fangen hab' zu reden, sein die Panikattacken besser g'worden. Früher hab' i voll Angst gehab't, i hab' nit g'wusst vor was, ich hab' volle zittert und hab' voll

Angst gehab't. Sie hab'n mir dann Tabletten geb'n und dann is des volle gut gangen. Jetzt hab' i keine mehr, i brauch mi a nimmer ritzen, i kann irgendwie jetzt alles verarbeiten und jetzt geht's ziemlich bergauf. Manchmal hab' i in der Früh die Phase, wo's ma schlechter geht, aber dafür hab i ja meine Freundinnen und die Betreuung is a da. I nimm jetzt so Antidepressiva und jetzt müssen ma schau'n, weil des hat erst ang'fangen."

F: Wie lange hast du geritzt?

„Zwei Jahre. Aber ich hab' Glück gehabt, weil wenn i des etwas länger g'macht hätt', wär vielleicht noch was schief gangen."

F: Hast du öfters versucht, dich umzubringen?

„Wie i die Tabletten eing'nommen hab', hab' i nit an Selbstmord gedacht. I denk', Selbstmord und Ritzen is nit weit voneinander entfernt, aber es is was ganz anderes. Man will sich spüren und nicht umbringen. I denk' ma, Ritzen is für mi a dort gut g'wesen, wenn i des nit tan hätt', dann hätt' i des nimmer ausgehalt'n und hätt' mi vielleicht umbracht. Des war eigentlich die Rettung für mi, dass i mi nit umbracht hab'. Es is besser, seine Probleme zu verarbeiten und es so zu schaffen ohne zu ritzen. Ich denke, es ist der Schritt, sich jemandem anzuvertrauen."

F: War das Ritzen ein Ritual für dich?

„Irgendwie schon, ich hab's am Bett g'macht und dann hab' i des g'macht. Es wird vielleicht noch amal an Rückfall geb'n, aber i denk' ma, i will des wirklich nimmer mach'n. Bevor i's tu, wird' i zum Telefon greifen und meine Freundin anrufen. Ich will es wirklich nimmer tun."

F: Wie geht es dir jetzt mit deiner Mutter?

„Ich denk' mir, sie weiß echt nix mehr von früher. Jetzt hab'n ma a ambulante Betreuung. I denk' ma, i vergib ihr des einfach, wenn's jetzt besser läuft, dann wird sich mei Mama a mit Hilfe ändern können und sie will sich a ändern. Ambulante Betreuung is für die ganze Familie und de schau'n halt, dass es daheim passt. Wenn sie draufkommen, dass es wirklich nit stimmt, dass mei Mama wirklich zu viel trinkt, dann werden sie a was tun. So lang sie nit zugibt, dass sie so was hat, kann ma ihr nit helf'n. Aber i denk' ma, mit der ambulanten Betreuung, wenn's mit mei Mama nit besser wird, dann werd'n die anderen seh'n, sie hat a Problem und dann werd'n sie a etwas tun, damit sie's einsieht. Mir ist es nicht nur wichtig, dass es mir gut geht, es soll a meiner Mama gut geh'n. I denk' ma, wenn's uns allen z'sammen gut geht, dann wird's sich bessern."

F: Hat deine Mutter noch den früheren Freund, den Vater deines Exfreundes?

„Ja, den hat sie noch und sie glaubt mir nit, dass des mit mein Freund passiert ist. Sie will es nit wissen, weil sie halt doch mit sein Vater z'sammen is und das tät doch nur no mehr Probleme geben. I denk' ma, solang er mi in Ruah lässt, dann wird des auch kein Problem sein, ich kann ihm ja auch aus dem Weg geh'n. Mein Exfreund ist jetzt a 18 Jahre alt und i denk', er wird sich a neue Wohnung nehmen und i werd von ihm a Ruah hab'n."

F: Mit dem Freund deiner Mutter, hast du mit ihm Probleme?

„Nein, der geht volle gut. Der hat selbst wegen mir geweint, wie i so daherkommen bin. Er is okay."

F: Wo habt ihr jetzt die Wohnung?

„Wir wohnen jetzt woanders. Vorher war i unter der Woche im Internat, do war i soundso nit oft in der Wohnung. Jetzt werden wir soundso umziehn und i denk' ma, da is es soundso anders. Dann konn i mei Vergangenheit hinter mi lass'n. Dann kommt es nit wieder alles aufer (=herauf), wenn ich etwas siech (=sehe) oder so. Das is schon fein. Wir haben nebenbei noch a ambulante Betreuung und i werd no nebenbei a Psychologin hab'n und weitere Therapien mach'n. Dann wird's schon wieder bergauf gehen."

F: Wie geht es deiner Schwester? Hat sie auch diese Aggressionen deines Vaters mitgekriegt?

„Mit mein Vater hat sie nie so Probleme gehab't. Wie i den Kontakt abbrochen hab' mit ihm, dann is sie damals a zum Vater g'fahren, dort wär fast das gleiche passiert, zum Glück is nix draus g'worden, also er hat sie nit sexuell missbraucht. Ihr is es schon komisch vorkommen, weil der Papa hat sie so komisch behandelt. Aber sie will a kein Kontakt mehr, sie is a vorg'warnt. Mit mei Mama is es besser g'worden, weil seit dem Suizidversuch hat sie sich verändert. Sie is nimmer so aggressiv, sie fängt nimmer glei zu schrei'n an. Damit geht es meiner Schwester a besser. I mein, mit der ambulanten Betreuung wird's a für sie leichter. Ich versuch' halt, die meiste Verantwortung auf mi zu nehmen, damit sie doch noch Kind sein kann, damit sie a glückliche Kindheit hab'n kann. Sie hat einfach länger spielen können und kindisch sein können und das gönn' i ihr a."

F: Damit hast du ziemlich viel Verantwortung für deine Familie übernommen. Wer hat für dich gesorgt? Nach der Geburt, nachdem deine Mutter depressiv und dein Vater aggressiv geworden ist? Hat es eine Oma gegeben?

„Eigentlich niemand. Mit sechs Jahren hab' i schon mei Mama trösten können, wenn sie Probleme mit dem Vater gehab't hat und i hab' dann doch gekocht und sonst hab' i nit viel gebraucht. In die Schule bin i grad no g'fahr'n. Sonst war nit viel. Es ist grad und grad no gangen. Ich denk' ma, i hab' a viel draus g'lernt und i hab' viel Erfahrungen und i kann es vielen weitergeb'n und i kann vielen helfen, die die gleichen Probleme hab'n. I versteh' mehr. Wenn i amal a Kind hab', werd i meim Kind alles geben, was a Mutter gibt, weil i weiß, wie schlimm es is, wenn ma a schlechte Kindheit hat. Nach dieser Schule möcht i gern Psychologie und Sozialwissenschaft studieren. I möchte' a Jugendlichen mit Problemen helf'n."
(Interview: Juni 2004)

Es war faszinierend, wie schnell Lilly die deutsche Sprache erlernt hatte. Lilly machte auf mich einen sehr offenen Eindruck, sie nahm alles auf, was sich ihr bot. Sie ließ sich grenzenlos auf Neues ein, in ihrem Interview erwähnte sie, dass sie ihre Muttersprache nicht so gut sprechen und schreiben konnte wie die neue Fremdsprache. Das Bild fügt sich für mich insofern zusammen, dass sie keine Grenzen setzen konnte, die neue Sprache saugte sie auf, strömte in sie hinein, ihre Muttersprache war für sie kaum mehr von Bedeutung, innerhalb von drei Jahren sprach sie perfekt deutsch, man kann nur einen leichten Akzent hören. Hier kommt mir auch der Gedanke, inwiefern ihre Mutter mit der Muttersprache in einem engen

Zusammenhang steht. Wollte sie vielleicht ihre Mutter mit all ihren Depressionen verkörpert in der Muttersprache hinter sich lassen? Wollte sie ihre Mutter neu erleben? War es ein unbewusster Mechanismus, dass sie ihre Vergangenheit hinter sich lassen wollte, alle Grenzüberschreitungen, besonders die ihres Vaters, vergessen wollte? Lilly hat das Problem, keine Grenzen setzen zu können weder ihrem Freund, noch ihrem Vater gegenüber war das für sie möglich. Sie wurde zum Zeitpunkt der Vergewaltigung durch ihren Freund von ihren Gefühlen überschwemmt, es gab keine Kontaktschranke, die sie rechtzeitig einsetzen konnte, um sich vor ihrer Familie zu schützen. Damit fühlte sie eine unheimliche Leere, weil zu wenig Eigenes entstanden war, sie ließ sich von ihrer Umwelt bestimmen und ausnutzen. Sie konnte dem Ganzen nichts entgegensetzen und übernahm für alles die Verantwortung sehr früh schon, die Elternrolle für ihre Familie. Mit 12 blieb ihr nur noch das Ritzen, um psychisch überleben zu können.

Interview: Daniela (Februar 2005)

Daniela ist jetzt 16 Jahre alt und macht auf mich einen sehr gedämpften Eindruck. Sie ist stationär aufgenommen worden. Sie antwortet nur knapp, ist stereotyp in ihren Bewegungen und spricht kaum und wenn, nur das Notwendigste. Ich merke, dass es mir schwer fällt, Fragen zu stellen, die Atmosphäre ist eher gespannt. Die Außenwahrnehmung überträgt sich auf meine Innenwahrnehmung und ich spüre Angst und Resignation von Daniela. Es hemmt mich, differenziertere Fragen zu stellen, weil ich Angst habe, Grenzen zu überschreiten. Ihr Schweigen nach den kurzen Antworten bewirkt Bekommenheit bei mir, es schafft keine Beziehung, sondern ich fühle, dass für Daniela die Situation ein notwendiges Übel bedeutet. Am Ende des Interviews fragt Daniela, ob sie jetzt gehen dürfe, das bedeutet, dass sie sich nicht wirklich wohl „in ihrer Haut fühlte" während sie ihre Geschichte erzählte. Zugleich kämpfe ich um die richtige Wortwahl, die einfach und verständlich sein soll. Daniela antwortet so knapp, dass es mir schwer fällt, überhaupt Fragen zu finden. Körperlich beginne ich zu reagieren, indem ich am Stuhl nervös hin- und herrutsche. Ich habe nach zehn Minuten das Gefühl, dass das Interview beendet ist. Meine Grenze ist offensichtlich erreicht. Die Psychologin, die am Interview teilnimmt, gibt den hilfreichen Hinweis, dass die familiäre Situation noch ein interessanter Aspekt für meine Arbeit wäre. Jetzt entspannt sich das Gespräch etwas, gegen Ende hin wird es dann wieder mühsamer. Auch die Stimme der Psychologin klingt betroffen und die Pausen zwischen Frage und Antwort ziehen sich.

F: Wann hast du dich das erste Mal geschnitten?

„Mit 11 Jahren."

F: Kannst du dich noch an die Situation erinnern, was dort so Einschneidendes für dich passiert ist?

„Des war an Tag danoch, nachdem i vergewaltigt word'n bin, da hab' i mir die ganze Hand aufg'schnitt'n."

F: War das auf beiden Händen?

„Na, es war nur auf einer Hand, ober des sieht ma nimmer. Nur auf der einen Hand."

F: Womit hast du dich geschnitten?

„Mit der Rasierklinge."

F: Wie ist diese Vergewaltigung passiert? Wer war der Täter? War er im Familienkreis?

„Na, der hat bei mir im Haus g'wohnt. Zuerst hat er ma immer Zigaretten kauft, dann hab' i a Geld kriegt für Süßigkeiten und Kaugummi und dann war'n ma bei ihm daheim, dann hat er mi g'fragt, ob i a Himbeersaftl will, dann hat er ma Whisky geben, den hab' i dann trunken."

F: Hast du mit jemandem in der Familie darüber reden können?

„Erscht (=erst) mit 14 hab' i's jemand'm g'sagt."

F: Hast du das Ritzen dann wiederholt? In welchen Abständen hast du dich geritzt?

„In der Woche ein bis zweimal."

Daniela hustet immer wieder und bleibt wortkarg.

F: Machst du das Ritzen laufend oder hast du Pausen gehab't?

„Jetzt hab' i mi drei Monate nimmer gschnitt'n. Dann hab' i ma's Feuer einibrennt und dann hab i mi blutig kratzt."

F: Was hat das Ritzen für eine Bedeutung?

„Wenn i des tu, fühl' i mi voll erleichtert. Ich hab' ja nie mit jemandem drüber reden können, dann hab' i ma da Sachen eing'schrieben, einigeritzt."

F: In der Familie, hat da jemand eine Veränderung gemerkt oder dir Hilfe anbieten können?

„Ja, mei Bruder hat des immer g'seh'n, wie ich mi aufg'schnitten hab', aber der hat nix g'sagt. Mei Mama hat es amal g'sehn und sie hat g'sagt, wenn i des no amal tu, dann komm i in die Psychiatrie und letztes Jahr bin i eing'liefert word'n." (Offensichtlich hat die Mutter das eher als Drohung benutzt)

F: Wie geht es dir jetzt?

„Jetzt geht's ma besser."

F: Hast du Freundinnen gehab't, die dir irgendwie helfen konnten?

„Z'erst hab' i nur eine g'habt, aber jetzt hab' i an ganzen Freundeskreis."

Ich mache die Erfahrung, dass die meisten Mädchen, die sich schneiden, viele Freunde während des Aufenthaltes in der Klinik gewinnen können. Der Austausch mit Gleichgesinnten macht die Situation erträglicher. Häufig setzt sich jedoch die Freundschaft nach dem Klinikaufenthalt nicht fort, weil es eher um das Erzählen der eigenen Geschichte geht als wirklich um Beziehung.

F: Was machst du jetzt schulisch oder beruflich?

„I fang' jetzt, wenn i aus der Psychiatrie heraußen bin oder vielleicht kennen ma uns no zommenreden (= zusammenreden), dass i während der Psychiatrie a no in a Werkstätte anfangen kann.

Des is so a(= ein) Integrationsding. Dort tut ma bastl'n."

Daniela wird jetzt sichtlich lebhafter. Sie zeigt auffallendes Interesse, irgendwie weiterzukommen.

F: Möchtest du noch eine Schule besuchen?

„I hab' die Hauptschul' g'macht und Poly hätt' i a no gehen müssen, da bin i dann nimmer gangen."

Das Interview gestaltet sich sehr zäh, Daniela schaut vor sich hin und nimmt kaum Anteil an ihrer Umwelt. Sie ist augenscheinlich traumatisiert und reagiert so, als wäre alles in weiter Ferne. Ich spüre mit Staunen die Abwesenheit jeder Emotionalität. Sie ist in einem äußerst isolierten Zustand und hat keinen Augenkontakt. Ihr Blick ist nach unten gerichtet.

F: Kannst du noch einmal beschreiben, was sich beim Ritzen abgespielt hat? Ist es ein Ritual für dich, das du ganz allein machst?

„I hab' des immer nur g'macht, wenn i entweder schlecht träumt hab', i hab' immer von der Sache träumt wie i vergewaltigt worden bin, dann hab' i mi glei in der Früh, wenn i aufg'standen bin , g'schnitten und abends geht's ma meistens schlecht, da hab' i mi gschnitt'n. Des is eher so a Beruhigung. Wenn i des tan hab', hab i mi eher beruhigt."

F: Hast du Wut in dieser Situation verspürt?

„Ja."

F: Gibt es diesen Mann in diesem Haus noch?

„Na, der hat auszieh'n müss'n. Da is die Polizei kommen, dann hab'n sie mi gfragt, ob er mir was tan hat. Dann hab' i g'sagt „Na". Er wohnt jetzt in Hall."

F: Hat der Mann andere Mädchen auch genötigt?

„Er is anzeigt word'n, weil er, wie soll i des jetzt sag'n, sein Ding aus'm Balkon zeigt hat, vom Garten außer." (Er hat also eine exhibitionistische Neigung gehabt).

F: Zur Anzeige hast du es nie gebracht?

„Daniela verneint wortlos."

F: Wie alt bist du jetzt? 15?

„Na, i bin gestern 16 Jahr alt g'word'n. Mit 11 Jahren ist das passiert."

F: Wie war die Familiensituation bei dir?

„Es steh'n eigentlich alle hinter mir, außer mei Schwester, die meint, i mach des alles so aus Spaß."

F: Wie alt ist deine Schwester?

„Die is 20 und hat ma gestern nit amal zum Geburtstag gratuliert."

Daniela ist sichtlich tief gekränkt, ihre Stimme klingt traurig und resigniert. Wenig Hoffnung drücken ihre Bewegungen aus.

F: Sie hat von dem Ganzen, was dir passiert ist, nichts mitgekriegt?

„Sie weiß schon etwas davon, (Daniela hustet verlegen) ober sie meint, i spiel' des nur, des Schneiden und Stimmen-Hör'n."

F: Wie viel Geschwister hast du sonst noch?

„I hab' no vier Brüder. Die versteh'n mi alle. So richtig versteh'n kann mi soundso keiner, aber sie versuchen alle, mi zu versteh'n."

F: Bist du die Jüngste?

„Ja."

F: Wie geht es dir mit deinen Eltern?

„Mei Papa kommt immer nur, wenn i in da Psychiatrie lieg', ober sonst hab' i a gutes Verhältnis."

F: Leben deine Eltern getrennt?

„Mh. Ich hab' an Kontakt mit mein Vater."

F: Meldet er sich nur, wenn es dir schlecht geht?

Daniela nickt.

F: Seit wann ist dein Vater nicht mehr zu Hause?

„Seitdem i drei bin, jetzt sind's 13 Jahr."

Daniela hängt sehr an ihrem Vater, der sich jedoch nur für seine Tochter verantwortlich fühlt, wenn es ihr schlecht geht. Daniela zeigt sich unheimlich dankbar für die Besuche ihres Vaters, obwohl der Kontakt nur in Krisenzeiten funktioniert. Hier stellt sich für mich die Frage, inwiefern eine Krankheit für Daniela notwendig ist, um den Vater zu treffen und spüren zu können.

Daniela empfindet diese sehr einseitige Beziehung bereits als gut.

F: Ist die Mutter daheim?

„Ja, die is daheim."

F: Daheim fühlst du dich wohl?

„Ja."

Zu diesem Zeitpunkt schleppt sich das Interview extrem mühsam dahin. Daniela gibt nur knappe Antworten, die restliche Zeit blickt sie starr vor sich hin. Sie macht den Eindruck, dass sie nicht gerne über ihre Situation spricht.

F: Ist deine Schwester schon ausgezogen?

„Na, die wohnt immer no daheim. Die ander'n sind alle auszogen. In a Zweizimmerwohnung passen keine sechs Kinder mehr hinein."

Ich kann mir vorstellen, wie groß der Druck für die Mutter als Alleinerzieherin in einer Zweizimmerwohnung gewesen sein muss! Für mich ergibt sich eine problematische Familienkonstellation. Die Brüder flüchten alle vier relativ früh aus dem Haus, wobei ein Bruder drogenabhängig wird. Übrig bleiben die Frauen in der Familie. Daniela scheint mir der Symptomträger dafür zu sein, dass man die Situation und das Desinteresse dort kaum aushalten kann. Sie klammert sich an den Vater, der die Familie zwar verlassen hat, aber sich noch meldet, wenn sie krank ist. Daniela muss also krank sein, um die Möglichkeit zu haben, ihren Vater zu sehen. Mit der Erkrankung erreicht sie, dass ihr Vater sich um sie kümmert.

F: Kommen dich die Brüder öfters besuchen?

„Ja, eimal in der Woche kommen sie. Wenn i daheim bin, dann kommen sie, außer ein Bruder, der immer g'seh'n hat, dass i mi g'ritzt hab, der is drogenabhängig und der hat andere Sach'n im Kopf als mi b'suchen zu kommen. (Sie sagt das mit resignativer Simme.) Des is der jüngste Bruder, der is jetzt 24."

F: Dann ist der Altersabstand relativ groß?

„Ja, mei' ältester Bruder is dreißig."

Psychologin: Du bist einmal in deiner Kindheit zur Goti ein Jahr lang und dann wieder zur Familie zurück? Wie war denn das damals?

„Zwei Jahre lang war des, von sieben bis neun Jahre. Mei Mama hat do immer arbeiten müssen, von fünf in der Früh, da war i immer bei meiner Goti, die war a immer ganz streng. Da hab' i nur a viertel Stund in den Hof geh'n dürfen."

Die Stimme von Daniela klingt zutiefst traurig und beklommen.

Ihre Mutter hat sie sozusagen einfach hergegeben als einziges Kind, alle ihre Geschwister durften zu Hause bleiben und dann gab ihre Mutter sie dorthin, wo sie sich überhaupt nicht wohl fühlte. Dort hat sie wenig Liebe erfahren.

„Zerst hab i immer lernen müssen."

F: Wohnt die Goti in der Nähe?

„Die wohnt in der Reichenau. I wohn' in Innsbruck."

F: Bei der Goti hast du dich nicht wohl gefühlt?

Daniela schüttelt den Kopf; murmelt ein leises Nein.

F: Teilst du das Zimmer mit deiner Schwester?

„Na, mir hab'n das Zimmer abtrennt."

F: Streitet ihr noch viel?

„Wir streiten immer, weil wir zwei können uns so nit leiden. Die hat andere Interessen."

F: Wie steht die Mutter dazu, wenn ihr streitet?

„Die sagt schon gar nix mehr dazu, weil, wenn sie was sagt, dann regen wir uns wieder auf, dann helf'n wir z'sammen. (Es entsteht eine lange bedrückende Pause, wie vorher schon mehrmals). So oft streiten wir nit. Ich red a gar nit viel mit ihr."

F: Hat Blut für dich eine besondere Bedeutung?

„Bei mir soll'n das nit nur solche kleinen Kraller sein, bei mir muass des viel sein."

F: Also muss es viel Blut sein?

Daniela nickt.

F: Und Brennen?

„Brennen tut gar nix. Do spür' i nix.

F: Hat Schneiden für dich mehr Bedeutung als das Brennen?

„I versteh' die Frage nit."

F: Für manche ist das Schneiden deshalb interessanter, weil Blut fließt, weil sie sich spüren wollen, sie sehen das Blut als Symbol dafür, dass sie noch am Leben sind.

„Es war des erste Mal, dass i mi brennt hab', weil i nix gehab't hab' zum Schneiden."

F: Also du würdest lieber schneiden als brennen?

„Ja."

F: Das Brennen ist sozusagen nur ein Notnagel und du spürst mehr, wenn du schneidest?

„Ja."

F: Wann hast du dich das letzte Mal gebrannt?

„Vor einerhalb Wochen."

F: Wie geht es dir jetzt?

„I muss es jetzt nimmer unbedingt mach'n. Ich bin öfters in den Turnsaal gangen, hab' da meine Aggressionen abg'lassen."

Daniela hat ein anderes Ventil gefunden, indem sie sich körperlich betätigt. Diese Gemeinsamkeit habe ich bei allen Mädchen, die sich geschnitten haben, gefunden, dass sie sozusagen zuerst das alte Muster durchbrechen mussten und es durch ein neues ersetzten, um vom Schneiden loszukommen. Eine Druckentlastung ist für Daniela lebensnotwendig, um überhaupt existieren zu können! Trotzdem wirkt sie stark traumatisiert, hat wenig Leben in sich. Daniela war so sehr mit sich selbst beschäftigt, dass sie sich kaum öffnen konnte, das Gespräch war sehr mühsam. Sie war erleichtert, als das Interview beendet war.

Im Vergleich dazu ging es Sabine zum Zeitpunkt des Interviews zwar auch sehr schlecht, jedoch nahm sie an ihren Erzählungen teil, zwar mit zittriger, zorniger Stimme, aber Sabine hielt den Kopf nach oben und schaute mich direkt an, während Daniela den Blick auf den Boden richtete und alles auf sich konzentrierte. Sabine erzählte ihre Geschichte in starken Bildern, während Daniela mit „Müh und Not" die Fragen beantwortete. Ich denke, dass bei Daniela nicht nur die Familiensituation trist war, sie musste auch den sexuellen Missbrauch verkraften.

Sabine ging es zwar auch sehr schlecht, aber sie hatte die Möglichkeit zu differenzieren, Ritzen war für sie ein notwendiges Übel, um Druckentlastung herbeizuführen, sie fühlte sich aber nach dem Ritzen furchtbar schlecht, auch Nina betonte immer wieder, dass sie nach dem Ritual des Schneidens unheimlich traurig war und sich überlegte, was das Ganze eigentlich solle. Daniela hinterfragte das Ritzen nicht in diesem Ausmaß, sie fand zwar heraus, dass es für sie ein Ersatzmuster gab, aber nach dem Ritzen war bei ihr keine Frustration bemerkbar, bei ihr stellte sich nur Erleichterung ein. Petra beurteilte das Ritzen auch als brauchbares Mittel, das ihr ständig zur Verfügung stand, wenn es ihr schlecht ging. Bei ihr fiel mir auf, dass sie sofort für ein Interview bereit war, während sie bei der Befragung selbst schon wieder fast bei der Tür draußen war und nur wenig Zeit dafür aufbringen wollte. Sie signalisierte mir nach bereits 20 Minuten, dass sie keine Zeit mehr habe. Sie machte den Eindruck, als wäre sie auf der Flucht. Schmerzliche Gefühle wurden nur kurz auf's Tapet gebracht, sie wollte sich nicht wirklich darauf einlassen und erzählte ihre Geschichte in einem hohen Sprechtempo. Bei ihr hatte ich nicht das Gefühl des Mitleids, Petra zeigte auch keine Gefühle des Bedauerns für sich selbst und das übertrug sich auf mich. Sie nahm auf keinen Fall die Opferrolle ein, sie gab keinen Raum für Sinnlosigkeitsgefühle, sie vermittelte mir, dass sie diesen Weg selbst wählte, also verschuldete sie die Situation auch selbst. Wenn dann endlich Gefühle aufkamen, so mündeten sie in fluchtartiges Verhalten. Sowohl bei Petra als auch bei Daniela brach das Gespräch abrupt ab. Ich denke, dass dieses Verhalten sehr häufig bei ritzenden Mädchen anzutreffen ist, um ein Schutzschild gegen die Außenwelt aufzubauen.

Experteninterviews

Ich erachtete es für sinnvoll, Experten zu diesem Thema zu befragen, um dem Leser einen tieferen Einblick in diese Thematik zu geben. Die Experteninterviews waren mir eine große Hilfe, weil sie mir Details zu manchen Fragen beantworten konnten. Die verschiedenen Interpretationen gaben mir einen weiteren Blick für diese vielfältige Problematik. Manchmal war es auch schwierig, die Grundannahmen richtig zu deuten und diese nicht mit meiner eigenen Sicht zu vermischen. Dabei halfen mir folgende Fragen als Leitfaden:

Wie betrachtet die Expertin, der Experte das Ritzen?

Welche auslösenden Momente gibt es, also zu welchem Zeitpunkt passiert das Ritzen zum ersten Mal?

Welche Rolle spielt die Familie?

In welcher Weise ist das ritzende Mädchen überfordert? Worin besteht der große Druck?

Hat Blut eine besondere Bedeutung?

Welches Verhältnis hat das junge Mädchen zu seinem Körper?

Warum wird die Haut beschädigt?

Ist Ritzen geschlechtsspezifisch zu sehen?

Da die Interviews bzw. bestimmte Begriffe für jemanden, der mit dieser Thematik nicht beschäftigt ist, oft schwer verständlich sind, beschloss ich einen Kompromiss einzugehen, indem ich die Interviews nicht wortwörtlich wiedergebe sondern die Version nahe an der Schriftsprache, nahe an der Sprecherin oder dem Sprecher ausrichte. Ich ließ meine Interviewpartner den entstandenen Text lesen, um Authentizität zu garantieren.

1. Interview: August 2004

Petra Grubinger arbeitet auf der psychiatrischen Kinder- und Jugendstation als Psychologin und beschäftigt sich intensiv mit dem Phänomen des Ritzens.

F: Warum denken Sie, dass geritzt wird?

Ich unterscheide zunächst zwischen dem primären und sekundären Ritzen, primär heißt, es geht um irgendeine Form von Reduktion von Affekten, einmal handelt es sich um Angstreduktion oder auch, dass die jungen Mädchen im Grunde sehr aggressiv sind, sich aber nicht trauen, die Aggression direkt zu zeigen, sondern die Aggression gegen sich selbst richten. Sie ritzen. Dadurch kommt es zu einer Spannungsreduktion. Ich denke, es ist eine Mischung aus Angst und Aggression. Sekundär heißt, dass es um die Botschaft geht: „Schaut's her, mir geht es nicht gut, ich brauche etwas, ich leide unter irgend etwas", sodass es um eine Art von Mitteilung geht.

F: Dann ist es aber nach außen gerichtet?

Dann ist es nach außen gerichtet. Hier geht es um den Krankheitsgewinn. Ich sende nach außen hin die Botschaft, dass es mir schlecht geht. Beim primären Ritzen geht es wirklich nur um die eigene Person, ich richte die Aggression gegen mich selbst, wenn ich ritze, während das sekundäre als Mitteilung an die Mitmenschen gedacht ist.

F: Warum richten die Mädchen die Aggression kaum nach außen?

Aggression wird deshalb nicht nach außen gerichtet, weil es mit sehr vielen negativen Erfahrungen, mit Vorbildern zu tun hat, häufig wirkt die Mutter als Vorbild und es stellt sich die Frage, wie Aggression gelebt wird. Bei uns sind die Mütter von Ritzerinnen bereits aggressionsgehemmt. Oft haben sie selbst depressive Züge und viele lösen die eigenen Aggressionen, indem sie trinken oder Tabletten nehmen, also da ist schon im familiären Umfeld für mich meistens eine Aggressionshemmung zu beobachten. Die Frage ist, wie schafft man es dann auf der Gefühlsebene, wenn man das erste Mal versucht, die Aggression nach innen abzuführen.

F: Wie sieht es mit der Suchtproblematik in der Familie aus?

Die Suchtproblematik ist in der Familie häufig vorhanden, meistens findet man diesen Problembereich bei uns in der Klinik vor, wie es draußen ist, weiß ich nicht, denn Ritzen ist häufig verbreitet. Ich nehme an, dass nicht alle Familien pathologische Faktoren haben, aber bei uns ist häufig eine Suchtproblematik mit Alkohol oder Tabletten gegeben, entweder von Seiten der Mutter oder von Seiten des Vaters. Auch Scheidungen spielen eine wichtige Rolle, die jedoch davon abhängen, wie sie gelöst wurden. Es macht einen Unterschied, ob ich sage, es war so, ich kann damit positiv umgehen oder ob immer noch ganz viel Hass, Rache und die Enttäuschung bei den Eltern nach der Scheidung mitschwingt. Problematisch wirkt es sich aus, wenn die Konflikte innerhalb der Familie nicht angesprochen werden und noch viele Gefühle da sind. Viele Kinder hoffen, dass sich die Eltern wieder finden, obwohl sie sehr genau die vorhandene Aggression im

Raum spüren. Um mit Spannungen und Druck besser klar zu kommen, verschaffen sich einige Mädchen Erleichterung durch Ritzen.

F: Heißt das, dass die Tochter Symptomträger in der Familie ist?

Im Grunde ja. Wenn es Spannungsreduktion oder Angstreduktion ist, dann schaut man zuerst einmal, was in der Familie ist, ob Faktoren wie Scheidung, Sucht oder Verlust des Arbeitsplatzes vorkommen oder ob Eltern am eigenen Lebenskonzept gescheitert sind. Wenn sich Eltern ihr Leben völlig anders vorgestellt haben, wenn es in der Beziehung zu einem Eklat gekommen ist und sie nicht ihre Wut offen zeigen können, weil das immer nur so peripher mitschwingt, so ist das für Kinder schwer erträglich. Auf der anderen Seite entstehen in der Pubertät oft Konkurrenzgeschichten zwischen Mutter und Tochter, in der Schule und am Arbeitsplatz gibt es viele zwischenmenschliche Spannungen, die aber auch nicht so direkt als solche bezeichnet werden können. Die Mädchen fühlen sich überfordert. Hier liegt viel Verleugnung vor, auch bei den Mädchen, die jahrelang ritzen und das auch verleugnen, indem sie sagen: Es geht mir eh gut, es ist eh nix Schlimmes, das tu' ich halt so". Wenn man genauer hinschaut, dann ist in fast jedem Bereich etwas, wo es sich reibt und wo nicht offen geredet wird. Im Grunde wird das Dahinterliegende versteckt. Das Ritzen versteckt man auch oft, am Anfang wenigstens, das sind die wenigsten, die ihre Wunden und Narben provozierend mit kurzen Ärmeln zeigen. Die meisten erzählen ja, dass sie jahrelang ritzen und niemand hat es bemerkt und dann fügt es sich wieder zusammen, auf der einen Seite findet das Verstecken von Konflikten und das Ritzen, auf der anderen Seite das Verstecken der Narben statt. Da würde ich eine Verbindung sehen.

F: Wie sieht es mit einer perfektionistischen Haltung aus? Haben diese Mädchen, die ritzen, eine zu große Erwartungshaltung an sich selbst?

Ja, der Perfektionismus passt schon auch als ein Kriterium hinein. Wenn ich an die Mädchen denke, die bei uns waren, kommt mir schon vor, dass ein unheimlicher Erwartungsdruck vorhanden ist, an sich selbst, dass man funktioniert, die Eltern wollen, dass man funktioniert, die Mädchen wollen das selbst auch. Es sollten keine Konflikte da sein, man sieht es als Schwäche und will sie auch nicht zeigen. Es würde dann in Richtung depressiv oder narzistisch gehen, hier stellt sich dann die Frage, ob alle Ritzerinnen eine depressive, narzistische Persönlichkeitsstruktur haben. Da würde ich vorsichtig sein, weil die Problematik sehr komplex ist. Hier schwingt viel mit. Wenn bei Jugendlichen wirklich schwere Persönlichkeitsstörungen vorliegen, mit 17 / 18 Jahren, dann ritzen Jugendliche auch meistens.

F: Mit welchen Problemen kämpfen Jugendliche, die ritzen?

Jugendliche fühlen sich zu wenig ernst genommen, sie haben keinen Platz, keinen Raum, den sie in der Familie einnehmen können. Es ist ein riesiges Thema für die Jugendlichen, sich zu trauen, Raum zu nehmen und ihn zu füllen. Sich nicht zu trauen hat sehr viel mit Trauer zu tun. Trauer ist fast immer ein Thema und auch diese Wut, es sind Mädchen, die im Grunde ganz viel miterlebt haben, die so viel verstanden haben und so clever waren und ganz viel gecheckt haben, was so in der Familie läuft. Sie haben keine Sprache gefunden für das, was sie beschäftigt und bedrückt. Sie haben vieles wahrgenommen und im Grunde ganz richtig wahrgenommen und die Sprache ist aber nicht da gewesen. Sie haben dann versucht, vieles mit sich selber auszumachen und selber Erklärungen zu suchen, oft rationalisieren sie vieles und schaffen das auch so im Kopf, aber auf Gefühlsebene nicht, mit Ritzen wird dann vieles auf der Affektebene gelöst. Die Mädchen nehmen viele Impulse am Anfang als etwas Diffuses wahr, aber sie können nicht ausdrücken, was sie so traurig gemacht hat. Sie reagieren dann mit Ritzen, um eine Druckentlastung herbeizuführen. Sie spüren ein „grausiges Gefühl", körperliche Spannung, etwas Diffuses, sie können es nicht einordnen und dann wird geritzt.

Das Ziel der Therapie ist, dass die Mädchen für ihr unbewusst Wahrgenommenes eine Sprache finden, z.B., dass sie sagen: „Gestern war ich mit den Eltern unterwegs und es war das und das, und ich habe mich wieder so nicht gesehen gefühlt und es hat mich wieder so gekränkt". Es geht um ganz massive Kränkung und niemand hat es wahrgenommen. Es ist wichtig, dass sie das Erlebte mitteilen können. Die Betroffenen nehmen ihre Kränkungen zuerst oft gar nicht wahr: „Dann habe ich noch nichts gespürt, dass ich gekränkt war und dann habe ich das und das gemacht und dann bin ich auf die Station gekommen und es ist mir noch so gut gegangen, dann sind wir noch ins Kino gegangen und plötzlich hat es mich dieses grausige Gefühl überfallen ..." Die Jugendlichen müssen wieder lernen, eine Verbindung zwischen dem Erlebten und sich selbst herzustellen und dass die Zeitabstände, wo anscheinend ja nichts gespürt wird, sich verringern, dass man sehr schnell lernt, hoppla, wo ist da die Kränkung, was ist da passiert?

F: Wie sehen Mutter – Tochterbeziehungen bei ritzenden Mädchen aus?

Häufig handelt es sich um problematische Mutter – Tochterbeziehungen. Töchter wollen ihre Mütter nicht enttäuschen und schlucken dabei ihre Wut hinunter. Häufig schreiben Kinder die Aggression ihrer Mutter einer Trennung zu, sie legen sich aber dabei ihr eigenes Erklärungsmodell zurecht, um die Mutter besser verstehen zu können und ihre Aggressionen besser aushalten zu können. Dabei entsteht oft eine unheimliche Wut gegenüber der Mutter, weil sich die Tochter ungerecht behandelt fühlt. Trotzdem schluckt sie ihre Wut hinunter, sie will ihre Mutter schonen und vor allem nicht enttäuschen, viele stellen einen Zusammenhang zwischen der Aggression der Mutter und dem Verlassen des Vaters her. Es bildet sich ein Muster, das sich in aggressiven Situationen wiederholt. Dabei entsteht häufig das Denkmuster: „Es könnte mich ja dann vielleicht jemand verlassen, so wie damals der Vater, der gegangen ist und vielleicht war damals die Mama zu aggressiv zum Papa und er ist gegangen. Ich bin ja nicht so aggressiv." Das ist ein häufiges Thema.

Problematisch wird es für Töchter, wenn Mütter Aggressivität nicht direkt ausdrücken. Es passiert in Beziehungen oft, dass Schuldgefühle an die Tochter signalisiert werden und die aber dann über Jahre nicht gesehen wird. Es ist nicht so schlimm, wenn die Mutter der Tochter Schuldgefühle macht, und es wird von beiden gesehen oder die Tochter kann der Mutter signalisieren „Mama, jetzt hast du mich schon wieder total unter Druck gesetzt", dann ist es ja nicht so schlimm, das Schlimme ist, wenn beide die Sprache nicht haben und nicht wissen, was passiert. Es ist wichtig, Gefühle zu benennen, um einen Zusammenhang mit dem Auslöser herstellen zu können. Das Mädchen muss wieder Gefühle zulassen und zeigen können.

F: Wie ist der Zusammenhang mit den Müttern? Gibt es Grundmuster in der Familie?

Wenn ich an meine aktuellen Patientinnen denke, ist vielleicht die Frage, ob die Mütter auch so umgehen wie ihre Töchter, wobei diese Theorie mit Vorsicht zu behandeln ist. Die Mütter von ritzenden Mädchen haben im Grunde eine leichte Bindungsangst. Sie haben oft viele Freunde nach der Scheidung bzw. während der Ehe und lassen sich auch häufig auf Beziehungen ein. Ich habe beobachtet, dass es die Tochter entweder auch so macht oder das Gegenteil. Es ist ganz schwer zu sagen, ob eher nachgeahmt wird oder eher die Haltung entsteht: „Um Gottes Willen, so wie die Mama will ich nie sein." Es gibt beide Varianten, dabei handelt es sich um den gleichen Urkonflikt – in jedem Fall ist es Nähe vermeidend.

F: Wann beginnt das Ritzen?

Frühestens mit 12 Jahren beginnt das Ritzen, unter 12 kommt es kaum vor. Vorher ist oft das Nägelbeißen, Haare ausreißen oder Unfallkinder, die dauernd hinfallen und sich auch weh tun, da zeigt sich eher die ganze Aggression, die gegen sich selbst gerichtet wird, indem man zu wenig auf sich selbst aufpasst und auch sekundär gibt es einen Gewinn. Man wird getröstet, man braucht Hilfe, man unternimmt viel, man braucht ein „Pflasterl", sekundär ist der Gewinn immer da. Beim Ritzen hingegen ist das ein Teufelskreislauf, weil die Ritzerin nicht mehr die Botschaft nach außen geben kann, was mit ihr los ist. Problematisch wird es dann, wenn der Kreislauf nicht mehr durchbrochen werden kann und das Ritzen zum Muster wird.

F: Wann bekommt die Mutter bzw. die nächste Umgebung das Ritzen mit?

Mütter bekommen das Ritzen erst mit, wenn vieles nicht mehr funktioniert. Solange geritzt wird, aber die Schule oder die Lehrstelle funktioniert, wird es anfangs überhaupt nicht bemerkt und später, wenn die Schule nicht mehr funktioniert, wenn die Schule „g'schmissn" wird, wenn eine Suiziddrohung vorliegt oder viel Dissozialität daherkommt, dann kriegen es Mütter mit. Sie registrieren lange vorher nichts. Ähnlich ist es beim Alkoholismus, nicht wenig Jugendliche trinken viel, in den letzten Jahren ist die Zahl in die Höhe geschnellt und viele Eltern bekommen das auch nicht mit. Der Alkoholismus ist hauptsächlich bei Mädchen angestiegen und hier kann man den Rückschluss ziehen, dass das etwas mit unserer Gesellschaft zu tun hat, auf jeden Fall holen Mädchen in diesem Bereich auf. Ich finde häufig einen Zusammenhang zwischen Trinken und Ritzen. Die Suche, sich zu beruhigen und Emotionen herauszulassen und loszulassen und nicht mehr stark sein zu müssen, ist für viele Ritzerinnen von Bedeutung. Es ist auch die Verleugnung von Konflikten da. Beim Trinken ist das genauso. Mädchen, die ritzen, trinken auch oft. Das Trinken jedoch findet nicht nur allein statt, sondern auch im Freundeskreis, begonnen wird meistens in der Gruppe ab 12 Jahren und dann wird es auch allein praktiziert. Trinken ist eindeutig eine Angstreduktion. Es handelt sich um Angststörungen, auch wenn es nicht so klar ist wie im Erwachsenenalter, aber Angst ist ein riesiger Faktor beim Ritzen und auch beim Trinken. In der Pubertät ist Angst ein wichtiger Faktor und in der entsprechenden Situation potenziert sich dann Angst.

F: Warum ritzen Mädchen häufiger als Burschen?

Es sind immer noch weniger Burschen als Mädchen betroffen, aber früher hat es so gut wie nie einen Burschen gegeben, jetzt suchen auch Burschen ab und zu Hilfe. Wir haben leider auf der Station noch zu wenig die Möglichkeit, zu beobachten, welche Ursachen bei Burschen vorliegen. Ein gravierender Unterschied besteht im Gruppenverhalten zwischen Mädchen und Jungen. Bei Mädchen ist das Ritzen ein Gruppenphänomen, wer noch nicht geritzt hat, ritzt sich dann auch, es ist, als würde man sich fast anstecken. Wenn sich zwei ritzen, wird es nicht lange dauern, dann ritzen die anderen zwei auch. Das ist wie ein Virus, der um sich greift. Burschen hingegen ritzen ohne jemanden nachzuahmen. Mädchen identifizieren sich sehr miteinander, untereinander, es ist eine Empathie da, der geht es ja so schlecht, dann hört man sich das alles an und dann gibt es den sekundären Gewinn. Burschen machen das nicht, die erzählen aber auch nicht so genau in der Gruppe, was daheim passiert ist, während Mädchen das schon tun. Vielleicht ritzen auch Mädchen deshalb mehr, weil es ein Gruppenphänomen ist, weil Mädels viel mehr darauf anspringen und viel häufiger ihre Geschichte erzählen. Sie stecken sich gegenseitig an und suchen Gemeinsamkeit, Verbündete. Aggression haben Jungs immer mehr nach außen zeigen können und Mädchen eben viel weniger, und deshalb leuchtet es ja auch ein, warum Mädchen mehr ritzen. Es nehmen wesentlich mehr Frauen Tabletten und Männer drücken Aggression anders aus, das ist geschlechtsspezifisch zu sehen. Jetzt, wo die gesellschaftliche Entwicklung anders verläuft, wenn man an die vielen Alleinerzieherinnen denkt und wo das Männliche weniger stark ist, vielleicht kommen dann die Ritzer, wo auch die Aggression nach innen abgeführt wird und manche Burschen werden weicher. Das väterliche Prinzip fehlt häufig bei allein erziehenden Müttern, manche Frauen schaffen es zwar, etwas doppelt zu machen, das männliche Prinzip miteinzubeziehen, aber nicht alle schaffen das und dann fehlt etwas. Es gibt so etwas wie ein väterliches Prinzip, das Aggression direkt ausdrückt und das tun Frauen weniger. Sie sind auch oft anders erzogen worden. Wenn diese väterliche Rolle fehlt, dann identifiziert sich der Bub mit der Mutter und vielleicht fördert eine Mutter, die eine Aggressionshemmung hat oder Aggression sehr mit sich selbst ausmacht oder in sich ableitet, das Ritzen des Sohnes. Wenn er das tut, wird er sehr sensibel sein und womöglich ritzen, wenn viel zusammenkommt, das wäre die logische Konsequenz.

F: Wie arbeiten Sie therapeutisch?

Es ist wichtig, Gefühle zu benennen und den Auslöser in Zusammenhang mit dem Ritzen zu bringen, das Mädchen muss lernen, Raum einzunehmen. Es ist ein Ziel, dass Jugendliche wieder dasitzen können und Tränen oder Wutttränen weinen, dann passiert etwas in der Therapie. In der Gruppentherapie tauen Jugendliche schon auf, da geht es auch heftiger zu. Im Schnitt sind sie 3 Monate da. Häufig brechen Gefühle nach einem Monat auf und da ist es wichtig, dass man langsam mit der Familientherapie beginnt. Die Bereitschaft der Familie, zu kommen, ist größtenteils da, aber es geht meistens auch darum, dass sich die Mütter verändern müssen oder, wenn die Tochter beim Thema Aggression versucht, einen neuen Weg einzuschlagen, bedeutet das auch etwas für die Mutter. Das ist die Frage, ob die Tochter es schafft, auch noch einmal schafft, Wut gegenüber der Mutter auszudrücken oder nicht. Das ist dann ein langer Weg. Am Anfang bieten wir die Familientherapie an, wenn die Jugendlichen dann die Klinik verlassen, sind die heilpädagogischen Familien oder das SOS-Kinderdorf über den Verein zuständig. Manchmal geht das Konzept auf und der Jugendliche findet einen konstruktiveren

Weg, manchmal gelingt es leider nicht und es wird wieder geritzt. Also, wenn Eltern ganz in ihrer Rolle drinnen sind und ihr Konzept nicht aufgeben, dann ist es für Jugendliche sehr schwer, weil sie noch mehr Energie investieren müssen, um Veränderungen herbeiführen zu können. Man kennt das ja von sich selbst, wie sehr gewohnte Muster eintrainiert sind und schwer zu verändern sind. Es verunsichert den Betroffenen sehr. Das Beste ist natürlich, die Eltern ändern sich auch ein bisschen, das gelingt nicht immer, es muss eine Wandlung entstehen, dass Veränderungen etwas Positives sind, Veränderungen sind ja meistens etwas Gefürchtetes und Familienveränderungen besonders. Diese Familien haben Veränderungen meistens nur negativ erlebt. Eine Scheidung war rein negativ, ein Arbeitsplatzwechsel ist nur negativ gesehen worden, der Auszug des Kindes wurde negativ bewertet, das ist oft in den Familien zu merken, auch die Überlegung, was ist positiv daran, was kann das bringen, was öffnet das wieder, das wird in der Familie oft als Belastung, als ein Scheitern erlebt. Wenn der Jugendliche sich verändert, ist das für die Familie noch schwieriger, weil es als nur bedrohlich erlebt wird. Die Mädchen, die das schaffen, sind wirklich sehr stabil. Wir erleben es so, dass die, die rausgehen, und es kommt logischerweise immer wieder zu Krisen und zu irgendeinem Rückfall, ist ja auch normal, wenn man sich verändern möchte, und da rufen sie schon an und teilen mit, dass es noch einmal zum Ritzen gekommen ist. Nur erlebe ich es so, dass es viel schneller zu einem Auslöser, der bewusst wahrgenommen wurde, von der Umgebung her kommt. Sie sagen ganz schnell, es ist das und das passiert, mir ist es schlecht gegangen, ich habe wieder zu ritzen begonnen. Wenn wieder einmal eine Krise ist und es wieder passiert, kann sie sich schneller einklinken, aber dass es dazwischen ganz ruhige und konstruktive Phasen gibt, so erlebe ich es. Wenn eine arge Krise ist, dass die neuen Bewältigungsstrategien wieder zusammenbrechen und die alten Muster wieder zum Vorschein kommen. Aber da finde ich wirklich, dass man schon einiges abfangen kann. Dass jemand ganz auf dem Trip des Ritzens bleibt, gibt es zwar auch, aber das sind Gott sei Dank wenige. Die, die gar nichts ändern, brauchen Spezialisten und mehr an Betreuung. Manche hörten mit dem Ritzen nach der Entlassung auf, später nahmen sie jedoch Drogen. Andere wiederum haben wir entlassen, weil sie relativ stabil waren, sie ritzten zwar noch einmal in der Woche, aber mit einer ambulanten Betreuung und einer Psychotherapie zweimal in der Woche konnten die Mädchen ihr Leben in den Griff bekommen. Es gelingt ihnen dann, weniger oft zu ritzen – vielleicht nur mehr alle 14 Tage und irgendwann hört es ganz auf. So ist oft die Prognose. Wenn sie Zugang zu ihren Gefühlen finden, dann ist Ritzen oft nicht mehr notwendig.

Jugendliche tun sich leichter, destruktive Muster aufzugeben und durch konstruktive zu ersetzen. Eher ist es im Erwachsenenalter, bei chronisch psychisch Kranken bleibt es, bei unseren Jugendlichen ist es selten, dass es chronisch bleibt. Es ist einfach noch viel möglich, sei es, dass ein Mädchen in eine Wohngemeinschaft geht oder sich sonst verändert und das ist im Erwachsenenalter seltener, da sind einfach gewisse Strukturen schon gefestigt und es ist schwieriger, aus dem herauszukommen.

F: Wie gestalten Mädchen mit Autoaggression Beziehungen mit Burschen?

Ich erlebe es al Entweder-Oder: Es gibt welche, die ritzen und sie sind promiskuitiv. Sie setzen wenig Grenzen in Bezug auf Burschen, erleben viel Negatives, sie sind sehr oft enttäuscht, wobei, wenn man promiskuitiv ist, dann findet zwar körperlich und sexuell sehr viel statt, psychisch geht die Begegnung nicht so tief, das läuft so durch. Auf der anderen Seite gibt es Mädchen, die sich einfach unheimlich schwer auf Sexualität und auf eine Beziehung mit einem Burschen einlassen können. Sicher gibt es eine Auffälligkeit, entweder sind sie in die eine Richtung extrem vorsichtig, bei den ersten Dates erscheinen sie gar nicht und brauchen dann drei Anläufe oder es ist genau das Gegenteil der Fall. Mädchen, die ritzen, haben auf keinen Fall eine normale Beziehung oder leben Sexualität ganz normal aus. Das ist sicher dieses Nähe-Distanz-Thema, das hier einfließt. Dabei geht es wieder um das Thema Wut und Angst. Es stellt sich die Frage, wo stecke ich meine Grenze ab, wo darf ich mich als Frau abgrenzen und alles, was wir jetzt besprochen haben, fließt mit ein. Wenn ich Angst habe, das ist meine Kernaussage, dass sehr viel Angst ist bei der Sache, ich bringe Angst mit Nähe in Verbindung, dann bin ich sicher nähevermeidend. Das ist die Art von Mädels, die sich dann unheimlich schwer auf Burschen und Sexualität einlassen. Die, die promiskuitiv sind, würde ich sagen, sind contraphobisch, die haben schon auch sehr viel Angst vor Nähe, nur tun sie genau das, damit sie es nicht spüren, da lasse ich mich erst recht locker auf etwas Neues ein. Im Grunde haben sie den gleichen Konflikt. Die eine geht voll in das hinein und lässt sich auf nichts mehr ein, die andere überspielt es, versucht es, nichts zu spüren und das gelingt, wenn ich jeden Tag alles ändere, dann spüre ich das auch nicht mehr so. Die töten auch ihre Ängste, indem sie so tun, als wären sie unempfindlich.

F: Haben Jugendliche viele Gewalterfahrungen gemacht?

Ich kenne beides. Eine Gruppe hat sehr wohl viel Gewalt von Seite der Mutter und des Vaters erfahren, in der anderen Gruppe bekamen die Mädchen zwar keine Schläge, aber bei manchen war viel an Kälte, Erpressung, emotionalem Druck zwischen den Ehepartnern da. Hier gibt es die Gewalt sehr versteckt. Wenn es sich um sehr tiefes Ritzen handelt, dann geht es schon in Richtung Verstümmeln, es ist nicht oberflächlich, wenn wirklich genäht werden muss, weil die Wunde so tief ist, dann stellt sich die Frage, in welcher Weise eine psychische Verstümmelung da war.

F: Ist das Ritzen eine Modeerscheinung, wenn es so „ansteckend" ist?

Könnte es einen Zusammenhang zwischen Gesellschaft und Ritzen geben? Kunst und Philosophie hat immer auf aktuelle Themen, Strömungen aufmerksam gemacht? Was ist los in dieser Gesellschaft? Ich denke, Not hat es immer gegeben und hat immer seinen Ausdruck in der Zeit gefunden, aber ist das Ritzen ein Ausdrucksmittel unserer Zeit? Wie drückt man Leid aus?

Der Körper ist in der Gesellschaft irrsinnig in den Vordergrund gerückt, wenn man z.B. an die Werbung denkt, also Körperlichkeit ist überall da, oberflächlich gesehen, stellt er eine Bühne dar. Körper ist ein Ausdrucksmittel, er ist ein Medium und für den Jugendlichen ist der Körper natürlich ständig da, sehr schnell da und das ist die Bühne für vieles. Es hat auch früher die psychische Gewalt gegeben in den Familien, Ängste gegeben, es hat immer Wut und Aggression gegeben.

F: Meine Überlegungen sind, dass Jugendliche Symptomträger der Gesellschaft sind.

Die Jugendlichen inszenieren das letztendlich.

Ich sehe da auch eine Verbindung. Es ist auch die Stellung der Frau in unserer Gesellschaft zu hinterfragen. Frauen sagen zwar inzwischen ihren Männern mehr, was da Sache ist oder werden auch direkter in der Aggressionsäußerung, aber irgendwo gibt es etwas, was nicht passt, sonst würden nicht hauptsächlich Mädchen ritzen. Ich denke, irgendwo ist der „Hund drinnen", der Körper wird nach außen hin ganz toll von den Mädchen präsentiert und irgendwie offen, in Wirklichkeit ist es ja nicht so, die meisten kommen mit dem Körper nicht klar und vielleicht ist es dasselbe, die Frauen werden nach außen hin wesentlich aktiver und emanzipierter. Wenn ich mir die Mütter von unseren Ritzerinnen anschaue, dann sind das meistens auch Frauen, die nach außen hin sehr stark sind, Frauen, die meistens geschieden sind, die das vielleicht auch selber wollten, sie verdienen selbst, sie richten sich alles, aber es sind auch sehr erschöpfte Frauen, was mich auch nicht wundert. Vielleicht ist die Wirklichkeit nicht so, alles, was so glorifiziert wird und was noch in Bewegung ist, Gesellschaft mit Frauen und Körper, ist in Wirklichkeit nicht so. Die Ritzerinnen verstehen oft mehr als wir und lösen dieses Spannungsverhältnis auf diese Art und Weise. Es fehlt oft der Schutz, die Schutzbedürftigkeit ist ja da. Die Familien sind oft erschöpft, Väter, Mütter. Die Kinder, die schutzbedürftig sind, drücken diese Bedürftigkeit über die Haut aus, symbolisch gesehen geht es um das ganz Frühe, Babies – die gepflegt werden, gehalten werden, da gehört die Pflege dazu. Wenn man anfängt, die Haut zu verletzen, das ist ganz das Urfrühe und das, was man mit sich macht und das was im Grunde bleibt.

Wenn Zeichen in Form von Ritzen nach außen gesetzt werden, stellt sich schon die Frage, ob diese Mädchen sich eben ausreichend gehalten gefühlt haben. Früher gab es sicherlich ähnliche Erfahrungen, dass die Mutter zu wenig Zeit hatte, aber vielleicht haben sich Kinder in einer Großfamilie eher gehalten gefühlt, wo jemand da war. Das erzählen die Mädchen schon, dass sie irgendwo auf der Strecke geblieben sind. Die Frauen gehen nach der Scheidung den ganzen Tag arbeiten und die Mädchen sind meistens gerade im Volksschulalter. Mit zwölf Jahren kommen sie zu uns und jahrelang ist mehr oder weniger schon alles schief gegangen.

F: Gibt es einen Zusammenhang zwischen geschiedenen Familien und Ritzen?

Ich würde das Ritzen nicht rein intrapsychisch sehen. Ich würde auch sagen, wieso gibt es das? Früher hat es auch Angst gegeben, das Ritzen ist zwar Angstreduktion, aber um welche Ängste geht es da, häufig ist es viel Unverarbeitetes von den Eltern, wo eine Scheidung vier, sechs Jahre her ist und wir haben sie in der Familientherapie da und entweder es wird überhaupt nicht gesprochen oder es ist so viel an altem Hass da, wo in den ersten Stunden es kaum möglich ist, zu arbeiten und alles wieder aufbricht und das nach vielen Jahren, das ist dann Normalität, was wir mitkriegen. Es kommen Eltern, die eine Scheidung gehabt haben und die Mädchen kommen nach drei Jahren und haben die Trennung der Eltern noch nicht verkraftet. Häufig ist entweder kein Kontakt oder schon Kontakt zwischen den Eltern, aber enorm viel alter Hass ist spürbar. Ich glaube schon, dass dieser Hass oft über die Kinder ausgetragen wird und Kinder müssen diesen alten Hass mittragen. Meiner Meinung nach dringt dieser Hass so versteckt durch. Ein Elternteil hat oft noch Hoffnung, das ist für mich auch ein Rätsel, hofft nach vielen Jahren, dass man doch wieder zusammenkommt. Die Hoffnung übernehmen die Kinder immer und auch die Jugendlichen, wo sie dann mit 14 in Familientherapien sitzen und weinen, weil sie glauben, die Eltern kommen wieder zusammen, obwohl die Scheidung sechs Jahre her ist. Das sind unglaubliche Sachen. Das ist Gesellschaft. Das Ungewisse in der Gesellschaft, die Meinung, man kann alles zu jeder Zeit machen. Es wurde nicht klar gesagt, wir kommen sicher nicht mehr zusammen oder ich suche einen neuen Partner und gehe sicher nicht mehr zurück. Es wurde zwar neu gehandelt, aber es ist nicht gesprochen worden, man hat eine Scheidung gemacht, aber man hat vor den Kindern nicht die Sache beredet. Die Jugendlichen, die man befragt, warum die Eltern auseinander gegangen sind, die haben meistens keine Ahnung. Ich frage mich, das sind 14 / 16-jährige Jugendliche, die sagen, sie wissen es nicht! Solange ich etwas nicht weiß, denke ich, gibt und nährt es Hoffnung. Es raubt auch viel Energie. Wenn ich etwas weiß, dann kann ich die Situation klar einschätzen und habe neue Möglichkeiten zu agieren. Ich würde die ganze Scheidungsproblematik, nicht, dass geschieden wird, sondern wie damit umgegangen wird, das würde ich in die Gesellschaft reinpacken und auch in Bezug auf Ritzerinnen. Ich würde nachschauen, von wie vielen Ritzerinnen die Eltern geschieden sind. Ich glaube, da ist eine Verbindung.

2. Interview: März 2004

Dr. Lackinger ist Psychiater im Landesnervenkrankenhaus in Hall und war lange Zeit auf der Akutstation. Hier konnte er viele Erfahrungen mit Patienten, die ritzten, sammeln.

F: In welchem Alter findet das Ritzen Ihrer Meinung nach statt? Warum wird es gemacht?

Der Beginn des Ritzens ist so im Durchschnitt mit 15 / 16, mit 13 / 14 möchte ich es nicht ausschließen. Im Alter von 35 / 40 machen das sehr wohl noch manche Patienten, in der Regel tun sie es nach wie vor in Stresssituationen und in emotionalen Belastungssituationen. Es kann sein, dass die Frequenz gegenüber der Jugend nicht nachlässt, ich kann das aber auch nicht ganz so sicher sagen, es ist auf jeden Fall immer noch Ausdruck einer emotionalen Belastung oder Überbelastung, die relativ schnell erreicht ist, also sie haben nicht sehr viel Spielraum.

F: Ist Ritzen ein Suchtphänomen?

Sucht ist für mich eine Abhängigkeit, dass es nicht anders geht, das hätte ich nicht so gesehen, nachdem es ein Gewohnheitsakt ist. Ich denke, dass Menschen die Erfahrung gemacht haben, dass Ritzen eine kurzfristige Entlastung liefert und sie tun es aus der Gewohnheit heraus. Sobald aber andere Mechanismen angeboten werden und sie das auch im geschützten Rahmen üben können, wenden sie durchaus andere Entlastungsmuster an. Diese Umstellung ist machbar, insofern würde ich es nicht als Sucht sehen, sondern als Gewohnheit. Sucht ist häufig mit dabei, ist häufig ein Randthema. Allerdings habe ich drei Patientinnen, die sich gegen die Sucht wehren. Zwei davon waren sehr lange stationär, die haben sehr traumatisierende Erlebnisse in der Kindheit gehabt, die da aufgebrochen sind und zum Thema geworden sind. Über Monate war eine ziemlich labile Affektlage und sie hatten auch lange Zeit Tranquilizer gehabt, wo man auch den Entzug gemerkt hat. Dort war eine beginnende Abhängigkeit, aber die haben großen Wert darauf gelegt, diese Abhängigkeit loszuwerden. Sie weigern sich bis heute wieder Beruhigungsmittel zu nehmen, also die Sucht ist kein Muss, sondern es kann auch das Gegenteil sein, dass sie es unbedingt vermeiden wollen, aber es sind auffallend viele, die eine Abhängigkeit dabei haben, irgendwie scheint es doch zum Krankheitsbild mancher Persönlichkeitsstörungen zu gehören, dass sich eine Sucht leichter entwickelt.

F: Sehen Sie das Ritzen als Pubertätsproblematik?

Bei manchen Menschen gibt es eine emotional instabilen Persönlichkeitsstörung, da würde ich das Ritzen überhaupt nicht als Pubertätsproblematik sehen, vor allem bei diesen auf tieferem Niveau liegenden Persönlichkeitsstörungen, da ist es eine der wenigen Möglichkeiten, Entlastung zu bekommen. Dies ist eine ganz effektive, große Notwendigkeit, diese Leere, die zu einem Druckanstieg von Stunde zu Stunde führt, zu vertreiben. Wenn es um vermeidende, unselbständige Persönlichkeiten geht, da sieht man es schon öfter, dass sich das auf die Jugend beschränkt, wo man das Gefühl hat, es könnte ein Pubertätsausdruck sein. Sie genesen dann aber auch schnell. Die würde ich auch nicht unter Persönlichkeitsstörungen einreihen, sondern nur unter Pubertätskrisen,

Identitätskrisen, auch mit einer histrionischen Seite dabei, das wäre auch denkbar. Gerade diese ganz jungen Menschen verbergen das Ritzen nicht unbedingt. Bei diesen unstabilen Persönlichkeiten, die, wenn es überhaupt nicht mehr anders geht, wenn z.B. eine Wunde eitrig wird oder auseinanderzuklaffen anfängt, wenn sie es nicht mehr wegstecken können, dann kommen sie, ansonsten bekommt man bestenfalls nur ein Drittel mit von diesen ganzen Verletzungen. Ich kenne eine junge Frau, die sich mit dem Bügeleisen gebrannt hat, und das war fast ein Abendritual für sie. Da ist der Tag sozusagen gelaufen, das Kind war im Bett und dann ist sie „bügeln" gegangen, wie sie das genannt hat. Sie hat es dann gut weglegen können, aber erst wie diese Öffnung da war, wie sie sich darüber zu sprechen getraut hat und wie sie darüber reden hat können, wie oft braucht sie das, wie groß ist die Entlastung wirklich – was gibt es sonst noch für eine Entlastung, was könnten wir für andere Mechanismen probieren.

F: Besteht für Sie ein Unterschied zwischen Brennen und Ritzen? Spielt beim Ritzen das Blut eine besondere Rolle?

Das Fließen von Blut ist nicht so sehr der tragende Teil, das ist eher dieses Eindringen, dieses Abschneiden, Beschneiden des Drucks durch den Schnitt, wobei der Schmerz nicht wirklich eine Rolle spielt. Die meisten sagen, sie spüren es fast gar nicht oder überhaupt nicht. Die Endorphinausschüttung ist nicht wirklich untersucht, aber es wäre eine Theorie, wenn einfach der Druck groß genug ist und ich entlaste mich, dann ist sicher auch die Endorphinausschüttung hoch. Im Vergleich zu dem Druck, den sie beseitigen, ist der physische Schmerz minimal und vernachlässigbar, also die Belastung ist ungleich größer als das, was durch die Selbstverletzung entsteht und damit spielt das eine untergeordnete Rolle, weil der psychische Schmerz einfach im Vordergrund ist. Ich glaube nicht, dass es Jugendliche tun, weil sie sich selbst wieder spüren wollen, ich würde es nicht so sehen, es ist mehr die Intoxikation, zuerst muss ich mich entspannen, dann kann ich mich wieder spüren. Der Großteil beschreibt es überhaupt nicht als Empfindung, sondern als Entlastung und somit ist es nicht bedeutend, sich selbst zu spüren, wobei ich es nicht ausschließen möchte. Es ist nur eine Komponente.

F: Was spielt der Körper für eine Rolle?

Er spielt eine sehr schlechte Rolle. Er wird in der Regel als Belastung empfunden, als unangenehm, als hassenswert, am besten, man würde ihn zerstören.

F: Wodurch ist der Hass entstanden? Ist er auf die Kindheit zurückzuführen?

Jeder Tiefenpsychologe würde es natürlich auf die Kindheit zurückführen und es hat natürlich auch etwas mit der Kindheit zu tun, weil die Traumata auch in aller Regel da sind und sehr geschützt werden. Da gehen sie auch nicht gerne an diese Dinge heran, die haben eine offenkundige Rolle und Bedeutung und eine schmerzvolle, aber ich bin an und für sich Systemiker und nicht so sehr in der Vergangenheit verhaftet. Das Hassenswerte interpretiere ich eher so, dass sie diesen emotionalen Bereich nicht ausreichend, nicht stützend kennen gelernt haben, nicht so weit, dass wieder eine eigene Identität entstehen hätte können und somit ist dieses Selbstwertsystem so minimal, so schlecht, dass der Körper als Sinnbild ihrer Schlechtigkeit, ihres minimalen Selbstwertes dasteht und auch dementsprechend behandelt wird. Aus der Analyse kenne ich schon diese Theorie, dass sie die Liebe nicht kennen lernen konnten, von diesen prägenden Menschen, in der Regel sind es die Eltern. Sie haben immer nur Abwertung im System erfahren und übernommen und sie werten sich dann selber ab. Psychoanalytisch gesehen kann kein positives Objekt aufgebaut werden. Die Verhaltenstherapie beschäftigt sich nicht wirklich mit der Geschichte, sondern die besagt ja, dass der Zugang zur Ebene des Entspannens fehlt, die ständige Aufmerksamkeitsschwelle ist so hoch, das ständige Bedürfnis nach Überwachung der Umgebung, sozusagen das Bereitsein ist so hoch, dass ich keine Entspannungsmöglichkeit finde. Deshalb geht die Verhaltenstherapie ganz stark auf die Entspannungsebene, auf die Wahrnehmungsebene, wo es viele Trainingseinheiten gibt, wo man wahrzunehmen versucht, z.B. die Sonne auf der Haut zu spüren, ist das angenehm oder nicht angenehm, verknüpft mit meditativen Einheiten, sei es mit fernöstlichen meditativen Sitzungen bis hin zum autogenen Training, verknüpft mit einer angenehmen Wahrnehmung um sozusagen selber das zu spüren: „Jetzt bin ich viel zu angespannt, viel zu konzentriert, viel zu sehr weg von mir selbst, dass ich den Schritt lerne, loszulassen, jetzt ist es zu viel, jetzt gehe ich einen Schritt zurück, jetzt konzentriere ich mich auf etwas anderes.“ Das hat bis zu einem gewissen Grad gute Erfolge. Die Patienten fangen an, irgendein Bild zu malen, irgendeinen Aufsatz zu schreiben, irgendwo in der Sonne zu sitzen oder wenn sie besser sind, irgend einen Ort der Entspannung zu finden, so wie sie es nennen, das erarbeiten sie mit ihren Trainern, dass sie so Bilder, Landschaften aufbauen, wo sie sich wohl gefühlt haben, das holen sie sich dann her, mit dem Gefühl, das spürbarer zu machen, das mit den Eindrücken von außen verknüpft ist.

F: Schaffen sich Jugendliche, die ritzen, innerlich eine Höhle, in die sie sich zurückziehen können? Welche Ziele verfolgen Sie in der Therapie?

Einerseits Ruhe, Entspannung tanken, andererseits eine Art von Wahrnehmung zu lernen, sie spüren das nicht. Ihre Anspannung ist groß, sie haben so wenig Körperkontakt, so wenig Zugang zu ihren Empfindungen, zu ihren eigenen Wahrnehmungen, dass sie es gar nicht merken. Über diese Entspannung spüren sie sich wieder, sie sagen: „Das ist meine Höhle, wo ich meine Geborgenheit finde, da muss ich schauen, dass ich es wahrnehme und dann verknüpfen. Ich muss spüren, dass ich viel zu angespannt bin, viel zu weit weg bin von meinem angenehmen Körperempfinden, dann erst gehe ich in meine Höhle und hole mir meine Geborgenheit, die mich wieder stützt und über eine gewisse Situation bringen kann.“ In der Regel bewege ich mich mit der Therapie in der Gegenwart, wenn die Vergangenheit mit der Gegenwart in Verbindung steht, arbeiten wir natürlich auch daran. Frei von der Vergangenheit sind wir bei weitem nicht, aber das grundsätzliche Darangehen ist ein zielorientiertes, d.h., ich schaue jetzt nicht, was war damals los, sondern ich schaue, wo müssen wir hin und was fehlt uns auf dem Weg dorthin oder welche Ressourcen gibt es noch oder welche werden einfach nicht eingesetzt, um dieses Ziel zu erreichen. Welche Möglichkeiten hat derjenige und nimmt sie einfach nicht her, weil es ihm gar nicht bewusst ist, dass man sie auch einsetzen kann. Das ist so das Bewusstwerden dessen, was kann ich, welchen anderen Blickwinkel kann ich bekommen und welche anderen Möglichkeiten kann ich einsetzen, damit ich andere Ressourcenmechanismen nütze? Das wäre so das Hauptfeld, aber die Vergangenheit kommt immer wieder herein, die natürlich eine Rolle spielt. In der Kindheit kommt natürlich öfter sexueller Missbrauch vor. Ich thematisiere es nie, nur wenn es der Patient thematisiert, dann gehe ich mit äußerster Zurückhaltung vor, ich bremse da massiv, weil ich die Erfahrung gemacht habe, dass das ein Langzeitprozess ist und das braucht auch wirklich dieses bestimmte schützende Umfeld, sonst würde ich diese Themen nicht antasten. Da reißt man viel mehr auf, als dass man stützen kann. Das kommt dann daher wie eine Lawine, dass man Teile daraus nimmt, das geht ja nicht. Wenn alles daherkommt, dann ist das im ambulanten Bereich überhaupt nicht mehr zu machen. Sexueller Missbrauch taucht mit großer Regelmäßigkeit auf, wobei der Auslöser häufig ein relativ kleiner ist, gerade vorgestern war eine Dame da, die nur wegen einer Depression gekommen ist. Sie hält es am Arbeitsplatz nicht mehr aus, sie fühlt sich über Jahre hin recht schlecht behandelt und ganz plötzlich ist das Thema bei mir in der Praxis aufs Tapet gekommen. Ich habe kaum Wartezeiten, sondern da löst einer den anderen ab, sodass es keine Kontakte unter den Klienten im Warteraum gibt, aber gestern ist es passiert, dass ein Mann früher gekommen ist und jetzt hat diese Patientin ihn gesehen und wollte unbedingt, dass er zuerst in den Behandlungsraum geht, damit er weg ist. Sie hatte aber vorher den Termin, er ist einfach eine halbe Stunde früher gekommen und er musste warten und sie sagte mir dann, das ist ihr erst dann bewusst geworden, dass sie als Kind mit einem taubstummen Mann mehrmals hintereinander Missbrauchserlebnisse gehabt hat und dass das von den Eltern schon juristisch verfolgt worden war, aber wenn sie dann plötzlich mit einem Mann so unvorbereitet allein ist, dann kommt sofort Angst in ihr auf und sie will, dass der verschwindet. Das sind Momente, wo man nicht d'rum herum kommt. Diese Momente sind so präsent, dass sie sich dem Thema widmen möchte. Ich habe dann die Möglichkeit, sofort auf die Ebene zu gehen und zu überlegen, was wir in der Situation tun könnten, wie wir mit der Situation umgehen können, wenn es so plötzlich auftaucht. Ansonsten muss schon von den Patienten der Wunsch da sein, an dem zu arbeiten. Ich neige auch eher dazu, wenn Missbrauchserlebnisse da sind, den Klienten an die Frauenambulanz zu überweisen. Da muss ganz gezielt der Wunsch da sein, dass das mit mir stattfinden soll und dann muss man es vorbereiten. Es geht mir weniger um die Erlebnisse, sondern eher darum, was kommen da für Gefühle, die Aggressionen muss man erst oftmals suchen. Oft ist das so verschüttet und versteckt, dass es nur Trauer und Angst gibt und Gefühle müssen erst einmal zugelassen werden. Wir brauchen zuerst das Repertoire der Gefühle und dann erst können wir die Ventile basteln, um endlich auf das Thema losgehen zu können. Die sind ja dem Ganzen ausgeliefert, ohne dass sie etwas entgegensetzen können. Die Schuldgefühle sind auch groß ohne die Aggression dagegensetzen zu können. Wenn da nicht vorgebaut ist und diese Mechanismen funktionieren, dann sind sie mit dem Thema völlig überfordert. Aber es kann manchmal kommen, sowie gestern, dass das einfach da ist und dann muss man schauen, was man tut.

F: Wie sieht das Alltagsleben bei ritzenden Mädchen aus? Können sie sich eine Regelmäßigkeit im Arbeitsleben oder im Schulleben aufbauen?

Mindestens die Hälfte schafft es, wenn sie in guter Betreuung sind. Allerdings weiß ich nicht, wovon es abhängt. Eine junge Frau, die hat es zwar noch nicht ganz ausgestanden, aber die ist gerade dabei, die Schule zu lassen. Allerdings weiß ich von einer Patientin, die hat die Schule gelassen, allerdings auf meinen Rat hin, weil die völlig überfordert war und suizidal geworden ist. Jetzt, nach drei Jahren, hat sie die Matura nachgemacht und studiert. Ich glaube, es hängt ungeheuerlich viel von der Begleitung ab, ob sie Stütze genug haben, dass sie damit umgehen lernen. Das zweite ist, dass manche schon so ganz schnell in Abhängigkeiten rutschen und wenn es Alkohol ist oder sonst Gifte ins Spiel kommen, dann ist die

Wahrscheinlichkeit geringer, dass sie es schaffen. Die stationären Systeme verlangen, dass die Leute keinen Substanzmissbrauch haben, sonst nehmen sie diese nicht, d.h., sie fallen bei vielen stationären Einrichtungen schon durch den Rost, weil sie einen Substanzmissbrauch haben. Die werden ambulant behandelt. Wenn diese nicht ambulant eingebettet sind, dann geht es rapid bergab. Das ist eine kritische Sicht, gerade die 16 / 17-Jährigen sind noch nicht so in der Sucht drinnen. Ich finde, ich habe überhaupt mit jungen Menschen gute Erfolge, wenn ich dann nach fünf Jahren höre, dass eine die Matura gemacht hat und auf einen Kaffee vorbeikommt, dann ist es toll. Davor rennt es oft langsam und zäh und man denkt sich: „Mein Gott, geht denn da überhaupt etwas weiter?". Es gibt auch wenige, die man betreut und ich empfinde es schon als großen Fortschritt, obwohl sie sich nach wie vor verletzt, aber es ist jetzt so, dass wir miteinander reden können. Wie ich dieses Mädchen kennen gelernt habe, hat sie gesagt: „Was soll ich tun, was soll ich tun?" Das war das Einzige, das sie überhaupt sagen hat können. Jetzt können wir eine Stunde lang reden und sie kann mir sagen, worunter sie leidet, was bis jetzt nicht funktioniert hat. Es ist schon ein kleiner Erfolg. Sonst intoxikiert sie sich regelmäßig, sie braucht regelmäßig eine Krisenintervention, sie verletzt sich relativ regelmäßig, hat ihre Essstörung ziemlich ausgeprägt, völlig unverändert, also ist das ganze Spektrum relativ unbeeinflusst. Wir haben zumindest einen relativ guten Zugang, wir haben eine Beziehung, sie sagt mir, dass sie mich mag, also es ist schon was Besonderes, dass sie eine Bezugsbrücke herstellen kann. Wenn man so zufrieden sein kann, hat sich ja eigentlich viel getan. So rein vom ärztlichen Sinn, wenn man sagt, nach acht Jahren sollte sie geheilt sein, da sind wir meilenweit davon entfernt. Also meine Kollegen sind nicht der Meinung, dass sich viel getan hat, sie glauben eher, dass sich wenig getan hat.

F: Wie häufig ist Magersucht und Essbrechsucht dabei?

Es ist ähnlich wie bei der Sucht. Wenn ich es früh genug erwische, dann lässt es sich vermeiden, zu 80% neigen sie schon eher zum Hungern, allerdings, dass sie wirklich anorektisch werden, lässt sich vermeiden, wenn man früh genug dran kommt. Das Umgekehrte, die Adipositas kommt mir viel schwieriger vor, ist allerdings seltener, ich kenne nur zwei Personen, die sehr übergewichtig sind, die so 140 kg haben, die das aber sehr gut thematisieren können. Sie probieren alles Mögliche, schaffen es aber dann doch nicht. Sie gehen zu allen möglichen Gruppen hin, eine Frau hat auch medikamentös vieles probiert. Sie kämpft irrsinnig, aber schafft es nicht. Obwohl sie sich 2 Jahre nicht mehr verletzt hat, ist sie in diesen Beschäftigungsinitiativen schon sehr belastbar, macht dort Lohnarbeit, schon im geschützten Rahmen, aber immerhin, also es hat sich viel getan. Aber von der Essstörung kommt sie nicht herunter, maximal, dass sie auf 130 kg herunterkommt, aber bei den anorektischen Mädchen empfinde ich oft leichter, dass sie aus den Krisen herauskommen, dass sie sozusagen ihr Gewicht halten können. Erst wenn man merkt, dass sie wieder 2, 3 Kilo abgenommen haben, dann muss wieder irgendwo eine Belastung liegen und dann kann man es ansprechen und thematisieren. Sobald man eine tragfähige Lösung findet, ist es wieder normal. Sie möchten nur nicht zunehmen, aber sie sind nicht in einem gefährlichen Bereich und das halten sie auch. Die eine Dame, von der ich zuerst gesprochen habe, hat die Not, dass sie immer Bier trinkt, also die wird nicht verhungern, mit ihr komme ich nicht wirklich weiter, mit ihrer Essstörung. Das dreht sich im Kreis. Sie wird dann immer wieder in Innsbruck zwangsweise eingewiesen und in der Klink beschränken sich die Ärzte auf die Suchtproblematik und da kommt man überhaupt nicht weiter. Sie wehrt sich dagegen, sie ist keine „Süchtlerin", sie möchte nicht so behandelt werden. Dann ist sie im geschlossenen Bereich, bis sie wieder nüchtern ist, dann entlassen sie sie wieder, weil soundso nichts weitergeht. Das Muster wiederholt sich immer wieder und die Selbstverletzung reicht einfach nicht aus. Sie braucht den Alkohol und ihr verändertes Körperschema dazu, um den Druck wieder zu kanalisieren. Wenn es lange genug dauert, dann brauchen sie immer mehr so pathologische Mechanismen, um mit dem Druck, dem Selbsthass etwas anzufangen. Mit der habe ich z.B. viel geredet, ob die Selbstverletzung irgendwie eine Strafe ist, das sieht sie selbst nicht so. Es ist wirklich einfach da, fürchterlich und selbstquälerisch, das muss man einfach loswerden, sonst hält man das nicht mehr aus. Die masochistische Seite, sich selbst zu bestrafen, das sieht man in dieser Persönlichkeitsebene, in dieser klassischen Persönlichkeitsstörung so sehr.

F: Wie sieht Sexualität und Freund bei selbstverletzenden Mädchen aus?

Sie haben kaum Sexualität. Der Wunsch ist in der Regel groß, es findet eher deformiert statt. Viele beschreiben, dass es so über sie kommt, sie würden es gerne weghalten, weil sie Angst davor haben. Wenn es aber jemand schafft, so diese Mauer ein bisschen ins Bröckeln zu bringen, dann geht das so lawinenartig los und sie können dann nicht mehr loslassen, d.h., sie brauchen dann diese absolute Nähe fast symbiotisch. Es kann auch paranoide Züge haben. Eine Frau ist eine Nacht lange vor der Tür ihrer Freundin gesessen und hat nur geläutet, bis sie die Polizei geholt hat. Sie wollte einfach nicht mehr von ihrer Seite weichen und sie sagt selber, sie kann sich das nicht mehr erklären. Wenn Distanz besteht, käme sie nie auf die Idee, aber wenn diese Zärtlichkeitswelle losbricht, dann kann sie es nicht mehr bremsen, das wird jedem zu viel. Der andere sagt dann, jetzt müssen wir wieder etwas Abstand halten, sie halten es nicht aus. Interessanterweise, wenn der Partner probiert, die Nähe auszuhalten, dann kommt es oft zum Kippen, dass sie ihn selbst wegschicken muss. Dann muss er weg, wenn er weg ist, dann muss er wieder her, also das, was gerade ist, ist das Falsche. Ich persönlich interpretiere es als ein Tasten nach dem ungefährlichsten Weg. Eine junge Frau kenne ich, die hat bis jetzt nur lesbische Beziehungen gehabt, obwohl sie in den Gesprächen immer den Wunsch äußert, dass sie eine ganz geordnete, bürgerliche, biedere Familie leben will. Das wäre ihr Inbegriff von Geborgenheit, einen Mann zu haben, zwei Kinder zu haben und einen feinen geschützten Rahmen zu haben. Allerdings schafft sie es überhaupt nicht, einen Mann in ihre Nähe zu lassen. Wenn sie mit einem Mann in der Gruppe rodeln geht, dann hat man das Gefühl, sie könnte sich verlieben, sie blockt das aber vollkommen ab. Und wenn es sexuelle Kontakte gibt, wenn sie einfach das Bedürfnis hat, dann immer mit Frauen. Da sind viele, die sexuelle Kontakte gar nicht möglich machen oder Zeiten, wo man vermuten könnte, dass der sexuelle Druck steigt, dass sie sich dann selber verletzen, bevor sie sich einen Sexualpartner suchen gehen, was sie nicht so benennen können. Wenn man sie fragt, was so gefährlich dran ist, den Bekannten, der ihnen sympathisch ist, vielleicht da einmal eine Zärtlichkeit zuzulassen, wenn man es abstecken probiert, wie kann man das wieder bremsen. Man führt Überlegungen durch, welche Zärtlichkeit darf es sein, wie kann man es stoppen, wenn es einem zu eng wird. Da bringt man dann oft kurze Beziehungen zustande, dass sie sich dann wirklich trauen, diese Beziehung einzugehen und in dieser Verliebtheit verletzen sie sich überhaupt nicht, das Verletzungsmuster ist vollkommen weg. Es hängt dann stark vom Partner ab, wie erfüllend die Sexualität für sie ist, aber es ist erstaunlich. Ich denke da an eine Frau, die hat vier Jahre nicht mehr in einer Beziehung gelebt, nur mit ihrem Sohn, zwei Monate lebte sie dann völlig ohne Selbstverletzung in einer neuen Beziehung, sie schaffte es dann selbst, ihn hinauszuschmeißen. Das war so ein Typ, der für sie von der sexuellen Seite her recht angenehm, recht zärtlich war, so wie sie es noch nie erlebt hat, so hat sie es beschrieben. Aber dann hat er sich auf die Couch gelegt und hat gesagt: „Bring mir mein Bier!", und sie hätte „schurln" dürfen, das hat sie dann geschafft, ihre Gefühle vom anderen völlig zu trennen. Sie sagte: „Ja du bist ein guter Liebhaber, aber ansonsten kannst verschwinden, weil das interessiert mich überhaupt nicht." Das ist eine ganz erstaunliche Leistung im Endeffekt von ihr. Es war toll, aber in der Zeit war kein Bedürfnis, sich zu verletzen. Aber sonst ist es nicht einfach, das Genießen, das sich Fallen lassen, sich dem Körper, den Gefühlen zu überlassen, macht richtig Angst.

F: Können Ihrer Erfahrung nach diese Mädchen ihre Jugend ausleben?

Ich glaube, das kommt soundso nicht in Frage, weil sie selbst ja nicht diese Rolle spielen. Sie kommen von einer Seite, wo sie sagen, sie sind eigentlich nichts wert und sie müssen irgendwie schauen, dass sie Akzeptanz finden, dass ihre Wertlosigkeit nicht so im Zentrum steht.

F: Wie sehr nehmen diese Menschen eine Opferrolle ein?

Der Großteil empfindet sich nicht als Opfer, auch wenn ich sie so sehe. Sie selber sehen sich als unwürdig, minderwertig, hassenswert, das ist so die Basis, die für alle Kontakte prägend wird. Die Opferrolle sehe ich nicht wirklich, weil sie sich in diese Rolle nicht begeben und so keinen Profit haben. Den Profit können sie nicht nützen. Sie sind nicht wirklich beziehungsfähig, dadurch, dass die Gefühlsebene schwer zugänglich ist, ist natürlich Beziehung nicht möglich oder nur schwer eingeschränkt. Daher ist es wichtig, die eigenen Gefühle kennen zu lernen, die eigenen Gefühle abzustecken, Wahrnehmung zu schärfen, damit ich auch wirklich in Kontakt treten kann mit meinem Partner, dann kann erst der Weg beginnen, dass meine Wertschätzung steigt, wenn ich von außen gespiegelt bekomme, ich habe einen Wert.

F: Außenseiterrolle?

Manche fühlen sich gleich einmal in einer Außenseiterrolle, als nicht zugehörig in der Gruppe und manche können das ausgesprochen gut, dass sie eine Gruppe um sich organisieren und bei Bedarf wieder abstoßen, splitten.

F: Warum sind Mädchen hauptsächlich davon betroffen?

Ich kann nur phantasieren, Genaues weiß ich nicht. Ich denke, dass die Sozialisation eine andere bei Mädchen als bei Buben ist. Die Aggression nach außen zu tragen, ist bei Männern deutlicher spürbar. Jetzt nehme ich schon an, dass das mit der Rolle zusammenhängt, Männer hacken eher Holz, fahren mit dem Auto und die Frauen haben da weniger Möglichkeiten und müssen mehr auf sich selbst zurückgreifen. Die Körperbetonung würde ich vermuten, die Wertigkeit, wo der Körper eine größere Rolle spielt, bei den Frauen auch wieder aus der Sozialisation heraus, wo der Körper mehr im Zentrum steht. Eine Frau muss schön *sein, ein Mann muss nicht wirklich schön sein. Damit ist die Körperbezogenheit ganz eine andere.*

Vielleicht sind auch die Übergriffe andere, z.B. sexuelle Übergriffe Mädchen gegenüber würde ich jetzt z.B. deutlich häufiger erwarten als Knaben gegenüber. Ich würde Frauen doch häufiger als Sexualobjekt vermuten als umgekehrt und damit ist natürlich die körperliche Verletzbarkeit viel größer von außen. Und dann ist es natürlich nahe liegend, dass ich auch meinen Körper von außen verletze, wenn ich von außen verletzt werde.“

F: Haben Ihrer Meinung nach Selbstverletzungen allgemein zugenommen? Kann es sein, dass Jugendlichen mehr aufgebürdet wird an Entscheidungen, weil Beziehungen in einer individualisierten Gesellschaft nicht mehr so funktionieren?

Ich finde es aus zwei Gründen schwierig, diese Frage zu beantworten. Erstens gibt es keine Zahlen aus der Vergangenheit, zweitens ist es schwierig zu vermuten, weil wir die Ursachen nicht wirklich kennen. Was ich ziemlich sicher annehme, ist, dass die Kanalisation zu solchen Gefühlen schwieriger geworden ist. Früher sind die Männer alle zum Heer gegangen, es hat genügend Kriege gegeben und Konflikte, wo man sehr viel loswerden hat können oder in Berufssparten hineinfinden hat können, eben vom Soldaten bis zum Henker, wo alles nicht mehr so zur Verfügung steht wie früher. Das zweite, was ich glaube, dass soziale Netze nicht mehr so gut funktionieren. Früher haben sie schon etwas abgefangen, so Übergriffe, die mich in meiner Peson verletzten und mich in meiner Persönlichkeit verletzen und mich vielleicht in eine solche Rolle bringen oder meine Persönlichkeitsentstehung so stören, dass ich in so eine Rolle komme, sind vielleicht in derselben Härte nicht möglich gewesen, weil das soziale Netz viel breiter war. Die Großfamilie, der Ort selber, die befürchtete Rufschädigung in der Breite war viel größer als heute.

Andererseits schreibt Freud schon von einer riesigen Anzahl von sexuell Missbrauchten, die er nicht einmal selber glauben hat können. Er hat beschrieben, dass es derartig viele Schilderungen von seinen Patienten von sexuellen Übergriffen gab, dass er meint, das kann nicht wahr sein, sonst wäre jeder Zweite sexuell missbraucht. Das muss sich in der Fantasie der Patienten abspielen, was man ihm auch immer wieder zum Vorwurf machte, dass er der Realität nicht ins Auge schauen könnte. Allerdings gibt es nicht wirklich Zahlen, wir können nur vermuten. Wenn das wirklich so häufig war, wie das damals schon beschrieben war, dann hat es natürlich die Übergriffe damals in großer Breite gegeben. Die Tabuisierung war natürlich viel größer. Die Sexualität ist heute doch etwas, das man sich heute traut, öffentlich, zumindest im Groben zum Thema zu machen, wo natürlich die sexuellen Übergriffe leichter thematisiert werden können. Früher hat man doch eher eine Hemmung gehabt. Es ist natürlich nach wie vor ein schwieriges Thema und es ist auch sehr angstbesetzt. Das generelle Sexualthema ist einfach viel offener geworden und hat es leichter gemacht, dass es thematisiert wird. Die Verrohung in der Sexualität nimmt scheinbar zu.

3. Interview: Juli 2004

Die Psychologin, klinische und Gesundheitspsychologin Jasmin T. arbeitet mit arbeitslosen Jugendlichen bei ibis acam bildungs GmbH, im Rahmen eines vom AMS geförderten Projektes.

F: Warum ritzen Jugendliche?

Die Erfahrung, die ich gemacht habe, ist die, dass die Jugendlichen, die sich ritzten, Probleme in der Familie gehabt haben oder haben bzw. als Kinder schon ziemlich allein waren, d.h. ein Elternteil hat gefehlt oder einer davon war gewalttätig, das kann aber auch psychische Gewalt sein, also im Sinne von übergriffig. Ich meine das nicht nur im psychischen Sinne, sondern auch im körperlichen Sinn, weil die, die eine körperliche Gewalt erfahren haben, sind dann eher zurückgezogen oder selber aggressiv, aber weniger autoaggressiv. Das Ritzen ist meiner Meinung nach eine Art Aggression, eigentlich wäre es gegen jemanden anders gerichtet zum einen, zum anderen sind es immer sehr schwierige Familienverhältnisse. Die, die ritzen, haben schon eine Schwierigkeit mit ihrer Persönlichkeit, eine tiefe Grundstörung, weil in der frühen Kindheit viel abgegangen ist, also die Sicherheit, die Geborgenheit, sich aufgehoben fühlen, fehlt. Das Ritzen wird auch als Konfliktlösungsstrategie angewendet, sie ritzen sich, um den inneren Druck loszuwerden. Wenn sie mit einem Problem nicht zu Rande kommen, psychisch überfordert sind oder wenn es Dinge gibt, die sie nicht beeinflussen können. Häufig haben solche Jugendliche eine Distanz zu ihren Eltern erlebt, das heißt, körperliche Nähe und Streicheleinheiten haben in den ersten Lebensjahren gefehlt. Die ersten 4 Jahre sind für die Entwicklung des Urvertrauens sehr wichtig. Fehlt diese, können sich Persönlichkeitsstörungen später entwickeln. Es ist gefährlich, Verallgemeinerungen zu treffen. Deshalb kann ich nur aus meiner bisherigen Erfahrung mit Menschen, die unter psychischen Problemen leiden, sprechen.

F: Kann Ritzen auch durch einen problematischen Freundeskreis ausgelöst werden?

Der Ursprung liegt meistens in der Familie. Der Freundeskreis ist weniger ausschlaggebend. Wenn es Jugendliche erst in dem Alter tun, aus irgendeinem Grund, weil es auch ihre Kollegen tun, das kenne ich nicht und wenn es erst in dem Alter anfängt, dann ist es eher etwas Vorübergehendes. Es ist meistens schon ein Hilfeschrei, Überlastung, Überforderung. Ritzen bringt Stressabbau. Ich habe bis jetzt von allen gehört, wenn sie sich ritzen, bekommen sie den innerlichen Druck los.

F: Spüren diese Mädchen eine unerträgliche Leere?

Leere-Spüren haben fast alle Menschen, die psychische Probleme und Schwierigkeiten haben und das betrifft nicht nur die, die ritzen, sondern andere auch. Nur wegen dem Leeregefühl muss man sich nicht unbedingt ritzen. Die innere Leere ist sicher auch eine Konsequenz aus dem Nicht-Spüren heraus und durch das Ritzen spüren sie sich oder wenn sie sich ritzen und das Blut fließt heraus, dann spüren sie, dass sie existieren. Das ist sehr grenzwertig an Persönlichkeitsstörungen, Borderline, also Klienten und Patienten, die ritzen, sind an der Grenze von Psychosen, Depersonalisierungserscheinungen,

Identitätserscheinungen und – das ist altersunabhängig - auch Erwachsene ritzen sich. Das sind Handlungen, die sie immer wieder tun.

F: Mit welchem Alter beginnt deiner Erfahrung nach frühestens das Ritzen? Welche Hilfsmittel werden verwendet?

Es beginnt meistens in der Jugendzeit. Jetzt wird es vom Alter her immer früher, auch 12 / 13-Jährige beginnen sich zu ritzen, während früher das 16 / 17-Jährige gemacht haben (vor ca. 10 Jahren). Früher machten Jugendliche es ganz dramatisch mit Rasierklingen, heute geht es soweit, dass das Ritzen andere Formen annimmt wie z.B. sich am Abend noch mit Zigarettenstummeln zu brennen. Das fällt unter die gleiche Kategorie, nur dass sich die Hilfsmittel unterscheiden. Mir fällt da eine Klientin ein, die hat sich bewusst von der Katze kratzen lassen, also sie hat den ganzen Arm total zerkratzt. Das Ritzen hat den Zweck, dass man sich körperlich wenigstens spürt und dass Blut fließen kann da spürt man die Wärme, das Fließen, einfach, dass man lebt, ob es wirklich um das Blut geht, habe ich nie als Thema empfunden, sondern wirklich nur das Ritzen. Es war so wie ein Dampfkessel, wenn man den Deckel aufmacht, hat man sich gedacht, der Dampf ist draußen, das ist wie so ein Ventil, aber es ist auch zugleich ein Hilfeschrei, dass die anderen merken, dass es dir schlecht geht.

F: Wie ist es mit der Sucht?

Es kommt darauf an, wenn es ein Erwachsener schon länger tut, dann ist es sicher ein leichter Suchtcharakter, weil es nicht von einem Tag auf den anderen aufzuheben ist oder als Bewältigungsstrategie abzubauen ist. Man muss erst einmal Alternativen und Möglichkeiten finden, dass ein Mensch mit dem zurechtkommt und dann vermindert sich das sicher und kann auch ganz weggehen. Insofern könnte man sagen, es ist wie eine Sucht aber es ist anders. Man kann es nicht wirklich mit Sucht vergleichen. Erstens sind völlig andere Ursachen dahinter und es verfolgt ganz andere Zwecke. Ich kenne auch eine Frau, die macht das nicht mehr, seit sie in die Therapie geht. Sie hat gelernt, andere Verhaltensmuster bzw. andere Konfliktstrategien zu entwickeln, die sie mit Unterstützung erarbeitet hat. Eine andere Frau wollte sich sogar die Narben wegbrennen lassen, also dass man sie nicht mehr sieht, hat aber dann gesagt, sie will es doch lassen, als Erinnerung, wie es ihr gegangen ist, also die Narbe gehört zu ihr und sie will, dass sie bleibt. Sie soll sich erinnern, wie sie in der Vergangenheit mit Problemen umgegangen ist, und dass das auch ein Teil von ihr ist. Sie ist jetzt so wie sie ist, auch aufgrund dieser schlimmen Erfahrungen.

F: Ritzen junge Männer auch?

Die Zahl der männlichen Jugendlichen ist zunehmend. Ich betreue einen jungen Burschen, der 15 Jahre alt ist, und aus einer sehr schwierigen Familiensituation kommt, der Vater war Alkoholiker, jetzt ist er es nicht mehr. Er kann aber auch nach wie vor nicht wirklich mit Problemen umgehen, er hat nicht wirklich väterliche Strukturen, ist nicht wirklich väterliches Vorbild. Der Sohn ritzt jetzt auch, er sucht sich aber Unterstützung.

F: Hast du die Erfahrung gemacht, dass Jugendliche, die ritzen, Hilfe annehmen?

Es dauert eigentlich nur kurze Zeit, dass Menschen, die sich ritzen, solche Schwierigkeiten haben, das zuzugeben, aber sie sprechen relativ schnell über ihr Problem, viel schneller als andere mit anderen psychischen Störungen, die sich eher schämen, die sich denken, mein Gott, ich bin nicht normal, was habe ich für psychische Probleme? Sehr viele Ritzende haben Störungen in Richtung Borderline, und Menschen mit diesen Störungen gehen eher nach außen, die sind eher unabgegrenzt. Die einzelnen Fälle, die ich gehabt habe, die waren schon grenzwertig zu Borderline hin, so grenzüberschreitend, sie brauchen genaue Strukturen, Grenzen, Regeln, Halt. Man muss ganz genaue Therapievereinbarungen treffen, dass sich die wirklich an das halten.

F: Hat das Ritzen deiner Meinung nach zugenommen?

Ich habe nicht den Eindruck, dass das Ritzen bei Jugendlichen zugenommen hat. Eher erschreckend finde ich es vom Alter her, früher waren es 18 / 19-Jährige, sind es dann 16 / 17-Jährige und jetzt sind es schon 12 / 13-Jährige und auch Burschen. Früher heißt vor so ca. 10 Jahren. Ob es zugenommen hat, weiß ich nicht, weil es viele verstecken und sich nicht behandeln lassen. Die schwarzen Zahlen sieht man nicht und weiß man auch nicht, aber meistens kommen sie in dem Alter, wo es sich erstmalig manifestiert, wo vieles zusammenkommt und entsprechend schulische Probleme dazukommen oder ein Schulabbruch vorliegt, das ist auch so ein Charakteristikum.

F: Ich habe die Erfahrung gemacht, als ich zu unterrichten begonnen habe, das ist 17 Jahre her, habe ich damals niemals erlebt, dass es Kinder mit 14 Jahren gibt, die eigentlich „verwaist" sind, also es durch eine Trennung der Eltern her niemand mehr zuständig für den Jugendlichen und da habe ich den Eindruck, dass einige von der Lebenssituation her viel schwerere Bedingungen haben, dass sich so der Druck, der Stress, dass niemand mehr Zeit hat, häufiger geworden ist. Wie siehst du das?

Was schon möglich ist, dass die Tendenz eher steigend ist, ich habe jetzt keine schulische Erfahrung, das kann ich nicht beurteilen, das sind die Sachen, die man nicht weiß, wo die Eltern erst spät Unterstützung und Hilfe suchen in sozialen Einrichtungen, weil es in der Schule nicht mehr passt oder weil sie in der Schule auffällig werden. Es ist nicht das der Grund, warum sie Unterstützung brauchen, sondern erst viel später, es ist alles zeitverzögert. Zuerst kommen die schulischen Probleme, dann redet man, dann schaut man mit dem Schulpsychologen, bis dann herauskommt, dass eigentlich ganz andere Ursachen dahinterstecken. Sehr häufig ist es auch mit einem Leistungsdruck verbunden, meiner Meinung nach Eltern - Familiehaus – Schwierigkeiten – Scheidungskinder – wo die Eltern getrennt sind, Alkohol, Gewalt, wobei schon Mädchen unterschiedlich reagieren, es kann auch Magersucht sein, also ich habe das Gefühl, bei Mädchen nimmt das Ritzen eher ab und geht in Richtung Magersucht. Aber das ist nur eine subjektive, laienhafte Beobachtung. Da das Optische nach außen hin immer wichtiger wird, von den Medien auch propagiert wird und in der Schule die Kinder schon lästern, wenn jemand nicht modisch gekleidet ist und nicht super ausschaut und eben das hat dann mit Ästhetik zu tun, wenn man sich ritzt, es schaut nicht schön aus. Hingegen wenn jemand schlank ist, das ist ästhetisch. Ich habe den Eindruck, das geht in diese Richtung, das ist immer an die Gesellschaft, an die kulturellen und sozialen Gegebenheiten von einer Epoche gebunden, so vom Zeitalter.

F: Wie siehst du das allgemein mit Tattoos und Körper, den man zur Schau stellt. Ich finde, es hat sich in der Gesellschaft auch vieles verändert?

Tattoos sind einerseits eine Modererscheinung geworden, andererseits, wenn ich mir so Umfragen und Interviews anhöre, habe ich immer davon gehört, dass Leute, die ein Tattoo oder Pearcing haben, sich mehrere machen lassen, kann man schon sagen, es ist so etwas wie Sucht, wenn man einmal anfängt, kann man nicht mehr aufhören. Möglich, dass die das machen, um sich auch zu spüren, weil es in dem Moment auch mit Schmerzen verbunden ist. Jemand, der extrem viele Tattoos und Pearcings hat, das bedeutet auch dem eigenen Körper Schmerz zufügen. Vielleicht ist das dem Ritzen näher verwandt als Magersucht. Es ist schon auch eine Modeerscheinung und es ist „cool", aber es gibt eben auch sehr viele, die das übertreiben und extrem machen. Wenn jemand eine Grundstörung hat, ist es immer schwierig, jemanden im Erwachsenenalter zu therapieren, zu unterstützen oder die Verhaltensmuster zu ändern, wenn jemand schon als Kind so vieles nicht gelernt hat oder Defizite im emotionalen und psychischen Bereich aufweist. Die Menschen, die ritzen, haben enorme Bindungsstörungen und Verlassenheitsgefühle. Es ist häufig, dass Jugendliche „Waise" geworden sind, so emotional depraviert, es fehlt die Sicherheit, die Geborgenheit, die Bindung. Es sind Menschen, die Probleme mit Bindungen haben, Probleme mit Nähe und Distanz, deshalb ist es auch so grenzwertig. Sie suchen einerseits Nähe und Bindung, andererseits halten sie es nicht aus. Es ist so ein Charakteristikum, das ich so beobachtet habe. Manche Menschen haben mehrere Probleme zugleich, man kann sagen, Borderline ist nicht gleich Ritzen oder einer, der sich ritzt hat eine Grundstörung. Nur die Häufigkeit, dass hier einiges zusammenfällt, ist schon vorhanden. Mit Wut ist es bei Menschen verbunden, wenn sie sexuell missbraucht worden sind, es kann auch wirklich sein, dass bei einigen psychische Probleme vorliegen, weil sie sich einfach nicht spüren, also Personalisierungsängste haben und einfach eine Grundstörung im emotionalen Bereich haben. Ich denke gerade an eine Patientin, die vom Vater sexuell missbraucht wurde. Da ist es schon Aggression, die sie gegen sich selbst gerichtet hat, obwohl sie dem Vater gegolten hat. Man weiß auch nicht, wie damit umgehen, vor allem, je früher, desto schlimmer ist die Auswirkung. Ich habe wenig Erfahrung mit sexuellem Missbrauch, aber mit einigen Patientinnen habe ich gearbeitet, die ritzten sich auch. Sexueller Missbrauch wird immer noch verschwiegen, es ist sehr schambehaftet und mit Eigenschuld verbunden.

4. Interview: August 2004

Helga W. ist Kinderkrankenschwester auf der Psychosomatik

F: Wie siehst du das Ritzen? Welche Erfahrungen hast du gemacht?

Bei den Mädchen ist das Ritzen fast immer mit einer Essstörung verbunden. Häufiger ist es die Essbrechsucht. Oft ist es auch, dass sie das Ritzen erst bei uns anfangen, um Aufmerksamkeit zu bekommen. Da muss man den Arzt holen. Die Mädchen haben ja alle Defizite in diesem Bereich. Es geht um Ängste. Wenn man sie fragt, warum sie schneiden haben müssen, dann sagen sie: „Weil ich so angespannt war und es bringt Erleichterung." Wir sagen den Patienten immer, bevor sie so etwas tun, kommt's zu uns, aber bis sie das heraußen haben – wir bieten ja auch Entspannung an, eben wie man die Anspannung loswird, aber da haben sie ja nicht direkt eine Antwort darauf. Sie müssen viel mittragen, aber die Hintergründe bekommen wir oft gar nicht mit. Gerade bei der Anorexie liegt das Muster in der Familie.

Auf der Kinder- und Jugendpsychiatrie, die haben eher untere Schicht, verwahrloste Jugendliche. Bei uns sind die Patienten zwar auch verwahrlost, aber auf einem anderen Gebiet, vor allem psychisch.

F: Kommt Ritzen deiner Meinung nach in allen gesellschaftlichen Schichten vor?

Ich glaube, dass es alle Schichten quer durch sind. Das Ritzen zieht sich durch. Mit Essstörungen sind es meistens Gymnasiastinnen, sehr häufig trifft es die Klassenbesten. Sie haben oft ein symbiotisches Verhältnis zur Mutter und gleichzeitig äußern sie eine totale Ablehnung gegenüber ihrer Mutter. Es gehört auch zusammen. Die ritzen sich unterschiedlich. Am Anfang ritzen sie eher oberflächlich, sie beschreiben es wie eine Sucht. Am Anfang probieren sie es ein bisschen, es wird dann immer mehr, sie schneiden dann bis zum Knochen hinunter. Dann gibt es auch ältere Jugendliche, die eine Borderlinestruktur von ihrer Persönlichkeit haben. Man kann das schon bei 16/17-Jährigen Mädchen sagen, wenn sie solche Strukturen aufweisen und das sind dann hauptsächlich die Ritzer. Die müssen nicht unbedingt Essstörungen haben. Bei uns laufen sie unter der Diagnose Anpassungsstörungen, Pubertätskrise. Borderline darf bei Jugendlichen noch nicht diagnostiziert werden.

F: Sind das relativ viele?

Es werden immer mehr Jugendliche. Sie können sich schwer abgrenzen. Das sind die Hauptritzer, mit denen tun wir uns als Team am schwersten, weil sie keine Beziehung zu Nähe und Distanz haben, die gehen in eine Beziehung und schmeißen sie raus, holen sie wieder und das geht immer so hin und her. Man sucht dann die Patientin und findet sie im Bett, sie hat geritzt und das Blut fließt auf das weiße Leintuch hinunter. Die sitzen dann da und das ist wie ein Ritual. Es gibt dann auch welche, die sich ins Klo einsperren, die das eher versteckt machen. Das fällt einem erst auf, wenn sie plötzlich im Sommer einen langärmligen Pullover anhaben. Aber die, die so in Richtung Borderline gehen, zelebrieren das schon sehr, dass Blut fließt, sie tun das Blut noch ein bisschen auf ein weißes Blatt, verschmieren es noch ein bisschen mit den Fingern oder schreiben was.

F: Welche Botschaft wollen ritzende Mädchen vermitteln?

Es ist recht unterschiedlich. Eben diese Aufmerksamkeit nach außen hin ist ein Teil und einfach der Hilferuf, dass es ihnen schlecht geht. Wenn es dann vorbei ist, geht es ihnen ganz schlecht. Diese Patienten können einem ganz schön aggressiv machen. Aber man muss jeden Tag wieder neu anfangen, weil man immer aus der Beziehung hinauskatapultiert wird und dann wirst du wieder hergeholt. Wir haben schon Patienten gehabt, die sich 200 Schnitte am ganzen Körper zugefügt haben. Sehr aggressiv empfinde ich es, wenn es so im Bereich Brust, Bauch ist. Meistens kennt man die Selbstverletzung ja nur an den Armen und Beinen. Wobei bei den Borderlinern sehr oft eine Missbrauchgeschichte zugrunde liegt. Sie haben kein Gefühl für Nähe und Distanz. Sie bekommen zwar Therapien, aber dieses Thema ist so tabuisiert, in der Familie soundso. Das denke ich mir oft, wir haben die Mädchen bis 19 Jahre und lernen oft die Familie kennen. Aber es ist selten, dass die Betroffenen sagen, dass der Täter der Vater oder der Stiefvater war oder jemand im näheren Umkreis, der Tennislehrer, Reitlehrer. Aber die Jugendlichen sind oft so verschlossen in diesem Alter, dass wir kaum Zugang zu näheren Informationen haben. Meistens sind das Leute, die dann später in der Psychiatrie ein- und ausgehen. Wenn sie bei uns 19 sind, ist es vorbei. Sie kommen dann oft wieder, sind ein halbes Jahr da, dann geht es ihnen wieder besser und dann kommen sie nach einem halben Jahr, einem Jahr wieder. Dann haben sie noch mehr Narben. Meistens gehen sie in die Familie, in die alten Strukturen zurück. Ich denke mir, dass viele erst im Erwachsenenalter bereit sind darüber zu reden. Sie äußern sich zwar, dass sie ritzen oder über die Bulimie, aber dass die Ursache ausgesprochen wird, ist eher selten. Sie sind meistens Einzelgänger, sie bilden dann immer auf Station meist Zweckgemeinschaften, aber es sind nicht wirklich Beziehungen. Wenn man dann nachfragt, ob sie noch Kontakt hat zu dem oder jenem ehemaligen Mitpatienten, dann verneinen sie es. Sie sind zwar während des Klinikaufenthaltes gemeinsam ausgegangen, zusammen abgehauen oder haben sonst irgendwelche Aktionen gestartet, aber eine Beziehung haben sie nicht aufgebaut. Sie spüren auch kaum einen Bezug zu ihrem Körper oder können kaum Sexualität in einer Beziehung erleben.

F: Haben die Mädchen auch Tatoos?

Wir haben kaum Mädchen mit Tattoos. Das ist auf der Jugendpsychiatrie häufiger. Die haben mehr Pearcings. Wir haben einfach eher die Mädchen aus gutem Hause, da ist das sogar verpönt. Die machen das nicht. Aber ritzen tun sie natürlich auch.

F: Welche Therapieformen gibt es für ritzende Mädchen?

Bei uns hat der Patient Einzeltherapie, Gruppentherapie und Familientherapie. Meistens ist schon die Bereitschaft der Familie für eine Therapie da, die wird mit eingebunden. Aber es sind alles so langwierige Geschichten. Es ist nicht so, dass sie nach einem halben Jahr gesund sind. Nach außen hin sind es zwar intakte Familien, aber in Wirklichkeit brodelt es meistens, die Jugendlichen fühlen sich vernachlässigt. Ich habe das Gefühl, dass die psychisch so verwahrlost sind. Sie sind nach außen hin alle so adrett, sauber, tüchtig, sie haben oft so eine emotionale Leere. Die Zuwendung passiert oft über Leistung, deshalb sind sie alle auch so gut in der Schule. Sie sind so perfekt, vor allem die Mütter. Man hat oft das Gefühl, dass die Mädchen emotional so leer sind. Das heißt, sie bekommen wenig

Werte vermittelt auf emotionaler Ebene. Sie sind auch in der Freizeitgestaltung in Vereinen eingebunden und müssen dort wieder gut sein, z.B. beim Ballet tanzen, Klavier spielen, im Sportverein. Sie erfüllen diese Rolle und dadurch entsteht auch diese Ambivalenz.

F: Wie ist ihr Selbstvertrauen?

Da ist sehr wenig Selbstvertrauen, obwohl sie so gut sind. Sie sind ja Außenseiter, wenn die in die Pubertät kommen, bei den Jugendlichen ist das ja nicht so „in", sie sind Klassenbeste und Streber. Sie haben auch nicht viel Zeit für soziale Kontakte, weil sie daheim immer lernen müssen und dahin, dorthin, das sind alles so perfektionistische Mädels, speziell wenn sie unter Anorexie leiden. Das ist ja dann so ein Ausbruch. Sie können dann nur mehr über ihren Körper bestimmen, das ist dann so erschütternd, wenn die Eltern auch total überfordert sind mit der Krankheit. Wenn man mit den Eltern spricht, hört man immer wieder: „Na das war so ein braves Mädchen und so tüchtig, und jetzt ist sie so anders und wir möchten, dass sie wieder so wird, wie sie war." Dass es auch die Pubertät ist und die Mädchen selbst bestimmen wollen, das verstehen die Mütter oft nicht. Häufig sind die Mütter Lehrer, oft Leute, die im pädagogischen Bereich tätig sind, Krankenschwestern. Wenn die Jugendlichen so von ihrer Kindheit erzählen, wo ich mir denke, man lässt einem Kind viel Freiraum, er darf viel ausprobieren, neugierig sein, vom Schmutzig Machen bis hin, dass es Unordnung machen darf, aber es ist oft so erschütternd, wenn die Mädchen nie etwas tun durften, weil sie irgendetwas schmutzig machen hätten können, z.B. den Herd. Sie hätten aber auch gerne einmal etwas getan, sie haben nicht einmal auf den Spielplatz dürfen, sich einmal dreckig machen, weil sie immer schön und sauber sein haben müssen. Sie sind so emotional verarmt. Dieses Defizit spüren sie in Konfrontation mit anderen. Dann sind sie noch einmal arm, weil dann werden sie aus der Familie herausgerissen (Klinikaufenthalt) und haben die Krankheit.

F: Ich stellte fest, dass Anorexie und Bulimie sehr häufig in Zusammenhang mit Ritzen vorkommen. Wie siehst du das mit dem Ritzen in Kombination mit Fresssucht?

Fresssucht kommt bei uns auch vor, aber die ritzen nicht. Aber das gibt es auch nicht so oft. Wahrscheinlich haben sie mehr Körperbezug. Sie lehnen den Körper nicht ab, sondern sie füllen ihn. Damit sind sie präsent. Bei uns geht das mit Fressattacken nicht, weil die Küche zugesperrt ist. Um eine Druckentlastung herbeizuführen, ritzen sie.

Dann gibt es noch eine eigene Gruppe, die so 13 / 14 Jahre alt sind, das sind so hysterische Mädchen. Bei denen erlebe ich das Ritzen anders, das sind die, bei denen man so im Volksmund sagt, das ist eine richtig hysterische „Geiß", was aber über das Pubertäre hinausgeht. Die ritzen auch gerne, da geht es sehr um Aufmerksamkeit, nicht so sehr um Entspannung, so wie das andere tun müssen, bei denen geht es fast um Sucht. Sie sagen eher: „Schau, jetzt habe ich wieder geritzt, dann hast du Aufmerksamkeit, dann gibt es ein ziemliches Trara, das ist eine eigene Klientel." Das ist dann eher oberflächlich, demonstrativ, die schneiden dann auch so Muster in die Haut ein, aber da habe ich nicht wirklich tiefe Wunden erlebt. Bei den Mädchen, die wirklich ritzen, die müssen wir oft zum Nähen schicken. Die Gruppe der Hysterischen betrifft nur einen kleinen Teil der Mädchen, die erholen sich auch eher wieder. Die tragen alles nach außen. Sie sind wahnsinnig anstrengend, weil sie laut sind und Wirbel machen, aber ich komme gut zusammen mit ihnen, weil man sie mit einem Schmäh packen kann. Bei ihnen bagatellisiere ich das Ritzen eher. Da spielt da Ritzen nur eine Nebenrolle.

F: Wie sieht es mit Patienten, Patientinnen mit einer Borderlinestörung aus?

Menschen mit Borderlinestörung haben wir auch auf der Station. Sie brauchen einfach Menschen, bzw. missbrauchen sie. Wir hatten da zwei Burschen auf Station, die wurden von den Mädchen geschickt, Rasierklingen zu kaufen und solche „G'schäft'ln" mussten sie für die Mädchen machen, weil sie mit den Mädels befreundet waren, die Mädchen haben die Burschen für ihre Zwecke missbraucht.

F: Welche Erfahrungen hast du mit Borderlinepatienten gemacht? Ist Ritzen ein Ausdruck unserer Gesellschaft, ein Mittel zum Zweck, um sich Erleichterung zu schaffen, Druck abzubauen?

Borderline und Ritzen gehört meistens zusammen. In einem Seminar, wo ich war, und da ging es um Borderline, wurde es in einem Zusammenhang gebracht. Eine Therapeutin aus Amerika, die hat eine eigene Klinik mit Borderlinepatienten, sie arbeitet mit Erwachsenen, aber in allen Altersstufen. Da gibt es auch Patienten, die schon 20 Jahre ritzen. Die haben auch viele Männer mit dieser Erkrankung und bei dem Seminar waren Pfleger von Hall, und die sagten, Männer machen das mehr mit Brennen, mit Zigaretten. Ich kann mich nicht erinnern, dass es vor 20 Jahren das Ritzen auf der Station gegeben hätte, da begannen die Essstörungen. Ritzen ist schon ein Ausdruck unserer Zeit. Wir haben Anorexien gehabt und wir gehen viel am Inn spazieren und da gehe ich manchmal bis Kranebitten und wenn die Mädchen einen Sand sehen, da hat man das Gefühl, die haben noch nie mit Sand gespielt, mit 15 Jahren bauen sie Sandburgen und patzen mit Letten (=Schlamm), denen hat das gefehlt, das Sandspielen. Und viele sagen, dass das fein ist. Deshalb ist Ton am beliebtesten, das Formen und Angreifen. Viele mögen das Massieren, das Spüren. Ich habe oft das Gefühl, wenn ich die Eltern sehe, die Krankheitsgeschichte les', denke ich mir oft, wie sind die aufgewachsen. Alles passiert über den Kopf, die haben so wenig Zuwendung erfahren. Die Klientel ist unterschiedlich in der Psychosomatik bzw. Kinder- und Jugendpsychiatrie. Ich habe auch dort gearbeitet, damals bekamen wir viele Kinder von Schwererziehbaren und wenn die dort nicht mehr tragbar waren, kamen sie auf die Jugendpsychiatrie. Wir machen auf der Psychosomatik medikamentös überhaupt sehr wenig. Es ist immer einfacher, jemandem ein Antidepressivum oder einen Tranquilizer zu verschreiben, das deckt einfach vieles zu und bleibt unbearbeitet und so kommen schon viele Gefühle, Ängste, die Traurigkeit und das Verlassenheitsgefühl und der Zorn und die Wut nicht heraus. Bei uns darf das alles sein, wir halten ziemlich viel aus. Mit Medikamenten kann man viel zudecken und es ist keine Dauerlösung. Wenn in diesem Alter schon eine Psychiatriekarriere beginnt, dann geht es oft so weiter. Dann sind die Patienten oft ein Jahr daheim, dann wieder auf der Psychiatrie. Die Patienten sind bei uns sowieso längerfristig da. Nachher werden sie noch ambulant nachbetreut. Sie kommen oft noch Jahre ambulant. Das Suchtproblem bei Anorexie ist oft ganz schwierig zu behandeln, weil wir sie oft so spät bekommen. Wir machen schon die Erfahrung, wenn wir Mädchen sehr früh kriegen, dass bessere Prognosen sind. Allgemein ist das leider nur selten. Zuerst merken meistens die Eltern die Erkrankung nicht, dann schauen sie lange zu, der Hausarzt verschreibt oft Vitamine, die probieren dann schon zwei Jahre herum und drohen an, du musst in die Klinik und im Bezirkskrankenhaus werden sie oft mit der Sonde ernährt, dann haben sie wieder einen bestimmten Gewichtslevel und dann haben sie wieder Zeit zum Abnehmen bis es dann gar nicht mehr geht, dann kommen sie wieder. Und dann ist einfach schon so viel passiert. Es beginnt oft schon mit 10 / 11 Jahren. Sie kennen auch noch so viele Tricks, wenn sie länger herumgetan haben, wenn sie noch sehr jung sind, ist es leichter, weil sie unverdorbener sind.

5. Interview: Mai 2005

Dr. Nienhusmeier

arbeitete zuerst auf der Jugendpsychiatrie, wechselte dann auf die Kinderstation / Psychosomatik.

F: Warum ritzen Mädchen?

Ritzen tun Mädchen vorwiegend, die Druck auf die Umgebung ausüben wollen sowie auch pubertierende Mädchen, die sich das gerade irgendwo abgeschaut haben. Insofern ist immer zu werten, was weiß man schon über den Patienten, wie alt ist der Patient, in welchem Kontext passiert das überhaupt, ist es etwas, das sehr demonstrativ vorgebracht wird und was hat Appellfunktion oder ist es etwas, was mit Beschämung versteckt wird. Natürlich ist auch die Frage, welche Art von Schneiden ist da, ist es eine oberflächliche Art des Ritzens, oder handelt es sich um Gefährdungen oder was es ja auch gibt, Leute, die sich wirklich schwer schneiden und auch tiefe Verletzungen in einem sensiblen Bereich zufügen wie an den Schlagadern, dann ist es ein anderer Wert. In dem Sinn muss man immer schauen, wie ist der Schweregrad einzuschätzen, schätze ich es eher als Appellfunktion ein, wird es versteckt oder nicht, ist es sogar eine suizidale Komponente, wird im Bereich von sensiblen Gefäßen gearbeitet und dann schätze ich ein, was ist der Hintergrund, das kann sehr verschieden sein, eine Verzweiflungsreaktion, ein Suizidversuch, eine ausweglose psychische oder psychosoziale Gesamtlage kann es genauso sein, wie ein Zeichen: „Bitte helft mir, ich komm mit der Pubertät nicht zurecht." Jeder macht eine Pubertät durch und die wenigsten schneiden. Pubertät plus ein Problem, da ist es natürlich relativ häufig und selbstverständlich ist die Auswahl in der Klinik nur von den Patienten, von denen, die Schwierigkeiten durchmachen und nicht von denen, die keine durchmachen. Was man aber auch weiß oder am Rande mitbekommt, dass Schneiden ein Ausdruck von Spannungsabfuhr bei relativ wenig kranken oder gestörten Patienten ein ziemlich häufiges Phänomen ist und überwiegend bei Mädchen der Fall ist.

F: Inwiefern ist es von der Gesellschaft geprägt, dass das Schneiden eher Mädchen betrifft?

Man kann ganz allgemein sagen, dass die Buben eher dazu neigen, aggressiv auszuagieren, die fallen vielleicht eher durch die dissoziale Verhaltensstörung oder durch Substanzmissbrauch auf, liegen irgendwo, intoxigieren herum oder schlagen Autoscheiben ein und kommen auf diese Weise auf die Klinik. Das ist überwiegend deren Ventil, während die Mädchen eher dazu neigen, vor allem in der Frühpubertät das anzufangen, dass sie die Aggression nicht nach außen, sondern gegen sich selbst richten, selbst wenn eine Dynamik zugrunde liegt, sagen wir einmal: Schwierigkeiten daheim, Identitäts- und Entwicklungsprobleme, also auch verhältnismäßig normale Dinge, die jetzt gar nicht so nah an der Psychiatrie dran sind, aber nicht bewältigt werden können, da neigen die Mädchen eher dazu, dass sie das gegen sich wenden. Es ist objektiv nicht so gefährlich, wenn sie drei Aspirin schlucken, das Schneiden, das eigentlich kein gefährliches Ritzen ist, dient zur Spannungsabfuhr, das ist eher das Mädchenrepertoire, das Aggressive eher das Bubenrepertoire.

Inwiefern spielt die Familie beim Ritzen eine Rolle?

Wenn schwierige Familiensituationen häufig der Trigger (= Auslöser), also Trennungssituationen sind, Gewalt oder Sucht in der Familie sind, Trigger sind dafür, dass die Kinder so als Indexfigur das Problem anzeigen, indem sie in irgendeiner Weise auffällig werden, da kann das Schneiden genauso ein Phänomen sein wie irgendeine andere Auffälligkeit, etwa ein Substanzmissbrauch. Ganz schwierig ist immer dieser Umkehrschluss, der funktioniert ja nicht. Wenn wir heute davon ausgehen, dass ungefähr die Hälfte der Beziehungen geschieden wird, wie viel mehr Kinder müssten dann eigentlich in der Klinik sein und sie sind es nicht, also gibt es offensichtlich, und das finde ich in der Kinderpsychiatrie wichtig, noch so etwas wie ein intrinsisches projektives (vor schädigenden Einwirkungen schützendes) Repertoire, das Patienten zur Verfügung haben. So würde ich aus meiner Sicht sagen, dass es verkürzt und vereinfacht wäre, alles auf gesellschaftliche Probleme zu reduzieren, z.B. dass heute so viele Beziehungstrennungen sind und so viele Patchworkfamilien da sind, das ist natürlich ein Problem. Aber bei den Patienten, die jetzt noch etwas dazulegen – indem sie z.B. schneiden oder anderswertig auffällig werden, ist natürlich die Belastung ganz besonders hoch, weil das Ganze sehr agierend ausgeht in der Familie oder sie haben einfach irgendwelche Persönlichkeitsvariablen auch noch, die das Ganze mitbedingen. Ich will auch noch erwähnen, dass ein erheblicher Teil, wir haben gerade jemanden, wenn ich von Repertoire spreche, eine Grenzbegabung hat, d.h. nicht, dass alle, die schneiden, eine Grenzbegabung haben. Die Frage ist, wann es auftritt, d.h., das gesellschaftliche Problem ist das eine, viele, die überwiegende Mehrheit kommt, wie durch eine Trennungssituation doch halbwegs unbeschadet durch, zumindest unter der Klinik durch. Ein anderer Teil scheint es nicht zu schaffen, weil die Ressourcen, das System, das das Problem auffangen müsste oder die individuellen Ressourcen von dem Kind und dem Jugendlichen nicht ausreichen, um das Problem zu bewältigen und einer der Faktoren könnte sein, dass sie nicht lernen, wie sie bestimmte konkrete Probleme bewältigen können, dass Hilflosigkeit und Ohnmacht, ein Level, wo clevere Jugendliche sich schon lange Hilfe geholt haben, quasi in einer Art demonstrativer Ohnmacht ausagiert wird, mit Schneiden oder Trinken enden. Sie werden einfach von Gefühlen überschwemmt. Bei den Mädchen, und das meine ich wieder ganz intelligenzunabhängig, ein sehr typisches, das fällt mir vermehrt auf, Selbstwertthema: „Was bin ich wert als Mädchen, bin ich schön genug, schlank genug?" Da gibt es viele Themen, dass die Mädchen da viel sensibler sind und eher ausagieren als die Jungs. Also, es ist auch ein Selbstwertproblem. Es ist sehr interessant, deshalb, weil es sehr häufig auffällt, nicht immer von der Gesellschaft her ist, speziell mit dem Thema „Schneiden". Mädchen zwischen 12 und 16 kommen oft in Stimmungsschwankungen mit und ohne Schneiden, wo manche nicht ungefährliche Suizidversuche machen, z.B. im Kontext von Familienproblemen, da ist das Selbstwertthema auch ganz stark drin, sodass ich schon den Eindruck habe, es ist etwas Spezifischeres als bei Buben, zumindest bringen die das nicht in der Form daher.

F: Ist Selbstverletzung mit einer Essstörung häufig gekoppelt?

Prinzipiell gibt es in Verbindung mit Ritzen alle Zusammenstellungen, deshalb habe ich auch am Anfang gesagt, es ist wichtig, dass man schaut, in welchem Grad das Ritzen auftritt, ob es ein isoliertes Problem oder ein Zusatzphänomen zu anderen ist, ob der Jugendliche / die Jugendliche auch noch trinkt und auch noch depressiv ist, ob es eine Wiederholung ist oder im Rahmen einer kurzen Krise aufgefangen werden kann, alles das muss man bewerten. Insofern sind alle Zusammenstellungen an Problemen grundsätzlich möglich, auch Essstörungen. Es ist nicht so, dass Ritzen der klassische Begleiter bei Essstörungen wäre, das ist nicht so, sondern die Essstörungen sind schon wieder eine eigene Geschichte, offenbar eine eigene disponierte Persönlichkeitsgruppe, die davon betroffen ist, was es aber auch gibt und wozu man auch Essstörungen sagt, dass atypische Essstörungen flüchtig auch Ausdruck sein können von psychosozialem Stress. Das ist nicht so zu verstehen, dass diese Patienten jetzt völlig fixiert sind auf schlanke Figur und dass man zu dick ist und auf Biegen und Brechen nicht mehr essen will und darum kämpft, sondern dass es begleitend kurzfristig die Nahrungsverweigerung gibt, aber dass so viele Eckdaten, z.B. die Körperschemastörung oder einfach die Hartnäckigkeit, mit der die Patienten behaupten, sie sind zu dick und müssten dünn werden, das fehlt dann dabei. So kann man das vom anderen recht gut unterscheiden, vor allem, weil diese Art von Essstörungen relativ flüchtig sind und in kurzer Zeit beruhigt, wenn man das gar nicht so sehr als großes Problem zum Thema macht und aufbläst, sondern durchaus am Rande ein bisschen liegen lässt, dann verschwindet das auf einmal, was bei richtigen essgestörten Patienten natürlich nicht verschwinden würde und diese Patientengruppe , wo mit dem Essen manipulativ vorgegangen wird, wo Essen für etwas ganz anderes steht, für Druckausgleich, Selbstwertgefühl, eben für alles Mögliche, das man da zusammenreimen kann, da gibt es eher so eine Kombination.

Das Ritzen an und für sich ist keine Krankheit im ICD 10, sondern ist ein Symptom in Zusammenhang mit vielen Störungen. Wo ich dieses Phänomen so gut wie noch nie gesehen habe, ist z.B. bei schizophrenen Patienten. Sie haben auch oft Suchtprobleme, weil sie ihre schwierige Lage, ihre Ängste unter Umständen Wahnvorstellungen oder Halluzinationen den langen Krankheitsverlauf praktisch nur selbst ertragen, indem sie sich praktisch selbst medizieren, indem sie Alkohol, Cannabis, das ist relativ häufig konsumieren, aber dass die ritzen würden, um Druck abzulassen, habe ich praktisch nie gesehen in den ganzen Jahren, zumindest ist es eine Rarität.

Schizophrene Menschen beschäftigen sich mehr mit ihren inneren Wahrnehmungen als mit ihrem Körper, ihren Gedanken, Wahnvorstellungen und halluzinatorischen Eingebungen, das ist einfach eine andere Personengruppe.

F: Welche Rolle spielt der Körper bei ritzenden Mädchen?

Beim Ritzen ist der Körper das eine, dahinter steht noch der ganze Mensch, ich selbst als Mensch, ich kann nichts taugen, bin nicht geliebt, was wiederum überhaupt nicht heißt, dass es tatsächlich so ist, sondern dass es vom Patienten so empfunden wird. Darum finde ich es sehr wichtig zu relativieren, was da schwierige psychosoziale Umgebung heißt. Denn es gibt so objektive Daten, dass eine Trennung von Eltern einmal grundsätzlich eine Belastung ist, aber es wird sehr verschieden darauf reagiert und neben diesen Umfeldgeschichten nehmen die Patienten ihr Eigenes mit herein, nämlich ihr Temperament und ihre eigene Wahrnehmung, die dann auch einen erheblichen Einfluss darauf hat, welche Symptome entstehen und dann wäre es verkürzt alles der Gesellschaft oder den Eltern in die Schuhe zu schieben und das ist natürlich ein wichtiger Faktor, aber natürlich nicht alles.

F: Spielt die Gesellschaft eine Rolle, da Ritzen ja doch stark im Zunehmen ist?

Für mich ist es sehr schuldbehaftet. Es gibt keine Gesetzmäßigkeiten, wann Symptome entstehen bei einer streitbaren Trennung, welche Symptome es sind. Es könnte genauso sein, dass sensible Mädchen oder Jungs mit psychogenen Ohnmachten, Migräneanfällen oder sonstigen körperlichen Symptomen antworten, oder mit Substanzmissbrauch oder Ritzen, also in dem Sinne gibt es keinen echten Prädiktor, wo wer was tut, sondern am ehesten dieser Bereich Ohnmacht, Schuldgefühle, auch sehr reduziert eigene Fähigkeiten und Bewältigungsstrategien zu finden so z.B. mit Freundinnen und Gleichaltrigen darüber zu reden, sich andere Ventile zu verschaffen, sich in der Disko auszutoben, Peergroups zu suchen, die konstruktive Ventile haben. Patienten, die das nicht gut können, in diesen Gruppen selber, wo sie das Gefühl haben, dass sie selbst nichts taugen, schlechter sind als alle anderen, die sind natürlich gefährdeter für Stimmungsschwankungen und da bietet sich Ritzen an.

Entscheidend ist immer die Wahrnehmung vom Patienten selbst, z.B. ist immer die Wahrnehmung von der Therapie, die auch wieder gewisse Ressourcen voraussetzt, z.B. Erkennen und Verändern, dass z.B. ein Patient merkt, dass er einfach irgendwo in der Wahrnehmung festgefahren war, dass das einfach nicht stimmt – z.B.: „Ich bin total ohnmächtig und völlig unfähig irgendetwas in meinem Leben zu verändern." Wenn das sozusagen die Überschrift ist und jemand relativ „vif" ist, kann in relativ kurzer Zeit der therapeutische Prozess beeinflusst werden und sozusagen das Erleben von Kompetenz, was in stationären Aufenthalten geübt wird in vielen Situationen: „Ich kann mich wehren, ich werde wertgeschätzt, ich bin was wert" oder auch so automatisches Denken: „Ich bin schuld, dass meine Eltern sich trennen", zumindest gedanklich so etwas relativieren können, die sind natürlich schneller zu schützen als eben die, die mit solchen Bewältigungsstrategien überfordert sind.

F: Wie häufig schätzen Sie sexuellen Missbrauch ein?

Es ist sicher nicht so häufig, wie es gesagt wird, ich habe jetzt keine Zahlen im Kopf. Es gibt ja auch noch etwas anderes, was ständig mit Schneiden in Zusammenhang gebracht wird, das ist die Borderlinestörung und auch da würde ich es so ausdrücken, dass es stigmatisierend wäre und auch vor allem jungen Patienten nicht gerecht wird, wenn man sofort beim Schneiden die „Borderlinekarte" herauszieht und diese Diagnose verteilt. Es ist nur Realität, dass Borderlinepatienten weit überdurchschnittlich häufig schneiden, dass Selbstverletzung in der Diagnose der Selbstzerstörung überproportional vertreten ist, das ist völlig klar. Aber jemanden, der besonders anstrengend ist, weil er nicht relativierend agiert oder das System immer selbst ohnmächtig macht, dann vorschnell als Borderlinepatienten zu etikettieren, weil er schneidet, wäre verkürzt. Es gibt schon noch ein paar Diagnosekriterien, die auch noch erfüllt sein müssen. Darum würde ich Schneiden nicht als Diagnose, sondern als Symptom für irgendetwas werten und versuchen, in welchen diagnostischen Kontext ich das am ehesten einordnen würde bzw. ist die Frage, ob es sich beim Schneiden um eine Entwicklungskrise handelt, die man nicht gleich als Persönlichkeitsstörung bezeichnen sollte. Meistens wird es als Anpassungsstörung mit gemischter Störung mit Sozialverhalten bezeichnet, weil man praktisch mit der gleichen Beschreibung das Gleiche sagen kann, was an Symptomen vorliegt. Es hat aber noch nicht Borderlinecharakter oder wird nicht als Borderlinestörung bezeichnet.

Unter Umständen gibt es ja nach so einer Krise, die eine Anpassungsstörung darstellt, eine Auflösung des Problems und die Symptome verpuffen wieder, ein Jahr später interessiert es keinen mehr und es ist bewältigt. Es ist einfach als Krise von Pubertät, von familiären oder von der schulischen Überforderung zu sehen. Es kann ein Verhalten auftreten, das sehr borderlinenah ist, aber es kann genauso gut wieder verschwinden. Je jünger, desto besser, da ist die Chance, dass es wieder verschwindet. Erst wenn es ein Dauerbrenner ist, wenn jemand immer wieder mit dem Gleichen kommt, eine Entwicklung mit der sogenannten Symptomverstärkung oder zusätzliche Symptome, die neu auftreten, dazukommen, dann kann man immer noch Persönlichkeitsstörung sagen.

F: Inwiefern hängt das Ritzen mit der Frauenrolle zusammen?

Ist kein spezielles Thema. Ich habe es zumindest nicht speziell wahrgenommen, sodass jeder, Bub oder Mädchen, seine Rolle finden muss, Männer ja auch, die ja auch stark sein sollen, also, was die Selbstwahrnehmung betrifft, sich bewähren müssen im Lebenskampf und Mädchen haben halt andere Rollen. Wie gesagt, meine Wahrnehmung ist, dass im Trend eher ganz grob die Probleme nach außen gerichtet werden, symptomatisch und bei eher nach innen gerichtet im Sinne von Depression oder Tablettenmissbrauch, ablativen Suizidversuch oder Selbstverletzungen, das ist eine ziemlich klassische Zusammenstellung.

F: Mit welchem Alter beginnt Ihrer Meinung nach das Ritzen am frühesten?

Ein guter Mittelwert wäre so ungefähr 14. Mit 12 / 13 Jahren ist es schon sehr früh. Was man auch noch einschränkend sagen muss, die in die Klinik kommen, da haben wir natürlich eine Auslese der Schwierigsten, was ich nicht sagen kann, wie viele Mädchen und Buben zum Thema Ritzen mit einer sehr unterschwelligen Symptomatik, die auch niemandem so richtig Angst macht, unterwegs sind, die nie die Klinik betreten. Das wird zwar irgendwie registriert, aber man merkt, was es auch zu geben scheint, dass es so wellenartige Modebewegungen gibt, wo so kollektives Ritzen einmal ausprobiert wird und dann wieder eher verpufft. Daran kann man auch entdecken, dass Neugier, Grenzen austesten, mal was machen, was nicht erlaubt ist oder Shocking, was auch dann in einer Leitvariante noch ausgeführt wird, dass dann ein anderer Kontext ist, als so eine frustrierte, bereits persönlichkeitsgestörte Person ist, die so tief im Kämmerlein leidet, das ist eine völlig andere Situation, als eine Runde von Pubertierenden, die sich gerade ritzen. Es ist mir aufgefallen, dass Mädchen, die so quasi dieses Phänomen nicht kannten, es imitiert haben, weil sie es gelernt haben. Sie haben es übernommen und haben dann gemerkt, aha, damit kann man auch etwas erreichen, man kann damit Leute erschrecken, damit kommen bei den Eltern die Suizidphantasien hoch, man kann also etwas bewirken, das Signal ist also potent, Aufmerksamkeit zu kriegen, auch negative Aufmerksamkeit, die besser ist, als gar keine Aufmerksamkeit, dann wird sozusagen operationalisiert, dann ist es ein Vehikel, um etwas zu erreichen, das ist wieder eine andere Situation. Es kann auch penetrant manipulativ sein, um z.B. die Mutter fertig zu machen, das kenne ich auch.

F: Welche therapeutischen Maßnahmen wenden sie an?

Im Grunde genommen geht es darum, die Funktion des Ritzens zu sehen, für was das steht und das können alle diese Dinge sein, über die wir jetzt gesprochen haben, also ein Selbstwertproblem, Entwicklungskrise mit Orientierungsschwierigkeiten, eine unlösbare soziale Situation oder auch eine Überforderung, jetzt auch z.B., wo man einfach merkt, dass offensichtlich eine Grenzbegabung vorliegt, die nicht wirklich so erkannt wurde und die auch alle Symptome von Bauchschmerzen bis Kollaps bis zum Ritzen oder Haare-Drehen, Ausrupfen in ihrer Not irgendwie zum Ausdruck bringen. Natürlich geht es hier auch ganz viel um Selbstwert, hier ist die Frage, ob die Beschulungssituation die richtige ist, aber man kommt so langsam an das Thema dran und kann thematisieren, was es eigentlich bedeuten soll, nämlich: Ich bin überfordert, ich kann nicht mehr, ich habe keine Erfolgserlebnisse, ich bin immer das letzte Rad am Wagen und das ist Thema und der Verweis, wie mein Leben aussehen könnte, wo ich nicht mehr das letzte Rad am Wagen bin." D.h., die Therapie zielt darauf ab Lösung und Ausweg zu suchen für die Probleme, die durch das Schneiden symbolisiert werden und so verschieden wie die Probleme sind, so verschieden läuft die Therapie ab. Therapie kann auch sein, also da sage ich jetzt einmal medizinisch, psychiatrisch, da finde ich es völlig legitim, dass man zumindest in der frühen Phase, wenn Symptome ganz massiv sind, auch einmal medikamentös unterstützt wird und für eine bestimmte Zeit Spannung und Druck herausnimmt und vor allen Dingen, wenn es eine gefährliche Situation ist, es gibt auch ablative Suizidversuche, die durchaus gefährlich sind, wo man das Gefühl hat, jemand bricht wirklich durchs Eis und ein häufig beschriebenes Phänomen ist: „Habe ich alle Tabletten genommen?" wo so quasi Kontrollverluste entstehen, wo Beziehungen mit großer Angst liquidiert werden, wo man so sagt, in der ersten Phase geht es darum, den Leidensdruck durch unkontrollierbare Symptome und die Gefährdungen in den Griff zu kriegen. Das kann unter Umständen am Anfang hauptsächlich medikamentös sein oder manche werden offener für therapeutische Fragen. Die Angst, die im Therapieprozess ausgelöst werden kann und eine Verstärkung von Symptomen auslösen kann, ein Stück weit selbst weit ertragen werden kann, sich selbst zu ertragen im therapeutischen Prozess etwas zu entwickeln, sodass ein äußerer Schutz am Anfang durch Medikation da ist. Es ist kein Muss, aber ich würde es so sagen, zumindest bei der Auswahl der Patienten, die schon in die Klinik kommen, ist es auf jeden Fall eher gegeben, als bei denen, die unterschwellig draußen bleiben mit solchen Problemen unterwegs sind und wahrscheinlich und wahrscheinlich mit Psychotherapie schon alleine genug hätten. Im Wesentlichen geht es immer darum Ressourcen herauszukitzeln, Autonomie zu entwickeln, Probleme zu verstehen, Lösungswege aufzutun, manchmal auch ganz einfach, eine neue Beschulungssituation, eine neue Fremdplatzierungssituation zu finden, wenn irgendwo erzieherische Insuffizienz Gewalt in der Familie, Alkohol in der Familie Thema ist, also jemanden rauszuholen aus dem Gefährdungskontext. Aber das alles sind Dinge, die therapeutisch wirksam sind, so meine ich, im Sinne einer echten Veränderung, das unter Umständen Ritzen überflüssig machen und durch ein anderes Muster überflüssig macht. Wenn Patienten sehen, dass bestimmte Dinge verändert werden können, sowohl sie selbst als auch durch andere, die tatsächlich da sind, weil sie helfen wollen, geht viel. Es beschreiben auch viele, dass der Klinikaufenthalt so positiv ist, weil sie andere kennen lernen und ein neuer Kontext für sie entsteht. Da steckt auch drin, dass Patienten andere kennen lernen, die die gleichen Probleme haben, weil ja viele, egal um welche Diagnose es geht, Schuld und Selbstabwertung in sich haben, weil sie das Gefühl haben, das Problem, das sie haben, da sind sie die einzigen weit und breit, weil sie das sehen, dass es viele gibt, denen es ähnlich ergeht, dann fällt schon etwas von dieser Selbststigmatisierung weg. Es ist schon eine Entlastung.

F: Welche Bedeutung hat das Brennen? Gebrannt wird seltener. Hat das einen Zusammenhang mit Blut, dass das Schneiden dem Brennen vorgezogen wird?

Blut ist ein alter Saft. Was interessanterweise viel beschrieben wird, im Wesentlichen schon bei etwas gravierender gestörten Persönlichkeiten, das ist so ein merkwürdiges Anspannungsgefühl beim Anblick, wenn das Blut hinunterfließt. Die Patienten, die im höheren Grad schon gestört sind, die beschreiben, dass es gar nicht weh tut, aber das ist interessant, in dem Moment, wo sie in starker Spannung, in aversiven Gefühlen sind, mit Spannungs-Auf und -Ab, das dem durchschnittlich empfindenden Menschen gar nicht zugänglich ist, ist das wie eine Art Betäubung. Die schneiden sich unter Umständen, dass sie sich überhaupt wieder spüren, d.h., im Augenblick des Schneidens und Brennens ist eine Art psychischer Anästhesie, später kommt der Schmerz dann.

F: Handelt es sich dabei um die Ausschüttung von Endorphinen?

Das weiß ich nicht. Endorphine sind ja im Grunde genommen in gewissen Stresssituationen eigene Hormone, die freigesetzt werden, die intern Anästhesie machen, meistens im Sportbereich, dass ein Marathonlauf nach 40 km noch nicht weh tut oder so, kann schon sein, mir ist nichts Spezielles bekannt, ob das schon einmal jemand untersucht hat, aber bei Patienten, die schneiden und keinen Schmerz empfinden, ob da die Endorphine erhöht sind, so einfach ist so eine Messung auch nicht, das ist eher eine akademische Frage. Aber was tatsächlich so ist und auch häufig beschrieben wird, ist dieses Gefühl der Gefühllosigkeit und indem man schneidet, holt man sich das Gefühl zurück.

Dafür könnte Blut stehen, symbolisch, ich bin ja doch noch lebendig. Dann spüre ich es wieder, wenn es fließt.

F: In der Kunst fand das öffentliche Schneiden schon früher statt, z.B. bei Günter Bruce in Form von einer Performance. Was halten Sie davon?

Dieser Künstler ist mir jetzt nicht bekannt, aber was mir auffällt, ist, dass das öffentliche Interesse an bestimmten Modethemen, sagen wir einmal, provokativ da ist und da gehört Schneiden und Ritzen dazu und manchmal ist so ein Thema wieder dazu im „Standard" oder in der Tageszeitung, wie die Seele blutet, so theatralisch, gute und schlechte Artikel natürlich, das ist vielleicht etwas, das den Jugendlichen auch in die Hände fällt und Interesse weckt. Es wird wesentlich mehr darüber geschrieben, als z.B. über Raucherentwöhnung, da findet man viel weniger etwas. Es ist auch emotional weniger besetzt, beim Ritzen, da findet man junge Leute, die sich verletzen, das ganze Leben noch vor sich haben, wobei natürlich da wieder eher bei der älteren Generation archetypische Ängste „angeschmissen" werden, darum eignet sich das Thema wahrscheinlich gut für irgendwelche Artikel, reißerisch, aber seriöser Natur. Was mir noch so auffällt, ist vielleicht, das nur so als Randbemerkung, wir sind hier in der psychosomatischen Abteilung, ich war vorher in der Psychiatrie, das heißt, hier sind weniger Patienten mit „harten psychiatrischen Diagnosen" wie Schizophrenie, Depression, Persönlichkeitsstörung, Suizidalität, Sucht, sondern es sind eher so was wie psychogene Schmerzsyndrome, Essstörungen, Aufmerksamkeitsstörungen, Verhaltensstörungen, eher kleinere Störungen, Ritzen ist in den Jahren eigentlich kein Thema. Es gab eine, die es andeutungsweise gemacht hat, ein Mädchen mit einer sehr hohen Sozialbelastung, mit einer sehr hohen sozialen Kompetenz und

Intelligenz, die im Therapieprozess die Schwierigkeiten sehr gut auffangen konnte, da war nicht Ritzen, aber Kratzen, Druckabfuhr durch Kratzen in die Haut lang ein Thema, überhaupt nicht ablativ, sondern eher beschämend, die hat sozusagen dieses Ventil entdeckt, dass Haare-Reißen und Kratzen irgendwie den Druck herauslässt und dann ging es auch schon weiter im Therapieprozess und dann war das überflüssig, ansonsten habe ich in diesem Jahr keinen Patienten gesehen, in der Psychiatrie natürlich andauernd. Die Patientenauswahl, die anders gewichtete Probleme hat, ist die Auswahl für die Psychiatrie und das macht sich natürlich auch im Symptom bemerkbar, was praktisch hier nicht auftritt.

Psychosoziale Aspekte

Gesellschaft

Allgemein

„Unsere Kinder sind beladene Kinder" (Paul Klee 1994, S. 54 in: Psychosozial 1994, Heft II)

Dieser Satz trifft für mich den Kern der Problematik. Der Individualisierungsprozess hinterlässt bei Kindern nicht nur eine Leere im Kopf, sondern auch ein großes Maß an Schmerz: Ohnmacht, Einsamkeit, Orientierungslosigkeit, Kränkung, Angst, Wut, Hass.

Welche Lebensbedingungen erwarten heute Jugendliche, was hat sich für sie in unserer Gesellschaft verändert, was bedeutet der Individualisierungsprozess für Jugendliche?

Jugendliche werden zunehmend gezwungen, ihr Leben selbst in die Hand zu nehmen, weil es immer weniger stabile Lebensformen und traditionelle Vorgaben gibt. Sie konstruieren ihr Leben selbst, weil sie ihre Biographien eigenständig herstellen, verantworten und bewältigen müssen. Eltern überfordern oft ihre Sprösslinge, indem sie keine klaren Grenzen ziehen. Sie geben sich oft kollegial anstatt eine klare Position als Erzieher zu beziehen. Sie bieten somit keine Reibungsfläche und machen eine Abgrenzung dadurch schwer. Andererseits explodieren Eltern häufig durch fehlende Grenzziehung, weil sie schnell überfordert sind und reagieren dann mit den gleichen Mitteln, die sie an den Jugendlichen kritisieren. Viele haben keine genauen Regeln bzw. Wertigkeiten, die sie vermitteln. Dadurch können in vielen Familien Eltern ihren Kindern keine Orientierung geben. Emotional vernachlässigte Kinder sollen oft noch die Erzieherrolle übernehmen, weil Vater und Mutter nicht mit ihrer Welt zurechtkommen. In den 60-er, 70-er Jahren waren die Pubertierenden mit Verboten und Tabus konfrontiert. Heute dagegen müssen sie eine doppelte Belastung verkraften: erwachsen werden und ihren Platz in der Gesellschaft zu finden – während sich zur gleichen Zeit in einer individualisierten Gesellschaft eben diese Gesellschaft dauernd verändert.

„Lebenssinn (kann) nicht mehr aus Traditionen übernommen werden [...], sondern (muss) in einer alltäglichen tragfähigen Form geschaffen werden. Der äußere Orientierungsdruck wird zunehmend durch einen inneren Orientierungsdruck abgelöst." (Peter Henkenborg 1994 zit. n. Schulze 1993, S. 87)

Den Jugendlichen fehlen heute vielfach Bindungen und Anbindungen. Sie müssen vieles selbst entscheiden, welchen Beruf sie wählen und mit wem sie wie und wo zusammenleben wollen. Je mehr gesellschaftliche Normen wegfallen, desto mehr muss der Jugendliche sich selbst Normen schaffen. Ulrich Beck drückt es so aus: *„Jeder Einzelne wird zum Planungsbüro der eigenen Biographie"* - bis sich wirklich eine eigene ganzheitliche Identität herausbildet, die viele Aspekte des individuellen, gesellschaftlichen Lebens umfasst – wie z.B. Berufswahl, Partnerwahl..., das verzögert sich im Allgemeinen. Viele Jugendliche sind andererseits diesen Veränderungen und Anforderungen nicht gewachsen, weil sie gar nicht selbständig werden wollen, vielen von ihnen erscheint die Zukunft ohne Perspektive, und die Zahl der „Nesthocker" steigt. Andererseits heben sich gesellschaftliche Grenzen auf. Die Gesellschaft mag noch so altern, sie gibt sich juvenil. Dem Jugendlichen bleibt immer weniger Raum, weil Eltern sich an denselben Orten breit machen wie sie. Daraus ergibt sich für den einzelnen heranwachsenden Menschen die Frage: *„Lohnt sich das Erwachsenwerden überhaupt noch?"* Heute scheint die Reise der Kinder dorthin zu führen, wo sich Jugendliche ohnedies befinden.

Auch am Arbeitsmarkt sind die Anforderungen fast nur noch auf jugendliche Profile zugeschnitten, Erfahrungen von alten Menschen haben in Anbetracht des ständigen Wertewandels an Bedeutung verloren. Gefragt sind Mobilität, Anpassungsfähigkeit und notfalls die Bereitschaft, noch einmal von vorne anfangen. Diese Situation überfordert nicht nur die Erwachsenen, sondern oft auch Jugendliche. Sie wünschen sich Eltern mit Erfahrungs- und Wissensvorsprung, Eltern, die sie begleiten. Doch in unserer „juvenilen" Gesellschaft wetteifern Mütter häufig mit ihren Töchtern, kleiden sich gleich, tragen die gleiche Frisur. Alle wollen dem allgemeinen Schönheitsideal entsprechen. Auch die Figur ist ein zentrales Thema. Jede Frau will in eine mädchenhafte Figur schlüpfen, also auch wieder dem Körper eines jungen Mädchens und nicht dem einer Frau mit Rundungen im Spiegel entgegenblicken.

Während früher das Wohlgenährtsein Rückschlüsse zuließ, dass ein bestimmter Wohlstand vorhanden war und dies auch zur Schau gestellt wurde, zieht die westliche Kultur völlig andere Schlüsse daraus, Fett wird allgemein als negativ empfunden und bedeutet indirekt auch zu wenig Selbstkontrolle. Es gibt kaum jemanden in unserer Gesellschaft, der nicht über ein paar Kilo zu viel klagt. Jeder eifert der „idealen Figur" quer durch jede Berufsgruppe und Gesellschaftsschicht nach, um der Norm zu entsprechen. Jede Kultur hat ihre Schönheitsideale und es liegt für mich eine gewisse Logik darin, wenn das schwer Erreichbare zum Ideal erhoben wird und in diesem Sinn sind Diätwahn und Schlankheitskult Auswüchse, die sich nur Wohlstandsgesellschaften leisten können. Fett gilt nicht mehr als attraktiv, weich und verlockend wie bei dem berühmten Maler Rubens, sondern vermittelt Unmäßigkeit, Antriebslosigkeit und Willensschwäche. Viele Menschen haben sich diese unerreichbaren Ideale so verinnerlicht, dass sie in einem ständigen Widerstreit mit sich selbst stehen und wenig Selbstvertrauen aufbauen können. Eine Folge daraus sind zunehmende Essstörungen, wenn psychische Probleme dazukommen.

Familienhintergründe

Helga W. schildert ihren Eindruck, aus welchen Familienverhältnissen ritzenden Mädchen häufig kommen. Nach außen hin präsentieren sich zwar viele Familien als intakte Familien, *„aber in Wirklichkeit brodelt es meistens, die Jugendlichen fühlen sich vernachlässigt."* Häufig stellt sie eine psychische Verwahrlosung fest.

„Sie sind nach außen hin alle so adrett, sauber, tüchtig, sie haben oft so eine emotionale Leere, das ist unwahrscheinlich." Die Eltern zeigen ihre Liebe über die Leistung, deshalb sind sie alle auch so gut in der Schule. Den Perfektionismus leben nicht nur die Mütter, sondern sie fordern ihn auch von den Kindern ein. Bei vielen entsteht ein Gefühl der Leere. Das heißt, sie bekommen wenig Werte vermittelt auf emotionaler Ebene. In ihrer Freizeit haben sie auch kaum einen Freiraum, sie sind in Vereine eingebunden, wie z.B. Ballet, Klavier, Sportverein und sollten dort wieder glänzende Leistungen vorzeigen. Sie erfüllen wieder diese Rolle, die von ihnen erwartet wird." (Interview 2004)

Die Vorstellung wie eine Familie funktionieren soll, sitzt tief in den Köpfen der Menschen. Jeder sehnt sich nach einer intakten Familie, wo er Wärme und Geborgenheit erfährt. Die Realität jedoch weicht leider weit davon ab. Viele Menschen sehen die Familie als Ort des Glücks und laut Wertestudie von Paul Zulehner (2000) wird die Familie als wichtigster Lebensbereich angesehen. Die Form der Familie ist zwar durch Scheidung, Wiederverheiratung und freie Partnerschaften mit und ohne Kinder vielfältiger geworden, aber die Erwartungen an die Familie als Basis zur Erfüllung der Bedürfnisse an Glück, Geborgenheit und als Gegenwelt zur leistungsorientierten Berufswelt ist stark gestiegen. Die Scheidungsraten liegen in Österreich relativ hoch, ca. ein Drittel aller Ehen enden vor dem Scheidungsrichter und laut Prognose wird ein Viertel der heute dreißigjährigen Frauen unverheiratet bleiben. Den wachsenden Scheidungszahlen stehen hohe Wiederverheiratungszahlen gegenüber, aber auch immer mehr Paare leben in nicht–ehelichen Gemeinschaften. In Tirol ist die Zahl der Lebensgemeinschaften doch etwas höher als im österreichweiten Schnitt. So gibt es 87,7% der Familien, die als Ehepaar oder in einer Lebensgemeinschaft leben und Kinder unter 15 Jahren haben, 11,3% alleinerziehende Mütter und 1% alleinerziehende Väter. Die Tendenz der Eheschließungen ist jedoch rückläufig, die Zahl der Scheidungen steigt. (Amt der Tiroler Landesregierung, Sachgebiet Statistik 2000)

Viele Jugendliche sind in Scheidungsfamilien oder Patchworkfamilien aufgewachsen. Manche können durchaus Positives aus dem Erlebten gewinnen. Einige betonen, dass ihre Eltern eine beispielhafte Partnerschaft, Kommunikation und Streitkultur vorgelebt haben. Sie erlebten eine konstruktive Auseinandersetzung und konnten durchaus Gewinn aus der gegebenen Familiensituation ziehen. Andere wiederum beklagten, dass sich die Familiensituation durch die Scheidung stark verändert hat, ihr Alltag sich zum Schlechteren wandelte, die Mutter gezwungen war, arbeiten zu gehen, um den finanzielle Bereich abzusichern und sie sich die meiste Zeit selbst überlassen waren. Häufig kam noch dazu, dass sich Kinder von ihren Eltern verlassen fühlten und das Auseinanderfallen der Familie nur schwer verkraften konnten. Sie wussten nicht, was eigentlich zwischen den Eltern passiert war, weil Konflikte einfach nicht angesprochen wurden und der Unsicherheitsfaktor, dass trotz ständigen „Troubles" die Hoffnung bestand, dass der Vater doch wieder einziehen könnte, überforderte die Kinder. Häufig kamen dann noch Schuldgefühle dazu, dass sich die Sprösslinge für die Scheidung mitverantwortlich fühlten und die Schuld bei sich suchten.

In der Pubertät kämpfen Jugendliche prinzipiell mit negativen Selbstwertgefühlen. Sie beziehen viele Schwierigkeiten auf ihre eigene Unfähigkeit, Situationen konstruktiv zu lösen und fühlen sich nicht „wohl in ihrer Haut". Wenn andere belastende Faktoren wie z.B. eine Veränderung der Lebenssituation, dazukommen, beziehen das die „Teenies" oft auf sich selbst und fühlen sich an der schwierigen Situation mitverantwortlich. Sie haben das Gefühl, dass sie zu nichts taugen, fühlen sich ungeliebt, was wiederum überhaupt nicht heißt, dass es tatsächlich so ist, aber es wird so empfunden. Darum ist es wichtig zu relativieren, was da unter einer „schwierigen psychosozialen" Umgebung verstanden wird. Einerseits gibt es objektive Daten,

„dass eine Trennung von Eltern einmal grundsätzlich eine Belastung ist, aber es wird sehr verschieden darauf reagiert und neben diesen Umfeldgeschichten nehmen die Patienten ihr Eigenes mit herein, nämlich ihr Temperament und ihre eigene Wahrnehmung, die dann auch einen erheblichen Einfluss darauf hat, welche Symptome entstehen und dann wäre es verkürzt alles der Gesellschaft oder den Eltern in die Schuhe zu schieben und das ist natürlich ein wichtiger Faktor, aber natürlich nicht alles." (Dr. Nienhusmeier, Interview 2005)

Auf die Frage, welche Rolle Familie beim Ritzen spielt, meint

Dr. Nienhusmeier:

„Wenn schwierige Familiensituationen häufig der Trigger (= Auslöser), also Trennungssituationen sind, Gewalt oder Sucht in der Familie sind, Trigger sind dafür, dass die Kinder so als Indexfigur das Problem anzeigen, indem sie in irgendeiner Weise auffällig werden, da kann das Schneiden genauso ein Phänomen sein wie irgendeine andere Auffälligkeit, etwa ein Substanzmissbrauch. Ganz schwierig ist immer dieser Umkehrschluss, der funktioniert ja nicht. Wenn wir heute davon ausgehen, dass ungefähr die Hälfte der Beziehungen geschieden wird, wie viel mehr Kinder müssten dann eigentlich in der Klinik sein und sie sind es nicht, also gibt es offensichtlich, und das finde ich in der Kinderpsychiatrie wichtig, noch so etwas wie ein intrinsisches protektives (vor schädigenden Einwirkungen schützendes) Repertoire, das Patienten zur Verfügung haben. So würde ich aus meiner Sicht sagen, dass es verkürzt und vereinfacht wäre, alles auf gesellschaftliche Probleme zu reduzieren, z.B. dass heute so viele Beziehungstrennungen sind und so viele Patchworkfamilien da sind, das ist natürlich ein Problem. Aber bei den Patienten, die jetzt noch etwas dazulegen – indem sie z.B. schneiden oder anderswertig auffällig werden, ist natürlich die Belastung ganz besonders hoch, weil das Ganze sehr agierend ausgeht in der Familie oder sie haben einfach irgendwelche Persönlichkeitsvariablen auch noch, die das Ganze mitbedingen. Ich will auch noch erwähnen, dass ein erheblicher Teil, wir haben gerade jemanden, wenn ich von Repertoire spreche, eine Grenzbegabung hat, d.h. nicht, dass alle, die schneiden, eine Grenzbegabung haben. Die Frage ist, wann es auftritt, d.h. die gesellschaftliche Probleme ist das eine, viele, die überwiegende Mehrheit kommt, wie durch eine Trennungssituation doch halbwegs unbeschadet durch, zumindest unter der Klinik durch. Ein anderer Teil scheint es nicht zu schaffen, weil die Ressourcen, das System, das das Problem auffangen müsste oder die individuellen Ressourcen von dem Kind und dem Jugendlichen nicht ausreichen, um das Problem zu bewältigen und einer der Faktoren könnte sein, dass sie nicht lernen, wie sie bestimmte konkrete Probleme bewältigen können, dass Hilflosigkeit und Ohnmacht, ein Level, wo clevere

Jugendliche sich schon lange Hilfe geholt haben, quasi in einer Art demonstrativer Ohnmacht ausagiert wird, mit Schneiden oder Trinken enden. Sie werden einfach von Gefühlen überschwemmt. Bei den Mädchen, und das meine ich wieder ganz intelligenzunabhängig, ein sehr typisches, das fällt mir vermehrt auf, Selbstwertthema: „Was bin ich wert als Mädchen, bin ich schön genug, schlank genug?" Da gibt es viele Themen, dass die Mädchen da viel sensibler sind und eher ausagieren als die Jungs. Also, es ist auch ein Selbstwertproblem. Es ist sehr interessant, deshalb, weil es sehr häufig auffällt, nicht immer von der Gesellschaft her ist, speziell mit dem Thema „Schneiden". Mädchen zwischen 12 und 16 kommen oft in Stimmungsschwankungen mit und ohne Schneiden, wo manche nicht ungefährliche Suizidversuche machen, z.B. im Kontext von Familienproblemen, da ist das Selbstwertthema auch ganz stark drin, sodass ich schon den Eindruck habe, es ist etwas Spezifischeres als bei Buben, zumindest bringen die das nicht in der Form daher. (Dr. Nienhusmeier, Interview 2005)

Der abwesende Vater – die übermächtige Mutter

Da die Scheidungsraten immer höher werden, wachsen viele Kinder sowohl physisch als auch psychisch ohne die Gegenwart ihres Vaters auf. Die Kinder werden meistens der Mutter zugesprochen, der Vater hat zwar das Besuchsrecht, aber bei der Erziehung des Kindes tritt er immer mehr in den Hintergrund. Viele Väter suchen sich eine neue Partnerin und gründen wieder eine neue Familie. Im Idealfall bekommt das Kind die Zuwendung beider Elternteile, meistens aber liegen viele emotionale Belastungen vor und werden über die Kinder ausgetragen. Diese fühlen sich schuldbeladen und häufig verantwortlich für ihre Eltern. Bei Trennungen sind auch Eltern überfordert und sind häufig so mit ihren eigenen Problemen beschäftigt, dass sie ihr Kind oder ihre Kinder nicht begleiten können.

Andererseits gibt es auch das Phänomen, dass eine Mutter den nicht anwesenden Vater ersetzen will und so zu kompensieren versucht, dass sie jeden Aspekt im Leben des Kindes wahrnehmen und abdecken will. Hier begrenzen sich die Möglichkeiten für das Kind, eine eigene Identität bilden zu können.

„Untersuchungen zu Auswirkungen von Ehescheidungen zeigen, dass Kinder im Vorschulalter auf die Angst vor dem Verlassenwerden meist mit starker Bestürzung, Bedürftigkeit, Regression und akuter Trennungsangst reagieren. Eine beträchtliche Zahl ist depressiv oder zeigt in späteren Entwicklungsstufen in der Kindheit antisoziales Verhalten. Während einer Trennung und Scheidung nimmt das Bedürfnis des Kindes nach körperlicher Intimität zu. So ist es für ein Kind typisch, dass es den Elternteil bittet, bei ihm schlafen zu dürfen. Wenn diese Praxis fortgesetzt wird und schließlich auch für den Elternteil zu einem Bedürfnis wird, kann das kindliche Gefühl von Autonomie und körperlicher Integrität bedroht werden." (Kreismann, Straus 1992, S. 120)

Ich möchte an dieser Stelle aber noch einmal betonen, dass nicht Scheidung an sich das zentrale Problem ist, sondern wie geschieden wird und wie ein Kind von seinen Bezugspersonen begleitet wird.

Allgemein ist in unserer Gesellschaft zu beobachten, dass sich viele Eltern in ihrer Rolle als Erziehende überfordert fühlen und umgekehrt gibt es auch Kinder, die mehr emotionale Nähe und Wärme brauchen würden. Götz Eisenberg beschreibt die Folgen einer falschen „Bemutterung":

„Entweder es mangelt an empathischer Bemutterung oder die emotionale Ernährung ist durch die Beimengung eigener mütterlicher/elterlicher narzisstischer Bedürfnisse gleichsam vergiftet. Beide Formen mütterlich/elterlichen Verhaltens, so verschieden sie auf den ersten Blick zu sein scheinen, zeitigen ähnliche Resultate: Sie verstören das Kind, blockieren die Entwicklung eines stabilen Selbst und Selbsterlebens und arretieren es in einem unabgelösten Zustand vor Vollendung der psychischen Geburt. Aufgrund einer verlässlichen und einfühlsamen Bemutterung entwickelt sich im Kind ein basales Sicherheitsgefühl, das Gefühl, stark, wertvoll und richtig zu sein, eine Art Urvertrauen im Sinne Eriksons. Umgekehrt: Mangelt es an stabiler, empathischer Bemutterung und wird das Kind zeitig Traumatisierungen ausgesetzt, die zu groß und schmerzhaft für es sind, bildet sich ein Urmisstrauen aus und das Gefühl, schwach, unsicher und schlecht zu sein. Wenn ein Kind fühlt, dass sein Erscheinen auf ein Gerufenwerden antwortet, dass für seine Mutter seine Geburt etwas Unvergleichliches darstellt, gründet es darauf das beruhigende Bewusstsein von seinem Wert. Das Kind lernt sich und seinen Körper durch die mütterlichen Berührungen kennen, durch die Art, wie die Mutter es hält, wie sie es wickelt, badet und herumträgt und während dessen mit ihm plappert. Es verinnerlicht die mütterlichen Rhythmen und Handlungen als erlebte Eigenschaften seines eigenen Körpers und seines sich bildenden Selbst. Soweit sich das Kind im frühen Dialog mit der Mutter aufgehoben fühlt, wird es Vertrauen in diesen Dialog, in die Mutter und schließlich sich selbst entwickeln. Es wird lernen, widersprüchliche Affekte und Regungen miteinander auszusöhnen und zu integrieren, ein für den Umgang mit aggressiven Regungen wesentlicher Vorgang. Schrittweise wird das valorisierte Kind sich aus der Bindung an die Mutter lösen und eine Trennung vollziehen, die zum Erwerb einer eigenen Individualität und Identität des Kindes führt." (Götz Eisenberg 1994, S. 104)

In den Interviews, die ich mit sich selbst verletzenden Mädchen führte, hatte ich ebenfalls den Eindruck, dass sich wenige Mädchen gehalten fühlten, speziell in der Zeit, in der sie ritzten. Alle Mädchen beschreiben das negativ entwickelte Gefühl zu ihrem Körper, der hassenswert ist.

Vielen Müttern ist es heute nicht mehr möglich, bei ihrem Kind zu Hause zu bleiben. Durch die Berufstätigkeit auf Vollzeit und die harten Bedingungen am Arbeitsmarkt müssen viele Frauen das Kind schon früh in einen Kindergarten geben. Frauen, die sowohl beruflich als auch privat „ihren Mann stehen müssen", sind einfach überlastet. Natürlich gibt es auch gute Kompromisse zwischen Kindererziehung und Arbeit, ich denke hier an Halbtagsbeschäftigung oder an Großmütter, die das Kind im Alter von ein, zwei Jahren miterziehen. Im Kleinkindalter braucht das Kind eine Bezugsperson, die es begleitet. M. Mahler vergleicht die Beziehung zwischen Mutter und Kind mit einer *„symbiotischen Membran"*, wo die Mutter die Bedürfnisse des Kindes spüren kann und in einem ständigen Dialog über den Klang der Stimme, Körperrhythmen, Temperaturunterschiede, Gerüche, Sprechtempo, ihren Blick. (vgl. Götz Eisenberg, S. 107)

Es gibt aber auch das Phänomen der Überordnung in unserer Gesellschaft, speziell in den Mittelschichten ist man bemüht, dass das Kind gut und schon sehr früh gefördert wird, teilweise wird jedoch das Gutgemeinte völlig übertrieben. Viele

Kinder fühlen sich dabei überfordert, der Leistungsdruck, der auf ihrem Rücken lastet, ist viel zu hoch und nicht altersadäquat. Es sollte zwar der Autonomie des Kindes dienen, sie fühlen sich jedoch verlassen. Auch hier kann es zu Traumatisierungen kommen. Wenn sie den Erwartungen der Eltern nicht entsprechen, stürzen sie auf Grund einer weniger guten Leistung in Einsamkeit und Verzweiflung. Hier spricht die psychiatrische Krankenschwester Helga W. von diesen „perfekten Mädchen, die funktionieren müssen, die so viel Kälte erfahren". Götz Eisenberg bringt für mich dieses Phänomen des Funktionierens sehr gut auf den Punkt:

„Das alles ist nun keineswegs «Schuld» der Frauen und Mütter, sondern das Produkt einer Gesellschaft, die sich als Ganze den Imperativen der Kapitalverwertung und der Logik des Geldes überantwortet und durch ihren Modus der asozialen Markt- Vergesellschaftung systematisch die sinnlich-emotionale Distanz zwischen den Menschen vergrößert. Die Frauen holen ihre «Individualisierung» nach, beginnen, sich aus den quasi-ständischen Vorgaben des Geschlechts zu lösen und zum Zentrum ihres eigenen Lebens zu machen. Sie wollen nicht länger jene relativen Wesen mit «halb-kolonialem Status» sein, die die marktförmige Individualisierung des Mannes durch ihre häuslichen Reproduktionstätigkeiten und durch die Verkörperung von Kontrasttugenden komplementär absichern." (ebd., S. 108)

Auf der Strecke bleiben oft die Kinder. Die Frage bleibt, wer in unserer Gesellschaft für die Kinder ausreichend sorgt, welche Arbeitsmarktbedingungen geschaffen werden, damit Kleinkinder emotionale Nähe erfahren können. Es wäre eine Aufgabe der Gesellschaft, neue Modelle für die Familie zu entwickeln. Wir leben in einer Kultur, wo das Kind weniger Bemutterung erfährt. Die Vaterrolle hat sich gesellschaftlich gesehen auch verändert, einerseits sind es vielfach die abwesenden Väter, die entweder getrennt von der Familie leben oder Väter, die durch die Mobilität und Flexibilität der Arbeit wenig Zeit mit ihrer Familie verbringen. Der Vater steht symbolisch für das Über-Ich, das beim Kind einerseits Struktur in Form von Geboten und Verboten schafft, andererseits das Kind aus der engen symbiotischen Verstrickung mit der Mutter herauslöst und dem Kind den Zugang zur Welt nach außen hin verschafft. Besonders für Söhne ist der Weg zur Entwicklung einer männlichen Identität durch den Vater von großer Bedeutung. Wenn sich Väter dieser Aufgabe entziehen, fehlt diese positive Seite, dass sich beim Kind bestimmte Grenzen, die mit Normen und Werten verbunden sind, bilden. So gesehen ist das Fehlen des Aggressors keine positive Entwicklung, denn es handelt sich hier nicht um eine Folge von sozialer Emanzipation und somit um eine Befreiung, sondern Brutalität und Aggression werden entbunden. (vgl. Götz Eisenberg 1994, S. 108 f)

Meine Studie zur Familiensituation von ritzenden Mädchen

Bei den Mädchen, die sich im Jahr 2003 stark geritzt hatten, spielte die Herkunftsfamilie eine wichtige Rolle, ja war sogar meist Auslöser für das Ritzen, aber es waren auch noch andere belastende Faktoren von Bedeutung.

Nur ein Mädchen lebte bei den leiblichen Eltern, wobei es Gewalterfahrungen machte.

9 Mädchen kamen aus einer Scheidungsfamilie

2 Mädchen waren Waise, eines wurde von der Großmutter aufgezogen, das zweite lebte in einer Pflegefamilie (nach 10 Jahren eskalierte die familiäre Situation)

1 Mädchen wurde von Adoptiveltern aufgezogen. Auffällig war für mich, dass sowohl adoptierte Kinder als auch Waisenkinder mit Identitätsproblemen kämpften und mehr über ihre Herkunftsfamilie wissen wollten. Allgemein litten die Mädchen, die ritzten, sehr unter den familiären Bedingungen und alle fühlten sich verlassen und auf sich allein gestellt. Zusätzlich hatten noch manche Jugendliche sexuellen Missbrauch erfahren, die Suchtproblematik war vielfach ein Thema und die Probleme in der Familie konnten nicht mehr mitgetragen werden. Auch das negative Selbstwertgefühl war ein ständiges Thema.

Alter	Familiensituation	Auffälligkeiten in der Familie	Psychiatrische Auffälligkeiten
13jähriges Mädchen	Eltern getrennt, lebt bei Mutter und Stiefvater	Mutter Psychiatrie	Suizidversuch, sexueller Missbrauch
14jähriges Mädchen	Waise, Pflegefamilie	Adopitvvater missbraucht eine Pflegeschwester	Drogenprobleme
14jähriges Mädchen	Eltern getrennt	Trennungsprobleme, Vater und Schwester sind ausgezogen	Suizidversuch, Panikattaken
16jähriges Mädchen	Eltern getrennt	Stiefgeschwister	Drogenprobleme
16jähriges Mädchen	Eltern getrennt, lebt bei Mutter und Stiefvater	Probleme mit Mutter	Suizidgedanken, Schwerwiegende Neurotisierung, zwanghafte Überzeugung missgeblidet zu sein
14jähriges Mädchen	Adopiveltern	Vater starb an einer Heroinüberdosis/Mutter gab das Kind zur Adaption frei	Massive disziplinäre Probleme in der Schule
15jähriges Mädchen	leibliche Eltern		Gewalterfahrung in der Familie, Esstörungen
16jähriges Mächen	Waise, Großmutter		
19jähriges Mädchen	Vater, Stiefmutter	Mutter Alkoholprobleme	Alkoholprobleme
13jähriges Mädchen	alleinerziehende Mutter	Mutter depressiv	mit 13 von einem Mitschüler vergewaltigt, depressive Störung
15jähriges Mädchen	Adoptiveltern	bis zum 10. Lebensmonat im Heim	Drogenprobleme
16jähriges Mädchen	Eltern getrennt, lebt bei Mutter und Stiefvater		Vergewaltigung, Borderline, Drogen
14jähriges Mädchen	Eltern getrennt, lebt mit Mutter und Schwester mit ihrem Kind		Suizidversuch

Aus diesen von mir erfassten Daten geht hervor, dass kaum intakte Familienverhältnisse vorliegen. Die „Teenies" waren alle mit ihrer Familiensituation überfordert. Für mich liegt das Problem nicht darin, dass sich Eltern scheiden lassen, sondern die Problematik liegt in der Konfliktfähigkeit, die Frage ist, wie geschieden wird und welche Probleme unbearbeitet und ungelöst auf den Schultern der Kinder lasten. Interessant war für mich trotzdem die aus der Studie hervorgehende Zahl, dass die Ehe entweder geschieden war oder die Kinder adoptiert wurden. Es gab nur eine einzige Familie, in der die leiblichen Eltern mit ihrem Kind gemeinsam lebten. Hier musste die Tochter allerdings Gewalt im Familienverband erfahren.

Am 24. November 2005 erscheint in der „Zeit" ein Artikel mit dem Titel „Königinnen der Finsternis".

„Wird ihr seelischer Druck unerträglich, fügen sich Borderline-Patientinnen Schmerz zu. Erst jetzt nimmt die Psychiatrie die Krankheit ernst".

Susanne Gaschke schreibt, dass unsere Gesellschaft sehr wohl einen Teil zu dieser Erkrankung, die meistens mit Selbstverletzung gekoppelt ist, beiträgt.

„Was uns an der Krankheit bewegen muss, ist die Tatsache, dass der Wahnsinn, der unter dieser gestalteten Oberfläche wütet, gesellschaftlich mitverursacht ist. Es gibt Menschen – einen Täter oder ein ganzes Umfeld – die schuld daran sind, dass andere Menschen so leben müssen: mit zerstörten Gefühlen, mit Selbstverachtung und dem verzweifelten Bemühen um Zuwendung. Und die wachsende Zahl von Eltern ist nicht mehr in der Lage, ihren Kindern die Liebe und Anerkennung zu geben, die ein Mensch zum unbeschadeten Aufwachsen braucht. Die Zahl der Boderline-Kranken wird nicht kleiner." (Zeit 2005[2], S. 40)

U. Sachsse stellte fest, dass Patienten mit selbstverletzendem Verhalten in Form von Ritzen, Schneiden, Brennen größtenteils traumatische Kindheitserfahrungen gemacht haben. (vgl. Fundamenta Psychiatricia 1997, S. 15)

Aktuelle Literatur zum Thema Selbstverletzung

Auszüge aus dem Buch von Elfriede Jelinek: „Die Klavierspielerin"

„Sie sitzt allein in ihrem Zimmer, abgesondert von der Menge, die sie vergessen hat, weil sie so ein leichtes Gewicht ist. Sie drückt auf niemand. Aus einem vielschichtigen Paket wickelt sie sorgfältig eine Rasierklinge heraus. Die trägt sie immer bei sich, wohin sie sich wendet. Die Klinge lacht wie der Bräutigam der Braut entgegen. SIE prüft vorsichtig die Schneide, sie ist rasierklingenscharf. Dann drückt sie die Klinge mehrere Male tief in den Handrücken hinein, aber wieder nicht so tief, dass Sehnen verletzt würden. Es tut überhaupt nicht weh. Das Metall fräst sich hinein wie in Butter. Einen Augenblick klafft ein Sparkassen-Schlitz im vorher geschlossenen Gewebe, dann rast das mühsam gebändigte Blut hinter der Sperre hervor. Vier Schnitte sind es insgesamt. Dann ist es genug, sonst verblutet sie. Die Rasierklinge wird wieder abgewischt und verpackt. Die ganze Zeit rieselt und rinnt hellrotes Blut aus den Wunden heraus und verschmutzt alles auf seinem Lauf. Es rieselt warm und lautlos und nicht unangenehm. Es ist so stark flüssig. Es rinnt ohne Pause. Es färbt alles rot ein. Vier Schlitze, aus denen es pausenlos herausquillt. Auf dem Fußboden und auch schon auf dem Bettzeug vereinigen sich die vier kleinen Bächlein zum reißenden Strom. Folge nach nur meinen Tränen, nimmt dich bald das Bächlein auf. Eine kleine Lache bildet sich. Und rinnt immer weiter. Es rinnt und rinnt und rinnt und rinnt." (Jelinek 1998, S. 45)

„Nie würde SIE sich in Situationen begeben, in denen sie schwach oder gar unterlegen erscheinen könnte. Daher bleibt sie am Ort, wo sie ist. Nur die gewohnten Stadien von Lernen und Gehorchen werden durchlaufen, keine neuen Gegenden werden aufgesucht. Die Presse quitscht im Gewinde, diese Presse, mit der ihr das Blut unter den Fingernägeln herausgequetscht wird. Das Lernen

---

[2] Die Zeit: Nr. 48, 24. November 2005

verlangt die Vernunft von ihr, denn solange sie strebt, lebt sie auch, ist ihr mitgeteilt worden. Das Gehorchen verlangt die Mutter. Und: wer sich in Gefahr begibt, kommt darin um, diesen Rat gibt ebenfalls die Mutter. Wenn kein Mensch zu Hause ist, schneidet sie sich absichtlich in ihr eigenes Fleisch. Sie wartet immer schon lange auf den Augenblick, da sie sich unbeobachtet zerschneiden kann. Kaum verhallt die Türklinke, wird schon die väterliche Allzweck-Klinge, ihr kleiner Talisman, hervorgeholt. SIE schält die Klinge aus ihrem Sonntagsmäntelchen von fünf Schichten jungfräulichen Plastiks heraus. Im Umgang mit Klingen ist sie geschickt, muss sie doch den Vater rasieren, diese weiche Vaterwange unter der vollkommen leeren Stirn des Vaters, die kein Gedanke mehr trübt und kein Wille mehr kräuselt. Diese Klinge ist für IHR Fleisch bestimmt. Dieses dünne, elegante Plättchen aus bläulichem Stahl, biegsam, elastisch. SIE setzt sich mit gespreizten Beinen vor die Vergrößerungsseite des Rasierspiegels und vollzieht einen Schnitt, der die Öffnung vergrößern soll, die als Tür in ihren Leib hineinführt. Erfahrung hat sie mittlerweile darin, dass so ein Schnitt mittels Klinge nicht schmerzt, denn ihre Arme, Hände, Beine mussten oft als Versuchsobjekte herhalten. Ihr Hobby ist das Schneiden am eigenen Körper. Wie die Mundhöhle ist auch dieser Körperein- und – ausgang nicht direkt als schön zu bezeichnen, doch er ist nötig. Sie ist sich selbst ganz ausgesetzt, was immer noch besser ist, als anderen ausgesetzt zu sein. Sie hat es in der Hand, und eine Hand hat auch Gefühle. Sie weiß genau, wie oft und wie tief. Die Öffnung wird in die Halteschraube des Spiegels gespannt, eine Schneidegelegenheit wird ergriffen. Rasch, bevor jemand kommt. Mit wenig Information über Anatomie und noch weniger Glück wird der kalte Stahl heran und hineingeführt, wo sie eben glaubt, dass ein Loch entstehen müsse. Es klafft auseinander, erschrickt vor der Veränderung, und Blut quillt heraus. Ein nicht ungewohnter Anblick, dieses Blut, der aber durch Gewohnheit nicht gewinnt. Wie üblich tut nichts weh. SIE schneidet sich jedoch an der falschen Stelle und trennt damit, was Herr Gott und Mutter Natur in ungewohnter Einigkeit zusammengefügt haben. Der Mensch darf es nicht, und es rächt sich. Sie fühlt nichts. Einen Augenblick lang starren die beiden zerschnittenen Fleischhälften einander betroffen an, weil plötzlich dieser Abstand entstanden ist, der vorher noch nicht da war. Sie haben viele Jahre lang Freud und Leid miteinander geteilt, und nun separiert man sie voneinander! Im Spiegel sehen die Hälften sich auch noch seitenverkehrt, so dass keine weiß, welche Hälfte sie ist. Dann kommt entschlossen das Blut hervorgeschossen. Die Blutstropfen sickern, rinnen, mischen sich mit ihren Kameraden, werden zu einem steten Rinnsal. Dann ein roter, gleichmäßig und beruhigend rinnender Strom, als sich die einzelnen Rinnsale vereinigen. Sie sieht ja nicht vor lauter Blut, was sie da eigentlich aufgeschnitten hat. Es war ihr eigener Körper, doch er ist ihr fürchterlich fremd. Daran hat sie vorher nicht gedacht, dass man die Schnittbahn jetzt nicht mehr kontrollieren kann wie bei einem Kleiderschnitt, auf dem man die einzelnen gepunkteten, strichlierten oder strichpunktierten Linien mit einem kleinen Rädchen abfahren kann, auf diese Weise die Kontrolle und den Überblick behaltend. SIE muss erst einmal die Blutung zum Stillstand bringen und bekommt dabei Angst. Der Unterleib und die Angst sind ihr zwei befreundete Verbündete, sie treten fast immer gemeinsam auf. Betritt einer dieser beiden Freunde ohne anzuklopfen ihren Kopf, kann sie sicher sein: der andere ist nicht weit. Die Mutter kann kontrollieren, ob SIE ihre Hände des Nachts auf der Bettdecke behält oder nicht, doch um die Angst unter Kontrolle zu bekommen, müsste sie ihrem Kind erst die Schädelkapsel aufstemmen und die Angst persönlich ausschaben." (ebd., S. 88/ 89)

Elfriede Jelinek, 1946 in der Steiermark geboren, lebt als freie Schriftstellerin in Wien, München und Paris. Sie setzt ihre teilweise klischeehafte Sprache bis ins Groteske ein, um gesellschaftskritisch zu agieren. Ihre Themen sind weibliche Sexualität und Geschlechterkampf. In ihrem Roman „die Klavierspielerin" beschreibt Elfriede Jelinek eine junge Pianistin und Professorin, die mit ihrer Mutter gemeinsam in einem starken Abhängigkeitsverhältnis lebt. Der Vater ist bereits tot. Die Tochter schafft es nicht, sich aus der Beziehung der Mutter, die von Hassliebe geprägt ist, zu befreien. Ihren Klavierschülerinnen gegenüber ist sie äußerst streng und grausam im Umgang, bis sie schließlich den Studenten Walter kennenlernt. Sie verliebt sich in ihn. In ihrem freudlosen Dasein gibt sich Erika Selbstverstümmelungsaktionen hin, sie verlangt von ihrem Freund, geschlagen zu werden, da ihr seine Schläge zu sanft sind, fordert sie härtere Schläge, ihr Freund wendet sich jedoch zuerst einmal angewidert von ihr ab. Erika kann nur in einer masochistischen Beziehung Liebe empfinden. Schließlich misshandelt und vergewaltigt sie Walter und verlässt Erika dann auch. Sie bleibt allein und gedemütigt in ihrer aussichtslosen Situation zurück. Ihre einzige Chance, sich in einer Beziehung mitteilen zu können, ist gescheitert. Erika ist Opfer ihrer Umwelt geworden. Die Mutter, die unheimlich ehrgeizig ist, und das menschliche Leid zurückstellt, schafft für ihre Tochter eine Welt, von der sie hofft, dass ihre Tochter einmal berühmt wird. Um dies zu erreichen, kapselt sie Erika von Freunden ab, sie schafft eine künstliche Welt, in der nicht einmal der Vater Platz hat, es wird alles für eine mögliche Karriere geopfert.

Die Protagonistin von Elfriede Jelinek ist gekennzeichnet von ihrer Gefühllosigkeit, ihrer Kälte. Das Umfeld von Erika wird kritisch beleuchtet und sie wird als Opfer dargestellt, weil sie von ihrer Familie zu dem gemacht wurde, von der Gesellschaft so geformt wurde, wie sie ist! Es wird jene real existierende Gewalt, die es überall gibt, schonungslos aufgezeigt. An dieser Stelle möchte ich die Parallelität zwischen Literatur, die ebenso wie die bildende Kunst auf die Nöte der Menschen hinweist, aufzeigen. Erika wird lebendig, wenn sie sich schneidet oder masochistischen Handlungen hingibt. Für mich handelt es sich dabei vordergründig um eine sehr enge Mutter-Tochter-Beziehung, hintergründig geht es aber auch um ein bestimmtes Phänomen in unserer Gesellschaft. Mütter versuchen ihren ganzen Ehrgeiz über ihre Kinder auszuleben und nehmen ihnen so ihre Lebendigkeit, sie nehmen ihnen das Recht, für sich selbst entscheiden zu können. Erika ritzt sich in ihrer Not, in der erlebten Kälte ihrer Umgebung. Sie darf sich nicht als Individuum entwickeln, sondern allein ihre Leistung zählt. Elfriede Jelinek greift dieses in der Gesellschaft vorhandene Phänomen auf und beschreibt es glasklar in ihrer Literatur.

Texte aus dem Internet

Viele Mädchen, die ritzen, versuchen über das Internet entweder ihre Not auszudrücken oder sich neue Kontakte zu suchen. Es war für mich erstaunlich, wie sehr die Seite über Selbstverletzung boomt und wie aktuell und präsent dieses Thema ist. Ich möchte ein paar sehr beeindruckende und erschütternde Texte und Gedichte wiedergeben.

http://beepworld.de/members3/selbstverletzung/

zitternd....aus Angst....

Abgrund

Am Rande stehen
Und nicht wissen
Ob man schon fällt
Oder noch steht.
Nein!
Man ist schon gefallen.
Und dabei zerbrochen.
Zerschmettert beim Aufprall.
Tot und doch lebendig.
Das Gefühl im Herzen sagt tot

Doch der Körper sagt leben
Lebendig tot
Das Herz sehnt sich nach Erlösung
Doch hier unten ist es dunkel
Kein Licht
Kein Wind
Keine Erde
Kein Feuer
Nichts.
Nur Schmerz
Ein Schmerz den niemand ertragen kann.

es tut mir weh......das was ich tue,...mich selbst zerstören,....doch ist es ein angenehmes Gefühl, wobei mich wohl tausend Menschen als verrückt abstempeln tun,....na und,...es ist mein Schmerz,....MEIN Leben,...MEINE Liebe,...und wenn ich denke ich kann nicht mehr,....vor Schmerzen die ich spüre,...wenn ich denke es wird mir alles zuviel,...dann nehme ich halt die Klinge und erlöse mich von meinem Schmerz,....Schmerz, der in mir sitzt,...immer und immer wieder...
Seit 8 Jahren.....seit 8 Jahren keine Chance auf Leben, seit 8 Jahren nur eine Richtung, seit 8 Jahren schon ein zerstörtes ICH...seit 8 Jahren einfach nur ICH....
nein es ist für mich kein wirklicher Schmerz und auch eine Erlösung,...manchmal habe ich zwar wirklich das Gefühl, ich kann damit nicht mehr leben,...doch eine Minute ist alles beim Alten,...es geht nicht mehr anders,...und um ehrlich zu sein, ich will auch eigentlich gar nicht mehr anders,...warum auch,...wozu?

Das Messer in der Hand
noch glänzt es, kannst du es sehen?!
Es ist ihr einziger Freund,
doch niemand will es verstehen.
Sie sieht es an mit glänzenden Augen.
Schweiß auf der Stirn
Sie schreit: Kommt bitte helft mir doch,
doch niemand kann´s hör´n.
Sie ist allein in ihrem Zimmer
legt alles bereit.
Sie war schon einmal glücklich,
doch vorbei ist die Zeit.
Die Zeit heilt alle Wunden,
doch die Narben kann man sehn,
auf ihrer Haut werden sie immer steh'n.
......warum versteht ihr nicht das es für mich keine andere Lösung gibt als mich selbst zu verletzen? Es ist meine Sucht, es ist doch mein Leben,...was hab ich denn schon noch?

....

Internetauszug 1

94

Immer wieder
Gewalt gegen sich,
um Verzeihung bitten,
keinen danach gefragt,
einfach wieder geschnitten.
Horror jedesmal,
Freude auf die Nacht,
der Tag verliert an Leben,
und sie hat´s wieder gemacht.
Gedanken an Vergangenes,
Schreie aus Scham,
Angst vor der Zukunft,
sie hat´s erneut getan.
Stress mit den Freunden,
Scheinheiligkeit die jeder besitzt,
die Welt ist so grausam,
sie hat wieder geritzt.

Mit der Zeit
Angst vor Berührungen,
Stille der Nacht,
Hass in den Augen,
was wurde mit ihr gemacht?
Lied von verletzten Seelen,
Trauer im Blick,
Schande des Lebens,
die Wunden zu dick.
Freude nicht vorhanden,
Leben ohne Mut,
Sterne im Dunkeln funkeln,
doch was bleibt ist nur das Blut.
Erleichterung durchs Schneiden,
Zwang nach dem "Leben",
Hölle vor Augen,
sie will nicht´s mehr geben.
Hoffen auf morgen,Frust soll vergeh´n,Stolz will sie sein,
mit der Zeit wird´s gescheh´n.

Neuen Mut
Dunkler Raum,
Kerzenschein überall,
Klingen ohne Ende,
5 Stück an der Zahl.
Musik zum Leben,
Gedanken an die Kindheit,
Hoffen auf´s Vergessen,
doch es ist wieder soweit.
Tränen im Gesicht,
Klingen blitzen,
Wut auf sich,
sie fängt an zu ritzen.

Worte gibt es nicht,
nur den Arm und das Blut,
sich selbst verletzen hilft,
es schenkt ihr neuen Mut.

Keiner hat sie gehört.
Eiskalte Hände,
die Augen so leer,
zerbrochener Wille,
Arme so schwer.
Die Klinge blitzt im Kerzenschein,
Musik lässt das Trauma wiederkommen,
Wärme steigt im Körper auf,
sie hat das Spiel nicht gewonnen.
Das Kreuz im Gedanken,
das Blut auf dem Arm,
der Schall des lautlosen Schreis,
das Feuer hält sie warm.
Ihr Leben am seidenen Faden,
der Arm verbunden,
das Blut läuft nicht mehr,
sie hat es überwunden.
Verletzt am eigenen Leibe,
die Kindheit zerstört,
erstickte Worte,
und keiner hat sie gehört.

Masken im Gesicht
Masken im Gesicht,
Hände uralt,
schlafen kann ich nicht,
mir ist kalt.
Strafe für mich,
ich bin Schuld,
Lieben kann ich nicht,
hab keine Geduld.
Mag mich hassen,
will mich verletzen,
werd in Ruhe gelassen,
mag nicht mehr hetzen.
Gedanken sind weg,
denk an garnichts mehr,
lieg hilflos im Dreck,
mein Kopf ist so schwer.
Hab Angst vor´m Erwachen,
schlafen will ich nicht,
kann kein Auge zu machen,
denn ich seh Masken in meinem Gesicht.

Verstehen
Hohn durch andere Menschen,

einfach nur verlassen,
Verständnis nicht vorhanden,
was würd sie denn verpassen?
Schönheit der Natur,
das Licht des traurigen Herzen,
Stürme der Gedanken,
und innerlich endlose Schmerzen.
Der Puls rast hinauf,
warten auf den ersten Schnitt,
tut sie es aus Liebe zu sich selbst,
oder lässt sie diesen Schritt?
Allein mit den Gefühlen,
die Stimme hat versagt,
Tränen auf den Wangen,
was ist es was sie plagt?
das Grab von sich vor Augen,
viel Licht und Kerzen drumherum,
Frage ob sie gehen will,
doch bei der Antwort bleibt sie stumm.
Wehren gegen den Gedanken,
wollen tut sie es doch nicht,
hassen möchte sie ihr leben
und verstehen will sie sich.

Internetauszug 2

„Ich würde ihn gerne erschießen..."

Meine Mutter geriet grundsätzlich immer an die falschen Typen, entweder waren sie
alkoholsüchtig, brutal oder Draufgänger.
Wie auch bei ihrem letzten Freund,...es war ein Arsch,...er trank jeden Tag seinen
heissgeliebten "Braunen", er machte meine Mutter und mich ständig fertig, mit Sprüchen
die mir heute, wenn ich an die Zeit zurückdenke, noch sehr wehtun.
Er schlug meine Mutter glaube ich einmal,...ich war 10 höchstens 11!!!
"Hol dir doch den Kühlschrank in dein Zimmer", "Man bist du hässlich", "du Schlampe",
"Du bist das dreckigste, was ich je gesehen habe",...das waren die Sätze die ich
grundsätzlich fast jeden Tag zu hören bekam!!!
Ich hatte Angst vor ihm, vor seiner Stärke, seiner Wut,...ich konnte ihn nicht anschreien
(anfangs), konnte mich nicht wehren,...tja ich ließ es also an mir aus,...vergrub mich in
meinem Zimmer,...ich brauchte keine Angst haben das mich einer beim Schneiden
erwischen würde,...denn meine Mutter kam nicht zu mir, er hat es wohl verboten, sie solle
mich heulen lassen, ich muss lernen allein zu leben, ich würde später doch eh unter einer
Brücke leben,...ich war 10!!!
Tag für Tag fing alles von vorne an, beim Aufstehen: "Verzieh dich, ich will dich nicht
sehen!" Mittags: "Stopf doch noch mehr in dich hinein, du wirst immer fetter". Abends:
"Willst du dich nicht hinlegen und pennen, ich kann dich einfach nicht ertragen!"
Meine Mutter hielt immer zu ihm, sie nannte es Liebe, doch heißt Liebe etwa, einen
Menschen zu lieben der einen selbst andauernd fertig macht, der einen nur ausnutzt und
man demjenigen völlig egal ist??? Ich glaube nicht.

Meine Mutter trank auch vorher schon mal ein Gläschen oder zwei, aber nie andauernd eine ganze Flasche. Er ja und meine Mutter trank dann immer mit,...erst 1-mal die Woche, dann 2-mal,...und irgendwann jeden Tag, so dass sie abends, wie auch manchmal morgens besoffen waren und vor allem ER war morgens schon dicht.
Ich hasste meine Mutter dafür, das sie sich so ausnutzen ließ, das sie sich ihm so unterworfen hatte, das sie sie mich nicht lieben wollte,...obwohl ich doch so an ihr hing.
Dadurch, dass sie ihn kennen lernte und er mir sie wegnahm entfernte ich mich immer mehr von meiner Mutter, sie war nachher nur noch eine Person die einfach in diesem Haushalt mitlebte,...das einzige was ihr wichtig war, war der Alkohol und er.
Angst steigt heute immer noch in mir hoch ,wenn meine Mutter seinen Namen sagt, oder wenn er mir in der Stadt entgegenkommt und ich ihm so schnell wie möglich ausweiche das er mich bloß nicht sieht,...ICH HASSE DIESEN MENSCHEN,...weil er mir meine Kindheit nahm.

Er war nach außen hin zu anderen Personen der liebe Freund meiner Mutter,...er war ja ach so toll. Aber zuhause zeigte er dann wie er wirklich war,...DAS LETZTE!!!!!!!
Ich mag mich gar nicht mehr an diese Zeit erinnern,....will sie eigentlich nur vergessen,...aber werde ich das jemals können??? DAS VERGESSEN????
Ich glaube nicht und ich hab auch nicht die Kraft dazu.
Zum Glück hat sich meine Mutter vor langer Zeit von ihm getrennt, aber die Narben in meinem Herzen sind immer noch nicht verheilt und das weiß sie auch, sie weiss nur nicht was sie mir früher angetan hat,...sie denkt ja ---gar nichts!!!

ICH LIEBE MEINE MUTTER ÜBER ALLES, doch wenn die Gedanken an diese damalige Zeit wieder hochkommen,...bekomme ich Angst vor ihr...!!!!

!!!!!!!!!!!!!!!!!!!!!!!!!!!!ICH HASSE IHN!!!!!!!!!!!!!!!!!!!!!!!!!!!

Internetauszug 3

„Zynisch und voller Selbsthass" (verfasst am 12. Juni 2003)

Ich bringe Tod und Schmerz, ich trage sie in mir und jeder, der denkt es ist nicht so, weiß es nur noch nicht.
Erfahrung zeigt, ich bin geboren, um Menschen die mir doch nur so schwer lieb gewonnen werden können, zu verletzen, sie zu zerstören. Hass hat meine Gefühle gefressen, bis keine mehr existierten, bis sogar der Hass verschwand. Welch Genugtuung.
Ich hasse nicht mehr. Ich kann nicht mehr hassen, denn Hass ist ein starkes Gefühl, dass ich so lange unterdrückte bis es sich selbst fraß.
Ohne Hass kann Liebe nicht existieren.
Liebe ist Magie. Magie ist nur so lange Magie, bis sie zur Wissenschaft gemacht wurde.
Liebe bedeutet Sex. Sex ist Wissenschaft.
Es gibt niemals Lösungen, Probleme bestehen aus Rechnungen. Der Mensch hat viele Probleme, Rechnungen gehen meistens auf. Aus Rechnungen folgen Lösungen, Lösungen ergeben eine neue Rechnung, bis alle Rechnungen aufgelöst sind. Tod.
Jede neue Lösung ergibt ein neues Problem.
In mir, ist nur noch ein Gefühl, ein Gefühl, dass nachweislich Instinkt ist. Gefühle sind Emotionen, Emotionen sind kein Instinkt. Schmerz ist Instinkt. Es schmerzt mich.
Es ist heiß und schwer in meinem Magen, um mein Herz. Feuchtigkeit verdampft, meine Tränen sind Kondens.
Meine offenen Wunden sind Ablass von zu viel Kondens.

Es kocht sonst über. Heißer Stein. Heißes Öl versengt meine Seele, Flammen erhitzen mein Herz.

Klingen. Schwärze. Keine Lösung. Hass.

Die Menschen sind ignorant. Sie merken erst wenn das äußerste passiert, dass es jemanden nicht gut ging.

Sie sind egoistisch, merken nicht, was um sie geschieht.

Konsum hat sie zerstört. Medien sind ihre Götter.

Jesus ist ein nichts, geboren von niemanden, niemandes Sohn. Glaube ist Illusion, Liebe ist Glaube, Liebe ist Illusion, Liebe ist leben, das leben ist zu einer Illusion verkommen.

Heile Welt. Diesen Ausdruck würde es nicht geben, wenn es kein Gegenbeispiel dazu gäbe. Ironie.

Tod ist in mir. Er strahlt aus in meinem Körper, zerstört langsam Organe, frisst mein Hirn.

Ich bin dünn und habe Angst davor, dass es noch jemand sieht, dass es bewiesen wird.

Tod. Hass. Illusion. Liebe. Ironie.

Es ist eng, ich bekomme keine Luft, es zerdrückt mich, klaustrophobie- eng. Eng. Das Leben.

Es ist aus. Vorbei. Schon lange. Die Tatsache, das ich zu sehr hoffte, das es Glaube gibt, dass ich wieder leben kann, ließ mich nur an andere Menschen binden, die ich nun mit ins Unglück reiße.

Es ist vorbei. Und zu spät.

Ich wünschte, ich wäre tot. Alles Glück ist nur Schein, zu leben wie die Masse, mir unmöglich. Es geht einfach nicht, und ich explodiere.

Leben ist etwas für andere, vielleicht hätte man jemand fragen sollen, der sich damit auskennt.

Zynisch und voller Selbsthass…

Internetauszug 4

Schreie,... Schreie helfen,... aber nicht, wenn sie lautlos sind.

Wenn ein Mensch auf der Strasse „Hilfe!!!" schreit, sind alle da und es wird auch geholfen, aber nicht bei uns selbstverletzenden Menschen!

Wir nennen das stumme Hilfeschreie, Schreie, die nur wir hören und die nur wir identifizieren können,...es sind Schreie aus Angst, Wut, Trauer, Missachtung, Unverständnis,...!!!

Wir wissen, warum wir um Hilfe rufen, warum wir uns wehtun, anstatt den anderen Menschen, die uns sonst wehtun. Habe ich Streit mit Freunden, schreie ich sie nicht an,...ich lass meine Aggressionen, meine Wut an mir selbst aus,...kratze mich, beiße mich, schneide mich oder schlag' mir ins Gesicht oder auf meine vernarbten Arme.

Warum ich mich schlage? Weil ich mich nicht leiden kann,...weil ich mir sag:„Man, bist du hässlich!!!...rums..." Man, du hast heute wieder nur Scheiße gebaut"...rums....!!!

Ich mag es mir wehzutun, denn es tut mir nicht weh,...wenn es dolle blutet, wenn ich es dann immer noch reize und weiter schneide, dann ab und zu,...aber sonst nie!!!

Wenn ich Lust habe, pule ich auch noch das trockene Blut so ab, das es wieder blutet und schon wieder geht's mir besser!!!

Ich mag es, wenn es blutet,...denn dann lebe ich erst,...ohne Blut kein Leben,...und ich will auch gar nicht anders!!!!
ODER?????????????????

Nicht die Jahre in unserem Leben zählen,
sondern das Leben in unseren Jahren zählt.

Internetauszug 5

Geschlechterrolle

Mädchen in unserer Gesellschaft werden so erzogen, dass sie ihre Aggressionen tendenziös gegen sich selbst richten. Buben sind bis jetzt anders sozialisiert, sie sind mehr zur Selbständigkeit, weniger zur Anpassung, zum Kämpfen, zur Aggression und nicht zum Hinunterschlucken erzogen worden. Nach wie vor gibt es so etwas wie eine traditionelle Geschlechterrollenerziehung,

„die für Mädchen Bravheit, Nachgiebigkeit und Anpassungsfähigkeit, für Jungen demgegenüber Durchsetzungsvermögen, Unnachgiebigkeit und Willensstärke als wünschenswert anstrebt. Jungen greifen entsprechend häufiger (32%) als Mädchen (22%) auf Durchsetzungsstrategien zurück, um elterliche Einschränkungen zu umgehen". (Kasten 1999, S. 110).

Teilweise wird die höhere Aggressivität auf biologische Geschlechtsunterschiede zurückgeführt. Es gibt auch die Theorie, dass die höhere Dosierung des männlichen Hormons Testosteron zu einer größeren Bereitschaft von gewalttätigem Verhalten führt. Andere Wissenschafter argumentieren hingegen mit der Evolutionstheorie. Da der Mann immer für den Kampf um das Überleben, für das Erkunden von unwegsamem Gelände, für das Töten von Tieren oder auch als Beschützer der Familie verantwortlich war, war sein Aggressionsverhalten sozusagen für das Überleben notwendig. Es wäre jedoch falsch, die männlichen Anlagen für ein aggressiveres Verhalten allein verantwortlich zu machen. Der Einfluss der Umwelt spielt auch eine wichtige Rolle. (vgl. Kasten 1999, S. 171 f) Es ist aus meiner Sicht zu beobachten, dass ein bestimmtes aggressives Verhalten, das ein Mädchen zeigt, zurechtgewiesen wird, während bei Burschen vieles toleriert wird. Interessant finde ich auch, dass

„bei vielen männlichen Jugendlichen die ausbildungs- und berufsbezogenen Vorstellungen und Erwartungen klarer ausgestaltet" (ebd., S. 165)

werden. Sie konkretisieren meistens ihre berufliche Vorstellung und auch Freizeitgestaltung, während sie das Thema Familie und Kinder erst später beschäftigt. Weibliche Jugendliche hingegen wissen oft weniger genau, welche berufliche Laufbahn sie einschlagen wollen, sie wollen zwar einen Beruf erlernen, aber ein bisschen Unabhängigkeit von den Eltern genügt, bis sie selbst eine Familie gründen. Es erreichen zwar immer mehr Mädchen qualifizierte Schulabschlüsse, trotzdem beschäftigt sie das Thema, wie Beruf und Familie vereinbart werden können. Sie machen sich darüber wesentlich mehr Gedanken als männliche Jugendliche. (vgl. Kasten, S. 166 f) Viele junge Frauen schließen eine Karriere zugunsten der Familie aus.

Dr. Willibald Lackinger bestätigt die Theorie der unterschiedlichen Erziehung von Burschen und Mädchen (Psychiatrisches Krankenhaus Hall i.T.): *Ich kann nur phantasieren, Genaues weiß ich nicht. Ich denke, dass die Sozialisation eine andere bei Mädchen als bei Buben ist. Die Aggression nach außen zu tragen, ist bei Männern deutlicher spürbar. Jetzt nehme ich schon an, dass das mit der Rolle zusammenhängt, Männer hacken eher Holz, fahren mit dem Auto und die Frauen haben da weniger Möglichkeiten und müssen mehr auf sich selbst zurückgreifen.*

Die Körperbetonung würde ich vermuten, die Wertigkeit, wo der Körper eine größere Rolle spielt, bei den Frauen auch wieder aus der Sozialisation heraus, wo der Körper mehr im Zentrum steht. Eine Frau muss schön sein, ein Mann muss nicht wirklich schön sein. Damit ist die Körperbezogenheit ganz eine andere. Vielleicht sind auch die Übergriffe andere, z.B. sexuelle Übergriffe Mädchen gegenüber würde ich jetzt z.B. deutlich häufiger erwarten als Knaben gegenüber. Ich würde Frauen doch häufiger als Sexualobjekt vermuten als umgekehrt und damit ist natürlich die körperliche Verletzbarkeit viel größer von außen. Und dann ist es natürlich nahe liegend, dass ich auch meinen Körper von außen verletze, wenn ich von außen verletzt werde." (Interview, März 2004)

Zusammenfassend möchte ich sagen, dass in unserer Gesellschaft Männer tendenziös eher explodieren, Frauen ihren Kummer in sich hineinfressen. Das hat weitreichende Folgen, wie Frauen bzw. Männer mit Konflikten umgehen und welche Muster sie als Bewältigung von Problemen entwickeln können. Frauen definieren sich und agieren stark über ihren Körper und die Frage bleibt bestehen, ob Männer wirklich in diesem Ausmaß mit Störungen, die den Körper betreffen, wie z.B. mit Essstörungen, nachziehen, weil sie mit ihrem Körper einen anderen Umgang haben. Sie tragen ihre Aggression nach außen. Gesellschaftlich gesehen ist die Identität eines Mädchens bzw. einer jungen Frau fest mit ihrer eigenen Attraktivität verwoben. Frauen werden allzu oft auf ihren Körper reduziert und diese gesellschaftliche Botschaft trägt dazu bei, dass Frauen dem Schlankheitswahn unterliegen und indirekt versuchen, Lebensprobleme über die Manipulation ihres Körpers zu lösen. Die Fixierung auf das Schlanksein ist meiner Meinung nach ein „kollektiver Wahn", kein Wunder, dass Frauen, die traditionell zur Anpassung erzogen wurden, ihre Figur zum zentralen Thema machen und das als Schlüssel ihrer Probleme sehen. Indirekt wird Frauen die Botschaft vermittelt: „Nur Erfolg, Lebensglück und Karriere werden den Frauen zuteil, deren Optik auch stimmt." Dieses Phänomen erlebe ich tagtäglich bei Jugendlichen in der Schule. Die tägliche Werbung auf Plakaten oder im Fernsehen hält dem Konsumenten seine Unvollkommenheit vor Augen und zeigt ihm, mit welchem Produkt er das Lebensglück und die Daseinsfreude erlangt. Jede Auslage, jeder Besuch im Modegeschäft signalisiert, dass kleine Größen schick sind. Damit fühlen sich viele Frauen unattraktiv. Der allgemeine gesellschaftliche Druck ist jedenfalls groß und es liegt für Mädchen mit Problemen nahe, sie über ihren Körper mit einer Essstörung oder auch Selbstschädigung auszuagieren.

Alter

Das Ritzen beginnt meistens mit der Pubertät, die mit vielen Stimmungsschwankungen verbunden ist, häufig treten Familienschwierigkeiten auf und ein schlechtes Selbstwertgefühl spielt dabei eine wichtige Rolle. Viele Mädchen haben ein protektives (vor schädigenden Einwirkungen schützendes) Repertoire zur Verfügung und meistern die schwierige Situation. Wenn die individuellen Ressourcen jedoch nicht ausreichen, um die anstehenden Konflikte zu lösen, so bietet das Ritzen eine gute Möglichkeit, ein Ventil zu schaffen und Druck abzubauen. Selbstverletzung in Form von Ritzen, Schneiden, Brennen und Kratzen beginnt bereits im frühen Jugendalter mit 12 / 13 Jahren, häufiger geschieht das Ausprobieren von Schneiden im Alter von 14 / 15 Jahren, wobei nicht alle Jugendlichen den berühmten „Kick" dabei verspüren. Laut Experten ist zu beobachten, dass das Schneiden und Ritzen immer früher beginnt, vor fünf, sechs

Jahren war dieses Phänomen erst bei Sechzehnjährigen festzustellen. Mädchen haben das Ritzen entweder bei Freundinnen beobachtet und wollen dieses „Glücksgefühl" auch einmal erleben oder sie probieren das Schneiden im Kreis ihrer Freundinnen zum ersten Mal aus.

Nina, die jetzt 21 Jahre alt ist, erzählte:

„Mit 12 / 13 Jahren ritzte ich das erste Mal. Meine Freundinnen und ich waren zammen und wir macht'n Blutsbrüderschaft. So hat das eigentlich ang'fangen. I hab' so a komisches G'fühl gehab't, so ein Kitzeln, weil's doch weh getan hat. Es war so a Befreiungsgefühl da, irgendetwas anderes da. Wir haben das mit alten Dosen am Arm gemacht, des hat jeder tan, dann war das erledigt. Mit der Zeit ist es mir schlecht gangen, der Freund hat Schluss g'macht, so was, eigentlich waren's Kleinigkeiten." (Interview 2004)

Sabine wiederum begann mit 16 / 17 Jahren zu ritzen. Nachdem sie von ihrer gewalttätigen Mutter weggekommen war und zu ihrem Vater gezogen war, begann erst die Autoaggression:

„I hab' viel erfahr'n über die Mutter und i hab's nimmer packt, auf die ganzen Lügen bin i erst beim Vater draufgekommen und i hab's nimmer ertragen." (Interview 2003)

Sarah probierte das Ritzen auch im Alter von 12 / 13 aus.

„Das erste Ritzen? Des war noch in der Hauptschule bei einer Kollegin, die hat mir des dann erklärt, warum sie des tut und i hab' des einfach so ausprobiert und des hat mir dann so getaugt, weil wenn i so depressiv war, dann bin i wieder aufikommen irgendwie, ja, mit der Zeit is mir des so hängen blieben, dass i dann einfach g'ritzt hab' und dann war alles wieder vorbei. Im Poly hab' i mi dann a g'ritzt, da hat sich fast jede g'ritzt. Viele haben's nachgmacht, weil sie es bei den anderen geseh'n hab'n. Den Kolleginnen, denen es Ernst damit war, die hab'n sich grad und tief g'ritzt, die, was es nit ernst gemeint hab'n, die haben sich eher Verzierungen auf die Arme geritzt, schöne Ornamente, aber das beinharte Schneiden von graden Schnitten hab'n die nit g'macht." (Interview 2004)

Dr. Lackinger sieht das Durchschnittsalter der Selbstverletzungen bei 15 / 16jährigen. 35 / 40 jährige machen das nach wie vor, wenn sie unter Druck stehen und noch kein anderes Muster gefunden haben, um Stress abzubauen.

„In der Regel tun sie es nach wie vor in Stresssituationen und in emotionalen Belastungssituationen. Es kann sein, dass die Frequenz gegenüber der Jugend nicht nachlässt, ich kann das aber auch nicht ganz so sicher sagen, es ist auf jeden Fall immer noch Ausdruck einer emotionalen Belastung oder Überbelastung, die relativ schnell erreicht ist, also sie haben nicht sehr viel Spielraum." (Interview 2004)

Häufigkeit von selbstverletzendem Verhalten

Der Psychiater Dr. Christian Haring (Psychiatrischen Krankenhaus Hall) führte eine Studie an vier höheren Schulen in den Bezirken Innsbruck-Stadt und Innsbruck-

Land durch und stellte fest, dass autoaggressives Verhalten von Jugendlichen unterschätzt wird. Die Studie entstand in Kooperation mit Schulärzten, Direktoren und Lehrpersonen im Herbst 1999 und Dr. Haring[*] verweist darauf, wie viele Jugendliche davon betroffen sind und zeigt damit die Bedeutung dieses Themas auf.

Definition für selbstschädigendes Verhalten (WHO Definition):

1. Das Verhalten ist nicht tödlich und gehört nicht zum habituellen Verhalten des Patienten (d.h. es tritt nicht täglich oder fast täglich auf). Wenn sich Patienten täglich oder fast täglich selbst schädigen (Automutilation), fällt dieses Verhalten nicht darunter. Niedrige Letalität der Handlung ist jedoch kein Ausschlusskriterium. Patienten, die eine Absicht äußern, ohne sich tatsächlich aktuell zu schädigen (d.h., ohne eine selbstschädigende Handlung zu beginnen, z.B. auf Bahngleise legen), werden nicht eingeschlossen.

2. Die Person schädigt sich selbst oder versucht es zu tun oder nimmt eine Substanz in einer Dosis zu sich, die über die verschriebene oder allgemein anerkannte Dosis hinausgeht. Alkohol- oder Drogenmissbrauch oder anderes selbstschädigendes Verhalten sind nicht automatisch eingeschlossen. Nur wenn die betreffende Handlung mit der Absicht begonnen wurde, sofortige Veränderungen zu bewirken, und eine Selbstintoxikation beabsichtigt war, wird das Verhalten eingeschlossen. Fasten und das Verweigern von Flüssigkeit oder der verschriebenen Medikation werden nur dann eingeschlossen, wenn sie auf kurzfristige Veränderungen abzielen. Anorexia nervosa-Patienten, Benutzer harter Drogen und Alkoholiker sind nicht automatisch eingeschlossen. Diabetiker, die (denken, dass sie) ihr Leben kurzfristig ernsthaft gefährden, indem sie kein Insulin nehmen, werden eingeschlossen.

3. Das Verhalten wird absichtlich begonnen. Diese Bedingung ist in die Definition aufgenommen, um sicherzustellen, dass Unfälle und versehentliche Intoxikationen ausgeschlossen werden. Eine versehentliche Drogenüberdosis ist nicht einbezogen. Dieses Kriterium bedeutet nicht, dass das Verhalten gründlich überdacht und / oder vorbereitet sein muss. Impulsive Selbstschädigung und Selbstintoxikation ist auch parasuizidales Verhalten. Die Diagnose einer psychiatrischen Erkrankung (wie z.B. Schizophrenie) schließt nicht automatisch eine selbstschädigende Handlung von der Definition aus (sondern nur, wenn die Handlung nicht mit der Absicht einer Selbstschädigung initiiert wurde, wie z.B. Springen aus der Höhe in der Absicht zu fliegen).

4. Der Patient beabsichtigt, über die aktuellen oder erwarteten Konsequenzen der Handlung kurzfristige Handlungen zu bewirken. Die Selbstschädigung sollte sofortige Effekte haben. Damit das Verhalten unter die Definition fällt, ist es nicht notwendig, dass der Patient zu sterben beabsichtigt. Tatsächlich sind bei den meisten parasuizidalen Patienten mehrere, manchmal sich widersprechende Motive für ihre Handlung zu finden.

Die absichtlich herbeigeführte Selbstverletzung bei Jugendlichen hat in den letzten 20 Jahren in Europa und außerhalb zugenommen. Selbstverletzung ist mit Risikofaktoren für die psychische und/oder physische Gesundheit verbunden. Man nimmt an, dass die meisten Selbstverletzungen versteckt passieren und die Dunkelziffer hoch ist.

Es wurden insgesamt 622 Schüler an dieser Untersuchung anonym und freiwillig befragt. (49% männlich, Durchschnittsalter: 16,7 Jahre; 50% weiblich, Durchschnittsalter: 16,2 Jahre)

Bei den Mädchen war die absichtlich herbeigeführte Selbstverletzung nahezu dreimal (19,3%) so hoch als bei Burschen (7,2%).

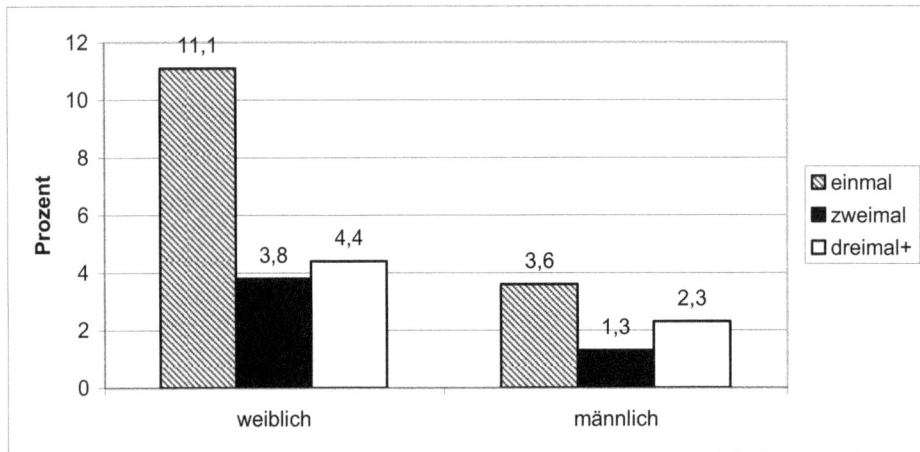

Abbildung 3: Gegenüberstellung der Motivationsursache zur Selbstverletzung zwischen weiblichen und männlichen Jugendlichen (ebd., S. 153)

Als Motiv gaben die Mädchen Folgendes an:

67% wollten sich Erleichterung von quälenden Gedanken und Gefühlen verschaffen,

52% taten es aus Verzweiflung,

46% wollten herausfinden, ob sie tatsächlich geliebt werden,

37% wollten auf diesem Weg Hilfe suchen,

37% wollten sich selbst bestrafen,

30% wollten durch die Selbstverletzung den eigenen Körper spüren,

28% wollten andere erschrecken und

27% die Aufmerksamkeit auf sich ziehen.

Die Burschen zeigten im Vergleich ein weniger differenziertes Motivspektrum.

36% wollten sich Erleichterung von quälenden Gedanken und Gefühlen verschaffen,

27% wollten Aufmerksamkeit auf sich lenken,

5% andere erschrecken und Hilfe suchen,

9% gaben als Motiv an, sterben zu wollen.

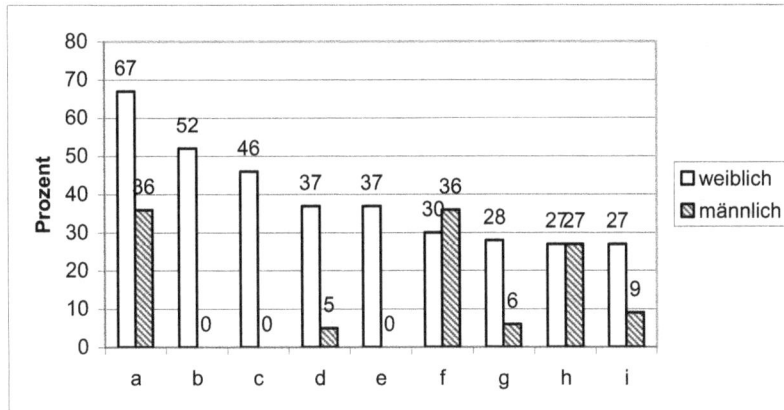

Abbildung 4: Gegenüberstellung der Motivationsursache zur Selbstverletzung zwischen weiblichen und männlichen Jugendlichen -a: „sich Erleichterung verschaffen", b: „Verzweiflung", c: „Zuneigung erwirken wollen", d: „Hilfe suchen", e: „Selbstbestrafung", f: „durch Selbstverletzung Körper spüren wollen", g: „andere erschrecken wollen", h: „Aufmerksamkeit auf sich lenken"; i: „sterben wollen". (ebd., S. 154)

Daraus ergab sich, dass 19 Prozent der weiblichen und ca. 7 Prozent der männlichen Untersuchungsteilnehmer eine selbstschädigende Handlung in ihrer Biographie angaben. Außerdem konsumierte diese Gruppe von Jugendlichen mehr Medikamente, tranken regelmäßig Alkohol und konsumierten teilweise illegale Drogen und berichteten häufiger über psychosoziale Probleme. In den meisten Fällen haben weder Eltern, Schule oder Hausarzt von selbstschädigenden Handlungen erfahren, sondern nur Freunde und Freundinnen aus dem engeren Kreis in der Peergroup.

Wie geschieht das Ritzen?

Heimliches oder öffentliches Ritzen

Der Großteil der Ritzenden vollzieht dieses Ritual im Geheimen, einige zeigen es jedoch demonstrativ mit der Intention, ein Signal an die Umwelt zu senden, um mit anderen in Kontakt treten zu können und Hilfe zu bekommen. Für manche liegt ein traumatisches Erlebnis vor, nämlich, dass niemand konstant für ihre seelischen Nöte da war. Dieses Gefühl der Unverlässlichkeit macht ihnen zu schaffen.

Ritzen als Nachahmung

Viele Mädchen ritzen, weil sie es irgendwo gesehen oder davon gehört haben. Die Psychologin Petra G. meint:

„Bei Mädchen ist das Ritzen ein Gruppenphänomen, wer noch nicht geritzt hat, ritzt sich dann auch, es ist, als würde man sich fast anstecken. Wenn sich zwei ritzen, wird es nicht lange dauern, dann ritzen die anderen zwei auch. Das ist wie ein Virus, der um sich greift. Burschen hingegen ritzen ohne jemanden nachzuahmen. Mädchen identifizieren sich sehr miteinander, untereinander, es ist eine Empathie da, der geht es ja so schlecht, dann hört man sich das alles an und dann gibt es den sekundären Gewinn. Burschen machen das nicht, die erzählen aber auch nicht so genau in der Gruppe, was daheim passiert ist, während Mädchen das schon tun. Vielleicht ritzen auch Mädchen deshalb mehr, weil es ein

Gruppenphänomen ist, weil Mädels viel mehr darauf anspringen und viel häufiger ihre Geschichte erzählen. Sie stecken sich gegenseitig an und suchen Gemeinsamkeit, Verbündete." (Interview 2004)

Das Ritual

Selbstschädigende Verhaltensweisen hat es immer schon gegeben. Kulturell sind sie in verschiedenen traditionellen Gemeinschaften in Form von Riten im religiösen Bereich zu finden, für besondere Übergangsphasen des Lebens wurden aus Symbolen Rituale geformt. Man kann davon ausgehen, dass es keine alte Kultur und keine moderne Gesellschaft gibt, die ohne Rituale auskommt, da sie zwingend zum menschlichen Leben gehören. Einige wenige Rituale sind noch erhalten geblieben und werden in der Gesellschaft noch traditionell gefeiert, wie z.B. Taufe, Erstkommunion, Firmung, Eheschließung und Begräbnis. Allerdings gibt es noch viele Rituale, die unbemerkt geblieben sind, trotzdem aber bestehen blieben. Ein gutes Beispiel dafür ist die Rechtssprechung. Bei jeder Verhandlung wird der rituelle Charakter im streng ritualisierten Ablauf deutlich. Die Roben der Richter sind symbolträchtige Ritualgewänder. Bis zum Ende der Verhandlung ist der Richter dem Gerichtsritual unterworfen, er existiert in dem Sinne nicht als Privatperson.

Bestimmte Übergangsstadien des Lebens erfordern Rituale und wurden auch zu allen Zeiten gefeiert. Es gab und gibt verschiedene Initiationsriten um Knaben oder Mädchen in die Gruppe der Erwachsenen aufzunehmen. Dabei werden durchaus auch selbstschädigende Riten praktiziert.

„Sie werden tätowiert durch kleine Stiche (tatooiert) oder durch künstlich erzeugte Ritzungen in die Haut (skarifiziert), Zähne werden ausgeschlagen oder abgefeilt wie z.B. auf Bali anlässlich einer „Tooth-filing-Ceremony". „ (Klonski 1999, S. 38)

Als sichtbares Zeichen werden in manchen Kulturen Verstümmelungen vorgenommen, um in die Gemeinschaft der Erwachsenen aufgenommen zu werden.

„Das Abschneiden der Vorhaut ist dem Ziehen eines Zahnes (in Australien), dem Abschneiden der Spitze des kleinen Fingers (in Südafrika), dem Abschneiden oder der Perforation der Ohrmuschel oder der Nasenscheidewand ebenso äquivalent wie einer Tatooierung, einer Skarifizierung oder einem bestimmten Haarschnitt. Das verstümmelte Individuum wird von der großen Masse der Menschen durch eine Trennungsrite abgesondert, die ihn automatisch in eine bestimmte Gruppe integriert, und da die Operation Spuren hinterlässt, die nicht mehr zu beseitigen sind,   ist   auch   die   Integration   dauerhaft." (ebd., zit. n. Van Gennep 1969)

Hier stellt sich die Frage, ob die Selbstverletzung bei heranwachsenden Mädchen nicht auch auf eine ähnliche Funktion hinweist, nämlich dass sie eine symbiotische Bindung zur Mutter hin trennen wollen, nur geschieht es in diesem Fall aus eigener Initiative und ist nicht von der Gesellschaft vorprogrammiert. Wiederholtes Schneiden passiert dann sehr häufig einige Monate nach dem Eintreten der Menstruation. Gunther Klonski sieht sowohl bei der Fremdmutilation als auch bei der Automutilation zwei Problemkreise:

1. „Die Erlangung der Unabhängigkeit von der Mutter, die nur durch eine äußerlich sichtbare Trennung erfolgen kann. Es wird – bildlich gesprochen – die soziale und psychologische Nabelschnur durchschnitten, und

2. eine daraus resultierende sexuelle Eigenständigkeit, die aus der Gefahr des Inzestes herausführt: Ablösung vom primären Liebesobjekt (der Mutter) und Finden der eigenen sexuellen Identität."

Wenn ein bestimmter Zeitpunkt den Übergang vom Kindesalter ins Jugendalter markieren soll, so stellt sich die Frage, ob es in unserer Gesellschaft Rituale dafür gibt. Ist es die Erstkommunion, die Zigarette, das Moped oder das Auto? Während in archaischen Kulturen Pubertätsriten mit inbrünstiger Kraft stattfanden, haben wir die letzten Relikte wie Firmung etc. entwertet. Diese Feste sind zu Gewohnheiten degeneriert, die kaum noch ihren Zweck erfüllen und den ursprünglichen Sinn verloren haben. Für die heutigen Jugendlichen ist es schwer, erwachsen zu werden, weil ihnen die bewussten Übergangsriten verloren gegangen sind, die ihnen eine andere Welt mit neuen Mustern der Erwachsenenwelt mit anderen Regeln und Symbolen eröffnet. In unserer humanistischen Welt glaubt man oft, den Menschen Gräuel und dunkelsten Aberglauben ersparen zu können, im Wesentlichen berauben wir sie der Chance, einen Reifungsprozess einzuleiten. So hart und grausam manche Riten archaischer Kulturen auch gewesen sind, vom tagelangen Aussetzen in der Wildnis bis hin zu blutigen Mutproben und Panik auslösenden Geisterbegegnungen, es waren gangbare Schritte auf einer neuen Ebene. Da der Mensch zu Ritualen hin tendiert, bemüht er sich um einen Ersatz. Die erste Zigarette, die im Kreis vieler Kollegen rituell geraucht wird, ist ein Versuch. Jugendliche wissen zwar, dass für sie das Rauchen verboten ist, trotzdem wagen sie einen Vorgriff auf eines der eigentlich noch verbotenen Privilegien der Erwachsenenwelt. Mit dem Brechen dieses Tabus hoffen sie unbewusst, den Zugang zu neuen Mustern zu erzwingen. Ähnlich wie bei archaischen Pubertätsriten ist damit Angst verbunden. Der Jugendliche begibt sich auf unbekanntes Terrain, das ihm gefährlich erscheint. Meistens bleibt es nicht bei der ersten Zigarette, die kaum jemandem wirklich schmeckt, trotz Hustenreizes werden meistens die „Anfangsschwierigkeiten" überwunden.

Ein anderes wichtiges Ersatzritual ist der Führerschein. Jeder freut sich darauf, wenn er einen Ausweis besitzt und damit berechtigt ist, ein Auto zu lenken, mobil und unabhängig zu sein. Nun beginnt die Mutprobe auf der Straße und Autobahn. Die Zahl und Art der Unfälle sprechen dafür, dass speziell junge Männer „auf das Ganze gehen" und es vorziehen „das Fürchten zu lernen". Das Problem dieser Ersatzhandlungen ist, dass oft das Bewusstsein fehlt, welche Verantwortung auf dem Einzelnen lastet. In diesem Fall wäre eine helfende Hand notwendig, ein Erwachsener, der Sicherheit auf der neuen Ebene bieten könnte und den Jugendlichen in dieser neuen Situation begleitet.

Der Jugend bleibt der Körper als Ausdrucksmittel, als Rebellion gegen die Gesellschaft und gegen die Erwachsenenwelt. Sie versucht ständig einen neuen Entwurf von Sprache, Gestik und Mimik sowie ihrer Erscheinung zu signalisieren. Sie wollen anders sein, anders leben. Vieles wird ihnen von der Wirtschaft manipulativ aufgezwungen, trotzdem versuchen sie immer wieder, eigene Wege zu gehen. Das Handy ist zu einem äußerst wichtigen Kommunikationsmittel geworden. Neue Abkürzungen, eine neue Sprache wurde entworfen, um sich zu verständigen. Dabei spielen SMS und Emails eine bedeutende Rolle. Jugendliche nehmen immer wieder spontan mit Hilfe eines Handys Kontakt zu Gleichaltrigen auf, um einen Treffpunkt auszumachen, die Erwachsenen werden auf jeden Fall dabei ausgeschlossen.

Der Übergang von der Kindheit zur Integration ins Erwachsenenalter: (Gunther Klosinski)

- Trennungsphase (Trennung von der Mutter)
- Übergang
- Einfügung in die Gruppe der Erwachsenen

Diese Phase zieht sich von den Pubertierenden (10jährigen) bis hin zu den 25jährigen.

Die zweite Phase ist in unserer Gesellschaft extrem verlängert, da viele durch Schulausbildung oder Studium finanziell noch nicht unabhängig sind. Früher war es selbstverständlich, dass Heranwachsende z.B. als Handwerksgesellen auf Wanderschaft gingen und so war es „legitim", von zu Hause fortzuziehen und sich abzunabeln.

Ich habe über die Interviews erfahren, dass das Ritzen immer in ein Ritual eingebettet wird. Nina beschreibt in ihrem Interview wie ritualisiert ihr Vorgehen beim Ritzen war.

„Mit 19 hat's so richtig ang'fangen, wo einfach koa Woche vergangen is, wo i mi nit geschnittn hätt' mit Rasierklingen, Tapetenmesser z.B. I hab' des nit mitgehab't, es war einfach wichtig, es war für mi a Ritual, wenn ich gemerkt hab', okay, mir geht's schlecht. Wenn ich allein daheim war, was i fast immer war, da hab' i mei Zeug hergrichtet, was ich einfach brauch und dann hab' i's gemacht. Des is so wie bei Bulimiekranken, die sich schon des ganze Essen volle herrichten, so hab' i hergrichtet, was i eigentlich brauch'. Dadurch, dass i erfahr'n hab', dass i schwanger bin, ab da war's für mi klar, i hab' des Ritzen aufg'hört. Ein Ersatzritual gibt´s nicht für mich." (Interview 2004)

Ich habe den Eindruck, dass Riten, die sich wiederholen, Sicherheit geben können und für ritzende Mädchen ein Muster darstellen, das jederzeit zur Verfügung steht. Somit bietet es eine Hilfe im Moment. In unseren sogenannten „zivilisierten" Kulturen sind verschiedene „Schönheitspraktiken" an die Stelle von Riten getreten. Jugendliche versuchen selbst immer wieder Zeichen für ihre Autonomie gegenüber Erwachsenen zu setzen, sie suchen sich bewusst eine Abgrenzung, wie z.B. Pearcing an Nase, Bauch, Zunge, Tatoos oder Tätowierungen. Diese schockieren auch viele Erwachsene und somit ist die Intention, sich abzugrenzen, gelungen. Viele Jugendliche, die zu den so genannten „Spätentwicklern" gehören, haben gelegentlich Automutilationstendenzen, d.h., sie machen den Versuch, sich aus der starken Mutterbindung herauszulösen, mit dem Schneiden setzen sie ein Zeichen der Eigeninitiation. Manche Mädchen haben sich auch das Schneiden von anderen abgeschaut

„und haben dann gemerkt, aha, damit kann man auch etwas erreichen, man kann damit Leute erschrecken, damit kommen bei den Eltern die Suizidphantasien hoch, man kann also etwas bewirken, das Signal ist also potent, Aufmerksamkeit zu kriegen, auch negative Aufmerksamkeit, die besser ist, als gar keine

Aufmerksamkeit, dann wird sozusagen operationalisiert, dann ist es ein Vehikel, um etwas zu erreichen, das ist wieder eine andere Situation. Es kann auch penetrant manipulativ sein, um z.B. die Mutter fertig zu machen, das kenne ich auch." (Dr. Nienhusmeier, Interview 2005)

Für heutige Jugendliche ist es viel schwerer, erwachsen zu werden, weil ihnen einerseits bewusste Übergangsriten fehlen, andererseits leben viele Jugendliche sehr lange bei ihren Eltern, weil sie noch studieren. Es führen dann zwar viele ein eigenständiges Leben, aber finanziell bleiben sie noch lange abhängig. Dadurch zieht sich der Loslösungsprozess weit über das Jugendalter hinaus. Ich halte es für wichtig, dass Jugendliche in die neue Erwachsenenwelt mit anderen Regeln, Mustern und Symbolen eingeführt werden und somit eine offizielle Anerkennung von „Frau" oder „Mann" zu bekommen.

Historisch anthropologische Aspekte

Das Bild des Körpers

Historisch betrachtet unterliegen Körpervorstellungen gravierenden Wandlungsprozessen. So formulierte Selvini Palazzoli:

„Jede Kultur hat ihre eigenen Formen, das Unbehagen in ihr und das Leiden an ihren inneren Widersprüchen auszudrücken. (1985, S. 204) Die Not, das Unbehagen in unserer Kultur wird vielfach durch Selbstverletzung ausgedrückt. Jugendliche, die keine andere Möglichkeit sehen, ihre Not jemanden mitzuteilen, greifen auf sich selbst, auf ihren Körper zurück, um sich zu beruhigen. Auch Tätowierungen und Pearcings sehe ich als Ausdrucksmittel unserer Zeit. Der Körper signalisiert seinen gesellschaftlichen Stellenwert.

Der Begriff *„Körper"* und auch der gesellschaftliche Umgang mit dem „eigenen Körper" wandelte sich im Verlauf der Geschichte stark. Im Mittelalter gab es noch nicht den Begriff des Selbst. Nach Illich ist in unserer Gesellschaft die Unterscheidung zwischen dem Selbst und den anderen erst durch das Konzept der medizinischen Fürsorge möglich geworden. *„Der Körper des westlichen Menschen („western body") sei die progressive Verkörperung („embodiement") des Selbst."* (Hirsch 2000, S. 212)

C.G. Jung meinte, dass *„die Metaphysik des Geistes durch eine Metaphysik der Materie im 19. Jahrhundert"* ersetzt wurde. (ebd.) Das heißt, wenn unser Körper nicht so funktioniert, wie wir uns das vorstellen, ziehen wir die Möglichkeit in Betracht, unseren Körper einer Reparatur zu unterziehen – in einer ähnlichen Haltung, wie wenn wir unser Auto in die Reparaturwerkstätte geben würden. Aber heute geht es nicht nur um das perfekte Funktionieren des eigenen Körpers, man geht einen Schritt weiter und will den Körper formen und gestalten.

Der eigentliche Beginn zu einer Soziologie des Körpers begann erst in den 70er-Jahren des 20. Jahrhunderts, vorher wurde dem Körper wenig Beachtung geschenkt. Heute leben wir in einer intellektuell geprägten Gesellschaft, in der der Körper zunehmend ruhig gestellt wird, weil viele Menschen mit einer sitzenden

Tätigkeit beschäftigt sind. Wir arbeiten immer weniger und haben dadurch mehr Freizeit. Im Zuge der Postindustrialisierung gewann der Körper immer mehr Aufwertung im individuellen und kollektiven Bereich. In den vergangenen Jahren richtete sich der Körperboom auf den jungen, schlanken, schönen, gesunden Körper, für das Aussehen wird der Einzelne verantwortlich gemacht, ihn zu pflegen, zu trainieren, zu ästhetisieren, dafür trägt jeder selbst die Verantwortung. Dabei haben sich ganze Industriezweige gebildet, die davon gut leben können. Für immer mehr Menschen ist der Körper ein geeignetes Medium für Selbstdarstellung und Selbstinszenierung geworden. Genau an dieser Stelle übt die Kunst heftige Kritik und versucht beim Zuschauer heftige Reaktionen durch eine Inszenierung, in der der Körper verändert, gestaltet und bloßgestellt wird, auszulösen.

Ich denke, noch nie war der Körper so präsent wie in unserer Zeit! Früher galt der Grundsatz „Kleider machen Leute" d.h., der Mensch wurde durch die Hülle der Kleider nach außen hin geformt, sein Erscheinungsbild wurde von der Gesellschaft bewertet. Heute ist das austauschbar mit dem Leitsatz: „Der Körper macht den Menschen", der Körper kann nach eigenen Vorstellungen gestylt, geformt, zurechtgeschnitten werden. Die Kleider wurden von der Hautgrenze abgelöst, junge Menschen zeigen immer mehr Haut, indem sie kurze Röcke, bauchfreie T-Shirts und Hosen tragen, die gerade bis in die Leistengegend reichen. Mittlerweile wird selbst diese Hautgrenze überschritten und es ist „in", dass die Haut, positiv formuliert „gestaltet", negativ formuliert „beschädigt" wird - in Form von Pearcings und Tätowierungen. Man geht noch einen Schritt weiter, indem man die Verletzlichkeit des Körpers präsentiert, d.h., Kopfhaare, Schamhaare und Brusthaare bei Männern werden abrasiert, es passiert eine völlige Reduktion des Körpers. Hier könnte man von einer Entäußerung sprechen. Der Körper ist in den Mittelpunkt gesellschaftlichen Lebens gerückt. Robert Gugutzer greift das Thema Körper auf und spricht von einer gewissen Sprachlosigkeit in unserer Gesellschaft. Er meint:

1. Der Abendländischen Kultur fehlen sprachliche Mittel, wenn es um körperliche Erlebnisse, körperlich spürbare Gefühle oder körperliche Bedürfnisse geht. R. Gugutzer bezeichnet es als Kultur des vorherrschenden *rationalistischen Menschen- und Weltbildes"*. Die *„Ratio"* steht im Vordergrund während körperliche Bedürfnisse und Empfindungen eine geringere Wertschätzung erfahren. Das bedeutet in der Praxis, dass sich das Verhältnis zwischen Vernunft und Körperlichkeit / Emotionalität in der Alltagssprache widerspiegelt. Mit der Entwicklung des Zivilisationsprozesses nahm die soziale Tabuisierung des Körpers zu, d.h., es wurde über körperliche Phänomene nicht gesprochen. Auf die ritzenden Mädchen bezogen heißt das, dass ihnen die sprachliche Ebene von der Gesellschaft verwehrt war, es gab keinen Raum, ihre Not anders als über die Selbstverletzung auszudrücken. Sobald sie die Möglichkeit haben, verbal über ihre Gefühle und Probleme zu sprechen, hört das Ritzen auf. Es gibt in unserer Kultur keine ausgeprägte alltagssprachliche Erzähltradition, auf die wir zurückgreifen könnten, um unseren Gefühlen Ausdruck zu verleihen.

2. Die Sprachlosigkeit entsteht aus der Nähe des Körpers. Was immer wir tun, der Körper begleitet uns. Er ist uns selbstverständlich und es ist nichts schwieriger, als über etwas Selbstverständliches zu sprechen. Allgemein wird der Körper erst dann wahrgenommen, wenn er Probleme bereitet.

3. Der Körper kann nicht selbst sprechen, sondern sich nur über Sprache artikulieren. Natürlich kann eine Person befragt werden, dabei kommt wieder die Sprache zum Tragen. Die Testperson könnte auch beobachtet werden, aber am Ende bei einem Datenerhebungsprozess wird wieder eine schriftliche Beurteilung stattfinden.

Dabei geht das körperliche Ausdrucksvermögen verloren. Ein Ausweg wäre die Selbstreflexion. Unsere Zeit ist durch die Dominanz der Ratio geprägt, das bedeutet, dass wir rational denkende und normorientiert handelnde „körperlose" Individuen sind. In der Modernen spiegelt sich der Dualismus zwischen Körper und Geist wider. Shilling weist auf einen weiteren Grund hin, warum die Soziologie den Körper so stark vernachlässigt hat:

„Es waren eben Gründerväter und nicht Gründermütter, die die Soziologie aus der Taufe hoben. Shilling will damit sagen, dass Erkenntnisdrang und Wissen allein auf Erfahrungen zurückzuführen seien, die im körperlichen Geschlecht wurzeln." (Robert Gugutzer 2004, S. 22)

Der Individualisierungsprozess, der in den letzten Jahrzehnten sehr prägend war, bringt einerseits mehr Freiheit, auf der anderen Seite lastet aber mehr Verantwortung auf dem Einzelnen, d.h., der Einzelne muss sich selbst verantworten, muss selbst einen Sinn, Halt und Orientierung im Leben finden. Der Körper bietet dafür eine verlässliche Basis, er ist immer da, „auf ihn kann unmittelbar zugegriffen werden, mit und aus ihm können spür- und sichtbare Wirkungen erzielt, Sicherheit her- und Identität dargestellt werden." (ebd., S. 37)

Eine wichtige Bewegung in den 60er-Jahren war die Frauenbewegung. Sie brachte das Thema der Ungleichheit und der Unterdrückung der Frauen auf das Tapet. Ein Ziel war der Feminismus und die Durchsetzung des Rechts auf den eigenen Körper. Man wollte eigene Entscheidungen treffen und sich der Macht des Mannes und seiner Kontrolle entziehen. Die Diskussion über Abtreibung, in der Frauen forderten, dass sie sich selbst über einen Schwangerschaftsabbruch entscheiden könnten, brachte für viele Frauen ein Stück mehr Freiheit. Durch die Antibabypille konnte die Angst vor einer ungewollten Schwangerschaft reduziert werden, und damit war für Frauen eine selbst gewählte Partnerschaft möglich.

Im politischen Bereich forderte die Frauenbewegung Gleichstellung und Gleichberechtigung an öffentlichen Stellen. Das wiederum veränderte das Leben der Männer und in letzter Zeit ist zu beobachten, dass als Folge der Frauenbewegung Männerbewegungen entstehen.

Nun stellt sich für mich die Frage: „Was ist überhaupt Körper, Körper jedes Einzelnen, Körper als Gesellschaft?

Dazu schreibt Helmuth Plessner (1892-1985):

„Der Mensch ist sein Körper, und er hat seinen Körper. Sein und Haben sind die zwei Weisen, in denen dem Menschsein Körper gegeben ist. Der menschliche Körper ist die Zweiheit von Sein und Haben. Mit der Zweiheit des Körpers ist kein Dualismus, keine Trennung in zwei Körper gemeint." (Gugutzer 2004, S. 146)

Unter Dualität versteht man, dass im Ganzen, in der Einheit zwei sich ergänzende Perspektiven vorhanden sind. Helmuth Plessner vergleicht diese Dualität mit einer Medaille. Sie besteht aus zwei Perspektiven, der Vorder- und der Rückseite, beide gehören untrennbar zusammen, sie sind komplementär. Ebenso verhält es sich mit Körpersein und Körperhaben, sie sind untrennbar mit dem menschlichen Dasein verbunden. H. Plessner setzte seine Theorie der *„Positionalität"(ebd., S. 147)* um, indem er eine wechselseitige Beziehung zwischen lebendem Organismus und Umwelt untersuchte. Einerseits ist das körperliche Dasein des Menschen *„raumzeitlich"* an das Hier und Jetzt gebunden, dadurch dass ich ein *„Körper bin"* *(ebd.)*. Es ist nicht möglich hier und gleichzeitig im Gestern und Morgen zu sein. *„In diesem Sinne ist der Mensch „exzentrisch positioniert" (ebd.).*

Der Mensch ist ein Wesen, das mit seiner Umwelt in Beziehung sein muss, er hat seinen eigenen Körper.

„Körperhaben meint, dass der Mensch aus seiner Mitte, in die er aufgrund seiner organischen Verfasstheit gestellt ist, heraus- und zu sich selbst in Distanz treten kann." (ebd.)

Auf der einen Seite kann der Mensch seinen Körper handhaben, auf der anderen Seite hat er die Möglichkeit, sich vom Körper zu distanzieren und sich wegzudenken, an einen anderen Ort in eine andere Zeit oder auch sich selbst zu reflektieren. Dieser Dualismus bedeutet, dass der Mensch im Moment seines Daseins in dieser Zweiheit des Körpers lebt.

Wenn ich dieses Modell auf das Ritzen übertrage, denke ich, dass diese Dualität aus dem Gleichgewicht geraten ist, dass diese zweite Ebene, das Körpersein, negativ besetzt ist und dadurch kann sich im dualen System das Körperhaben nicht konstruktiv entwickeln. Der Mensch hat nicht von Geburt an seinen Körper, das Körperhaben wird durch die eigene Geschichte geformt.

„Mit dieser Doppelrolle [Körpersein und Körperhaben; R:G] muss sich jeder vom Tage seiner Geburt an abfinden. Jedes Lernen, zu greifen und die Sehdistanzen den Greifleistungen anzupassen, zu stehen, zu laufen usw., vollzieht sich auf Grund und im Rahmen dieser Doppelrolle. Der Rahmen wird nie gesprengt. Ein Mensch ist immer zugleich Leib (Kopf, Rumpf, Extremitäten mit allem, was darin ist) – auch wenn er von seiner irgendwie ›darin‹ seienden Seele überzeugt ist – und hat diesen Leib als diesen Körper" (ebd., zit. n. Plessner 1982: 238; Herv. Im Orig.).[116]

In der Zweiheit des Körpers muss er ständig zwischen Körpersein und Körperhaben Balance halten. Nach Plessner ist der Mensch einerseits ein Naturwesen, also leiblich zu verstehen, auf der anderen Seite ist er ein Kulturwesen, das heißt, er bildet Körper ausgehend von der Gesellschaft. Der Mensch muss im Unterschied zum Tier die Beherrschung des Körpers erlernen, d.h., sie ist kultur- und gesellschaftsspezifisch geprägt. Bestimmte Bedürfnisse wie Hunger Durst, Schlafen, Sexualität oder Ereignisse wie Geburt und Tod gehören zum Leibsein und sind Phänomene der menschlichen Natur. Die Soziologie des Körpers versucht zu erklären, wie das Menschsein innerhalb der Kultur gelebt wird und die Gesellschaft mit ihnen umgeht. Körper und Gesellschaft stehen in einer ständigen Wechselbeziehung. Georg Simmel stellt die grundlegende Frage *„Wie ist Gesellschaft möglich?"* Dabei berücksichtigt er nicht den leiblich-körperlichen

Bereich. Gugutzer beantwortet die Frage im Sinne von Simmel so: *„Gesellschaft ist möglich, insofern Menschen, die leiblich sind und einen Körper haben, in ihren Handlungen wechselseitig aufeinander Bezug nehmen. Simmel selbst war einer der wenigen frühen Soziologen, der die leiblich-körperliche Verfasstheit der Menschen für eine Soziologie ernst genommen und beispielsweise auf die vergemeinschaftende Rolle der Sinne hingewiesen hatte."* (ebd., S. 156)

Gugutzer formuliert den Zusammenhang zwischen Körper und Gesellschaft folgendermaßen:

„Menschen sind leiblich und haben einen Körper, entsprechend handeln sie leiblich-körperlich, sie haben Gesellschaft inkorporiert, sie verkörpern Gesellschaft und sie nehmen leiblich affektiv auf die Gestaltung von Gesellschaft Einfluss." (ebd., S. 157)

Das Individuum spielt dabei eine wichtige Rolle, weil es einen Teil der Gesellschaft verkörpert. Ein Individuum handelt prinzipiell rational und normorientiert, ihr soziales Handeln passiert auf leiblich-körperlicher Ebene.

„Der Körper ist nicht das andere der Gesellschaft, sondern hat selbst ein gesellschaftliches Sein – genauso wie die Gesellschaft [...] ein körperliches Sein. Körper und Gesellschaft verschlingen sich praktisch: Indem ich körperlich in der Welt bin, werde ich zu einem Teil der Welt und diese Welt zu einem Teil von mir" (ebd., zit. n. Alkemeyer 2001: 161)[127]

Ich denke, dass in unserer postindustrialisierten Gesellschaft durch bestimmte Lebensumstände fast zwangsläufig psychosomatische Erkrankungen entstanden sind. Nicht nur Herzinfarkt, Stress, Depression und Essstörungen sind entstanden, auch die Aggression gegen sich selbst hat zugenommen. Ich finde es bemerkenswert, dass die Bildsprache in der Kunst in den 80er- und 90er-Jahren Bezug auf den sozialen und kulturellen Bereich genommen hat. Ihre Reflexionen erweiterten sich durch Wort-Text-Konstrukte aus Werbung und Printmedien. Die Kunst geht grenzüberschreitend vor und spiegelt gesellschaftliche Themen wie Körper, Haut, Blut wider. So hat mich die zeitgenössische Künstlerin Elke Krystufek fasziniert, mit der ich mich in einem späteren Kapitel näher auseinandersetze, die Nacktheit in einem sozial-kulturellen Kontext sieht. Für sie gehört Nacktheit zum Alltag, zu bestimmten Berufen und zu sozialer und politischer Machtausübung. Sie bedeutet Macht für die, die sie fordern, Erniedrigung für die, die sie zeigen. Sie ist äußerst privat und dient als Werkzeug verschiedener Mechanismen in der Gesellschaft. Das Schneiden in die Haut weist auf die Verletzlichkeit des Menschen hin, auf das Zurückgeworfensein und die Einsamkeit des Einzelnen. Diese Kunst steht für mich und Elke Krystufek verbalisiert dies auch in ihren Performances, auf Seite der gesellschaftlichen Verlierer, auf Seite der Opfer.

„Der Körper ist das Individuelle am Menschen, die Seele das Soziale. Der Körper als biologischer Organismus ist Teil der Natur, die Seele Speicher der Gesellschaft" (Gugutzer 2004, S. 29)

Auch Primar Haring, Psychiater im Nervenkrankenhaus Hall, teilt meine Meinung, dass Ritzen eine Modeerscheinung ist! (Telefonisches Interview).

Er sagt:

„Als Arzt frage ich: „Tut Ihnen etwas weh?" Ich differenziere zwischen psychischem und physischem Schmerz. Descartes sagte schon, dass Seele und Körper (= Maschine) zwei Paar Dinge sind. Die Vereinigung haben wir heute noch immer nicht vollzogen. Nicht einmal die Sprache erlaubt es uns.

Der Schmerz, der zugefügt wird, ist sowohl körperlich, als auch seelisch. Einerseits dient er zum Abbau von Spannungen, Schmerz spürt man letztendlich auch psychisch.

Ritzen ist eine Modeerscheinung unserer Zeit. Diese Gesellschaft ist prädestiniert, sich leer zu fühlen, sich fremd zu fühlen, wir schwimmen zwar in einem Individualisierungsprozess, wo der Einzelne scheinbar viel Freiheit hat, in Wirklichkeit sind wir eine uniforme Gesellschaft. Es wird genau vorgeschrieben, wie man sich zu verhalten hat, was man darf und nicht darf. Es gibt aber bestimmte Sehnsüchte, Wünsche, Bedürfnisse in jedem Menschen, die nicht ausgelebt werden dürfen. Sie müssen ins Unbewusste verschoben werden. Es stellt sich die Frage, wo bleibe ich persönlich, wo werde ich geliebt, wo kann ich existieren, zwischen dem, der ich sein möchte und dem, den ich darstelle. Oft ist die Vorstellung zwischen dem Sein und der Wunschvorstellung weit voneinander entfernt und dabei entsteht diese Spannung, die wiederum psychisch körperliche Erkrankungen hervorruft. Ein Selbstmordversuch ist so, wie wenn sich jemand verletzt. Der Jugendliche sendet Signale an die Umwelt, es ist ein Hilfeschrei!

Zusammengefasst handelt es sich beim Ritzen um ein Muster. Selbstverletzung nimmt zu und es ist eine Modeerscheinung, es ist eine Form, in der sich junge Leute zum Ausdruck bringen. Nicht weit davon entfernt ist Pearcing, sind Tatoos. Es handelt sich dabei um eine Arbeit mit der Integrität des Körpers. Wenn ich jemanden als Arzt steche, begehe ich Körperverletzung, ich darf es nur im Sinne des Patienten tun, weil es für seine Gesundheit förderlich ist. Wenn ich z.B. jemandem für Studienzwecke Blut abnehme, so ist das im Grunde genommen Körperverletzung. Deshalb muss ich mich einer Ethikkommission stellen. Genau genommen ist Pearcing eine Form der Selbstverletzung.

Beim Ritzen steht die Verletzung nicht im Vordergrund. Hier muss man die Selbstverletzung auch von der Schmerzwahrnehmung aus betrachten, nicht jeder Mensch empfindet den Schmerz gleich. Biologisch gesehen hängt das Schmerzempfinden mit dem Opiatsystem des Einzelnen zusammen. Man kann es biochemisch beeinflussen. Menschen, die eine niedrige Schmerzgrenze haben, versuchen sich selbst zu spüren, z. B. sie brennen sich mit einer Zigarette, die ungefähr 600° hat und empfinden den Schmerz nicht so intensiv als andere. Auf der anderen Seite ist Schmerz etwas Psychisches. Je nach Zeit sind pathologische Muster da, die dann zur Anwendung kommen.

Vor 100 Jahren hat es dieses Phänomen der Selbstverletzung noch nicht gegeben, in 100 Jahren wird es wieder andere Muster geben. Diese Symptommuster sind, so glaube ich, gesellschaftlich zu sehen und sind nichts Gottgegebenes. Schneiden ist ein Ausdrucksmittel unserer Zeit." (Interview März 2006)

Zum Abschluss dieses Kapitels möchte ich noch einmal auf den Satz von Gugutzer Bezug nehmen, weil er eine Schlüsselstelle ist.

„Der Körper ist das Individuelle am Menschen, die Seele das Soziale. Der Körper als biologischer Organismus ist Teil der Natur, die Seele Speicher der Gesellschaft." (ebd., S. 29)

Ich denke, dass junge Frauen, die ritzen, ihren Körper eher als Hindernis erlebt haben, als etwas, das sie nicht integrieren konnten, das für sie in der Form nicht annehmbar war und ist.

Dr. Lackinger beobachtete ebenfalls in seiner Praxis, dass

„der Körper eine sehr schlechte Rolle spielt. Er wird in der Regel als Belastung empfunden, als unangenehm, als hassenswert, am besten, man würde ihn zerstören. Jeder Tiefenpsychologe würde es natürlich auf die Kindheit zurückführen und es hat natürlich auch etwas mit der Kindheit zu tun, weil die Traumata auch in aller Regel da sind und sehr geschützt werden. Da gehen sie auch nicht gerne an diese Dinge heran, die haben eine offenkundige Rolle und Bedeutung und eine schmerzvolle, aber ich bin an und für sich Systemiker und nicht so sehr in der Vergangenheit verhaftet. Das Hassenswerte interpretiere ich eher so, dass sie diesen emotionalen Bereich nicht ausreichend, nicht stützend kennen gelernt haben, nicht so weit, dass wieder eine eigene Identität entstehen hätte können und somit ist dieses Selbstwertsystem so minimal, so schlecht, dass der Körper als Sinnbild ihrer Schlechtigkeit, ihres minimalen Selbstwertes dasteht und auch dementsprechend behandelt wird." (Interview 2004)

Dr. Nienhusmeier weist in seinem Interview noch darauf hin, wie wichtig die Erfahrung für Jugendliche ist, wenn sie merken, dass es andere gibt, die dasselbe tun, nämlich ritzen. Damit merken sie, dass andere dieselben Probleme in unserer Gesellschaft erleben und mit denselben Mitteln ihre Not ausdrücken können.

„Es beschreiben auch viele, dass der Klinikaufenthalt so positiv ist, weil sie andere kennen lernen und ein neuer Kontext für sie entsteht. Da steckt auch drin, dass Patienten andere kennen lernen, die die gleichen Probleme haben, weil ja viele, egal um welche Diagnose es geht, Schuld und Selbstabwertung in sich haben, weil sie das Gefühl haben, das Problem, das sie haben, da sind sie die einzigen weit und breit, weil sie das sehen, dass es viele gibt, denen es ähnlich ergeht, dann fällt schon etwas von dieser Selbststigmatisierung weg. Es ist schon eine Entlastung. Für mich ist es sehr schuldbehaftet. Es gibt keine Gesetzmäßigkeiten, wann Symptome entstehen bei einer streitbaren Trennung, welche Symptome es sind. Es könnte genauso sein, dass sensible Mädchen oder Jungs mit psychogenen Ohnmachten, Migräneanfällen oder sonstigen körperlichen Symptomen antworten, oder mit Substanzmissbrauch oder Ritzen, also in dem Sinne gibt es keinen echten Prädiktor, wo wer was tut, sondern am ehesten dieser Bereich Ohnmacht, Schuldgefühle, auch sehr reduziert eigene Fähigkeiten und Bewältigungsstrategien zu finden so z.B. mit Freundinnen und Gleichaltrigen darüber zu reden, sich andere Ventile zu verschaffen, sich in der Disko auszutoben, Peergroups zu suchen, die konstruktive Ventile haben. Patienten, die das nicht gut können, in diesen Gruppen selber, wo sie das Gefühl haben, dass sie selbst nichts taugen, schlechter sind als alle anderen, die sind natürlich gefährdeter für Stimmungsschwankungen und da bietet sich Ritzen an." (Interview 2005)

Blut

Das Schneiden in die Haut hat zur Folge, dass Blut fließt. Obwohl es viele Formen der Autoaggression gibt, agieren Mädchen mit großen seelischen Belastungen häufig mit Ritzen. Manche beobachten es bei anderen und werden sozusagen zu Nachahmungstäterinnen, die meisten kommen jedoch selbst auf dieses Grundmuster der Selbstverletzung. Was macht das Ritzen so unentbehrlich? Warum greifen so viele Mädchen zu diesem Mittel? Hier stellt sich die Frage, inwieweit Blut und Haut als Sinnbild für Erlebnisqualitäten stehen und welche symbolische Bedeutung Blut haben könnte.

Viele Redensarten beziehen sich auf die Symbolkraft des Blutes: „Blut vergießen", „bis zum letzten Blutstropfen verteidigen", „das ist blutiger Ernst", wenn sich jemand bedroht fühlt „kann ihm das Blut in den Adern gefrieren", manchen „blutet das Herz", Ungerechtigkeiten „machen böses Blut" oder man soll „ruhig Blut bewahren, und wenn jemand Schuld hat am Tod des anderen „klebt Blut an seinen Händen" usw.

Wenn Blut als Symbol für das Opfer in der Gesellschaft steht (das Schlachten von Tieren als Opfergabe für Gott oder die Götter), könnte es nicht sein, dass fließendes Blut unbewusst die symbolische Bedeutung hat, dass sich Mädchen mit Selbstverletzung als Opfer der Gesellschaft sehen? Ich sehe hier einen Zusammenhang.

Blut als religiöses Symbol

Blut hat ohne Zweifel einen sehr hohen Stellenwert in unserer Gesellschaft. Es ist als Symbol in unserer christlichen Religion 2000 Jahre lang präsent gewesen und die Verwandlung des Blutes Christi in Wein hat eine tiefe Bedeutung in unserer abendländischen Geschichte. In der Heiligen Messe steht *„mein Blut für dich"* als Abbild des einen Opfers Jesu, als „wirkliches Sühneopfer" als lebendiges Mysterium. Jesus hat sich selbst in Brot und Wein verwandelt. Der Vorgang einer Einverleibung in Christus ist ein Menschenopfer, wenn es auch nicht vom Menschen gegeben wird, sondern von Gott. *„Das Lamm Gottes, das geschlachtet wird"* – der Tod Jesu, der als Opfer für die Sünder gilt. Matthäus schreibt beim letzten Abendmahl:

„Als sie aber aßen, nahm Jesus das Brot, dankte und brach's und gab's den Jüngern und sprach: Nehmt und esst; das ist mein Leib. Und er nahm den Kelch und dankte, gab ihnen den und sprach: Trinket alle daraus; denn das ist mein Blut des Bundes, das für viele vergossen wird." (Matthäus 26, 26)

Am Beginn des Christentums steht die Opferung. Durch die Erstkommunion wird jeder Einzelne in die Gemeinde eingeführt und in die Glaubensgemeinschaft aufgenommen. Das Blutopfer steht als Symbol für die Treue.

„Die Opferung, so der Ethnologe Rene Girard, beschließt einen gesellschaftlichen Konflikt, sie ist eine rituelle Gewalttat, die die letzte ist. Der Opferakt bekräftigt die Einheit der Gemeinschaft, er erlöst sie vom Antagonismus und begründet eine symbolische Ordnung. Jesus lässt sich ans Kreuz schlagen, um den Teufelskreis der Gewalt zu beenden. Zugleich gründet er die Gemeinschaft derer, die ihm folgen. Dabei musste Blut fließen, um der irdischen Macht zu entgehen. ´Das

Blutopfer ist die größte Hingabe, zu der ein Mensch fähig ist. Sie gehen ans Äußerste, weil sie bis zum Innersten reichen." (M. Bradburne 2002, S. 24)

In der Geschichte gibt es viele Szenen von Menschen- und Blutopfern. Bis heute ist das eigene „Fleisch und Blut" eines der heiligsten Tabus geblieben. *„Jede Vorstellung zitiert elementare Lebenssymboliken."* *(ebd. S. 25)*

Die Bedeutung des Blutes als Symbol für das Leben

Das Blut hat für ritzende Mädchen die Bedeutung, dass sie noch leben. Blut wird als angenehm warm erlebt und Wärme steht als Sinnbild für das Leben, es bildet einen Gegensatz zum toten, erkalteten Körper. Das Bluten ist beim Ritzen gleichzeitig mit Angst besetzt. Wenn die Wunden zu tief geschnitten werden, entsteht die Angst, dass zuviel Blut und somit Lebenssaft verloren geht. Damit werden Verletzungen sehr wohl als bedrohlich erlebt und machen die Möglichkeit des Sterbens bewusst. Das schafft einen Bewusstseinszustand zwischen Leben und Tod und die Angst, dass man nicht mehr existieren könnte, ist bedrohlich. Wenn jedoch die Größe der Wunde mit den Vorstellungen übereinstimmt, bedeutet das, dass man in tiefer Verbindung mit sich selbst steht und sich selbst nicht verliert. Es gibt Orientierung. Das Fließen des Blutes ist kalkulierbar und kontrollierbar. Diese Mädchen fühlen sich oft durch ihre nicht verarbeiteten Emotionen blockiert. Sie haben ihre Gefühle „eingesperrt" und durch das Öffnen einer Wunde (viele schneiden in bereits vorhandenen Wunden weiter) können sie ihren seelischen Schmerz aus dem Körper fließen lassen. Damit wird die Haut zu einem durchlässigen Organ, die Mädchen können ihr Inneres als Äußeres erleben. Seelische Schmerzen sind fast immer mit Scham behaftet und sobald Erfahrungen nach außen transportieren werden können, bedeutet das, dass dieser Prozess als heilend empfunden wird.

Blut als Symbol für die Frau

Blut steht natürlich auch in engem Zusammenhang mit Menstruation als Symbol der Weiblichkeit. Sehr häufig beginnen Mädchen in der Pubertät zu ritzen und das lässt darauf schließen, dass sie Probleme mit der „Frau-Werdung" haben. Für viele ist das Menstruationsblut scham- und angstbesetzt und verkörpert die Vorstellung der Unreinheit. Das Ritzen hingegen bedeutet eher einen Reinigungsprozess, der steuerbar ist und alles Schlechte aus sich entfernt. Dieses Fließen von Blut kann auch bedeuten, dass es nicht geweinte Tränen sind. Blut kann tropfweise hervorquellen während die Tränen schon längst versiegt sind. Interessanterweise zeichnen auch ritzende Mädchen Gesichter mit roten Tränen. Sabine sagte im Interview, dass sie die Augen der Menschen am meisten faszinieren und sie drückte in ihren Bildern auch bevorzugt den seelischen Schmerz mit roten Tränen aus. Auch sonst bekam ich Bilder mit Tränen in Zusammenhang mit der Selbstverletzung zu Gesicht.

Besonders in der Pubertät leiden viele Mädchen unter einem mangelnden Selbstwertgefühl. Wenn mehrere Belastungen zusammenkommen, bleibt den jungen Mädchen letztendlich auch nur psychisch gesehen ihre eigene nackte Existenz, sie fühlen sich entwurzelt, haltlos und von niemandem verstanden. Der Hilfeschrei dringt nicht immer in die Außenwelt und bleibt oft ungehört. Die einzige Entlastung können sie mit einem Schnitt herbeiführen, und durch das Blut, durch das Beschädigen der Haut, vielleicht ist es ein Ritual der Reinigung, auch einer Opferung, spüren sie sich wieder, bevor sie sich psychisch vernichtet fühlen. Ein Opfer darbringen bedeutet als neuer geheilter Mensch wieder von vorne beginnen zu dürfen.

„Dieser Weg zur Bewusstwerdung kann – wie jeder Weg zur Bewusstwerdung – schmerzhaft sein. Doch „erst das Sich-Opfern können beweist das Sich-Haben", wie C.G. Jung gesagt hat. Es beweist das Leben-Können." (M. Bradburne 2002, ebd. S. 26)

Für Blut gibt es zwei grundlegend verschiedene Betrachtungsweisen. Es fließt entweder durch den Körper, wo es als warme Flüssigkeit den Körper ernährt und mit Leben erfüllt oder es verlässt den Köper und tritt nach außen und das bedeutet den Tod. Auch bei den ritzenden Mädchen vermittelt das Blutfließen die Sicherheit, noch am Leben zu sein. Die seelische Not wird nach dem Akt des Ritzens gelindert, Blut wirkt lebenserhaltend, der große psychische Druck wird leichter. Auf meine Frage hin, warum viele Mädchen das Ritzen dem Brennen vorziehen meint Dr. Nienhusmeier:

„Blut ist ein alter Saft. Was interessanterweise viel beschrieben wird, im Wesentlichen schon bei etwas gravierender gestörten Persönlichkeiten, das ist so ein merkwürdiges Anspannungsgefühl beim Anblick, wenn das Blut hinunterfließt. Die Patienten, die im höheren Grad schon gestört sind, die beschreiben, dass es gar nicht weh tut, aber das ist interessant, in dem Moment, wo sie in starker Spannung, in aversiven Gefühlen sind, mit Spannungs-Auf und -Ab, das dem durchschnittlich empfindenden Menschen gar nicht zugänglich ist, ist das wie eine Art Betäubung. Die schneiden sich unter Umständen, dass sie sich überhaupt wieder spüren, d.h., im Augenblick des Schneidens und Brennens ist eine Art psychischer Anästhesie, später kommt der Schmerz dann." (Interview 2005)

Die Erfahrung Betroffener mit Blut

Ein ritzendes Mädchen beschreibt seine Erfahrung mit folgenden Worten:

„Zuerst war ich voll wütend. Wütend auf alle und jeden. Alle meinten es schlecht mit mir. Dann kehrte sich das um, ich war allein an allem schuld, alle anderen hatten Recht. Diese Schuld wollte ich aus mir herausschneiden. [...] Ich spüre meine Haut dann gar nicht richtig. Die Schnitte tun überhaupt nicht weh. Dann sehe ich das Blut, fühle es fließen und spüre, dass es warm wird. Das ist eine wohlige Wärme. Dann weiß ich und fühle ich, dass ich überhaupt lebendig bin. Blut tut gut. Und dann kommt erst der Schmerz, aber auch gar nicht schlimm. Es ist gut, sich wieder zu spüren". (Internet)[3]

---

[3] http:www.beepworld.de/memers3/selbstverletzung/schreie.htm

Vorhergehende Seite:

Abbildung 5: „EIN BRUNNEN VOLL BLUT" um 1969, Francois Spirre

Durch Einsamkeit droht ständig ein Zustand einzutreten, der auf eine objektlose Depression in der Kindheit zurückzuführen ist. Es handelt sich um Gefühle wie Leere, Hoffnungslosigkeit, Stillstand.

Dem Körper kommt dabei das Erleben abhanden. Er fühlt sich erst wieder durch den Schnitt lebendig, der Schnitt selbst ist schmerzfrei, das warme pulsierende Blut zeigt dem Patienten, dass er wieder am Leben ist.

In meinen Befragungen gab es größtenteils Zustimmung, dass Blut eine besondere Bedeutung für ritzende Mädchen hätte. Dr. Lackinger hingegen meint, dass die meisten „Ritzerinnen" nicht das Fließen des Blutes beschreiben.

„Das Fließen von Blut ist nicht so sehr der tragende Teil, das ist eher dieses Eindringen, dieses Abschneiden, Beschneiden des Drucks durch den Schnitt, wobei der Schmerz nicht wirklich eine Rolle spielt. Die meisten sagen, sie spüren es fast gar nicht oder überhaupt nicht. Die Endorphinausschüttung ist nicht wirklich untersucht, aber es wäre eine Theorie, wenn einfach der Druck groß genug ist und ich entlaste mich, dann ist sicher auch die Endorphinausschüttung hoch. Im Vergleich zu dem Druck, den sie beseitigen, ist der physische Schmerz minimal und vernachlässigbar, also die Belastung ist ungleich größer als das, was durch die Selbstverletzung entsteht und damit spielt das eine untergeordnete Rolle, weil der psychische Schmerz einfach im Vordergrund ist. Ich glaube nicht, dass es Jugendliche tun, weil sie sich selbst wieder spüren wollen, ich würde es nicht so sehen, es ist mehr die Intoxikation, zuerst muss ich mich entspannen, dann kann ich mich wieder spüren. Der Großteil beschreibt es überhaupt nicht als Empfindung, sondern als Entlastung und somit ist es nicht bedeutend, sich selbst zu spüren, wobei ich es nicht ausschließen möchte. Es ist nur eine Komponente."
(Interview 2004)

Sabine sagt im Interview:

„I denk' ma, warum hab' i die Dummheit eigentlich g'macht und nachher geht's ma no mieser, und danach muss ma wieder weiterritzen, es kann sein, dass i an ganzen Tag g'ritzt hab', die Wunden hab' i ma wieder aufg'ritzt. Jetzt geht's ma gut, jetzt hab' i mi vom Ritzen abgewandt. I bin draufkommen, wenn du di aufkratzt, fangt's so brennen an und des hat mir einfach a leichteres Gefühl geben. Blut hat kein Symbol, nur i hab' das Blut so gern gsechn, und i hab' mir Rasierklingen gekauft und hab' jedes Mal a neue Rasierklinge g'nommen, die recht scharf war. Eine Wunde is bis zum Knochen runtergangen, also i hab' in Knochen scho' g'spürt (sie zeigt mir die Narben ihrer Schnittwunden) also i hab' da jedes Mal a kleines Loch g'macht und des is mit der Zeit so auseinander gangen, und des hab' i schon g'spürt. I hab's versteckt und immer weiter g'macht und jeden Tag is es tiefer g'worden.

Die Wunde is innerhalb von einer Woche tiefer gworden. Die anderen Stellen waren eher knapp vor der Ader. Auf der Ader selber hab' i viel zuviel Angst g'habt." (Interview 2003)

Nina beschreibt es so:

„Da hätt' I zwar jemanden gehab't, der mich aufgefangen hat, aber i war der Mensch, der alles hineing'fressen hat. Dann hab' i doch wieder amal ang'fangen und hab' wieder probiert und dann is es mir einfach besser gangen, zwar nit lang, aber mei, wenn's Blut siehst, denkst dir, i spür' mich noch, mich gibt's noch. Es ist doch irgendwo ein Weh, es is jetzt nit so, wie wenn di mit dem Messer schneid'st, des tut volle weh, aber wenn du des Blut siehst und der Schmerz, des is a irgendwie a anderer Schmerz, wie wenn du jetzt irgendwo anstoßt, des brauchst jetzt einfach, dass des einfach außerkimmt (außerkommt). Es heißt Okay, mi gibt's noch, i blut' noch, also wird's mi no geb'n. Blut hat insofern eine Bedeutung, i seh' noch, mich gibt's noch, ich blute noch. Brennen hätt's für mi nie geben, weil Blut so wichtig war." (Interview 2004)

Sarah meint:

„Blut bedeutet für mich Erleichterung, einfach, wenn ma sieht, dass der Schnitt rot wird. Einfach so sieht ma den Schmerz richtig und da hat ma's Gefühl, jetzt geht's einem besser."

Für mich könnte es durchaus ein Ritual des Opferns, der Reinigung, der Hoffnung, dass es besser wird, sein, das die Wiener Aktionisten wieder als Thema aufgreifen.

Blut steht als Symbol für Identität, Gemeinschaft, für Leben und Tod. Hermann Nitsch sagt: *„Das finale, das sich erfüllen der intensiven großen lebendigkeit ereignet sich immerdar, wird sich immer ereignen JETZT und immerdar, ereignet sich im HELLWACHEN, JETZT erlebten augenblick – das JETZT liegt inmitten unserer heilig herrlichen lebendigkeit, die sich durch fleisch und blut ereignet."* (Bradburne 2001, S. 30)

Blut bedeutet auch letzte Rettung. Es muss immer etwas vergehen, um Neues entstehen zu lassen.

Psychoanalytische Aspekte

Frühe Kindheit

Alles beginnt bereits in der oralen Phase, so ist etwa der Körperkontakt zwischen Mutter / mütterlichen Pflegeperson und Kind die Brust – Mund – Beziehung von großer Bedeutung. Es geht dabei nicht nur um die Nahrungsaufnahme, sondern um ein Spüren von Nähe. Hier spielt die Haut als Kontaktorgan eine wichtige Rolle. Didier Anzieu führte den Begriff des Haut-Ichs ein und streicht dessen Bedeutung hervor. Da die Haut bei der Selbstverletzung stark beschädigt wird, möchte ich auf Didier Anzieu näher eingehen und seine Theorien beleuchten. Er bezieht sich immer wieder auf S. Freud, W. Bion und D. Winnicott, auch sie erscheinen mir erwähnenswert, weil sie in der vielfältigen Entwicklung des Kindes mögliche Schwierigkeiten aufzeigen. Hier sehe ich eine Verbindung zur Selbstverletzung.

Für Anzieu hat die Brust – Haut Beziehung in der Zeit des Stillens eine große Bedeutung und sollte mehr beachtet werden. Kinderanalytiker erkannten schon sehr früh, dass für die Entwicklung des Kindes mehr notwendig ist als nur das Stillen, um ein Gleichgewicht herzustellen.

Anzieu vergleicht die Hilflosigkeit eines Neugeborenen mit einem kleinen Vogel oder Säugetier, alle verspüren Trennungsangst. Sobald der Kontakt mit der Mutter wieder hergestellt ist, ist die Einheit zwischen Mutter und Säugling wieder gegeben. D. Anzieu zieht die Theorie von Hermann heran, in der beschrieben wird, wie sich kleine Säugetiere an das Fellhaar der Mutter klammern um physische und psychische Sicherheit zu gewinnen. Da beim Menschen das Fell fast vollständig verschwunden ist, erleichtert das zwar einerseits die Berührung der Mutter, andererseits wird der Übergang zur Sprache als Möglichkeit geschaffen, d.h., es kommt zu Unsicherheit bezüglich des Anklammerungstriebes beim Säugling. Bislang wird dem mütterlichen Instinkt dieses Anklammern des Babys an die Kleidung, am ganzen Körper der Mütter nicht zugeschrieben. Um einer drohenden Katastrophe zu entgehen, bleibt dem Baby nur der Weg der Entklammerung. Im Bereich der Borderline - Erkrankung liegt genau dieses Problem der übertriebenen Entklammerung vor. Die Betroffenen verfügen nach Bion (1962) weder aus eigener Erfahrung zu lernen noch über jene, sich eine solche Erfahrung vorzustellen und aus ihren Erfahrungen sich neue Perspektiven zu erarbeiten. Ihr Erleben ist häufig diffus. Sie sind kaum in der Lage, Kontakt ohne Berührung aufzunehmen und können daher ihre Beziehung zur Welt nicht visuell strukturieren. Auf der einen Seite ist ihr Seelenleben bestimmt durch das Kleben an Empfindungen und Gefühlsregungen, auf der anderen Seite fürchten sie zu viel Nähe.

Winnicott spricht von einer zeitlichen und räumlichen Integration des Ichs, es hängt von der Fähigkeit der Mutter ab, den Säugling zu „halten" und zu pflegen. Die Herstellung einer positiven Objektbeziehung ist vom mütterlichen Angebot von bedürfnisbefriedigenden Objekten wie Brust, Flasche, Milch usw. abhängig. Es ist von großer Bedeutung, dass ein Kind das Gefühl des Gehalten-Werdens und Haltens erfährt. Der zweite Schritt liegt darin, dass das Ich auf einem Körper-Ich beruht. Das Baby beginnt seinen Körper mit Körperfunktionen zu verknüpfen, wobei die Haut eine Abgrenzung zur Außenwelt bildet.

Freud betont immer wieder, dass in der oralen Phase nicht nur die Erfahrung des Saugens wichtig, sondern auch das Lustgefühl beim Stillen von großer Bedeutung ist. Das Gefühl der Sättigung bringt eine weniger differenzierte Erfahrung mit sich, dafür aber hält sie länger an. Der Säugling erfährt als Drittes beim Stillen noch die Körperwärme der Mutter, die Bewegung der Mutter, ihre Fürsorge. Er kann mit der Zeit zwischen Innen und Außen in Bezug auf die Oberfläche unterscheiden. Dadurch bekommt das Baby das Gefühl für Volumen, für Raum. Dieses Erleben vermittelt ihm die Erfahrung eines Behälters.

Bion greift viele Begriffe von Freud auf und denkt seine Gedanken bis zum „Denkapparat" weiter: Durch den Körperkontakt mit der Mutter lernt das Kind die Haut als Oberfläche wahrzunehmen und bildet eine Grenze zwischen Innen und Außen. Die ist unbedingt für sein psychisches Wohlbefinden notwendig. Bei einer Überstimulierung kann es sein, dass der psychische Apparat keine eigene psychische Hülle bilden kann! Erst wenn ein Gefühl für den Körper entwickelt worden ist, ist das Kind fähig, mit Öffnungen umzugehen. Bion geht davon aus, dass sich ein Denkapparat bildet, der Gedanken denkt. Wenn das Bild einer defekten, durchlöcherten Hülle vorliegt, ist das mit Depersonalisationsängsten verbunden. Nach Bion würde das bedeuten, dass primär die Angst vorliegt, dass lebenswichtige Substanzen durch die Löcher abfließen. Hier handelt es sich nicht um eine Angst der Zerstückelung, sondern um die Angst vor Entleerung. Im Zusammenhang mit ritzenden Jugendlichen würde das bedeuten, dass ihr Gefühl, sich in einem völligen Zustand der Leere zu befinden, erst durch Ritzen dahin führt, dass sie die Existenz ihres Körpers wieder spüren können. Durch die Selbstbeschädigung bekommt das ritzende Mädchen zwar wieder ein Körpergefühl, es spürt sich wieder, trotzdem und desto mehr bleibt der Körper defekt und somit hassenswert.

Jugendliche, die sich selbst verletzen, haben Erfahrungen mit Grenzverletzungen gemacht und dadurch ein gestörtes Körperbild. Laut U. Sachsse haben *„alle Patienten mit Selbstverletzung schwere Störungen des Körperbildes".* (Sachsse 1999, S. 37)

Der Körper, der eigentlich schutzbedürftig ist, wird nicht angenommen, er soll nur funktionieren. Die Betroffenen sind nicht nur mit dem Zwang, sich selbst weh zu tun, konfrontiert, sondern müssen auch noch mit den Narben, die sie an ihre Verwundbarkeit erinnern, die ein sichtbares Zeichen für schwierige Lebensphasen sind, fertig werden. Jede Narbe erzählt eine Geschichte und gerade im Sommer, wenn es heiß ist, werden sie meistens unter langärmligen Blusen oder T-Shirts versteckt.

Haut

Die Funktion der Haut

In erster Linie ist die Haut ein Organ, das *„Hülle"* ist, das das Skelett und innere Organe *„zusammenhält".* In unserer Umgangssprache beziehen sich viele Redewendungen auf gemeinsame Funktionen von Haut und Ich wie z.B.: *„Es geht mir unter die Haut.",* d.h., dass es mich besonders berührt oder *„Ich lege mir eine dickere Haut zu.",* d.h., man will etwas nicht zu nahe an mich heran lassen oder *„in die Haut eines anderen schlüpfen",* sich in jemanden anderen hineindenken, auch: *„Ich fühle mich nicht wohl in meiner Haut.", „Mein kleiner Finger sagt mir das.",* im Sinne von Kontaktaufnahme, als Kommunikationsmittel usw.

Hier werden vieldeutige Begriffe des Fühlens beschrieben, die ursprünglich einen Bezug zur Haut hatten.

Die Haut ist, so schreibt Anzieu

„in Struktur und Funktion mehr als ein Organ: Sie ist vielmehr die Summe verschiedener Organe. Es lässt sich vermuten, dass ihre anatomische, physiologische und kulturelle Vielgestaltigkeit auf der Körperebene einer ebensolchen Differenziertheit im psychischen Bereich entspricht. Im Gegensatz zu allen anderen Sinnesorganen ist sie lebensnotwendig. Man kann blind, taub, ohne Geschmacks- oder Geruchsempfindung leben, aber wenn der größte Teil der Haut nicht intakt ist, stirbt man." (Anzieu 1991, S. 26)

Die Haut steht in enger Beziehung zu anderen Organen und reagiert sensibel auf Berührung, Druck, Schmerz, Wärme. Der Säugling muss erst lernen, verschiedene

Reize unterscheiden zu können, um sie in Beziehung zu setzen. Besonders schwierig ist es für ihn, bestimmte Reize auf der Körperoberfläche zu lokalisieren.

„Die Haut ist fast immer bereit, Reize zu empfangen, neue Codes zu erlernen, ohne mit bereits vorhandenen zu interferieren. Die Haut kann vibrotaktile und elektrotaktile Reize nicht zurückweisen: Sie kann weder die Augen noch den Mund schließen oder sich Nase und Ohren zuhalten. Im Vergleich zu Sprache oder Schrift ist die Haut nicht durch übermäßiges Geschwätz belastet." (ebd., S. 27 f)

Auch aus psychophysiologischer Sicht hat die Haut auch viele Funktionen. Sie schützt unser Inneres vor äußeren Störungen, auch wenn sie empfindlich darauf reagiert. In gewisser Weise entblößt sie den inneren Gesundheitszustand, trägt Falten, Blässe, Müdigkeit nach außen. Auch unsere Seelenlage spiegelt sie wider, allerdings wird durch Kosmetika, Schminke und schönheitschirurgische Eingriffe einiges anders präsentiert. Nur wenige Organe in unserem Körper erfahren so viel Pflege und täglichen Zeitaufwand.

Unsere Haut regeneriert sich permanent, andererseits können Narben ein Leben lang an Verletzungen erinnern. Auch in den von mir geführten Interviews äußerten einige junge Frauen, dass die Narben zu ihnen gehörten, zu ihrem Leben und sie immer daran erinnert würden, wie schlecht es ihnen während der Zeit des Ritzens gegangen sei. Auch wenn ihre Narben hässlich aussehen, sind sie Lebensbegleiter.

Es gehört zum Wesen der Haut, Reize nach innen zu vermitteln, abzugrenzen und sich auch wieder an die Gegebenheiten anzupassen. Selbstverletzung und Hautverstümmelungen sind oft dramatische Versuche, die Grenzen des Körpers und des Ichs aufrechtzuerhalten, um seinen Körper vor dem Auseinanderfallen zu schützen und ihm wieder Form geben zu können.

In der Haut stecken viele Widersprüche. Einerseits ist sie durchlässig, andererseits undurchlässig. Sie regeneriert sich, während die oberste Schicht austrocknet und abgestoßen wird. Sie ist hochelastisch, ist ein Ort, der sexuell besetzt ist, Wohlbefinden und Lust auslöst, gleichzeitig aber auch Schmerz empfindet. Die Haut fängt auch Signale unbewusst auf, die das Ich nicht bewusst wahrnimmt. Im Gegensatz zu den Nervenzellen können sich die Zellen der Haut schnell erneuern.

Die Haut steht in enger Beziehung zu anderen Menschen und benötigt von Geburt an Hautkontakt.

Geht man verschiedenen Beschreibungen von Patienten mit selbstverletzendem Verhalten nach, so fällt mir auf, wie oft die Kälte der Mutter, ihre Ferne, der Umstand nicht in den Arm genommen worden zu sein, als schlimmes Erlebnis dargestellt wird. Die Sehnsucht nach Geborgenheit bleibt bestehen, das Mädchen bleibt mit seinen vielen Gefühlen allein zurück. Häufig kommen noch Schläge hinzu, weil sich die Mutter überfordert fühlt, und man dem Verlangen des Kindes aus emotionalen Gründen nicht nachkommen kann. Die Grundbedürfnisse eines jeden lebendigen Wesens bleiben somit auf der Strecke.

Wie wichtig es ist, Fürsorge und Hautkontakt zu erleben hat Montagu (1971) in seiner Arbeit „La Peau et le toucher" beschrieben (vgl. Anzieu, S. 31 f):

- Es gibt frühe und spätere Auswirkungen von taktilen Reizen auf Funktion und Entwicklung des Organismus. Danach entstehen beim Säugetier im Laufe der Artenentwicklung die folgenden Stadien im Kontakt zwischen Mutter und Jungtier, die der Organstimulation und der sozialen Kommunikation dienen: das Lecken mit der Zunge, das Kämmen des Pelzes mit den Zähnen, das Entlausen mit den Fingern und beim Menschen Berührungen und Streicheln. Diese Reize regen neue Aktivitäten an wie die Atmung bei der Geburt, die Ausscheidung, die immunologische Abwehr, die Wachsamkeit und später das Gemeinschaftsgefühl, das Vertrauen und das Sicherheitsgefühl.
- Berührungsaustausch wirkt sich auf die sexuelle Entwicklung aus (Partnersuche, Erregbarkeit, Vorspiel, Orgasmus- oder Stillfähigkeit):

Beim Säugling hat die Berührung der Brust durch den Mund und trägt zur Identitätsbildung bei. Die Einverleibung des Objektes über die Haut spielt eine besondere Rolle. Bei Menschen, die frühzeitig Verluste erlebt haben, nimmt die Haut im Phantasieleben einen zentralen Stellenwert ein. So kann z.B. der Wunsch, sich umzubringen, auch bedeuten, dass man eine gemeinsame Hülle mit dem Liebesobjekt wiederherzustellen versucht, oder Kinder, die ihre Mutter als nicht verlässlich, als unberechenbar erlebt haben, klagen häufig über Berührungsängste.

So schreibt ein Mädchen, das sich selbst verletzt, zum Thema Liebe:

„Ich kann es immer noch nicht zulassen, niemand darf mich berühren, ich schrecke zurück, ich fühle Ekel, ich kann es einfach nicht zulassen. Ja ich kann jemanden lieben, aber sobald es dann näher, enger wird, weiche ich zurück, ich spüre wie sich meine Augen mit Tränen füllen, ich spüre wie sich in mir alles aufbaut, Wut, Trauer, Schmerz, Hass, alles.

Ich habe solche Angst vor den Händen anderer, vor den Berührungen,...ich weiß nicht woran es liegt." (Internet[4]: 12. 11. 2002)

- Es gibt eine große Spannbreite kultureller Ausdrucksformen in Bezug auf Haut und Berührung: Bei den Eskimos trägt die Mutter ihr Baby nackt auf dem Rücken, eingehüllt sind beide mit einer Pelzkleidung. Sie kommunizieren beide miteinander über die Haut. Da Eis aufzutauen zu teuer ist, leckt die Mutter das Gesicht des Babys und seine Hände sauber. Anzieu sieht das als Grund der Heiterkeit, da die Eskimos trotz widriger Lebensumstände ihr Leben bravourös meistern.

„In archaischen Formen der Liebe, in denen Objekte im Wesentlichen als Instrument zur Herbeiführung des Genusses dienten, ist das besonders offensichtlich. Intensive Freude an Wärme, wie sie sich in neurotischen Badegewohnheiten zeigt, findet man besonders häufig bei Personen, die gleichzeitig auch andere Zeichen einer passiv-rezeptiven Ausrichtung aufweisen und das besonders, was ihr Selbstgefühl betrifft. Solchen Menschen bedeutet das „Empfangen von Zuneigung" „Wärme". Sie sind „kalte" Menschen, die in einer „warmen" Atmosphäre „auftauen", und die stundenlang in einem warmen Bad oder auf einem Heizkörper sitzen können." (Anzieu zit. n. Ashley Montagu 1988, S. 31)

---

[4] http://www.beepworld.de/members3/selbstverletzung/schreie.htm

In der westlichen Welt gibt es viele praktizierte Gesten, die auf Berührung mit der Haut abzielen, z.B. zeigt das Tätscheln der Wange eines Kindes und das Streicheln des Haares Zuneigung, das „Handauflegen", der „Königssegen" und all diese Gesten sind taktile Berührungen. Sie werden zur Heilung bestimmter Leiden praktiziert.

Die Haut steht als Medium zur Verfügung, einerseits Zärtlichkeiten zu empfangen, aber auch Spannungen zu lösen, dies drückt sich in vielen Formen aus:

„Die häufigste in der westlichen Welt ist, dass der Mann sich auf dem Kopf kratzt. Frauen tun das im Allgemeinen nicht; die Einstellung gegenüber der Haut ist bei den beiden Geschlechtern ganz verschieden. In einem Stadium der Verwirrung und Ratlosigkeit reiben sich Männer das Kinn, ziehen sich am Ohr, streichen sich über die Stirn, die Wangen oder den Nacken. Die Frau benimmt sich in derselben Verfassung ganz anders: Sie legt bei leicht geöffneten Mund einen Finger auf die unteren Vorderzähne oder unter das Kinn. Andere spezifisch maskuline Gesten in verwirrenden Lagen sind: das Reiben der Nase, das Legen der gekrümmten Finger über der unteren Gesichtshälfte, das der geschlossenen Augen und Nasenbohren. Das alles sind maskuline Gesten, wie auch zum Beispiel das Reiben der unteren Gesichtshälfte, das der geschlossenen Augen und Nasenbohren." (Ashley Montagu 1980, S. 160 f)

Entwicklung der Identität durch die Umwelt

Ein Neugeborenes besitzt einen „körperlichen Ich-Vorläufer", der verschieden Signale aufnehmen und Objektbeziehung eingehen kann (insbesondere Anklammerung). Um körperliche und psychische Funktionen zu regulieren, hat der Säugling durch einen genetischen Code und die intra-uterine Entwicklung die Fähigkeit, Geräusche und nicht verbale Töne von gesprochener Sprache zu differenzieren. Das Neugeborene hat selbst die Möglichkeit, sich durch Schreien, Mimik und Gestik zu artikulieren. Einerseits ist jeder Mensch einzigartig und ein Individuum, andererseits braucht das Neugeborene den sogenannten „Ich-Vorläufer", um gezielte Signale empfangen und aussenden zu können. Mit der Zeit bekommt der Säugling ein Verständnis für menschliche Sprache, die jedoch ständig an Grenzen stößt, weil er nicht wirklich eine Botschaft vermitteln kann. Es erzeugt in ihm ein Gefühl des Schmerzes und der Wut. Wenn seine Bedürfnisse nicht befriedigt werden, entstehen unbewusste Abwehrmechanismen, die eine glückliche Entwicklung hemmen.

„In diesem Abbruch verlieren die Empfindungen ihre integrierende Dynamik; die projektive Identifikation verhindert die Bildung von Regelkreisen; die mehrfache Spaltung führt zu einem Durcheinander von Verbindungen, die aus Teilen des Selbst und des Objektes zusammengesetzt sind, in einem diffusen Raum, der weder innen noch außen ist; ein Gürtel von Muskelstarre bzw. motorischer Unruhe oder physischem Schmerz bildet eine zweite psychotische Haut bzw. einen autistischen Panzer oder eine masochistische Hülle, welche das geschwächte Haut-Ich ersetzen und verbergen. (ebd., S. 84 f)

Beim Embryo entwickelt sich als erstes die „Berührungssensibilität". Während der Geburt macht das Kind die Erfahrung einer Massage, einer Reibung am ganzen Körper, es muss sich sozusagen durch die vaginale Hülle durchzwängen. Die Atmung und Verdauung wird durch diese natürliche Berührung ausgelöst. Die

Sinne Sehen, Riechen, Hören, Schmecken werden wiederum dadurch begünstigt, wie der Säugling beruhigt, gehalten und durch das Leben getragen wird.

Haut, die den gesamten Körper bedeckt, besitzt mehrere Sinnesrezeptoren für Wärme, Schmerz, Kontakt usw. Die Haut besitzt „Reflexivstrukturen", d.h., „es ist die Haut, die berührt, und gleichzeitig die Haut, die berührt wird." (ebd., S. 97) Dadurch können sich weitere „reflexive Empfindungen", wie sich selbst zu riechen, seine eigenen Laute zu hören, bilden und das wiederum sieht Anzieu als Ausgangspunkt für reflexives Denken. Der Säugling entwickelt innerhalb seiner Hülle ein Ich, das bedeutet, dass der Prozess der Individualisierung einzigartig ist. So wie der Säugling Signale aussendet, kann er auch seine Umwelt wahrnehmen und im Laufe der Entwicklung hat er die Möglichkeit, dass er sich zurückziehen kann, vorher ist er äußeren Reizen ausgeliefert. Die äußere Schicht der Haut ist durchlässig, um äußere Reize wahrnehmen zu können, während die innere Schicht eine geschlossene Hülle zum Schutz bildet. Freud nennt dieses Sieb „Kontaktschranke". Die Haut ist einerseits das Kontaktorgan zwischen Mutter und Kind, andererseits bildet sie eine „Grenzfläche", die immer mehr Trennung bedeutet. Diese Grenzfläche bildet einen Übergang zu einem immer offener werdenden System, und mit der Zeit funktionieren Mutter und Kind unabhängig voneinander. Dabei entwickelt das Kind Phantasien, die mit Ängsten verbunden sind. Wenn diese überwunden werden können, findet nach Anzieu erstens eine Internalisierung der Grenzfläche statt, es bildet sich eine psychische Hülle, woraus - nach Bion - ein „Apparat" entsteht, der Gedanken denkt. Zweitens kommt er zu einer Internalisierung der tragenden Umwelt, die zur inneren Welt der Gedanken, Bilder und Affekte wird. Freud führte den Begriff des „psychischen Apparates" 1895 ein.

„Das Wort Apparat bezeichnet sowohl im Deutschen als auch im Französischen eine natürliche oder geschaffene Zusammensetzung von Teilen oder Organen, die entweder praktische Anwendung finden oder eine biologische Funktion erfüllen. In beiden Fällen wird der betreffende Apparat (als materielle Realität) von einem latenten System organisiert, von einer abstrakten Realität, welche die Anordnung der Teile bestimmt, die Funktionsweise des Ganzen steuert und die gewünschten Wirkungen hervorruft." (ebd., S. 97 f)

Bion entwirft die Idee und den Begriff des Sprachapparates. Dieser verbindet zwei Systeme, einerseits die Wortvorstellung, andererseits das System der Sachvorstellung, das er Objektpräsentanzen nennt. Freud löst sich vom Schema des Ich und Es und verwendet das Bild des psychischen Apparats, das den Begriff durch eine Hülle ersetzt. Damit wird

„der Schwerpunkt von den bewussten und unbewussten psychischen Inhalten auf die Psyche als Behälter verschoben." (ebd., S. 103)

Er betrachtete die Psyche als Apparat, der unterschiedliche Systeme miteinander verbindet. Drei Systeme sind bestimmend für den psychischen Apparat: Das Bewusste, Vorbewusste und Unbewusste. W.R. Bion greift die Begriffe von Freud auf und entwickelt ein eigenes Modell daraus.

Wilfried. R. Bion

Emotionale Erfahrungen

Für Bion sind die Vorläufer der Gedanken emotionale Erfahrungen. Es geht darum, sie zu entdecken. Bion hat andere Zielsetzungen, seine Theorien sind kein einfaches Denkmodell, sondern setzen ein Einlassen auf seine Sprache voraus. Hier geht es darum, innerhalb der Begegnung zweier Menschen auf verbaler und nonverbaler Ebene die Bedeutung des Mitgeteilten zu erkennen. Für Bion stellt sich die zentrale Frage *„Wie lässt sich psychische Realität erkennen?"* Er unterscheidet bewusst zwischen Gedanken, die Belebtes (also den Menschen selbst Betreffendes) oder Unbelebtes ausdrücken. Unser Denken ist durchsetzt von Allwissenheitsphantasien, auf die wir nur schwer verzichten können. Sprache dient häufig als Selbstschutz, oft haben wir Bedürfnisse, die wir einfach ignorieren. Die Bedeutung von Worten ist häufig auf den vorsprachlichen Ursprung des Erlebens zurückzuführen. Wir bilden Gedanken, aus ihnen heraus bildet sich eine bestimmte Methodik, um zu Wissen zu gelangen. Solange wir uns jedoch nicht dieses Mechanismus' bewusst sind, wie die Elemente entstanden sind, ist die Gefahr groß, nicht zwischen Subjekt und Objekt, zwischen dem Erkennenden und Erkannten unterscheiden zu können. Emotionale Erfahrung und Beziehung sind untrennbar miteinander verbunden. Wenn emotionale Erfahrungen nicht ausreichend verwandelt werden, d.h., wenn ihnen etwas im Werdegang fehlt, können sie nicht ausreichend „gedacht" also nicht in Verbindung mit anderen emotionalen Erfahrungen gebracht werden. Bion vertritt die Auffassung, dass emotionale Erfahrungen den Gedanken vorausgehen. Die Offenheit und der Wunsch, Neues kennen zu lernen, schafft Raum für neue Gedanken. Bion belegt, die Art der Beziehung mit bestimmten Kennzeichen. Für Lieben, Hassen und Kennenlernen stehen die Symbole L, H, K. Diese drei Begriffe haben eine gleichrangige Bedeutung und das ist eine neue Ebene in der Psychoanalyse. Die K-Verbindung kann mit verkehrten Vorzeichen versehen sein, das würde eine Miss-Repräsentierung verkörpern. Die Mutter nimmt für das Kind eine zentrale Rolle nicht nur für die physische, sondern auch für die psychische Entwicklung ein. Wie sich das kindliche Denken entwickelt, hängt vom Einfühlungsvermögen der Mutter ab. Nur wenn das Kind die Liebe der Mutter während des Stillens spürt, werden die Erfahrungen „verdaulich". Bion glaubt, dass

„nur das Kind, das die Abwesenheit der Brust erträgt, in der Lage ist, den Gedanken „keine Brust" oder „keine Milch" zu bilden. Wissen hat seinen Ursprung in primitiven emotionalen Erfahrungen, die mit der Abwesenheit des Objektes zusammenhängen." (Bion 1992, S. 14)

Der psychische Apparat

Zuerst gibt es immer eine emotionale Erfahrung, sobald aber eine bestimmte Operation stattfindet, gedacht werden kann – entsteht der Prozess des Denkvorganges. Somit setzte er nicht nur die emotionale Erfahrung vor den Gedanken, sondern auch die Gedanken vor das Denken – und das Denken bezeichnet er als die Handhabung von Gedanken. Während des Entstehungsprozesses sammeln sich Alphaelemente an, als Gegenstück bilden sich Beta-Elemente, die symbolisch für Unverarbeitetes stehen.

Bion nimmt einen angeborenen, minimalen psychischen Apparat an, der Unlust und Frustration wahrnehmen kann und hebt hervor, dass die weitere Entwicklung davon abhängt, ob das Kind in der Lage ist, diese Unlust auszuhalten, oder ob es Unlust vermeiden will. Das Aushalten der Unlust ermöglicht es ihm, das Bedürfnis nicht als Anwesenheit einer bösen Brust zu erleben, sondern als Abwesenheit einer ersehnten, benötigten guten Brust zu denken. Die Mutter kommt seiner Not zu Hilfe, dadurch erfährt das Kind gleichzeitig Verständnis. Durch diese Introjektion entwickelt das Kind seinerseits den psychischen Apparat. Dafür ist Modellbildung notwendig. Das Modell eines Gedanken ist mit einem Bild verbunden, z.B. liegt beim Hungergefühl das Bild der Brust vor.

Ein Konzept setzt sich aus der Prä–Konzeption + Sinneseindrücke + Paarung von geeigneter Realisierung zusammen.

Damit ein Kind eine befriedigende Konzeption und den Apparat zur Schaffung von Konzeptionen bilden kann, ist ein affektives und kognitives Beziehungsgeschehen notwendig. Dazu entwickelte Bion die Theorie der *„Funktionen der Persönlichkeit"*. Er spricht von der Alpha-Funktion, die das Kind nur mit Hilfe der Mutter bilden kann. Alpha–Elemente eignen sich zum unbewussten Wachdenken, zum bewussten Denken und Überlegen, zur Speicherung, zur Bildung von Erinnerungen und zur Bildung von Traumgedanken. Wenn jemand

„seine emotionale Erfahrung nicht in Alpha-Elemente umwandeln kann, kann er nicht träumen" und nicht schlafen." (Bion 1992, S. 53)

Ist die Alpha–Funktion gestört, so bleiben Sinneseindrücke und Emotionen in ihrem Urzustand, also unverarbeitet.

Beta–Elemente sind am Lebensanfang vorhanden, sie sind Rohmaterial, das entweder bearbeitet werden muss oder durch projektive Identifikation beseitigt wird. Das Kind braucht seine Mutter, die die unverarbeiteten Beta–Elemente mit ihrem psychischen Empfangsorgan auffängt und die Beta–Elemente in Alpha–Elemente umwandelt und sie so dem Kind zurückgibt. Bion bezeichnet die Alpha-Elemente als Gedanken.

„Beta-Elemente werden gespeichert, sie unterscheiden sich aber von Alpha-Elementen, insofern sie nicht so sehr Erinnerungen als unverdaute Fakten sind, während die Alpha-Elemente von der Alpha-Funktion verdaut und so für das Denken verfügbar gemacht wurden." (ebd., S. 53)

Die Kontaktschranke

Freud entwickelte den Begriff der Kontaktschranke, W. R. Bion war der einzige Psychoanalytiker, der diesen Begriff übernahm. Für Bion bedeutet die Kontaktschranke die Grenze zwischen dem Unbewussten und dem Bewussten. Er beschreibt den Traum als Prototyp einer Kontaktschranke, die es jedoch im Wachzustand auch gibt.

„Die menschliche Alpha-Funktion wandelt die Sinneseindrücke, die mit einer emotionalen Erfahrung verknüpft sind, ob im Schlafen oder im Wachen, in Alpha-Elemente um, die zusammenhalten, während sie sich vermehren, um die Kontaktschranke zu bilden. Die Beschaffenheit der Kontaktschranke wird von der

Art der Zufuhr von Alpha-Elementen und von der Art der Beziehung untereinander abhängen." (Bion 1992, S. 63)

Die Kontaktschranke entsteht innerpsychisch, sie nimmt Emotionen und Phantasien auf ohne überschwemmt zu werden, umgekehrt bewahrt sie Emotionen davor, durch die realistische Sicht an Stellenwert zu verlieren. Daher ist die Kontaktschranke einerseits für Verschiedenheit von Bewusstem und Unbewusstem, andererseits für ihre Entstehung zuständig. Das Unbewusste bleibt auf diese Weise geschützt. Die Alpha-Funktion füllt Apha-Elemente an, die aufbewahrt werden, aber zugleich schützt sie vor dem Eindringen von Irrelevantem, das nur zur Verwirrung des Denkens beitragen würde.

Bezogen auf die Selbstverletzung würde das heißen, dass die Kontaktschranke nicht mehr „intakt" ist, dass sich zu wenig Alpha-Elemente bilden konnten, um eine Grenze nach außen hin zu setzen. Das heißt, dass einem solchen Menschen die natürliche Schranke zur Außenwelt hin fehlt und alles auf ihn schutzlos einströmen kann. Der Körper als solcher kann keine Schutzhülle für den Betreffenden bilden, dass er sich wieder spüren kann, dass er die Leere, die durch ein Überschwappen an Emotionen im psychischen Apparat gegeben ist, aushält. So wird das Ritzen von manchen Menschen als letzte Möglichkeit gesehen. Momentan kehrt wieder Ordnung ein, der Betroffene kann sich wieder spüren. Hier jedoch beginnt der Teufelskreis. Sobald man wieder einer Überbelastung ausgesetzt ist, wieder von Emotionen überschwemmt wird, beginnt das Ritual des Ritzens wieder von vorne. Es kristallisiert sich ein bestimmtes Muster heraus, eben ein Ritual, das dann zurückgezogen von der Außenwelt zelebriert wird. Bion würde sagen, dass die Notwendigkeit besteht, Beta-Elemente zu Alpha-Elementen mit professioneller Hilfe (Therapie) umzuwandeln, um eine Kontaktschranke bilden zu können. Damit wäre die Möglichkeit gegeben, dass bestimmte Denkvorgänge stattfinden können.

„Das Denken wurde mit Eigenschaften ausgestattet, welche dem seelischen Apparat das Ertragen der erhöhten Reizspannung während des Aufschubs der Abfuhr ermöglichten" (ebd., S. 74)

Dr. Lackinger sieht als Lösungsansatz, dass konstruktive Muster als Ersatz für das Ritzen angeboten und eingelernt werden. Meditation, Sport, sich in die Sonne setzen, um seinen Körper besser spüren zu können usw. wären dafür gut einsetzbar. Im Grunde genommen geht es darum, Spannung abzubauen. Ich nehme an, dass dieser Denkprozess unbewusst passiert, und das Ritzen erst als Notlösung eingesetzt wird, wenn keine anderen Mittel für eine Druckentlastung zur Verfügung stehen.

Freud spricht von der Frustrationstoleranz, der insofern Bedeutung zukommt, dass bei der Entstehung von Spannung durch Denken eine Entlastung stattfinden sollte, um die Psyche von einer Reizanhäufung zu befreien.

„Das Bindeglied zwischen der Intoleranz gegenüber Frustration und der Entwicklung des Denkens ist zentral für das Verständnis des Denkens und seiner Störungen." (ebd., S. 75)

Der Verdauungsapparat

Bion führt das Ernährungssystem als dynamisches Modell für den seelischen Apparat ein und beschreibt das Aufnehmen der Sinneseindrücke und ihre Weiterverarbeitung, spricht also von „*Verdautem*" und „*Unverdautem*". Das Kind hat so die Möglichkeit, schlechte Gefühle (die „böse Brust") wie „*unbekömmliche Nahrung*" über die Mutter zu beseitigen. Wenn das Realitätsprinzip von allem Anfang an mit dem Lustprinzip gekoppelt ist, kann das Kind mit Hilfe der projektiven Identifikation das Fehlende bekommen. Die Mutter ist Behälter und verdaut sozusagen die Beta–Elemente des Kindes. Auf diese Weise kann die projektive Beseitigung der bösen Objekte erfolgen und durch Introjektion der guten Objekte ersetzt werden. Der Behälter hat die Fähigkeit, Emotionen zu verwandeln. Das Schlechte (= die fehlende Brust) ist nicht real; der erste Gedanke „*keine Milch*" bedeutet ein „*Loch*". Dieser Gedanke ist ein Transformieren der Ur-Realität auf Grund des Mangels, will also eine Verwandlung mit Hilfe der Mutter herstellen. So setzt sich ein Baustein auf den anderen und das Kind bekommt immer mehr Wissen. Das Kind muss auch die Fähigkeit entwickeln, neues Wissen einzuordnen oder neue Inhalte nach vorliegender emotionaler Erfahrung umzugestalten. Es muss dabei in der Lage sein, emotionale Erfahrung zu abstrahieren und mit anderen Erfahrungen zu verknüpfen. Angst, Hass, Neid zerstören die Gefühle, sie führen zu einer Spaltung, d.h., der lebendige Anteil wird beseitigt, das Kind wird leblos. Die quälende Sehnsucht nach Liebe wird in „*missgeleitete Habgier*" verwandelt. In diesem Fall kann Wissen auch zerstört werden.

Psychische Gesundheit

Für Bion ist eine intime Beziehung notwendig, damit sich Geist und Seele in der Psyche treffen.

„Psychische Gesundheit rührt von intimen Beziehungen her, in denen die ursprünglichen Ereignisse emotionale Erfahrungen sind. Bions Arbeit stellt die Emotion in den Mittelpunkt. Was er wirklich sagt (und das ist Freuds Einstellung zur Emotion fast diametral entgegengesetzt), ist, dass die emotionale Erfahrung der intimen Beziehung gedacht und verstanden werden muss, wenn Geist und Seele wachsen und sich entwickeln sollen. In gewisser Hinsicht ist die Emotion die Bedeutung der Erfahrung, und alles, was sich in der Psyche durch die Alphafunktion entfaltet, wie Träumen, Verbalisieren von Träumen, Malen, Komponieren, Wissenschaft, ist Darstellung von Bedeutung. Dies ist eine andere Art zu sagen, dass unsere Leidenschaften der Sinn unserer intimen Beziehungen sind, und dass das Verstehen unserer Leidenschaften in erster Linie die Funktion hat, diese Leidenschaften davor zu schützen, durch die von den destruktiven Teilen der Persönlichkeit erzeugten Lügen vergiftet und untergraben zu werden. Psychische Gesundheit besteht im Grunde in der Fähigkeit, diesen Bereich leidenschaftlicher intimer Beziehungen, die ästhetische Ebene des Erlebens, deren Bedeutung die Emotion selbst ist, zu bewahren." (Meltzer 1988, S. 48)

Didier Anzieu

Die Grenze zwischen psychischen Ich und Körper-Ich

„Die psychische Hülle entwickelt sich auf Grundlage der körperlichen Hülle"
(Anzieu 1991, S. 113)

Den ursprünglichen Zustand, den Freud das *„Ich"* nennt, bezeichnet D. Anzieu als
„Haut-Ich".

Das System des Ichs ist ohne Anfang und Ende, für das Unbewusste gibt es keine
Zeit. Im Gegensatz dazu steht das System des Bewussten, das Gefühl einer
zeitlichen Einheit des Ichs. Hier gibt es die Möglichkeit, zustoßende Ereignisse
chronologisch zu ordnen.

„Im Vorbewussten ist das Gefühl der zeitlichen Einheit des Ichs sehr verändert,
kann jedoch teilweise beibehalten werden." (ebd., S. 122)

Wenn das Gefühl für zeitliche Einheit des Ichs schwindet, führt das zu
Depersonalisation, zu neurotischen Zuständen. Normalerweise besteht die Dualität
in Bezug auf das Ich-Gefühl, es teilt sich in ein seelisches und körperliches Gefühl.

Psychisches Ich - Körper-Ich

Dazwischen gibt es eine bewegliche Grenze

Normalerweise spürt man diese Dualität nicht, eventuell beim Träumen ist das
möglich. Wenn beide Gefühle gesondert auftreten, und diesen vor dem
Einschlafen keine Beachtung geschenkt wird, tritt ein drittes Gefühl auf, das eine
bewegliche Grenze zwischen dem psychischen Ich und dem Körper-Ich bildet. Das
psychische Ich ist im Wachzustand normalerweise im Körper-Ich verankert. Beim
Träumen hebt sich die Zeit als solches auf, weil das Unbewusste einen Mangel an
Zeiterfahrung aufweist. Der Erhalt des Subjektes ist gesichert: *„Ich denke, also bin*
ich".

Der Mensch setzt eine unbewusste Grenze zwischen dem unbewussten Gefühl
und dem Körper-Ich. Wird unser Ich-Gefühl an der Grenze nicht hergestellt, so
fühlen wir den betreffenden Eindruck entfremdet.

„Das Ich-Gefühl ist Ausdruck der ursprünglichen, narzisstischen Besetzung des
Ichs. Das hat anfangs kein Objekt. Wenn die libidinösen Objektbesetzungen die
Grenze des Ichs mit der Außenwelt erreicht oder diese besetzt und sich dann
wieder zurückgezogen haben, entsteht der sekundäre Narzissmus.

Verliert die äußere Grenze des Ichs ihre Besetzung, werden die äußeren Objekte,
die weiterhin vom Subjekt deutlich wahrgenommen werden und sogar sein
Interesse finden, als fremd, unbekannt und sogar als nicht wirklich vorhanden
angesehen (was zum Verlust des Realitätssinnes führen kann). Während des

Heilungsprozesses vergrößert sich die libidinöse Besetzung an der Grenze, was zu einer wärmeren und intensiveren Wahrnehmung der Objekte führt." (ebd., S. 127)

Wenn eine schwache Ich-Besetzung entwickelt ist, können keine Grenzen gebildet werden und das Unbewusste wird von einer falschen Realität bedroht.

Das Haut-Ich

„Jede psychische Funktion entwickelt sich auf der Basis einer körperlichen, deren Funktionsweise auf die psychische Phase übertragen wird." (ebd., S. 128)

Der psychische Apparat folgt nicht biologischen Grundgesetzen, sondern funktioniert sprunghaft. Das bewusste Ich besetzt die Kontaktfläche im psychischen Apparat zur Außenwelt und kontrolliert die Funktionen des Apparates. Haut und Gehirn stammen aus der gleichen embryonalen Struktur (dem Ektoderm). Durch die Entwicklung des Menschen hat sich das Gehirn verdoppelt, die Haut verlor das Fell und ihre Festigkeit und zeichnet sich durch ihre Empfindlichkeit und Sinnlichkeit aus. (vgl. S. 128 f)

Die Bedürfnisse des Säuglings sind größer als bei Tieren und er braucht mehr und länger Zuwendung, um *„präverbale und infralinguistische"* Kommunikation für den späteren sprachlichen Austausch neben der Befriedigung körperlicher Bedürfnisse zu erkennen. Beim Stillen werden automatisch beide Bereiche abgedeckt. Erfährt der Säugling zu wenig Zuwendung und Austausch, führt das zu Hospitalismus oder Autismus. Diese ursprüngliche Verständigung ist unmittelbar – direkt – von Haut zu Haut.

D. Anzieu schreibt dem Haut-Ich drei Funktionen zu:

- die Funktion einer umfassenden und vereinigenden Hülle für das Selbst
- die Funktion einer Barriere zum Schutz der Psyche
- die Filterfunktion, die den Austausch und die Einschreibung der ersten Spuren regelt und damit Vorstellungen überhaupt erst möglich macht.

„Diese drei Funktionen entsprechen drei Bildern; Tasche, Leinwand, Sieb." (ebd., S. 131)

D. Anzieu beschreibt die Parallele zwischen den Funktionen der Haut und der Ich-Funktionen.

1. Das Haut-Ich hat Stützfunktion für die Psyche, sie bildet den Zusammenhalt. Es wird von der Mutter gebildet, wie sie das Baby hält, *„den Körper zugleich in einem Zustand der Einheit und Festigkeit hält".* (ebd., S. 131)

Ein Rückgrat kann sich nur bilden, wenn ein Kind den Zustand der Einheit erlebt und somit Festigkeit bilden kann. Dazu ist die Mutter als Stütze Voraussetzung für eine Entwicklung, dass sich das Kind aufrichten und aufstützen kann.

2. In der Haut sind alle äußeren Sinnesorgane eingebettet. Diese Funktion wird hauptsächlich durch die Liebe der Mutter entwickelt. Das Symbol der Tasche verwendet Anzieu als Bild für die Körperpflege, die Mutter antwortet auf Gefühle des Babys, indem sie es pflegt, angreift und streichelt.

„Der Behälter (conteneur) entspricht dem aktiven Anteil der mütterlichen Träumerei (nach Bion), der projektiven Identifizierung" (ebd., S. 135), das heißt, die Mutter übernimmt die Empfindungen des Babys, verarbeitet diese und gibt sie zurück, nachdem sie vorstellbar geworden sind. Dieser Behälter zeigt viele Stärken auf, die zur Unterstützung des Kindes dienen, es gibt aber auch Schwächen, etwa wenn diffuse Angst auftritt, die nicht lokalisierbar ist, und die triebhafte Erregung nicht beruhigt werden kann. *„Das Individuum sucht im körperlichen Schmerz eine Ersatzrinde: Es umhüllt sich mit Schmerz." (ebd.)* Die Hülle ist durchlöchert, d.h., das Haut-Ich wirkt wie ein Sieb, Erinnerungen und Gedanken werden schwer behalten. Die Angst, sich selbst zu entleeren, ist groß. Auch die Aggression, die für die Selbstbehauptung notwendig ist, kann nicht gebildet werden.

3. Die oberste Schicht der Haut bildet eine Schutzschicht gegen äußere Einflüsse. Freud spricht von einer *„Reizschutzfunktion"*. Das Baby bekommt sozusagen von der Mutter einen *„Hilfs-Reizschutz"*, solange, bis es seine eigene Haut-Ich-Struktur mit Hilfe seiner Umwelt bilden konnte. Für den Säugling ist es wichtig, die Reize im richtigen Ausmaß zu bekommen, da zu wenig Reize wie auch zu viele Reize zu einer Erkrankungen (wie Autismus) führen können.

4. Die Haut schützt sich selbst, indem sie zwischen Fremdkörpern und lebensnotwendigen Substanzen differenziert, Fremdkörpern den Zutritt verweigert und somit ihre Individualität schützt.

„Das Haut-Ich übernimmt eine Individuationsfunktion für das Selbst, die diesem das Gefühl gibt, ein einzigartiges Wesen zu sein." (ebd., S. 137)

5. Die Oberfläche der Haut trägt alle Sinnesorgane mit Taschen und Vertiefungen in sich, außer dem Tastsinn, der in der Epidermis selbst liegt. Das Haut-Ich, das von einer Hülle umgeben ist, kann durch ihre Sinne seine Umwelt gut wahrnehmen.

Hier fällt mir die Percussionistin Evelyn Glenny ein, die taub ist, aber barfüßig auf der Bühne stehend über Vibrationen die Haut zu einem funktionierenden Hörorgan macht. Dadurch hat sie nicht nur die Möglichkeit, Solos zu trommeln, sondern gemeinsam mit einem Orchester Stücke aufzuführen.

6. *„Die Haut des Babys wird von der Mutter libidinös besetzt. Das Füttern und die Pflege sind von in der Regel angenehmen Hautkontakten begleitet." (ebd., S. 138)*

Normalerweise bildet diese Erfahrung den Hintergrund für die sexuelle Lust. Wenn die befriedigende Erfahrung fehlt, kann das Haut-Ich zur Angsthülle werden, das Kind erfährt dadurch zu wenig sichere Grundlage für sexuelle Erregung, und das wiederum führt später zu großen Unsicherheiten, im Bereich der Sexualität. Bestimmte Öffnungen befinden sich an der oberflächlichen Schicht und stehen in direktem Kontakt mit der Schleimhaut, die besonders erregbar ist. Wenn jedoch diese Öffnungen mit sexueller Bedeutung konfrontiert werden, statt erogene Erfahrungen zu machen, wird das Bild des durchlöcherten Haut-Ichs verstärkt. Das bedeutet, dass es vermehrt zu Verfolgungsangst kommt und die Tendenz zu sexueller Perversion größer wird.

7. Ein bestimmter sensomotorischer Tonus wird zwischen der Haut durch äußere Reize aufrechterhalten. Das Haut-Ich wird durch die Psyche libidinös besetzt und

somit wird die innere energetische Spannung, die im psychischen Subsystem ungleich verteilt ist, in Balance gehalten. Wenn diese Funktion jedoch gestört ist, führt dies zu zwei gegensätzlichen Formen der Angst, erstens „zur Angst vor Explosion des psychischen Apparates", zweitens „zur Angst vor dem Nirwana" d.h., es tritt völlige Spannungslosigkeit auf.

8. Mit Hilfe ihrer *„taktilen Sinnesorgane"* liefert die Haut Informationen für die Außenwelt. Das Haut-Ich ist ein Abbild der Realität und spiegelt sie wider. Die Mutter bietet sich als *„Objekt"* an und so kann sich das Haut-Ich auf einer doppelten Grundlage entwickeln, auf der biologischen und sozialen.

Auch bei den „Ritzerinnen" spiegelt sich ihre Not, ihre Aggression gegen sich selbst, ihr Schmerz in der Haut wider. Die tiefen Wunden müssen sie sich selbst zufügen, um den psychischen Schmerz zu übertönen, um sich selbst wieder spüren zu können, um der Leere entgegenzuwirken. Die Hülle, die die Haut umgibt, ist durchlöchert, ist wie ein Sieb. Viele, die sich selbst schneiden, beschreiben, dass es für sie niemanden gab, der sie auffangen konnte, der für sie da war, um sie in ihrem tiefen Schmerz zu begleiten, bei der Verarbeitung zu helfen.

9. Alle acht vorher beschriebenen Funktionen stehen im Zeichen des Anklammerungstriebes, später der Libido.

Anzieu beschreibt das Phänomen, dass der Organismus ursprünglich bei einer Transplantation von Organen mit Abstoßen reagiert. Er setzt eine Parallele im psychischen Bereich: wenn sich der Trieb gegen sich selbst richtet oder Verbindungen im Allgemeinen und gegen den psychischen Behälter richtet, so greift er sich selbst an. Die Unterscheidung zwischen Ich und Nicht-Ich hat biologische Wurzeln, Anzieu stellt die Hypothese auf,

„dass die Haut als Körperhülle eine Übergangswirklichkeit darstellt zwischen der Zellmembran und der psychischen Grenzfläche, dem System Wahrnehmung-Bewusstsein des Ichs". (ebd., S. 141)

Das heißt, dass der Psychosomatiker das Vertraute nicht mehr als schützend und beruhigend erlebt, sondern es zieht ihn das Fremde mehr an. Es entstehen paradoxe Reaktionen. Hier wird das dazugehörige Haut-Ich präzessiert und bekommt Gestalt. Wenn der psychische Behälter angegriffen wird, handelt es sich vielleicht um ein Autoimmunphänomen, die Selbstanteile sind mit dem Es und dem dazugehörigen Selbstzerstörungstriebes verschmolzen. Diese Anteile des Selbst werden in die oberflächliche Schicht – auf das Haut-Ich transportiert und eingekapselt. Hier verändert sich die Funktion und die Haut, die das Ich umhüllt, wird zu einem vergiftenden, erstickenden, brennenden Organ. Für Anzieu stellen diese neun Punkte einen Rahmen dar, der die psychopathologische Diagnostik, die Durchführung der Psychotherapien und die psychotherapeutische Deutungstechnik erleichtern soll.

Für mich bietet die Theorie Anzieus einen wertvollen Hintergrund, um den Blickwinkel für das Ritzen zu erweitern. In erster Linie ist die Haut, als Zeichen nach außen hin, betroffen. Anzieu versucht, das Innere, das sich in der Haut widerspiegelt, auf psychoanalytische Ebene zu bringen um so einen neuen Zugang zu bestimmten psychischen Vorgängen zu öffnen. Mir fiel bei meinen durchgeführten Interviews auf, dass ich einen Behälter bilden konnte. Als Sabine mir von ihren zugefügten Wunden erzählte, ihren Blusenärmel zurückschob, um mir ihre Narben zu zeigen, zog es mir intensiv eine Gänsehaut auf. Auch meine Haut reagierte auf ihre Narben.

Die Funktion der Haut

Anzieu führt den Begriff des „Haut-Ich" ein, weil es eine Schutzhülle bildet und somit ein allgemeines Wohlbefinden vermittelt. Jetzt können libidinöse Objektbesetzungen stattfinden, das Körper-Ich kann gestärkt werden und die Fähigkeit der Lustbefriedigung wird entwickelt. Das Kind bekommt im Laufe der Entwicklungsphasen eine Vorstellung von sich selbst. Anzieu bewertet drei Funktionen der Haut als sehr wichtig:

- Die Haut hat die Funktion einer Tasche, sie füllt in ihr Inneres das Gute: Stillen, die Pflege und den begleitenden Worten entspringend. Sie enthält und hält fest.

- Die Funktion der Haut ist die der Grenzfläche: Sie bildet die Grenze zur Außenwelt und sorgt dafür, dass diese draußen bleibt; das ist wie eine Barriere, die vor der Penetration als Ausdruck von Gier und Aggression anderer Menschen und Objekte schützt.

Die Haut ist - nicht weniger als der Mund – Ort und primäres Werkzeug der Kommunikation mit dem anderen und der Entstehung bedeutungsvoller Beziehungen; darüber hinaus bildet sie eine reizaufnehmende Oberfläche, auf der die Zeichen dieser Beziehungen eingetragen werden.

Pubertät

Die Pubertät ist für Jugendliche eine Zeit, in der sie viele Veränderungen physisch und psychisch gesehen durchmachen. Einerseits müssen sie sich von zu Hause loslösen, andererseits müssen sie eine neue Rolle finden, um sich in ihrer Identität weiterentwickeln zu können. Dabei ist die physiologisch–biologische Zeit der Veränderung kürzer gefasst, sie findet zwischen dem 13. und 18. Lebensjahr statt. Die psychische Entwicklung dauert länger und es fordert viel Vorstellungsvermögen und Auseinandersetzung von den Jugendlichen, um den eigenen Weg zu finden. Sie sind gefordert, ihre Rolle als Frau oder Mann in unserer Gesellschaft neu zu entdecken und sich damit zu identifizieren. Es ist eine Zeit der großen Unsicherheiten und Umbrüche. Alles, was mit Veränderung zu tun hat, bringt auch viele Konflikte mit sich, das macht speziell Mädchen sehr verletzlich.

Menstruation im Zusammenhang mit sexuellem Missbrauch

Die Menstruation wird von Mädchen zu Mädchen individuell verschieden erfahren. Manche empfinden die Entwicklung zur Frau als etwas Schönes, Wertvolles, andere widerum können sich schwer damit identifizieren. Für viele Mädchen ist dieses Geschehen auf emotionaler Ebene zwiespältig. Auf der einen Seite ist die Menstruation ein Geschenk, auf der anderen zeigt man auch Schwäche in dieser Zeit, ist sensibler, kränkt sich schneller. Diese neuen Erfahrungen verarbeiten Mädchen unterschiedlich, je nachdem, wie sehr sie ihre Entwicklung durch Abwehrmechanismen blockieren oder dann doch Stärke gewinnen können und zu ihrem Körper eine positive Beziehung aufbauen können. Man kann die körperliche und seelische Entwicklung eines Mädchens als etwas Kompliziertes sehen, das dem Mädchen viel Energie abverlangt. Wenn ein Missbrauch in der Kinderzeit hinzukommt, müssen junge Frauen schon sehr früh erleben, dass andere über die Macht ihres Körpers verfügen, und speziell mit der Entwicklung der Geschlechtsmerkmale verschlechtert sich die Beziehung zum eigenen Köper stark. Mit dem Einsetzen der Menstruation stehen diese Mädchen im Zwiespalt, einerseits sind sie stolz darauf, dass sie sich zur „Frau" entwickeln, andererseits empfinden sie Scham, Kränkung, Schwäche, Unterwerfung. Sie kämpfen auf emotionaler Ebene und können diese körperliche Erfahrung häufig nicht akzeptieren. Durch die Menstruation haben sie das Gefühl, die Kontrolle über ihren Körper zu verlieren und beginnen deshalb zu schneiden, um wieder die Kontrolle zu gewinnen. Hier wird dann das Blut, im Gegensatz zur Menstruation, das eher als schmutzig und ekelhaft empfunden wurde, als lebendig und beruhigend erlebt.

„Das unwillkürliche Austreten von Menstrualblut aus der Vagina wird von Mädchen als Verlust von Substanz, Sauberkeit und Kontrolle erlebt. [...] das Ausfließen des Blutes aus dem Körperinneren rührt an tieferliegende Ängste vor dem Verlust der Kontrolle und der Körperintegrität." Dieser Aspekt spielt bei Mädchen mit Missbrauchserfahrungen eine außerordentliche Rolle. Sie haben Angst davor, die Kontrolle darüber zu verlieren, was mit ihnen passiert, weil sie dieses Gefühl allzu oft erleben mussten. Ihre körperliche Integrität wurde durch die sexuellen Übergriffe immer wieder verletzt. Das kulturell als unrein bewertete Menstrualblut fließt aus ihrem Körper, den sie ohnedies als beschmutzt betrachtet." (Kristin Teuber 2000, S. 98)

Um solche Erlebnisse zu verkraften, wird das Ich während einer Traumatisierung außer Kraft gesetzt. Ein Mensch wird dabei mit Affektstürmen wie Angst, Ekel, Schmerz, Wut, Scham, Verzweiflung überschwemmt und durchleidet einen ständigen Wechsel dieser Gefühle. Der Mensch entwickelt schon während der Traumatisierung Coping-Mechanismen, also er kann bestimmte Erlebnisse, Gedanken, Einstellungen abspalten, um einen Konflikt zwischen seiner Persönlichkeit und diesen traumatisierenden Erlebnissen zu vermeiden, um unvereinbare Gefühle und Einstellungen fernzuhalten.

U. Sachsse wählt ein alltägliches Beispiel:

„...ein Kind, das gerade von seinem Vater geschlagen wurde und unter Tränen stammelt „Papa ist gut." Wenn ein Kind gezwungen ist, zwischen seiner Realwahrnehmung und der Bewahrung guter innerer Objekte zu „wählen", dann muss es seine Realwahrnehmung opfern."

Ein stabiles Ich kann sich nur bilden, wenn es an ein gutes inneres Objekt gebunden ist. So erzählte Sabine in ihrem Interview, dass sie in ihrer Kindheit ein Fabelwesen gehabt hat, das sie beschützte, doch auf einmal war es weg, es war nicht mehr greifbar. Sie hatte ihren Zufluchtsort verloren, sie begann zu ritzen. Erst als sie sich wieder eine eigene Traumwelt aufbauen konnte, um den Rückzug in ihre eigene Welt anzutreten, hörte sie mit dem Ritzen auf.

Dissoziation ist normalerweise eine Fähigkeit des Menschen, mit der er Realität bewältigen kann. Speziell sexuell missbrauchte Menschen haben die Fähigkeit entwickelt, ihren Körper zu verlassen, neben sich zu stehen oder sich ganz zurückzuziehen. Es kann sogar so weit gehen, dass sie die Realität nicht wahrhaben wollen und glauben, dass es nicht passiert sei.

Häufig entstehen auch eigene Unsicherheiten in der Wahrnehmung. Das Gefühl, sich nicht mehr an alles erinnern zu können, die Selbstzweifel, wenn einem Kind die Realwahrnehmungen von Erwachsenen abgesprochen werden, verstärken Dissoziation.

Jugendliche verwenden Übergangsobjekte, die durch frühe Kindheitserfahrungen determiniert worden waren und nun setzen sie ihren Körper ebenso instrumentell dem anderen (Partner) gegenüber ein, d.h., sie entwickeln Mechanismen, die einfach funktionieren. Sie geben ihnen Schutz.

Winnicott schildert seine Vorstellung von einer normalen Entwicklung, zuerst sieht er die absolute Abhängigkeit des Säuglings und schließlich geschieht eine Loslösung: Ein Säugling erfährt die Omnipotenz über die Brust, die Mutter ist immer verfügbar. Dann müssen kleine Frustrationen ertragen werden bis schließlich die äußere Realität akzeptiert werden kann. Dazwischen liegt der Übergangsbereich. Wenn die Mutter zu lange abwesend ist, kommt es zur Angst vor dem *„Verrücktwerden"*, d.h., dass der Säugling nicht mehr fertig wird und so von der Auflösung bedroht zu sein scheint. Eine Möglichkeit der Bewältigung ist die Abspaltung zwischen Körper und dem Selbst, noch bevor ein differenziertes Bild beider Selbstanteile gebildet wurde. Um das rudimentäre Selbst zu retten, wird das Körperselbst davon getrennt, damit das Selbst weiterhin „gut" bleiben kann. Frühe Überstimulierung würde bedeuten, dass dieser Raum mit Objekten gefüllt wird, die nicht vom Kind selbst stammen, sondern von anderen Menschen eingebracht werden. Das wiederum kann vom Kind als „verfolgend" erlebt und oft nicht abgewehrt werden. Es wird sozusagen von Gefühlen überschwemmt!

Also tritt ein Übernehmen dieses Musters auch ein, wenn das Verhalten der äußeren Bezugsperson traumatisch und überstimulierend ist. Ein Beispiel wäre dafür die sexuelle Verführung und körperliche Misshandlung im frühen Kindesalter.

„Das sexuell missbrauchte Kind wird „frühreif" Sexualität wieder einsetzen, um Zuwendung von Erwachsenen zu bekommen, ein geprügeltes Kind wird sich später wiederum so verhalten, dass es körperliche und moralische (soziale) „Prügel" bezieht; [...] In einer Häufigkeit, die fast an Regelmäßigkeit denken lässt, fanden sich in der Vorgeschichte von Patienten mit artifizieller Krankheit Kindesmisshandlungen (Plassmann et al. 1986) und in der von Patienten mit offener Selbstschädigung sexueller Missbrauch in der Familie". (Hirsch 2000)

„Opfer inzestuöser Angriffe berichten vom „Abschalten", mit dem sie die traumatische Erfahrung nicht an sich heranlassen, sozusagen Körper und Psyche trennen. Eine Patientin sagt: „Wenn die Not zu groß wurde, war ich auf eine komische Art ruhig und leer" (ebd., S. 28)

Auch im späteren Alter können Zustände von psychosenaher Spannung und Leere auftauchen, ausgelöst von Trennungsbedrohung wie auch von Symbioseangst. Dies geschieht eher, wenn frühe Deprivation, und Überstimulierung oder sexuelle und physische Gewalt und eine Abspaltung des „schlechten Selbstanteiles" stattgefunden hat. Im pathologischen Fall kann es sich um destruktive Aktionen wie

Selbstverletzung, Selbstverstümmelung, zum Teil mit Schmerz verbunden, handeln.

Fetisch

Die Bedeutung eines Fetisch bei der Selbstverletzung

„Sperling stellt Zusammenhänge her zwischen dem kindlichen „Fetisch", einem Objekt, das die Vereinigung mit der Mutter repräsentiert, um den „bad habits" wie Hautessen, Nasenschleimessen und Nägelkauen, Aktivitäten, die die Trennung ungeschehen machen sollen." (ebd., S. 21 f)

„In der fetischistischen Beziehung liegt ein Wechsel des kindlichen Verhaltens von der Abhängigkeit (somatisch) zur größeren Unabhängigkeit (fetischistisch), verbunden mit einem Versuch, sich von der Mutter zu trennen und sie durch den magischen Gebrauch des Fetischs zu ersetzen. Durch ihr Haareausreißen und Haareessen tat Nancy (die Patientin) genau das, indem sie von ihrem eigenen Körper nahm, was immer sie brauchte und eigentlich gern von der Mutter bekommen hätte. (Hirsch, S. 21, zit. n. Sperling 1968)

Das Kind, das sich verlassen fühlt, phantasiert sich gleichzeitig als Kind und Mutter in einem Zustand, in dem die Situation für das Kind erträglicher wird. M. Hirsch beschreibt in seinem Fallbeispiel ein kleines Mädchen, das erlebt, wie seine Mutter den Vater eiskalt zurückweist. Dabei identifiziert sich das Mädchen mit dem Vater und reißt daraufhin ihrem Lieblingsteddy die Haare an einer Kopfstelle aus. Die Haare sind praktisch dem Kind und der Mutter, indem das Mädchen eine Einheit gedanklich bildet, ausgerissen worden. Dem Kind geht es dabei darum, eine Brücke zwischen sich und der Mutter herzustellen, um so die Situation erträglicher zu machen.

Selbstverletzung als Ventil von Jugendlichen

- Wut
- Trauer
- Verlassenheit

Therapeutisch ist das Ziel, eines davon emotional in den Griff zu kriegen. Damit ist die Chance hoch, dass das Ritzen aufhört.

Ritzen kann in weiterer Folge zu einem gewohnten Beruhigungsmittel werden, das vorübergehend dazu beiträgt, massiven Schwierigkeiten im Alltag etwas entgegenzusetzen.
Es ist immer ein Versuch, dem Problem Nähe und Distanz Raum zu geben und durch das Ritzen eine Grenze zwischen Innen und Außen zu schaffen. Die Haut wird als Beschädigungsobjekt gewählt, weil man annimmt, dass es sich um eine Störung handelt, die sehr früh angelegt wurde; zu einer Zeit, in der die Haut das einzige Kontaktorgan gewesen ist, wenn es sich um wirkliches tiefes Ritzen handelt. Zugrunde liegen auch Spaltungsprozesse: Schmerzliche Gefühle können in das Gesamterleben nicht mehr integriert werden und Ritzen schafft einen Bereich, wo man seelisch noch überleben kann. Häufig bewahrt es vor dem Suizid.

Psychoanalytisch geht das Ritzen auf existenzielle Konflikte zurück. Ursprung ist die Erfahrung, verlassen worden zu sein, das Erlebte stellt eine bedrohliche Lebenserfahrung für den Jugendlichen dar. Besonders schlimm ist es, wenn sexuelle Gewalterfahrungen vorliegen. Es entsteht dabei ein Gefühl der Ohnmacht, des Ausgeliefertseins und es fehlt das Gefühl für eigene Grenzen, weil der Täter „grenzenlos" Grenzen überschritten hat. Dabei werden Gefühle abgespalten, um Spannungszustände auszuhalten, das Gefühl der Leere macht sich breit, die Angst, sich selbst zu verlieren, gewinnt die Oberhand. Zusätzlich kommt noch die Pubertät, wo weibliche Identität gebildet werden sollte. Wenn die Überlastung zu groß wird, ist es kaum möglich, ein selbstbestimmtes Leben zu führen.

Vor der Selbstverletzung befindet sich das Mädchen in einem tranceähnlichen Zustand. Es ist ungeplant, das planerische Element würde im Widerspruch zu dem tranceartigen Zustand stehen, der beim Ritzen entsteht.

Nina beschreibt ihren Zwang , ihre zwiespältigen Gefühle so:

„Beim Ritzen hab' i Glücksgefühle bekommen, wenn's dann vorbei is und du alles siehst oder so, wie tief die Wunde wieder war, dann überkommt di wieder's Gefühl, ah, du bist so dumm. Eigentlich bist du volle fertig mit dem und dann is einfach der Kreislauf da, der volle schwer zu durchbrechen is, dass du wirklich außerkommst. Es kann dir zwei Stunden gut geh'n, und irgendwann siehgst(siehst) das wieder, und denkst dir, ach Gott, du bist so dumm, irgendwie bist decht (=doch) no so jung, und du möchtest ja decht irgendwelche kurze Röcke anziehen oder sonst irgendetwas und des kannst dann nimmer. Manchmal habe ich auch mehrmals am Tag geritzt, je nachdem, wie es mir gangen is. Man hat scho' a paar Tage vorher's Gefühl, du möchtest's gerne, aber du möchtest's no außiziehen. Es kann dann irgenda Kleinigkeit sein oder beim Arbeiten oder sonst a Kleinigkeit, es schaut di jemand schief an, dann is vorbei. Dann bin i auf schnellstem Weg nach Hause, um zu ritzen." (Interview 2004)

Normalerweise wird der eigene Körper kaum bewusst wahrgenommen, er ist ein ständiger unauffälliger Begleiter. Er bekommt erst einen besonderen Stellenwert, wenn ein Schmerz wahrgenommen wird und die Aufmerksamkeit durch ständig einwirkende Signale auf die Existenz des Körpers aufmerksam macht. Man nimmt den Körper wie ein äußeres Objekt wahr, auch wenn man den Schmerz differenziert und bestimmten Körperteilen zuordnen kann. Aber Schmerz ist auch im Inneren spürbar, es kommt zu einer körperlichen Innenwelt.

„Bei Selbstverletzung ist er die zentrale, meist die einzige Möglichkeit der Selbstfürsorge." (Sachsse, S. 50)

Dabei stellt sich die Frage, ob die Selbstverletzung nur ein Übergangsstadium ist oder

„ob es ein symbolhaltiger Akt auf der Stufe des Übergangsobjektes ist, in dem Selbst- und Objektanteile eng verwoben der Selbstfürsorge und Individuation dienen" (ebd.)

Wenn Anspannung und Zwiespalt zu groß werden, so dass nicht einmal durch Verdrängung oder durch Abspaltung der Konflikt bewältigt werden kann – also die Anspannung zum Dauerzustand wird, greifen viele als Notlösung zur

Selbstverletzung. Sachsse beschreibt dies als *„einen Ich-Verlust mit konsekutiver Überflutung durch primärprozesshafte seelische Abläufe".*

Wenn der Druck zu groß wird, wird die Selbstverletzung zum Ventil. Es droht eine ständige Reizüberflutung mit Zuständen objektloser Depression, die auf Kindheitsdeprivationen zurückzuführen sind. Leere, völlige Hoffnungslosigkeit, Stillstand, und in dieser Situation wirkt die Selbstverletzung wie eine Erlösung.

Die Therapeutin Annegret Eckhardt-Henn beschreibt, dass mehr als 50 Prozent der Patienten Zustände wie innere Leere, Abgestorbensein, starke innere Spannung und psychomotorische Unruhe empfinden. *„Diese Zustände können durch Selbstverletzung besser als durch Alkohol oder Psychopharmaka vorübergehend reguliert und beendet werden. Schon länger wird hypothetisch diskutiert, dass es bei schwer traumatisierten Patienten zu einer Störung des Endorphinstoffwechsels kommen könnte. Es wird angenommen, dass insbesondere bei den schwereren chronischen Formen der offenen Selbstverletzung eine Endorphinausschüttung erfolgt, die die von den Patienten subjektiv empfundene spannungslindernde, euphorisierende Wirkung der Selbstverletzung sowie die Analgesie (Unempfindlichkeit) und die oft damit verbundenen tranceartigen dissoziativen Zustände erklären könnte."* (Eckhardt-Henn1998, S. 13)

Auch aus der Traumaforschung ist bekannt, dass Opfer auf geringe Stressoren mit extremer Unter- und Übererregung reagieren.

Sabine beschrieb ihr Befinden vor dem Ritzen so:

„Wenn ma so eine innere Spannung hat und sich no denkt, jetzt will i mir etwas antun, dann ritzt ma sich, weil dann lasst die Spannung nach und es geht dir besser, wenn du dein eigenes Blut siehst. Mit dem Blut spürt man sich selber besser und man sieht, also i hab' gesehn, dass i no leb'. Bevor i mi g'ritzt hab', hab' i innerlich so a Leere g'fühlt. I hab' den Körper aus zwei Blickwinkeln g'sehn, einmal, dass i neben mir im Bett bin und mir zuschau', wie i mi selber ritz und zum anderen, i hab' mi dabei angefeuert, indem i zu mir g'sagt hab', he, des schaut lässig aus, tu nur weiter. I hab' mi in an tranceähnlichen Zustand befunden und dann gleitet man eher weg, wenn ma des tut, ma is eher weit weg, i hab' des eher dreidimensional g'sehen. I hab' da a Blutlacke neben dem Bett gesehen, obwohl da keine war – des war das Ärgste für mi." (Interview 2003)

Sarah:

„Die Wunden und Narben gehör'n einfach so zu mir dazu, ich akzeptiere es. Momentan muss etwas Schweres vorfallen, das mich aus der Bahn wirft, dann ritz' i halt wieder, danach geht's ma aber wieder, des kommt höchstens einmal im Monat vor. I kimm' (komm') nimmer so tief owi, sondern i kimm' leichter wieder heraus. I weiß, was auf mi zukimmt (zukommt'), wie wieder herauskimm' (herauskomm') und dann geht's einfach wieder." (Interview 2004)

Nina:

„Manchmal habe ich auch mehrmals am Tag geritzt, je nachdem, wie es mir gangen is. Des is einfach innerlich g'wes'n. Am Anfang, wie i 14 war, hat's jeder

tan, i hab' koa einzige Freundin, die nit irgendwo a Narb'n hat vom Ritzen, i wollt des einfach, es hat so gekitzelt. Wenn irgendjemand a Problem g'habt hat, okay dann schneid'n wir uns halt auf. Es war a Modetrend. Es war g'rad' in an Winter, und nachat (=nacher) hab'n'ma halt an Haufen getrunken oder so, und dann ist einem eh alles wurscht, ohne Alkohol is doch eine Hemmung da. Es is keine dabei geblieben beim Ritzen außer i, mir hat's halt diesen Kick geben, irgendwo, i bin halt nit wegkemmen von dem. Mir hab'n uns a die Namen eing'ritzt, von denen, die mir grad mög'n hab'n oder sonst irgendwas, aber sonst hab'n mir uns beinhart g'rad gschnitt'n. Man probiert's einfach aus, ob es der erste Rausch is oder die erste Zigarett'n, du probierst es einfach. Des is des Gleiche wie mit dem Rauchen oder Trinken, entweder du bleibst dabei oder eben nit. Für mi is es alles Sucht, ob Ritzen, Alkohol oder Rauchen. Es is dann einfach der Kreislauf da, solang es nit klick macht, kannst du nit aufhör'n. Genauso is es mit dem Trinken oder sonst irgendwas oder mit den Drogen, des is a nix and'res, wie a Suchtverhalten, genauso is es mit dem Ritzen und Schneiden, weil der Kreislauf da is. Sobald du des durchbrochen hast, und über des einmal wirklich nachdenk'n kannst, dann is es vorbei, find i. Es gibt so viele Möglichkeiten, zu mir hat a immer jemand g'sagt, dass i laufen, schwimmen oder sonst was geh'n sollt, aber, du weißt, irgendwas Körperliches musst tun. Nach dem Laufen hast a des G'fühl, dir tut alles weh, du hast einen Muskelkater, es is des Gleiche, aber du musst es g'rad' finden. Das Ritzen hängt nit mit der Familiensituation z'sammen, sondern wie's ma gangen is einfach, weil i mi innerlich nit akzeptieren hab' können." (Interview 2004)

Hintergründe / mögliche Ursachen von Selbstverletzung

Allgemein möchte ich zusammenfassen, dass alle Experten das Ritzen als ein gelerntes Verhaltensmuster sehen, das in einem engen Zusammenhang mit der Lebensgeschichte steht. Meistens handelt es sich um dramatische Lebensgeschichten, schreckliche Erfahrungen in erster Linie in den Herkunftsfamilien; es kann aber auch vorübergehend eine Situation durch äußere Gegebenheiten entstehen, die beim Kind oder Jugendlichen Verlassenheitsgefühle hervorrufen, ohne dass physische oder psychische Gewalt stattfindet. Eine Ursache des Ritzens ist, dass der/ die Ritzende eine negative Beziehung erlebt hat. Es handelt sich dabei um massive Verlustängste. Der Betroffene hat das Gefühl, verlassen worden zu sein und „verlässt sich nun einzig und allein auf sich selbst" – „die Rasierklinge verlässt mich nicht, ich bin von niemandem abhängig", lautet das Gedankenmuster. Der Jugendliche will sich nicht mehr auf eine Beziehung einlassen, er geht auf sich selbst zurück, er zieht sich zurück. Dadurch fehlt dem Jugendlichen jegliche Rückbindung.

Wenn geritzt wird, spielen Schuldgefühle eine große Rolle. Als Beispiel möchte ich die Scheidung nennen. Wenn Eltern sich trennen, haben Kinder das Gefühl, dass sie eine Teilschuld an der „Misere" tragen und auch wenn es viele unangenehme Situationen in der Phase der Trennung gibt, bleiben häufig auch Loyalitätsgefühle neben den Schuldgefühlen für die Eltern. Das wiederum schafft einen permanenten Konflikt, in dem Gefühle nicht zugelassen werden können.

Allgemein sprechen Psychologen von einem beunruhigenden Trend: Jugendliche, die mit ihrer Vergangenheit nicht fertig werden, die sich nicht mitteilen können, verletzen sich selbst, fügen sich Schnitt- und Brandwunden zu. Die meisten Jugendlichen, die davon betroffen sind, glauben, dass sie ein Trauma in ihrer

Kindheit wie z.B. körperliche Misshandlung, Miterleben von Gewaltszenen, Unfälle, Isolation, Schikanen, psychischen Stress erlitten haben. Dr. Brigitte Hackenberg, ehemalige Leiterin der Kinder- und Jugendpsychiatrie Innsbruck, sieht die Ursache der Selbstverstümmelung darin, dass die Erwartungen an Mädchen in unserer Gesellschaft genau vorgegeben sind, sie müssen nett und brav sein und so lernen sie schon sehr früh, ihre Wut nach innen zu richten. Buben dürfen hingegen ihre Wut und Aggression aktiv äußern und nach außen tragen. Nicht nur traumatische Erlebnisse auch, Persönlichkeitsstörungen können die Ursache sein.

„Der innere Schmerz verursacht ein Auseinanderfallen von Körper und innerem Ich. Durch Schnittwunden und andere Verletzungen kann sich das Mädchen wieder spüren. Unerträgliche Gedanken und Gefühle werden auf diese Weise kurzzeitig verscheucht. Auch wenn dieses Zeremoniell keinen Selbsttötungsversuch bedeutet, so handelt es sich hier um Menschen, die sich der Grenze ihres Ichs unsicher sind. Sie schwanken ständig zwischen Extremen und Unvereinbarem. Diese Jugendlichen haben nicht nur Grenzverletzungen in ihrer Kindheit erfahren, oft kommt noch dazu, dass diese Kinder in einer Familie / Gesellschaft aufgewachsen sind, in der der Einzelne nur wenig Wertschätzung erfahren hat." (Tiroler Tageszeitung[5]

Die Ursache von Selbstverletzungen sind häufig schwere und wiederholt traumatisierende Erlebnisse in der Kindheit, besonders sexuelle und körperliche Misshandlungen, häufig liegen auch Verlust- und Trennungserlebnisse vor. In der Literatur wird das Selbstverletzen als Kurz- oder Langzeitfolge von sexuellem Missbrauch bei Kindern und Erwachsenen beschrieben. Oft fehlen stabilisierende Objektbeziehungen, die dem Kind Möglichkeiten für eine positive Bewältigung bringen würden.

Allgemein kann man davon ausgehen, dass sich Mädchen und Frauen, die ritzen, einfach in bestimmten Situationen völlig überlastet fühlen.

Aggression, Autoaggression

Viele der ritzenden Mädchen haben Suizidversuche hinter sich, sie müssen nicht nur intensiv medizinisch behandelt werden, sondern es müssen auch therapeutische Maßnahmen gesetzt werden. Der Großteil dieser PatientInnen hat weniger den Tod als Ziel als sich vorübergehend zu betäuben. *„Alle PatientInnen haben schwere Störungen des Körperbildes"* (Sachsse, S. 37). Häufige Begleiter sind Bulimie und Anorexie. Häufig geht eine Sucht-problematik Hand in Hand, die entweder den Patienten selbst betreffen oder seine Herkunftsfamilie.

„Ausgeprägte Phobien sind häufig, aber nicht obligatorisch. [...] Regelhaft findet sich allerdings eine ausgeprägte Angst vor dem Alleinsein" (ebd.)

„Schwer psychisch kranke Mütter, Deprivation in der Säuglingszeit, Kindermisshandlungen und schwere körperliche Misshandlungen in der Latenz

---

[5] TT. 13. Juli 2001, S. 23 – „Mit den Wunden allein im Bad"

und Pubertät sind die Regel. Inzest oder inzestnahe Beziehungen finden sich bei mindestens der Hälfte der Patientinnen (Sachsse et al. 1997)

Es werden drei unterschiedliche Schweregrade von Autoaggression in Bezug auf Intensität, Häufigkeit, Dauer und Situationsbezug sowie Verletzungsgrad und Grad der Automatisierung des Verhaltens in der Forschung unterschieden: (Gunther Klosinski, S.16)

- Leichte Autoaggressionen: Diese zeichnen sich durch geringe Verhaltensintensität aus, verlaufen ohne sichtbare Verletzungen und lassen oft einen deutlichen Situationsbezug (wie z.B. Überforderung) erkennen, z.B. Schlagen mit der flachen Hand.
- Mittlere Autoaggressionen: Sie werden intensiver, regelmäßiger, z.T. bereits automatisiert ausgeführt und führen zu sichtbaren Verletzungen wie Narben und Verhornungen (z.B. Kratzen, Schlagen mit der Faust auf den Kopf).
- Schwere Autoaggressionen: Diese geschehen ohne erkennbaren Situationsbezug und in massiver Form. Sie sind zudem stark automatisiert bzw. ohne Selbstkontrolle und können zu lebensbedrohlichen Verletzungen führen (z.B. Stirn gegen Tischkante schlagen)

Favazza, A.R.; Conterio, K. (1989) veröffentlichten Folgendes: Unter 240 befragten Frauen war die gebräuchlichste Methode die des Selbst-Schneidens (self-cutting) mit 72%, Selbst-Brennens 35%, Selbst-Schlagens 30%, der Verhinderung der Wundheilung 22%, des schweren Selbst-Kratzens 22%, Haareausreißens 10% und Selbst-Brechens der eigenen Knochen (8%). Am häufigsten ist diese Form von Automutilation bei Mädchen in der frühen Pubertät. Bei Kindern im Säuglings- und Kleinkindalterzeigen sich je nach Studie 7% - 14% selbstverletzendes Verhalten im Alter von 7 – 8 Monaten bis hin zum 5. Lebensjahr, dann verschwindet es wieder. Entsprechend der Häufigkeit ihres Auftretens lassen sich stereotype Automutilationen im Kindesalter in folgender Reihenfolge nennen. Schlagen des Kopfes und Schlagen mit dem Kopf, Beißen eigener Körperteile, Sich–selbst-Kratzen, Bohren in Ohren und Augen, Sich-selbst-Kneifen und Haareausreißen. (Klosinski 1999, S. 19)

Bei manchen Mädchen im Alter zwischen 8 und 11 Jahren tritt das dranghafte Drehen, Ziehen, Zupfen und Ausreißen der eigenen Haare auf. Das Haareausreißen ist meist eine schwerwiegendere neurotische Verhaltensstörung und tritt oft mit einer depressiven Grundstimmung gemeinsam auf. Es ist für Kinder lustvoll und schmerzhaft zugleich und stellt somit einen sadomasochistischen Akt dar. Normalerweise liegt hier ein massiver (familiärer) Konflikt vor, bei dem das Kind nicht wagt, seine aggressiven Regungen zu zeigen. Gunther Klosinski schreibt, dass ein offensichtlicher Zusammenhang zu einer mangelhaft entwickelten Beziehung zum eigenen Körper besteht, der aus affektiven Frustrationen herrührt: Erst der Schmerzreiz verschafft sozusagen die Gewissheit der eigenen Existenz.

Bei vielen Kindern, mehr bei Mädchen als bei Buben, tritt nach dem 4. Lebensjahr das Nägelbeißen oder Nägelknabbern auf. Sie kauen entweder immer den gleichen Fingernagel oder alle Fingernägel beider Hände ab, bei jüngeren Kindern sind es gelegentlich auch die Fußnägel. Bei Angst-, Druck- oder Spannungssituationen ist die Zunahme des Nägelbeißens typisch.

Zu diesem Thema gibt es viel Literatur.

„Schmideberg (1935) findet im Nägelkauen wie in anderen „bad habits" neben der libidinösen auch eine aggressive Komponente: Mund und Nägel kämpfen wie zwei feindliche Objekte gegeneinander als Repräsentanten bedrohlicher Körperfragmente. Schmideberg zufolge dienen alle diese Kinderfehler dazu, psychotische Ängste zu verhindern, ähnlich wie es anderen selbstdestruktiven Aktivitäten zugeschrieben wird." (Hirsch 2000)

Dieses Phänomen kann ich bei Jugendlichen genauso häufig finden, ich habe den Eindruck, dass dieses Thema tabuisiert wird. Ein Verbieten von Nägelbeißen und Nägelkauen, wie das häufig praktiziert wird, bringt nichts, denn das Problem verschiebt sich dann auf eine andere Ebene (Haareausreißen, Aufreißen von Narben,...) oder verschärft sich. I. Hermann beschreibt gewaltvolle Akte gegen sich selbst als

„selbstvollzogene Trennung, als Wiederholung einer „gewaltsamen Lösung des ursprünglichen Mutter-Säugling-Verhältnisses". Das Ich sei bestrebt, ein solches Trauma „nicht traumatisch, von außen aufgezwungen zu erleben, wie es in diesem Modell jeder Trennung der Loslösung des angeklammerten Kindes von der Mutter geschah, sondern als selbst gewollt, selbst dosiert, als Handlung eines freien Erwachsenen. Das Trennungstrauma werde dabei in ein „Zeichen der Befreiung" verwandelt, verbunden mit einem „narzisstischen Rausch", der entstehende Schmerz werde lustbringend erlebt. Hermann zieht hier eine Verbindung zum Masochismus, in dem nicht nur zurückliegendes traumatisches Erleben wiederholt werde, sondern auch ein emanzipatorischer Anteil der Befreiung enthalten sei." (Hirsch, S. 20)

Scheinbar handelt es sich um eine Befreiung des „bösen" Objektes hin zum selbst erschaffenen „guten" Mutterobjekt.

Ritzen und Suizid

Es zeigt sich sowohl in der Literatur als auch in den von mir geführten Interviews (bis auf wenige Ausnahmen), dass beim Ritzen keine suizidale Absicht vorliegt. Trotzdem handelt es sich bei der Durchführung einer Selbstverletzung oft um eine Gratwanderung, vor allem, wenn die SVV schon über Jahre hin praktiziert wurde und in der Folge die Gewaltanwendung gegen sich selbst massiver wird (tiefere Wunden). Wie lässt sich nun die Grenze zwischen Suizid und Ritzen festlegen? Der Selbstmord führt zu einer endgültigen Lösung, während Ritzen lebenserhaltend sein soll. Gemeinsam ist beiden Handlungen, dass sie Aufmerksamkeit erregen, auf eine akute Krisensituation hinweisen und auch die unmöglichen Bedingungen, in der sie leben, aufzeigen. Bei Selbstmord wird streng mit der Umgebung abgerechnet, während SVV nicht an die Öffentlichkeit gelangt. Ein Selbstmordversuch ist auf Überleben ausgelegt, genauso wie das Ritzen auch. Ritzende Mädchen stehen häufig an der Schwelle, an und für sich wollen sie Selbstmord verhindern, wenn der Druck jedoch zu groß wird, kann es sein, dass die Grenze überschritten wird und es zu einem Selbstmordversuch kommt.

Sabine schilderte ihr Vorgehen, ihre Verzweiflung so:

„Da bin i vor mein Bett gekniet und wollt ma's Messa einistoßen, weil's ma da so mies gangen ist, i hab's wiederholt, wenn ma's einmal tut, tut mas immer. Die Schmerzen hab' i braucht. „I hab' an Butterfly und mit'n Butterfly wollt' i mi jedes Mal umbringen.

Beim Vater hab' i mi ausg'lebt, da sein erst die Probleme kommen, dass i Selbstmordprobleme gehab't hab', dass i abghaut bin, dass i g'soffen hab', i hab' s gleiche Muster wie die Mutter g'habt." (Interview 2003)

In allen Fällen handelt es sich um Autoaggression und die Krisen, die Gunther Klosinski über die Psychodynamik und Warnzeichen von suizidalen Verhalten schreibt, trifft genauso auf das Ritzen zu. Es unterscheidet dabei Krisen in der Adoleszenz, die sich teilweise überschneiden, am wichtigsten ist aber wohl die Identitätskrise: Jugendlichen, die zu wenig von Eltern, Freunden anerkannt werden, fehlt es oft an Selbstbewusstsein und somit zu einer persönlichen Sinnkrise. Auf der Kinder- und Jugendpsychiatrie Marburg wurden im Jahr 1978 folgende wichtigsten Faktoren, die einen Suizid auslösten, festgestellt.

- Familiäre Konflikte (32%): Disharmonie und empfundener Liebesentzug der Eltern wurden als Hauptursache angegeben.
- Partnerschaftskonflikte (16%)
- Schul- und Ausbildungsprobleme (11,5%)
- Sexuelle Konflikte (7%)
- Psychische Erkrankungen 3,8%

Bei selbstverletzendem Verhalten ist zwar der Suizid nicht wirklich geplant, ich glaube jedoch, dass die Problemstellung beider Gruppen fast ident ist. Wenn Familienkonflikte an erster Stelle stehen, so denke ich, dass es zu keinem Ablösungsprozess gekommen ist. Vielfach ist allerdings durch die sogenannte „broken-home" Situation dieser Ablösungsprozess kaum möglich und der Jugendliche ist in seiner Situation völlig überfordert. So äußerten sich alle Jugendliche mit SVV-Verhalten mir gegenüber: „Mir war einfach alles zuviel, der Druck war zu groß, ich musste einfach schneiden!"

Gunther Klosinski schreibt, dass „der Selbstmord der letzte verzweifelte Versuch einer Begegnung mit den Eltern" ist. Er unterscheidet drei Gruppen von suizidären Jugendlichen:

- Gruppe 1: Verlust eines Liebesobjektes: Wenn der Jugendliche nicht sein reales Ich entwickeln kann, um so den Verlust eines geliebten Objektes zu überwinden, d.h., er kann allein nicht mehr existieren.

- Gruppe 2: „The bad me"(mein schlechtes Ich)
Diese Gruppe empfindet: „Meine Eltern lieben mich nicht, weil ich böse und verdorben bin."

- Gruppe 3: „cry for help"Hier liegen vor allem äußere Stresssituationen vor (chaotische Familienzustände, chronische Erkrankungen, Schulstress,...)

Für den Jugendlichen bedeuten diese Bereiche auf jeden Fall Einengung. Diese drei Bereiche konnte ich ebenso bei Mädchen mit selbstverletzendem Verhalten vorfinden. Selbstverletzende Mädchen befinden sich immer wieder im Grenzebereich des Suizids. Einerseits wollen sie den Selbstmord durch Selbstverletzung verhindern, andererseits sind sie häufig suizidgefährdet.

Kritisch wird die Situation für einen Jugendlichen, wenn er das Gefühl hat, einen wichtigen Menschen zu verlieren, auf den er nicht verzichten kann. Dabei fällt er auf die Stufe der oralen Phase zurück und versucht sich durch den Tod mit dem verlorenen Objekt wiederzuvereinen. Hier liegt meistens eine narzisstische Störung vor, die gekennzeichnet ist durch: schnelle Verunsicherung des Selbstwertgefühles, strenges und rigides Überich, Fehlen von realitätsgerechten Umgang mit Aggressionen, Angst vor dem Verlassenwerden, Hilflosigkeit, Todesphantasien im Sinne von Harmonie, Ruhe und Geborgenheit. Jugendliche neigen zu Übertreibungen in ihrer Gefühlswelt, ihr Selbstwertgefühl schwankt zwischen dem Gefühl „Ich bin nichts wert" und Größenphantasien. Reife Erwachsene reagieren auf Enttäuschungen, indem sie die Situation prüfen und sich neu orientieren. Jugendliche, deren Selbstwertgefühl schon „angeknackst" ist und die der Realität nicht standhalten können, verfallen in eine frühkindliche Verhaltensweise. In dieser Situation wäre es wichtig, dass Erwachsene den Jugendlichen Halt geben können und sie begleiten. Wenn Eltern selbst schon durch familiäre Probleme, durch Probleme am Arbeitsplatz oder durch Stress belastet sind, fällt die Ebene, dem eigenen Kind Halt zu geben und die schwierige Zeit ihrer Sprösslinge mitzutragen, weg. Die Praxis zeigt leider, dass Eltern häufig mit autoaggressiven Verhalten überfordert sind.

Ursachen

Als Ursache für die Selbstverletzung gibt es viele Gründe. Ich möchte sie aus meinen Interviews und aus der Fachliteratur zusammenfassen.

- Da die angesammelte Aggression nicht nach außen geht, wird sie nach innen gerichtet und die Selbstverletzung kann als nicht gewagte Aggression angesehen werden, die kein Ventil findet.
- Es handelt sich um angestaute Wut und Frustration.
- Mädchen mit Selbstverletzung sind nicht konfliktfähig, meistens können die Kinder ihre Probleme nicht mit den Eltern besprechen.
- Häufig herrschen Muster in der Familie vor, die als Aggressionshemmung bezeichnet werden können.
- Bei den von mir geführten Interviews fand ich häufig das Phänomen einer Sucht in der Familie vor.
- Eine Traumatisierung kann Ursache sein.
- Erlebte Gewalt spielt häufig eine Rolle.
- Auch sexueller Missbrauch liegt häufig zugrunde.

Funktion der Selbstverletzung?

- Manche Mädchen vertrauen ihre Probleme nicht ihrer Mutter oder ihrem Vater an, um niemanden zu belasten. Sie wollen das Familiensystem in der Form wie es vorliegt, aufrechterhalten.
- Selbstverletzung beweist eine gewisse Unabhängigkeit von der Umgebung.
- Sie führt zu einer Spannungsreduktion und Entlastung.
- Wenn die Selbstverletzung nach außen getragen wird, kann es sich auch um Bestrafung handeln, nach dem Muster: Weil du mit mir böse bist, verletze ich mich.
- Man kann Körper und Gefühle selbst kontrollieren und sich selber wieder spüren. Es handelt sich dabei auch um eine bestimmte „Selbstfürsorge", weil man sich fremd geworden ist. Den Körper empfindet man als hassenswert. Eine Beziehung ist daher schwer lebbar.
- Die innere Leere kann bekämpft werden.
- Man spürt durch die Selbstverletzung Grenzen und bekommt einen Anhaltspunkt, um sich zu orientieren.
- Das Ritzen kann als Antidepressivum gesehen werden, weil man dem Gefühl des „Verrücktwerdens" entgegenwirkt.
- Es ist ein Schutzmechanismus, der die Betroffenen vor dem Suizid bewahrt, weil das Schneiden bewirkt, dass man sich „lebendig" fühlt.

Arten der Selbstschädigung

Artifizielle Störungen

Die Weltgesundheitsbehörde spricht nicht von einer artifiziellen Erkrankung, sondern von artifiziellen Störungen: „Bei Fehlen einer gesicherten körperlichen oder psychischen Störung, Krankheit oder Behinderung täuscht der Patient wiederholt und beständig Symptome vor. Bei körperlichen Symptomen kann dies sogar so weit gehen, dass die betreffende Person sich selber Schnittverletzungen oder Schürfwunden zufügt, um Blutungen zu erzeugen, oder sich selbst toxische Substanzen injiziert. Die Nachahmung von Schmerzen und das Bestehen auf dem Vorhandensein von Blutungen können so überzeugend und hartnäckig sein, dass wiederholt Untersuchungen und sogar Operationen in verschiedenen Krankenhäusern oder Ambulanzen durchgeführt werden, trotz wiederholt negativer Befunde." (Diagnostische Kriterien für die artifizielle Störung nach ICD-10)

Im neuen DSM-IV (1994) wird eine Kategorie für „vorgetäuschte Störung" geschaffen:

A: Absichtliches Erzeugen oder Vortäuschen körperlicher oder psychischer Zeichen oder Symptome

B: Die Motivation für das Verhalten liegt darin, die »Patienten«-Rolle einzunehmen

C: Externe Anreize für dieses Verhalten (ökonomischer Nutzen, Vermeiden rechtlicher Verantwortung oder Verbesserung körperlichen Wohlbefindens, wie bei der Aggravation) fehlen. (Diagnostische Kriterien für die artifizielle Störung nach ICD-10 und DSM-IV)

Artifizielle Störungen (ICD-10 F68.1)[6] und selbstverletzendes Verhalten		
Artefaktstörungen	Münchhausen Syndrom	Münchhausen-by-proxy-Syndrom
heimliche Manipulation an Körperteilen/ Funktion ohne bewusste Kontrolle	Manipulation bzw. Erfindung von Körper-symptomen unter pseudo-logischer Ausgestaltung einer umfangreichen Kranken-geschichte	bei Kindern ausgestaltet durch die Mutter unter Täuschung der Ärzte (alle körperlichen Symptome möglich)

Selbstbeschädigung findet sich als Achse-2-Kriterium bei Schizophrenie, affektiven Störungen, histrionischen Störungen, Essstörungen wie bei Borderline-Persönlichkeit, der antisozialen und der histrionischen Persönlichkeit.

Für Nichtbetroffene ist selbstschädigendes Verhalten schwer zu verstehen, da es sich gegen das anthropologische Grundbedürfnis nach Schmerzvermeidung richtet. Auch wenn das Verhalten als „vortäuschend" erscheint, so findet man bei den meisten Patienten kumulative Traumata als Motiv. Patienten verletzen sich nur selbst, wenn sie Angst vor Selbstauflösung, vor Leere haben. Es ist eine Form von Aggression, die Patienten gegen sich selbst richten, weil der beschädigte Körperteil

---

[6] http//www.psychosomatik.uni-goettingen.de

Objekterfahrungen hat, die ihm fremd sind. Durch die Traumatisierung reinszeniert das schädigende Objekt das erlebte Drama am eigenen Körper noch einmal.

Münchhausen-by-proxy-Syndrom

Das Münchhausen-Syndrom stellt eine Subgruppe der chronischen Erkrankungsform dar. Es stellt einen Sonderfall dar, weil der Agierende sich an einen Dritten, den Psychiater oder Arzt wendet. Es wird mit dem Arzt eine Dreieckskonstellation hergestellt, d.h. mit dem Selbst, dem abgespaltenen Körper und dem Arzt, *„die einen Ausweg aus der Mutter-Kind-Dyade zeigen soll." (Hirsch 2000, S. 23)*

Sie fordern ständig Aufmerksamkeit und integrieren sich absolut nicht in den Klinikalltag. Sie wechseln immer wieder ihre Beschwerdebilder, Komplikationen treten immer wieder unerwartet auf und sie liefern immer wieder heftige Auseinandersetzungen. Sie idealisieren so lange ihren behandelten Arzt, bis Zweifel an ihrer Diagnose auftreten.

„Die Mutter bringt sozusagen in Gestalt ihres Körpers ihr krankes Kind dem Vater (oder einer alternativen Mutter), dessen Rolle vom Arzt übernommen wird. Eine Zeitlang ist im gemeinsamen Bemühen um das „kranke Kind" eine gute Beziehung möglich, die jedoch ins Gegenteil umkippt, sowie der Arzt Verdacht schöpft, dass Manipulation im Spiele ist." (ebd.) Dann wird dem Arzt Unfähigkeit unterstellt.

Frauen mit diesem Syndrom machen nicht den eigenen Körper krank, sondern den ihres Kindes. Auch sie gehen überbesorgt zum Arzt, um Hilfe zu bekommen. Das Kind hat in diesem Fall Funktion eines *„Muttersubstituts"*, das Kind soll also besser bemuttert werden, als man es selbst erlebt hat. Beim Arzt ist die Mutter durchaus kooperativ und besorgt um ihr Kind. Auch hier hat der Körper Doppelfunktion, die Mutter ringt mit dem Wunsch nach eigener Identität, andererseits verleugnet sie, dass sie dem Kind den Schaden zugefügt hat. Sie braucht die künstliche Verletzung, um ihren Verlust der Mutter-Kind-Einheit bzw. Selbst-Körper-Einheit zu vermeiden.

Traumatisierung

Der Begriff „Traumatisierung" kann einerseits im psychoanalytischen Sinn bedeuten, dass eine Reizüberflutung des Ich durch überwältigende Affekte von innen stattfindet, andererseits können Ereignisse von außen, persönliches Erleben einer Situation, wie z.B. das Erleben schweren Leids oder Konfrontation mit Tod, körperliche Gewalt, sexueller Missbrauch in der Kindheit usw. eine Traumatisierung bewirken.

Da bei ritzenden Mädchen diese unverarbeiteten Erlebnisse eine große Rolle spielen, weil es sich eben um eine Traumatisierung handelt, ist es mir wichtig, die Traumatisierung näher zu beleuchten und eine mögliche Therapie, die in der Praxis erfolgreich Anwendung findet, aufzuzeigen.

Reaktion von Kindern bei einer traumatischen Erfahrung

„Fast alle Kinder mit Trauma-Erfahrungen, aber nicht nur diese, haben einen realen oder imaginären sicheren Ort (White 1994). Das kann in der äußeren Realität eine Baumkrone oder eine Erdhöhle sein, eine Abstellkammer oder ein Heuboden. In der Imagination können das Fabelwelten oder Höhlen im eigenen

Körper ebenso sein wie ferne Planeten, Urwälder oder Lichträume." (Sachsse 2002, S. 61)

Diese Aussage zeigt auf, dass Kinder immer einen Zufluchtsort brauchen, eine Welt, in die sie sich zurückziehen, wo sie sich auf sicheres Terrain begeben können. Für Kinder mit besonderen Belastungssituationen ist es oft die einzige Strategie, um psychisch überhaupt überleben zu können. Wenn dieser letzte Zufluchtsort verloren geht, finden solche Mädchen nur noch wenig Halt und die Suizidgefahr steigt.

Psychoanalytisch gesehen spalten Jugendliche, die in ihrer Kindheit traumatisiert wurden, Teile des Selbst ab, diese Selbstanteile existieren für sich, sie werden in das übrige Selbst nicht integriert, das bedeutet, dass sich in schweren Fällen unter ständiger Bedrohung abgespaltene Persönlichkeitsanteile bis hin zu dissoziativen[7] Identitätsstörungen entwickeln können. Meistens sind Persönlichkeitsstörungen (Borderline, narzisstischer, dissozialer oder histrinischer Typ) die Folge von permanenten Belastungen und erlebten Grenzüberschreitungen, die Selbstschädigung dient als Ausdrucksmittel und Ventil für das Erlebte.

Strategien bei Traumatisierungen

Interessante Ansätze, wie eine Traumatisierung sukzessiv bewältigt werden kann, fand ich bei Ulrich Sachsse. Er ist im NLKH Göttingen häufig mit Selbstverletzungen konfrontiert und beschreibt gemeinsam mit Luise Reddemann notwendige Therapien, die einerseits Erkenntnisse aus der Forschung von traumatischem Stress aufnehmen, andererseits einen Raum der Imagination für den Patienten schafft, damit dieser neue Chancen hat, sich aus der Opferrolle herauszuentwickeln. Der *„imaginäre Raum"* stellt ein *„Containment"* dar, der alle belastenden Elemente dorthin stellt. Damit hat der Patient die Möglichkeit, dem Trauma zu begegnen und Trauerarbeit zu leisten.

„Der imaginäre Raum befindet sich gleichzeitig außen und im Inneren der Patientin und der Therapeuten. Es findet ein ständiges Oszillieren zwischen diesen beiden Räumen statt. Die Vorstellung der Externalisierung innerer Prozesse bleibt eine Vorstellung und sollte sich möglichst wenig beziehungsmäßig (re-)inszenieren, denn wir gehen davon aus, dass die Reininszenierung traumatogener Inhalte – insbesondere bei schwer persönlichkeitsgestörten Patientinnen – zu teils kaum auflösbaren Prozessen führen kann. Regression geschieht auf der „inneren Bühne" durch das „innere Kind", das der erwachsenen Person von heute begegnet und umgekehrt." (Reddemann, Sachsse 2000, S. 376)

Dabei geht es darum, dass der Patient entweder der *„ganz bösen Welt des Traumas"* oder der *„ganz guten Welt ihrer Helfer"*, sprich ihrem inneren Kind, begegnen. Er lernt dabei verschiedene Rollen zu spielen und dadurch kann sie neue Perspektiven gewinnen, um aus der vorprogrammierten Opferrolle auszusteigen.

---

[7] Dissoziation: „Krankhafte Entwicklung, in deren Verlauf zusammengehörende Denk-, Handlungs- oder Verhaltensabläufe in Einzelheiten zerfallen, wobei deren Auftreten weitgehend der Kontrolle des Einzelnen entzogen bleibt (Duden: Das Große Fremdwörterbuch, 1994, S. 354)

Wie wird im klinischen Bereich mit Stress umgegangen?

Da traumabedingter Stress nach Ansicht von Reddemann und Sachsse eng mit interpersoneller Sicherheit gekoppelt ist, sollten folgende Prinzipien zum Aufbau interpersoneller Sicherheit beachtet werden:

- Der Patient soll die Erfahrung machen, dass er die Kontrolle behält.
- Daraus resultiert, dass Vorhersagbarkeit aufgebaut werden muss (z.B. durch Information).
- Der Patient hat immer Recht und weiß, wann für ihn der richtige Zeitpunkt da ist, um etwas zu beginnen.
- Meisterschaft im Umgang ist ein wichtiges gemeinsames Ziel. Dies bezieht sich insbesondere auf die Regulierung der physiologischen Erregung, was beinhaltet:
  - Bedürfnisse zu beachten
  - bei Angst beruhigend zu wirken
  - Selbsthilfe anzuregen
  - zur Hilfe, wenn nötig, bereit zu sein
  - Hilfe anzubieten
  - Unsagbares in Worten auszudrücken (einschließlich innerer Zustände)
  - reale Bedrohung durch die Außenwelt von innerer Bedrohung unterscheiden zu lernen zu helfen
  - spielerisch zu sein

Dabei ist es wichtig zu beobachten, ob jede Intervention Stress vermindert oder erhöht. Solange traumatisierter Stress nicht aufgelöst ist, kann bei Traumatisierten Angst ausgelöst werden, z.B. durch Schweigen, emotionsloses Agieren etc., das bedeutet, dass durch die Situation Druck erzeugt wird und der Patient häufig regrediert.

Das Ziel ist, dem Trauma so zu begegnen, dass die Situation nicht neu traumatisiert wird. Das muss dann in einem neuen Prozess der Stabilisierung eingeübt werden. Wenn der Patient das Gefühl hat, die Situation unter Kontrolle zu haben, wirkt das auf die Angst dämpfend. Traumatisierte Menschen haben das Gefühl von inneren Bildern überflutet zu werden. Dissoziative Phänomene sind ein wichtiger Überlebensschutz, auch wenn sich die Betroffenen oft dafür schämen. Es gibt verschiedene auffällige Reaktionen auf die Therapie. Wenn Patienten auf Geräusche mit starker Schreckhaftigkeit, auf Gerüche mit großer Abneigung oder sogar mit Panik reagieren, kann das auf eine posttraumatische Belastungsstörung (PTBS) hinweisen.

Beim Erstkontakt geht es auf jeden Fall darum, eine Atmosphäre der Sicherheit und Reduktion von Stress zu schaffen. Traumatisierte Kinder haben häufig nicht die Fähigkeit, sich selbst zu beruhigen, ebenso wie Opfer im Erwachsenenalter, die traumatische Erfahrungen machen mussten. Ein Ziel der Therapie ist es, dass ein belasteter erwachsener Mensch den Therapieraum wieder halbwegs funktionsfähig verlässt. Die traumazentrierte Therapie unterscheidet sich von den meisten traditionellen Verfahren, die bewusst Regression in Kauf nehmen und traut dem Patienten zu, sich im Anschluss zu fassen. Da dies aber bei traumatisierten Menschen oft nicht möglich ist, setzt der Therapeut hier auf die Vermittlung von Sicherheit und Selbstberuhigung. „Der innere sichere Ort ist dabei ein gutes hilfreiches inneres Objekt." Reddemann und Sachsse zeigen an Fallbeispielen, wie die Patienten Schritt für Schritt Sicherheit gewinnen können. Sie bieten Übungen an, in denen die Patienten ihre schlechten Bilder, ihre erlebten Traumas guten Bildern gegenüberstellen können und spielerisch lernen, dazwischen hin und herzupendeln. Dadurch wird erreicht, dass sie ein bisschen mehr Kontrolle über sich selbst ausüben können. Der nächste Schritt in der Stabilisierungsphase ist das Üben, sich selbst besser wahrzunehmen.

„Traumatisierte haben aus guten Gründen gelernt, ihren Körper nicht mehr wahrzunehmen. Dies ist ein entscheidender Teil des dissoziativen Umgang mit dem Trauma gewesen." (ebd., S. 381)

Massagen oder Berührungen tragen oft dazu bei, alte Muster zu durchbrechen und sich selbst wieder anders wahrzunehmen. Auch Affekte müssen erst wahrgenommen und differenziert werden. Das Benennen der Gefühle kann der erste Schritt sein, mehr von sich selbst zu erfahren und damit Affekte besser zu steuern.

Zusammenfassung der wesentlichen Elemente der Stabilisierungsphase mit dem Ziel Selbstmanagement und Selbstberuhigung

- Lernen, sich sicher(er) zu fühlen und wahrzunehmen, welche Maßnahmen dazu erforderlich sind
- Wissen und Information über Trauma und Traumafolgen
- Erlernen von Ich-stärkenden Imaginationen, die ein Gegengewicht zu negativen Imaginationen schaffen
- kognitive Umstrukturierung
- Erlernen von Affektwahrnehmung, -Differenzierung und- Regulierung
- Würdigen traumabedingter Copingstrategien
- systematisches Aufsuchen und Verstärken aller Resourcen
- Nichtannehmen traumatischer Übertragungsverzerrungen, sondern Forderung des Arbeitsbündnisses
- Üben einer differenzierten Körperwahrnehmung und eines freundlicheren Umgangs mit dem Körper
- Erlernen eines kontrollierten Umgehens mit Flashbacks (durch Konditionierung bedingter Rauschzustand, wie nach der Einnahme von Drogen, ohne dass eine Einnahme von Drogen erfolgte) durch die Tresorübung (d.h., dass man Unangenehmes für kurze Zeit bewusst wegsperren kann).

Traumakonfrontations- oder Traumabegegnungsphase zur Traumasynthese:

Viele Therapien sind so ausgelegt, dass die Patienten ihre traumatischen Erfahrungen erzählen. Liegen jedoch dissoziative Mechanismen vor, so handelt es sich um eine Coping-Strategie, eine Strategie, durch die das Unerträgliche – vor allem desintegrierende Affekte – auszuhalten ist. Durch wiederholtes Erzählen ändert sich meist nichts Wesentliches. Es bewährt sich besser, den Patienten ein schonendes Wiedererleben zu ermöglichen um so sicherzustellen, dass sie auf das Dissoziieren verzichten und somit neue Stabilität erreicht werden kann.

Die wesentlichen Elemente der Traumakonfrontationsphase sind:

- geplantes und gezieltes Aufsuchen der Traumata
- gesteuertes Begegnen mittels bewusst herbeigeführter Dissoziation / Assoziation
- Abreaktion
- innerer Trost

Eine stabilisierende Maßnahme kann die Arbeit an einer Täterintrojektion sein. Diese kann der einzige Selbstschutz sein, der einem Individuum in einer traumatischen Situation bleibt. Ohnmacht und Hilflosigkeit sind gebannt, wenn der Täter oder Teile von ihm im eigenen Inneren sind. Dieser Mechanismus greift häufig, wenn sehr nahe stehende Personen, z.B. Vater oder Mutter, Täter sind. Wesentliches Element der Täterintrojektarbeit ist es, das Täterintrojekt zu benennen und ihm eine Gestalt geben.

In den 70er-Jahren gab es nur wenig Literatur, die über die Wirkung von Traumata auf Körper und Psyche verfügbar war. Eine kleine Gruppe von Psychiatern versuchte, die Diagnose in die dritte Auflage des DSM-III aufzunehmen, und war bei der Definition von posttraumatischen Belastungsstörungen auf Literatur über Erwachsene wie Kriegsveteranen, Verbrennungsopfer, Holocaustüberlebende angewiesen. Es zeigte sich aber durch Studien über verschiedene traumatisierte Populationen, dass

„das Syndrom aus Intrusionen[8], Vermeidung und Übererregung der Komplexität der Langzeitanpassung an traumatische Lebenserfahrungen besonders bei Kindern und bei Erwachsenen, die als Kinder traumatisiert wurden, nicht gerecht wird. Diese Langzeitanpassungen unterscheiden sich zu einem großen Teil, je nach dem Entwicklungsstand des Opfers zu Zeit des Traumas, der persönlichen Beziehung des Opfers zum Täter, dem Temperament, dem Geschlecht, dem kulturellen Rahmen und anderen Variablen." (Van der Kolk u.a. 2000, S. 169)

Kindheitstraumata sind Wegbereiter für verschiedene psychische Störungen wie z.B. Borderline, dissoziative Störungen, Essstörungen, Selbstverstümmelung etc.

Es wäre eine naive Vorstellung, wenn man glaubt, dass ein direkter kausaler Zusammenhang zwischen Traumatisierung und sichtbaren Störungen bestünde. Es handelt sich eher um äußerst komplizierte Bindungsmuster, die je nach Temperament und Persönlichkeit gelebt werden. Bei einer Diagnose ist unbedingt die Aufmerksamkeit darauf zu richten, ob Traumatisierungen in der Vergangenheit an aktuellen Problemen beteiligt sind, ob der Patient damit beschäftigt ist, seine traumatischen Erlebnisse abzuwehren und Muster bildet, die seine Affekte halbwegs unter Kontrolle bringen können. Die Therapie verläuft völlig anders, je nachdem, ob der behandelnde Arzt eine psychotische Störung feststellt oder das Kommunikationsverhalten als Folge innerpsychischen Erlebens versteht. Wird von der Therapeutenseite die Wahrhaftigkeit des Erlebens nicht anerkannt, können Gefühle wie Wut und Hilflosigkeit die Situation verschlimmern, da die Lebenswelt des Patienten in Frage gestellt wird. Die Folgen von Traumata haben langzeitig nicht nur Auswirkungen auf Beziehungsfaktoren, sondern auch somatische

---

[8] Intrusion: aus mlat. Intrusio „Einschließung, Eindrängung" (Duden Das Große Fremdwörterbuch, 1994, S. 656)

Wirkungen auf unterschiedliche Entwicklungsstufen. Häufig wird auf Traumatisierungen mit Konzentrationsstörung, Übererregung, Schwierigkeiten bei der Reizdiskriminierung, Unfähigkeit zur Selbstregulation und zu dissoziativen Prozessen (vgl. van der Kolk, 2000, S. 170) reagiert. Findet ein Missbrauch in der Kindheit statt, entsteht physiologische Dysregulation auf nichttraumatische Reize eher als bei Traumatisierungen im Erwachsenenalter.

Auswirkungen von Traumata

Bessel A. van der Kolk beschäftigt sich mit der Vielfalt der Auswirkungen von Traumata. Er beschreibt:

(1) wie Traumata zu einer Vielfalt von Problemen bei der Regulation affektiver Zustände, wie Aggressivität, Angst und Sexualität führt.

(2) wie eine Affektdysregulation Menschen anfällig für eine Vielfalt von pathologischen Versuchen der Selbstregulation, wie Selbstverstümmelungen, Essstörungen und Substanzmissbrauch auffällig macht.

(3) wie starke Erregung mit (a) Dissoziation und (b) dem Verlust der Fähigkeit, Gefühle in Worte zu fassen (Alexithymie und Somatisierung) einhergeht.

(4) wie das Misslingen, ein Gefühl der Sicherheit und Geborgenheit herzustellen, zu charakterologischen Anpassungen, unter Einschluss von Problemen in Bezug auf die Selbstwirksamkeit, auf Scham und Selbsthass sowie zu Problemen bei der Bearbeitung interpersonaler Konflikte führt. Typisch für traumatisierte Menschen ist, entweder eine übertriebene Abhängigkeit oder das Gegenteil – soziale Isolation, Mangel an Vertrauen und die Unfähigkeit, wechselseitig befriedigende Beziehungen aufzubauen. (ebd., S. 171)

Beschreibung der Überlegungen zur Definition komplexer Traumata im DSM-IV :

Langzeiteffekte von Traumatisierung:

Generalisierte Übererregung und Schwierigkeiten bei der Erregungsmodulation:

- Aggressionen gegen sich selbst und andere
- Unfähigkeit, sexuelle Impulse zu modulieren
- Probleme mit sozialen Bindungen
- übertriebene Abhängigkeit oder Isolation

Veränderungen neurobiologischer Prozesse, die an der Reizdiskriminierung beteiligt sind:

- Aufmerksamkeits- und Konzentrationsschwierigkeiten
- Dissoziation
- Somatisierung

Konditionierte Angstreaktionen auf traumabezogene Reize

Erschütterung der Sinnzusammenhänge

- Verlust von Vertrauen, Hoffnung und dem Gefühl, etwas bewirken zu können
- Verlust des „Denkens als Probehandeln"

Soziale Vermeidung

- Verlust wichtiger Bindungen
- mangelnde Anteilnahme an der Zukunftsplanung

Lebensbedingungen für traumatisierte Menschen

Besonders schlechte Langzeitprognosen haben traumatisierte Erwachsene, die in ihrer Kindheit schwere Vernachlässigung oder Misshandlung innerhalb der Familie erleben mussten. Da sie nie sichere Bindungen erlebt haben, sind diese Menschen von Desorganisation und Desorientiertheit in ihren Bindungsmustern geprägt. Der soziale Kontext, in dem ein Mensch aufwächst, hat tief greifende Auswirkungen, wie er mit Belastungen, die das Leben mit sich bringt, umgeht. Die Aufgabe der Eltern ist es, dafür zu sorgen, dass das Kind einen Begleiter in schwierigen Situationen hat, dass es regelmäßig Liebe und Unterstützung erfährt, dass es versorgt, gefüttert, gesäubert und getröstet wird. Normalerweise erweitert sich die Sicherheit des Eltern-Kind-Zusammenspiels beim Heranreifen eines Kindes, die Kinder lernen emotionale Erregung zu regulieren und somit aus der sozialen Unterstützung Geborgenheit zu gewinnen. Sie müssen auch die Erfahrung machen, dass sie sich auf Schutz von anderen verlassen können, wenn die eigenen Ressourcen nicht ausreichen. Kinder, die nie diese Geborgenheit erfahren haben, können sich später selber kaum trösten und beruhigen oder können auch kaum durch Anwesenheit anderer Trost für sich finden. Wenn Kinder vermeidende Verhaltenmuster anwenden, lernen sie sich unter gewöhnlichen Stressbedingungen zwar effektiv zu organisieren, sie sind jedoch nicht fähig, emotionale Signale zu interpretieren oder sich mitzuteilen. Später werden Kinder für Überstimulation weniger anfällig und lernen höhere Niveaus der Erregung zu tolerieren. Das Bedürfnis von körperlicher Nähe zu ihren primären Bezugspersonen reduziert sich immer mehr und ihr Wohlbefinden ist nicht mehr unbedingt abhängig davon. Sie verbringen mehr und mehr Zeit in den Peergroups und können auch für sich selbst sorgen, solange ihre Umwelt vorhersagbar ist.

Manifestiert sich hingegen ein Verlust an Selbstregulation, hat das weitreichende Folgen sowohl für Erwachsene als auch für Kinder. Es sind viele Auslöser möglich, die „Notreaktionen" hervorrufen. Das kann sich auf unterschiedliche Weise zeigen: Traurigkeit, unkontrollierbare Wut, Handlungen, die bei Erregung gesetzt werden müssen usw. Es besteht allgemein die Unfähigkeit, Erinnerungen an das Trauma richtig integrieren zu können. Häufig finden Fehlinterpretationen von harmlosen Reizen statt, die als bedrohlich empfunden werden, statt und der Betroffene versinkt in der Vergangenheit. Traumatisierte Menschen neigen dazu, wenn sie erregt sind, ihre Gefühle als Hinweis für ihr Handeln nicht einzusetzen und können so ihre verfügbaren Informationen nicht angemessen nützen.

„Auf der Verhaltensebene geschieht dies durch Vermeidung von Stimuli, die an das Trauma erinnern. [...] Personen mit chronischer PTBS tendieren somit dazu, an Betäubung der Reaktionsfähigkeit auf die Umwelt zu leiden, was ihnen die Möglichkeit nimmt, an ganz normalen Dingen Freude zu haben." (ebd., S. 175)

Um die Kontrolle über ihre Gefühle zu behalten, wenden traumatisierte Menschen eine Reihe von Methoden an. Oft richtet sich ihre Reaktion gegen sich selbst, d.h., sie verstümmeln sich, haben ungewöhnliche Sexualpraktiken oder leiden unter Fressanfällen bis hin zum selbst herbeigeführten Erbrechen. Drogen- und Alkoholmissbrauch findet bei manchen auch statt. Häufig zeigt sich ein Trauma erst später, man spricht hier von posttraumatischen Symptomen, die man am Verhalten des Patienten erkennen kann. Ein Blick, der wie ein Weggehen wahrgenommen wird, ein „Nicht-richtig-Dasein", eine vorübergehende Abwesenheit während der Anamnesesitzung, Zeichen von Übererregbarkeit, Schreckhaftigkeit, Gereiztheit, Dünnhäutigkeit sind typische Anzeichen für posttraumatische Störungen. Sobald erkennbar ist, dass das Sprechen über traumatische Erfahrungen dazu führt, dass unmittelbar danach Symptome entstehen, etwa sich selbst zu schneiden oder zu viel Alkohol zu trinken und Medikamente einzunehmen, oder unter anderen Erregungszuständen zu leiden, ist das ein Hinweis darauf, dass traumatische Erfahrungen dissoziiert gespeichert wurden.

„Die Forschung hat gezeigt, dass Selbstverstümmelung eine häufige Reaktion auf soziale Isolation und Angst sowohl bei Menschen als auch bei nichtmenschlichen Primaten ist. Isolierte junge Rhesusaffen zum Beispiel beißen sich selber, schlagen sich auf den Kopf und knallen ihren Kopf gegen die Wand (Kraemer 1985). Green (1978) fand, dass 4% seiner Stichproben von missbrauchten Kindern ihren Kopf gegen die Wand schlugen, bissen, sich selber verbrannten und schnitten. In einer Studie über die traumatischen Ereignisse, die einer Borderline-Störung vorausgehen, fanden wir eine hochsignifikante Beziehung zwischen sexuellem Missbrauch in der Kindheit und verschiedenen Formen der Selbstschädigung im späteren Leben, besonders sich selber Schnittwunden zufügen und hungern (van der Kolk et al. 1992). Klinische Studien berichten durchgehend von körperlichem bzw. sexuellem Missbrauch oder auch wiederholten Operationen in der Kindheit bei Personen, die sich selbst verstümmeln (Favazza 1987; Lacey & Evans 1986; Bowlby 1984; van der Kolk 1987). Simpson und Porter (1981) folgerten, dass „selbstzerstörerisches Verhalten nicht in erster Linie auf Konflikte, Schuldgefühle oder Über-Ich-Druck zurückzuführen sind, sondern mit primitiveren Verhaltensmustern in Zusammenhang stehen, die in schmerzvollen Begegnungen mit feindlich gesinnten Bezugspersonen während des ersten Lebensjahres ihren Ursprung haben" (van der Kolk 2000, S. 176)

Es ist nicht selten, dass sich die Geschichte der Mutter bei der Tochter wiederholt, wenn das erlernte Verhaltensmuster nicht durchbrochen werden kann. Auf diese Weise können Traumatisierungen immer wieder neu an die Kinder weitergegeben werden. Die Psychologin Petra G. hat auch festgestellt, dass die Mütter gleiche Muster in ihrem Verhalten anwenden wie ihre Töchter.

Beispiele für traumatisierende Erlebnisse

Astrid wird mit 13 auf einer Toilette von einem Mitschüler, der dieselbe Klasse besucht, vergewaltigt. Ihre Mutter wurde bereits mit 11 Jahren von ihrem Halbbruder vergewaltigt. Außerdem befindet sich die Mutter in ärztlicher Behandlung wegen Depressionen. Dort bringt sie die Schwierigkeiten ihrer Tochter ins Gespräch, die Geister zu hören und zu sehen glaubt. Die 14-Jährige gibt an, dass sie während des Gespräches überall im Raum krabbelnde Geistergestalten sieht. Zeitweise hört sie sie auch sprechen bzw. wird sie direkt von einer Stimme bedroht. Es besteht der Verdacht, dass eine dissoziativ-histrionisch getönte Ausgestaltung in einer Belastungssituation stattfindet. Da die Mutter depressiv ist und Medikamente nimmt, kocht Astrid häufig für die Familie. Der jüngere Bruder ist sexuell übergriffig und beschimpft sie oft mit „du Schlampe, Nutte". Der Vater ist selten zu Hause, am Wochenende ist er häufig betrunken und nimmt seine Tochter nicht ernst, er lacht sie wegen der Geister aus. Astrid traut sich nicht in ihr Zimmer, da unter dem Bett ein böser Geist wohnt. Sie wurde auf der Klinik stationär aufgenommen, verließ aber mehrmals die Station, um sich um die Mutter zu kümmern. Sie zeigte ein auffallend großes Verantwortungsgefühl gegenüber ihrer Mutter. In Gesprächen konnte die Patientin Konflikte zwischen Eltern und Geschwistern als Belastungsfaktoren erkennen. Astrid steht einerseits unter großem Druck, weil sie sich verantwortlich für ihre Familie fühlt, andererseits hat sie nicht erlebt, dass irgendjemand ihr zuhört, wenn sie ein Problem hat, das kennt sie aus ihrer Herkunftsfamilie nicht. (Quelle: Jugendpsychiatrie)

Mädchen, die ritzen, verspüren eine extreme innere Spannung, einen großen Druck, sie fühlen sich taub, leer und völlig haltlos. Sarah meinte im Interview:

Momentan muss etwas Schweres vorfallen, das mich aus der Bahn wirft, dann ritz' i halt wieder, danach geht's ma aber wieder." (Interview 2004)

Van der Kolk berichtet, dass viele seiner Patienten

„von einem Gefühl der Gefühllosigkeit und des „Totseins" berichten, bevor sie sich selber etwas zuleide taten. Sie behaupten oft, während der Selbstverletzung keine Schmerzen zu spüren und berichten von einem Gefühl der Erleichterung hinterher (Roy 1985). Episoden der Selbstverstümmelung folgen häufig auf Gefühle der Enttäuschung und der Verlassenheit. (Van der Kolk, S 176)

Sarah meinte:

„Blut bedeutet für mich Erleichterung, einfach, wenn ma sieht, dass der Schnitt rot wird. Einfach so sieht ma den Schmerz richtig und da hat ma's Gefühl, jetzt geht's einem besser." (Interview 2004)

Sabine beschrieb ihre Gefühle, ihren Druck vor dem Ritzen ähnlich wie Sarah:

„I bin draufkommen, wenn du di aufkratzt, fangt's so brennen an und des hat mir einfach a leichteres Gefühl geben. Blut hat kein Symbol, nur i hab' das Blut so gern gsechn, und i hab' mir Rasierklingen gekauft und hab' jedes Mal a neue Rasierklinge g'nommen, die recht scharf war." (Interview 2003)

Ich habe den Eindruck gewonnen, dass die Welt um die ritzenden Mädchen herum abgekoppelt zu sein scheint, die Mädchen befinden sich in einem nebulosen, tranceähnlichen Zustand. Der Körper ist von ihren Empfindungen abgespalten, während sie schneiden, spüren sie zunächst keinen Schmerz.

Das Verletzen des eigenen Körpers gibt den Jugendlichen die Möglichkeit, sich selbst wieder zu spüren. Ihr Körper erfährt seine inneren und äußeren Grenzen und wird wieder als Ganzes erfahren. Es wird dabei eine „psychische Abspaltung" des Körpers oder einzelner Körperteile vom übrigen Selbst vorgenommen. Diese abgespaltenen Teile übernehmen dann die negativen Selbstanteile zur Entlastung des übrigen Selbst und das bedeutet, dass der Körper bestraft, misshandelt und verstümmelt wird. Der Körper wird nicht wie ein Anteil des Selbst, sondern wie ein *„latenter Feind"* (Sachsse 1994) erlebt. In späteren Jahren führen körperliche Bedürfnisse und Erregungszustände zu starker Angst und Verunsicherung. Besonders bei sexueller Erregung kann es auch in späteren Jahren zu starken Schuldgefühlen kommen.

Untersuchungsergebnisse von U. Sachsse, Katja Esslinger und L. Schilling:

Sie zeigen in ihrer Studie auf, dass von 43 Patienten mit selbstverletzendem Verhalten fast drei Viertel (74%) in ihrer Kindheit / Jugend auf mindestens eine Weise schwer traumatisiert wurden: durch sexuellen Missbrauch (46%), körperliche Misshandlung (48%) oder durch schwere frühkindliche Vernachlässigung (53%). Ihrer Auffassung nach werden Traumata durch Dissoziation bewältigt:

„Induzierte Depersonalistion, Derealisation und Phantasietätigkeit. Diese Mechanismen können sich verselbständigen. Besonders wirksam als Antidissoziation ist dann selbstverletzendes Verhalten." (Fundamenta Psychiatrica 1997, S. 19/12)

Das Anliegen dieses Forscherteams war es, einen Zusammenhang zwischen Kindheitstraumata – besonders dem sexuellen Missbrauch und später schweren Symptom- und Persönlichkeitsstrukturbildungen aufzuzeigen. Es ging von Anfang an hauptsächlich um die Gruppe der Suchtkrankheiten und der Psychosomatosen, den Persönlichkeitsstörungen und hier wiederum besonders um die Borderline-Persönlichkeitsstörung. Sachsse stellte die Tendenz fest, dass BPS-PatientInnen zweimal, wahrscheinlich sogar dreimal so häufig als Kinder sexuell missbraucht worden sind wie Frauen der Allgemeinbevölkerung. Für sie gewann selbstverletzendes Verhalten im Zusammenhang mit traumatischen Kindheitserfahrungen in Form von Ritzen, Schneiden oder Verbrennen der Haut an Bedeutung.

In einem anderen Buch macht Sachsse darauf aufmerksam, dass

„schwer kranke Mütter, Deprivation in der Säuglingszeit, Kindesmisshandlungen und schwere körperliche Misshandlungen in der Latenz und Pubertät die Regel sind. Inzest oder inzestnahe Beziehungen finden sich bei mindestens der Hälfte der Patientinnen (ebd., S 42)

Mit Hilfe eines Leitfadens wurden die Daten von 43 PatientInnen im NLKH Göttingen, die dort entweder stationär oder ambulant in Behandlung waren, ausgewertet.

Die Untersuchungen wurden in drei Abschnitte geteilt, der erste Teil umfasste soziodemographische Daten, der zweite erhebt Krankheitsdaten und der dritte Teil erfasste Art, Dauer und Ausmaß der erlebten Kindheitstraumata wie sexueller Missbrauch, physische Misshandlung und schwere Vernachlässigung. (40 Frauen, 3 Männer) Bei 28 PatientInnen wurde nach DSM-III-R eine Borderline-Persönlichkeitsstörung diagnostiziert, bei acht Patientinnen andere Diagnosen (antisoziale Persönlichkeitsstörung, Dysthymie (= die Neigung Gemütskranker zu traurigen Verstimmungen), leichtere SVV bei Bulimia nervosa, u.a.

Mindestens 74% hatten eine schwerwiegende Traumatisierung erfahren, 53% hatten mindestens 2 Traumatisierungen. Insgesamt waren 46% (der Stichproben sexuell traumatisiert worden. Davon 37% in der Familie, drei außerhalb, bei einer Frau waren die Täter unbekannt. Von den 25 Frauen mit BPS war über die Hälfte (52%) innerfamiliär sehr schwer oder schwer sexuell misshandelt und 64% schwer vernachlässigt worden. Ein männlicher Patient war körperlich misshandelt worden. Fast alle Frauen (88%) hatten mindestens ein Trauma erlitten, 64 mindestens zwei Traumata.

Resümee: Gerade im deutschsprachigen Raum ist das wissenschaftliche Interesse an offener und heimlicher Selbstbeschädigung gewachsen. Sachsse, Esslinger und Schilling rechnen SVV nach der operalen Defintion dem DSM-III-R (61) zum fünften Kriterium der Borderline- Persönlichkeitsstörung. Daraus ergibt sich die Schlussfolgerung, dass Patienten mit selbstverletzendem Verhalten vermehrt unter Persönlichkeitsstörungen, speziell unter Borderline leiden. Weiters waren in dieser Gruppe 36 SVV-Patientinnen mit Essstörungen.

Sucht

Menschen, die sich verletzen, sind mit sich selbst und ihrem Körper unzufrieden. Sie versuchen, sich mit verschiedenen Mitteln zu beruhigen. Um psychisch überleben zu können, spalten ritzende Mädchen

„in einem dissoziativen Zustand den leidenden Körper vom Selbst ab. Das Selbst der Patientin wendet sich dem eigenen Körper zu, der ausschließlich als Quelle von Unlust, Dysphorie, Anspannung und Leiden erlebt wird, und schafft ihm Erleichterung. Dies ist eine besondere Art von Fürsorge: In der Szene ist ein Selbst-Objekt-Geschehen das schreiende, böse Kind-Objekt durch Misshandlung und Schmerzen stillt. Es schafft in einem schmerzhaften Handlungsvollzug ein Körpergrenzerleben, eine Spannungslösung und induziert einen vorübergehenden Nirwana-Zustand relativer, wohliger Empfindungslosigkeit." (Sachsse 2002, S. 164)

Damit stellt sich die Frage, ob Ritzen ein Verhalten ist, das junge Frauen nicht unbedingt selbst steuern können, sondern unter Zwang einfach tun müssen, um seelisch überleben zu können. Handelt es sich dabei um ein Suchtphänomen oder kann man von einer Überinterpretation in diesem Zusammenhang sprechen? Wie ich schon erwähnt habe, wird Sucht fälschlicherweise oft von dem Wort suchen abgeleitet, Sucht hat aber nichts damit zu tun, der Wortstamm „siech"[9] heißt übersetzt krank sein, das bedeutet, dass der Mensch in Abhängigkeit steht, dass ihm keine freie Wahl zur Verfügung steht. Auffallend ist, dass viele Menschen, die sich selbst verletzen, häufig auch mit Alkohol, Drogen oder Medikamenten zu tun haben. Sehr oft will der Betreffende seinen Körper betäuben, um den seelischen Schmerz, vielleicht auch die Perspektivenlosigkeit besser ertragen zu können. Allerdings ist es nicht zwingend, dass autoaggressives Verhalten unbedingt mit Rauschmittelmissbrauch gekoppelt ist. Natürlich kann jede Art von Verhalten abhängig oder süchtig machen, wenn jemand unter allen Umständen und mit allen Mitteln sofort eine Befriedigung sucht. Das setzt meistens einen starken Mangel an

---

[9] F. Kluge, Etymolgisches Wörterbuch der deutschen Sprache, Berlin/ New York, 1975

Lebensalternativen voraus. Sachsse kann dem Alkohol- und Medikamentenmissbrauch auch eine positive Seite abgewinnen, da er im Vergleich zu selbstverletzendem Verhalten den Missbrauch von Alkohol, Medikamenten usw. als Fortschritt sieht,

„weil Sucht einen archaischen Außen-Objekt-Bezug voraussetzt. Es bedeutet, dass Ruhe und Entspannung von außen induziert werden kann. Das hat zur Folge, dass primär Lust erzeugt werden kann, der Schmerz kommt erst später im Entzug. Lust und Schmerz können auf jeden Fall getrennt wahrgenommen werden, bei selbstverletzendem Verhalten aber „wird nicht mehr alles autistisch zwischen unterschiedlichen Selbstanteilen inszeniert." (Sachsse 2002, S. 164)

Natürlich ist süchtiges Verhalten nicht nur Fortschritt, sondern es bedeutet auch eine große Gefahr für den Betreffenden. Einige bleiben in ihrer Entwicklung auch stecken oder rutschen in endgültige Abhängigkeit von Drogen oder Alkohol. Der Psychiater Dr. Haring stellte ebenfalls fest, dass Schüler, die sich selbst verletzen, eine höhere Bereitschaft für Alkoholkonsum zeigen als andere, wobei Burschen häufiger Alkohol trinken als Mädchen.

In Krisensituationen, wenn der Druck einfach zu groß wird, beginnen Mädchen sich zu schneiden oder ritzen. Häufig sind sie nicht in der Lage, diese Konflikte auszuhalten und dieser für sie bedrohlichen Situation etwas entgegenzusetzen. Nicht nur Alkohol und Drogen sind häufig mit im Spiel, sondern auch Essstörungen und andere Abhängigkeiten. Wenn Mädchen in der Pubertät in tiefen Krisensituationen stecken, ist es sehr wahrscheinlich, dass sie Verhaltensmuster anwenden, die sie beruhigen, die ihre Situation „aushaltbar" machen. Viele Mädchen sind nicht in der Lage, Krisen und Konflikte auszuhalten, sie versuchen der Hilflosigkeit, dem Ohnmachtgefühl etwas entgegenzusetzen. Sucht heißt für mich, dass ich mich gegen bestimmte Lebensgefühle wie Einsamkeit, Leere, Angst, Scham, Resignation, Überforderung usw. unempfindlich machen will, wenn ich mich selbst mit negativen Gefühlen nicht mehr spüren will, um einen möglichst emotional stabilen Zustand zu erreichen. Diese Art der Beruhigung ist nicht nur an Alkohol oder Drogen gebunden, sondern jedes Verhalten kann einen Suchtcharakter annehmen. Menschen, die unbefriedigende Lebensbedingungen haben und mit allen Mitteln eine sofortige Befriedigung haben wollen, greifen oft zu Drogen. Da sich immer wieder neue Situationen ergeben, die im Alltag nicht aushaltbar sind, werden die Beruhigungsversuche häufiger und so beginnt der Teufelskreislauf der Sucht. Auch Selbstverletzung bewirkt letztendlich ein suchtähnliches Verlangen nach Erleichterung. Dabei geht es nicht unbedingt darum, wie oft geritzt wird, sondern um die Vorstellung, dass eine bedrohliche Situation nicht durchgestanden werden kann ohne sich selbst zu schneiden.

Nicht jeder Experte schließt sich dieser Meinung an. Ich denke, dass es sich beim Ritzen auch um eine Form von Sucht handelt, da jede Alternative fehlt anders zu handeln. Dr. Lackinger will z.B. das Ritzen nicht als Suchtphänomen definieren. Für ihn ist das Ritzen ein Gewohnheitsakt.

„Sucht ist für mich eine Abhängigkeit, dass es nicht anders geht, das hätte ich nicht so gesehen, nachdem es ein Gewohnheitsakt ist. Ich denke, dass Menschen die Erfahrung gemacht haben, dass Ritzen eine kurzfristige Entlastung liefert und sie tun es aus der Gewohnheit heraus. Sobald aber andere Mechanismen angeboten werden und sie das auch im geschützten Rahmen üben können, wenden sie

durchaus andere Entlastungsmuster an. Diese Umstellung ist machbar, insofern würde ich es nicht als Sucht sehen, sondern als Gewohnheit. Sucht ist häufig mit dabei, ist häufig ein Randthema. Allerdings habe ich drei Patientinnen, die sich gegen die Sucht wehren. Zwei davon waren sehr lange stationär, die haben sehr traumatisierende Erlebnisse in der Kindheit gehabt, die da aufgebrochen sind und zum Thema geworden sind. Über Monate war eine ziemlich labile Affektlage und sie hatten auch lange Zeit Tranquilizer gehabt, wo man auch den Entzug gemerkt hat. Dort war eine beginnende Abhängigkeit, aber die haben großen Wert darauf gelegt, diese Abhängigkeit loszuwerden. Sie weigern sich bis heute wieder Beruhigungsmittel zu nehmen, also die Sucht ist kein Muss, sondern es kann auch das Gegenteil sein, dass sie es unbedingt vermeiden wollen, aber es sind auffallend viele, die eine Abhängigkeit dabei haben, irgendwie scheint es doch zum Krankheitsbild mancher Persönlichkeitsstörungen zu gehören, dass sich eine Sucht leichter entwickelt. Bei manchen Menschen gibt es eine emotional instabilen Persönlichkeitsstörung, da würde ich das Ritzen überhaupt nicht als Pubertätsproblematik sehen, vor allem bei diesen auf tieferem Niveau liegenden Persönlichkeitsstörungen, da ist es eine der wenigen Möglichkeiten, Entlastung zu bekommen. Dies ist eine ganz effektive, große Notwendigkeit, diese Leere, die zu einem Druckanstieg von Stunde zu Stunde führt, zu vertreiben. Wenn es um vermeidende, unselbständige Persönlichkeiten geht, da sieht man es schon öfter, dass sich das auf die Jugend beschränkt, wo man das Gefühl hat, es könnte ein Pubertätsausdruck sein. Sie genesen dann aber auch schnell. Die würde ich auch nicht unter Persönlichkeitsstörungen einreihen, sondern nur unter Pubertätskrisen, Identitätskrisen, auch mit einer histrionischen Seite dabei, das wäre auch denkbar. Gerade diese ganz jungen Menschen verbergen das Ritzen nicht unbedingt. Bei diesen unstabilen Persönlichkeiten, die, wenn es überhaupt nicht mehr anders geht, wenn z.B. eine Wunde eitrig wird oder auseinanderzuklaffen anfängt, wenn sie es nicht mehr wegstecken können, dann kommen sie, ansonsten bekommt man bestenfalls nur ein Drittel mit von diesen ganzen Verletzungen. Ich kenne eine junge Frau, die sich mit dem Bügeleisen gebrannt hat, und das war fast ein Abendritual für sie. Da ist der Tag sozusagen gelaufen, das Kind war im Bett und dann ist sie „bügeln" gegangen, wie sie das genannt hat. Sie hat es dann gut weglegen können, aber erst wie diese Öffnung da war, wie sie sich darüber zu sprechen getraut hat und wie sie darüber reden hat können, wie oft braucht sie das, wie groß ist die Entlastung wirklich – was gibt es sonst noch für eine Entlastung, was könnten wir für andere Mechanismen probieren." (Interview 2004)

Für mich handelt es sich beim Ritzen trotzdem um ein Suchtphänomen, weil Mädchen eine Situation erleben, die ihr Selbst bedroht, die sie nicht durchstehen können ohne zu ritzen. Auf den Punkt gebracht ist die Umwelt der Betroffenen auch für das Ritzen mitverantwortlich, da sie für junge Menschen nicht die Bedingungen schaffen kann, ihnen den Druck zu nehmen und die gesellschaftliche Lebensbedingungen so zu gestalten, dass sie nicht abhängig und süchtig machen. Der schnelle Fortschritt, die Unsicherheit des Arbeitsplatzes, häufig das Auseinanderfallen von Familien, all das sind Gründe für ein Zerbrechen. Sucht ist in dem Sinn nicht nur ein individueller Prozess, sondern hängt von gesellschaftlichen Bedingungen ab. Mädchen, die tief ritzen, ritzen nicht, weil sie auffallen wollen, sondern sie erleben die Bedrohung der eigenen Existenz durch ihre Umwelt. In diesem Zusammenhang möchte ich erwähnen, dass die Sozialisationserfahrungen von Mädchen andere sind als die von Burschen und Mädchen schon sehr früh lernen, ihren Lebensinhalt auf Beziehungen und Familie zu konzentrieren. Viele Mädchen lernen normangepasst zu sein, ohne dass sie Strategien für aktive und offene Auseinandersetzungsfähigkeit entwickeln können. Eher tendieren sie zu unauffälligen passiven Konfliktlösungen, in denen sie die Aggression gegen sich selbst richten. Ihr Selbstwertgefühl hängt von anderen ab und das bedeutet wenig Lebensperspektiven, Lebensräume, Lebensträume etc. Passive Bewältigungsformen (wie z.B. Suchtmittelmissbrauch) stehen dem eigenen Entwicklungsprozess im Weg und verhindern ein Unabhängig-Werden in sozialer, emotionaler und ökonomischer Hinsicht.

Essstörungen

Dieses Thema gehört für mich deshalb zur Selbstverletzung dazu, weil diese Erkrankung zum einen wie das Schneiden auch gegen den eigenen Körper gerichtet ist, zum anderen sind Essstörungen häufige Begleiter von Mädchen, die ritzen.

Umgangssprachlich wird die Bulimie auch als Ess-Brech-Sucht oder „Fress-Kotz-Sucht" bezeichnet. Sie ist eine psychogene Essstörung, die in den letzte Jahren von der Anorexia nervosa (Anorexie) abgegrenzt wird. Die Bulimia nervosa ist gekennzeichnet durch regelrechte Essanfälle, bei denen binnen kürzester Zeit gewaltige (meist kalorienreiche) Nahrungsmengen aufgenommen und anschließend durch selbst herbeigeführtes Erbrechen, in deutlich selteneren Fällen auch durch Missbrauch von Stuhl oder Harn abführenden Mitteln wieder ausgeschieden werden. Die Bulimia nervosa, der häufig extremes Übergewicht oder eine Anorexia nervosa vorausgehen, tritt überwiegend bei jungen Frauen auf, neueren Schätzungen zu Folge bei 2 bis 4 % aller Frauen zwischen dem 18. Und 35. Lebensjahr. Als Ursachen werden Persönlichkeitsfaktoren, familiäre sowie genetisch-konstitutionelle Einflüsse in Betracht gezogen; für letztere spricht das gehäufte Auftreten affektiver Erkrankungen in den betroffenen Familien. Die Behandlung der Bulimia nervosa erfolgt (wie bei der Anorexia nervosa) im Wesentlichen mit psychotherapeutischen Mitteln, wobei die Patienten die Behandlung in noch stärkerem Maße unterlaufen (etwa durch Missbrauch von Abführmitteln oder unbeobachtetes Erbrechen). Die Prognose ist insgesamt eher schlecht, oft besteht die Symptomatik trotz Therapie jahrelang fort oder verlagert sich auf andere psychosomatische Erkrankungen.

Bulimie: Heißhunger, Esssucht, Fresssucht; Symptom organischer oder psychischer Ursache (z.B. als Leitsymptom der Bulimia nervosa); auch psychogene Essstörung. (Duden[10]: Die Psychologie, S. 59) Auffälligstes Symptom dieser Krankheit ist die Sucht, große Nahrungsmengen unkontrolliert zu verschlingen. Die einsetzende Angst vor unaufhaltsamer Gewichtszunahme führt sehr bald zum Erbrechen, das zunächst selbst hervorgerufen wird und schließlich reflektorisch eintritt. Meist tritt die Krankheit nach dem Versuch auf, eine Gewichtsreduktion mit Hilfe einer Diät zu erreichen. Die meisten an Bulimie Erkrankten sind zwischen 11 und 20 Jahre alt und zu 97% weiblich.

---

[10] Duden: Die Psychologie, Mannheim/ Wien/ Zürich: Dudenverlag, 1996

Ursachen und Folgen

Viele Bulimie-Patienten haben Probleme mit der Autonomieentwicklung und Identitätsfindung, eine Störung der Wahrnehmung und Bewertung des eigenen Körpers, innerer Befindlichkeiten und Schwierigkeiten im Umgang mit Gefühlen wie Hunger und Trauer, eine anankastische (zwangsneurotische) Persönlichkeit mit perfektionistischen Zügen, eine starke Abhängigkeit von externen Normen und im kognitiven Bereich ein Alles- oder-nichts-Denken. Bulimie-Patienten stehen noch in enger Beziehung zu den Eltern, sodass ihr Konflikt sowohl interpersonal (Eltern) als auch intrapsychisch (interfamiliäre Normen und Ideale) zu deuten ist. Meist ist ein Elternteil dominant und / oder pedant, was dem Kind das Gefühl gibt, nur mit Perfektionismus und Leistung Anerkennung und Zuwendung zu erhalten. Zusätzlich kann ein gesellschaftlich oder familiär bedingtes Bild vorhanden sein, das besagt, dass Söhne durch Leistung und Töchter durch Leistung und Schönheit im Leben erfolgreich werden. Es wird mit einer restriktiven Diät begonnen, mit dem Ziel, Anerkennung und Bewunderung bei anderen zu erlangen. Diese Selbstdisziplin und der Bedürfnisverzicht werden bei der nicht erfolgten Bestätigung und Zuwendung auf das Essen verschoben. Bei Frustration wird der Kreislauf in Gang gesetzt – das „Fressen" beginnt. Hinterher wird große Angst vor dem Dickwerden und Reue empfunden, sodass das Erbrechen als Gewissensbereinigung fungiert. Anschließend wird wieder mit einer Diät fortgesetzt. Dabei treten mehrere somatische Folgen auf wie Heiserkeit, Schmerzen in der Speiseröhre, funktionelle Magen-Darm-Störungen, ein gestörter Elektrolytehaushalt, massive Zahnschäden, eine Vergrößerung der Speicheldrüsen und Amenorrhoe.

Klinisch-diagnostische Leitlinien

Bulimia nervosa (Bulimie)

Die Bulimia nervosa ist eine psychische Störung, die aus Fressepisoden besteht, denen Versuche, sich wieder zu „entleeren" oder strenge Diäten folgen. Bei einem Fressanfall sind die Betroffenen meist allein und nehmen große Nahrungsmengen in kurzer Zeit zu sich. Die meisten Ess-Brechsüchtigen erbrechen nach einem Fressanfall, aber dieses „Sich Entleeren" kann auch in Form von Abführmitteln-, Appetitzüglern- oder Diuretikamissbrauch, Fasten oder anstrengender körperlicher Aktivität stattfinden. Dieser Ess-Brech-Kreislauf wird normalerweise von selbstabwertenden Gedanken, bedrückter Stimmung und dem Bewusstsein begleitet, dass das Essverhalten abnormal und außer Kontrolle ist.

In den meisten Fällen ist der Ess-Brech-Kreislauf ein Ventil für Frustrationsgefühle, Enttäuschungen, Ärger, Wut Einsamkeit und Langeweile. So gesehen kann die Ess-Brechsucht von anderen impulsiven Verhaltensweisen wie Ladensiebstahl, Selbstverletzungen, Alkoholmissbrauch oder Drogenkonsum begleitet sein. Es ist ferner wichtig zu wissen, dass eine Person gleichzeitig anorektisch und bulimisch sein kann. Mindestens 40 % der Magersüchtigen leiden gleichzeitig noch an bulimischen Verhalten.

Anorexie (Magersucht)

„Die Hauptform der Anorexie, die Pubertätsmagersucht (Anorexia nervosa) ist gekennzeichnet durch eine gravierende, zu bedrohlichem Abmagern, nach

neueren klinischen Untersuchungen bei bis zu 10 % der Erkrankten sogar bis zum Tode führende Ablehnung der Nahrungsaufnahme, häufig auch durch absichtlich herbeigeführtes Erbrechen. Sie tritt in 90 – 95 % der Fälle bei (insbesonders intelligenten und ehrgeizigen) Mädchen oder jungen Frauen auf und wird heute überwiegend als psychische Reifungskrise gewertet. Man nimmt an, dass die Betroffenen unbewusst die Entwicklung zur Frau ablehnen und mit der Nahrungsverweigerung die Beibehaltung kindlicher Körperformen erzwingen wollen. Die meist tiefenpsychologisch oder verhaltenstherapeutisch orientierte Therapie der Pubertätsmagersucht kann – etwa bei lebensbedrohlichem Gewichtsverlust –oft nur stationär eingeleitet werden; häufig widersetzen sich die Patienten und Angehörigen zunächst auch einer Therapie oder brechen diese ab, da sie die Gefahr der Aufdeckung einer konfliktgeladenen familiären Struktur birgt." (Duden[11]: Die Psychologie, S. 28f)

Selbstverletzung ist nicht zwingend mit Essstörungen verbunden, aber sie ist ein häufiger Begleiter. Der schädigende Umgang mit dem Körper ist beiden gemeinsam. Auch wenn Patienten im Verborgenen ihre Sucht ausleben, so hat die Selbstschädigung trotzdem kommunikativen Charakter.

„Je nach Symptomwahl wird der Körper zum Träger unterschiedlicher Funktionen an der Nahtstelle von „objektiver" Welt und innerer Objektwelt. An dieser Nahtstelle steht der Patient mit seiner Fähigkeit zur Manipulation des Körpers und seinen Funktionen, die zugleich auch eine soziale Potenz ist. Die Fähigkeit zur Manipulation wirkt bald wie ein Verbündeter des Patienten, dessen Macht kein Außenstehender etwas entgegensetzen kann." (in Mathias Hirsch: H. Willenberg; 2000)

Es geht dabei nicht wirklich um das Schlanksein, sondern es steht stellvertretend als Ausdruck für einen Mangel an Selbstwertgefühl. Teilweise kann die Störung des Körperbildes wahnhafte Züge annehmen. Anorexie ist eine psychosomatische Störung, die durch starken Gewichtsverlust oder eine fehlende Gewichtszunahme vor allem wieder bei weiblichen Jugendlichen im Alter zwischen 12 und 25 Jahren auftritt. Die Betroffenen verleugnen meist die Krankheit und fühlen sich immer noch dick, obwohl sie schon längst abgemagert sind. Bei Nichtbehandlung kann dies zum Tod führen. Durch die eingeschränkte Nahrungszufuhr erlangen sie ein Gefühl der Kontrolle über den eigenen Körper, ein Gefühl der völligen Unabhängigkeit von körperlichen Bedürfnissen. Anorexie tritt häufig bei mehreren Kindern einer Familie auf. Die Erkrankung manifestiert sich zwar erst in der Pubertät, allerdings sind die Gründe erfahrungsgemäß bis in die frühe Kindheit zurückverfolgbar. Vor Krankheitsbeginn zeigen sich die Betroffenen oft durch reserviertes, distanziertes Verhalten und eine intellektualisierende Abwehrhaltung aus. Die Krankheit ist ein Versuch, körperliche Veränderungen und soziale Anforderungen zu vermeiden. In den meisten Fällen sind die eigentlichen Ursachen für die Krankheit sexueller Missbrauch, erotische bzw. sexuelle Versuchssituationen oder die tatsächliche oder phantastische Trennung von den Eltern. Das Ziel der Betroffenen ist es, die geschlechtliche Entwicklung zu verbergen oder rückgängig zu machen, denn damit verbinden sie schlechte

---

[11] Schüler Duden: Die Psychologie, Mannheim/ Wien/ Zürich: Dudenverlag, 1996)

Erfahrungen aus der Kindheit oder es fehlen ihnen positive Identifizierungsmöglichkeiten mit weiblichen Bezugspersonen.

Ursachen

Die Triebkonflikte, Abwehr- und Bewältigungsvorgänge lassen sich in drei Hauptkonstellationen beschreiben: Genitale Konfiguration: Kampf gegen Sexualität als Trieb; weibliche Sexualität zeigt Parallelen zum Essen.

Anale Konfiguration: Kampf um Autonomie; Abwehr von Essen als Kampf von Geist gegen Trieb, hohe Wertung der Körperbeherrschung.

Orale Konfiguration: Kampf gegen den Wunsch nach Annäherung, Essen wird mit Nähe verbunden.

Die Folgen der Krankheit sind eine immer stärker werdende soziale Isolation, denn gemeinsame Interessen im sozialen Kontext gehen verloren. Osteoporose, Veränderungen der Hirndurchblutung und eine trockene, raue und schuppige Haut sind häufig körperliche Folgen. Bei Frauen bleibt fast immer die Regelblutung aus.

Im Unterschied zu den Essstörungen ist das Ritzen nicht als Krankheit im Sinne von ICD 10, sondern ein Symptom in Zusammenhang mit vielen Störungen.

„Prinzipiell gibt es in Verbindung mit Ritzen alle Zusammenstellungen, deshalb habe ich auch am Anfang gesagt, es ist wichtig, dass man schaut, in welchem Grad das Ritzen auftritt, ob es ein isoliertes Problem oder ein Zusatzphänomen zu anderen ist, ob der Jugendliche / die Jugendliche auch noch trinkt und auch noch depressiv ist, ob es eine Wiederholung ist oder im Rahmen einer kurzen Krise aufgefangen werden kann, alles das muss man bewerten. Insofern sind alle Zusammenstellungen an Problemen grundsätzlich möglich, auch Essstörungen. Es ist nicht so, dass Ritzen der klassische Begleiter bei Essstörungen wäre, das ist nicht so, sondern die Essstörungen sind schon wieder eine eigene Geschichte, offenbar eine eigene disponierte Persönlichkeitsgruppe, die davon betroffen ist, was es aber auch gibt und wozu man auch Essstörungen sagt, dass atypische Essstörungen flüchtig auch Ausdruck sein können von psychosozialem Stress. Das ist nicht so zu verstehen, dass diese Patienten jetzt völlig fixiert sind auf schlanke Figur und dass man zu dick ist und auf Biegen und Brechen nicht mehr essen will und darum kämpft, sondern dass es begleitend kurzfristig die Nahrungsverweigerung gibt, aber dass so viele Eckdaten, z.B. die Körperschemastörung oder einfach die Hartnäckigkeit, mit der die Patienten behaupten, sie sind zu dick und müssten dünn werden, das fehlt dann dabei. So kann man das vom anderen recht gut unterscheiden, vor allem, weil diese Art von Essstörungen relativ flüchtig sind und in kurzer Zeit beruhigt, wenn man das gar nicht so sehr als großes Problem zum Thema macht und aufbläst, sondern durchaus am Rande ein bisschen liegen lässt, dann verschwindet das auf einmal, was bei richtigen essgestörten Patienten natürlich nicht verschwinden würde und diese Patientengruppe , wo mit dem Essen manipulativ vorgegangen wird, wo Essen für etwas ganz anderes steht, für Druckausgleich, Selbstwertgefühl, eben für alles Mögliche, das man da zusammenreimen kann, da gibt es eher so eine Kombination. (Dr. Niehnusmayr, Interview 2005)

„Bei den Mädchen ist das Ritzen fast immer mit einer Essstörung verbunden. Häufiger ist es die Essbrechsucht", meint die psychiatrische Krankenschwester Helga W. Das Ritzen kommt in allen gesellschaftlichen Schichten vor. Meistens sind es Gymnasiasten, sehr häufig trifft es die Klassenbesten.

„Ich glaube, dass es alle Schichten quer durch sind. Das Ritzen zieht sich durch. Mit Essstörungen sind es meistens Gymnasiastinnen, sehr häufig trifft es die Klassenbesten. Sie haben oft ein symbiotisches Verhältnis zur Mutter und gleichzeitig äußern sie eine totale Ablehnung gegenüber ihrer Mutter. Es gehört auch zusammen. Die ritzen sich unterschiedlich. Am Anfang ritzen sie eher oberflächlich, sie beschreiben es wie eine Sucht. Am Anfang probieren sie es ein bisschen, es wird dann immer mehr, sie schneiden dann bis zum Knochen hinunter. Dann gibt es auch ältere Jugendliche, die eine Borderlinestruktur von ihrer Persönlichkeit haben.

Da ist sehr wenig Selbstvertrauen, obwohl sie so gut sind. Sie sind ja Außenseiter, wenn die in die Pubertät kommen, bei den Jugendlichen ist das ja nicht so „in", sie sind Klassenbeste und Streber. Sie haben auch nicht viel Zeit für soziale Kontakte, weil sie daheim immer lernen müssen und dahin, dorthin, das sind alles so perfektionistische Mädels, speziell wenn sie unter Anorexie leiden. Das ist ja dann so ein Ausbruch. Sie können dann nur mehr über ihren Körper bestimmen, das ist dann so erschütternd, wenn die Eltern auch total überfordert sind mit der Krankheit. Wenn man mit den Eltern spricht, hört man immer wieder: „Na das war so ein braves Mädchen und so tüchtig, und jetzt ist sie so anders und wir möchten, dass sie wieder so wird, wie sie war." Dass es auch die Pubertät ist und die Mädchen selbst bestimmen wollen, das verstehen die Mütter oft nicht. Häufig sind die Mütter Lehrer, oft Leute, die im pädagogischen Bereich tätig sind, Krankenschwestern. Wenn die Jugendlichen so von ihrer Kindheit erzählen, wo ich mir denke, man lässt einem Kind viel Freiraum, er darf viel ausprobieren, neugierig sein, vom Schmutzig Machen bis hin, dass es Unordnung machen darf, aber es ist oft so erschütternd, wenn die Mädchen nie etwas tun durften, weil sie irgendetwas schmutzig machen hätten können, z.B. den Herd. Sie hätten aber auch gerne einmal etwas getan, sie haben nicht einmal auf den Spielplatz dürfen, sich einmal dreckig machen, weil sie immer schön und sauber sein haben müssen. Sie sind so emotional verarmt. Dieses Defizit spüren sie in Konfrontation mit anderen. Dann sind sie noch einmal arm, weil dann werden sie aus der Familie herausgerissen (Klinikaufenthalt) und haben die Krankheit." (Interview 2004)

Adipositas

Im Allgemeinen wird Adipositas als Fettsucht bezeichnet, die durch übermäßige Fettablagerung im Körper, durch Überernährung und Bewegungsmangel oder Erkrankung innersektorischer Drüsen hervorgerufen wird. Untersuchungen haben ergeben, dass nicht nur genetische Faktoren, sondern auch Umweltreize wie Stresssituationen oder Lärm eine wichtige Rolle für Adipositaspatienten spielen. Das „Privileg" fettsüchtig zu sein, beschränkt sich auf die sozial begünstigten Mitglieder Gesellschaft. Es ist zu bemerken, dass die meisten übergewichtigen Erwachsenen auch übergewichtige Kinder waren. Häufig ist der Grund für das zu viele Essen Adipöser nicht die Gier oder ein starker Trieb, sondern vielmehr sind sie verführbar; in dem Sinne sind Fettsüchtige sehr emotionelle Menschen, die in diesen Situationen eine schwache Persönlichkeit aufweisen. Außerdem verarbeiten sie unangenehme Situationen, die bis in die Kindheit zurückreichen können, indem sie sich dem Essen hingeben, somit ein Glücksgefühl durch Ausschüttung von Serotonin erreichen und nicht aufhören können, solange sie das Genussmittel erreichen können. Es können häufig emotionelle und körperliche Veränderungen, wie z. B. Depressionen, psychische Labilität, Angst, Erregbarkeit, sozialer Rückzug, Schlafstörungen, Überempfindlichkeit, Magen-Darm-Beschwerden, niedrige Körpertemperaturen, Herzverfettung und Atemstörungen auftreten.[12]

Für mich ist es interessant, dass mir die Kombination Adipositas und Ritzen nie begegnete. Ich führe diese Beobachtung darauf zurück, dass jemand, der ritzt, ein beschädigtes Körperbild hat, d.h. die Hülle, von der der Schneidende umgeben ist, ist löchrig, defekt. Die empfundene Leere drückt aus, dass Gefühle aus dem Körper herausfließen und umgekehrt keine Kontaktschranke (nach Bion) vorhanden ist, um eine schützende Hülle um den Körper gegen die Außenwelt zu bilden. Sie sind grenzenlos. Das Schneiden ist sozusagen notwendig geworden, um sich selbst wieder zu spüren, um sich zu überzeugen, dass noch Lebenssaft in einem selbst da ist. Bei Menschen mit Adipositas ist es umgekehrt. Sie haben eine Schutzhülle um ihren Körper gebildet, sogar einen Schutzwall gegen die Außenwelt, ihre Kontaktschranke ist wahrscheinlich eher panzerartig um den Körper gehüllt. Die psychiatrische Krankenschwester Helga W. meinte, dass Fresssucht auf der Kinderstation Psychosomatik auch vorkommt, aber diese Patienten nicht ritzen. *„Wahrscheinlich haben sie mehr Körperbezug. Sie lehnen den Körper nicht ab, sondern sie füllen ihn. Damit sind sie präsent. Bei uns geht das mit Fressattacken nicht, weil die Küche zugesperrt ist. Um eine Druckentlastung herbeizuführen, ritzen sie."* (Interview 2004)

Sexueller Missbrauch

Eine nicht zu unterschätzende Ursache von Selbstverletzung kann sexueller Missbrauch in der Kindheit sein. Das Kind wird durch die Heftigkeit und Plötzlichkeit des Erlebten völlig überfordert. Psychoanalytisch gesehen findet eine Reizüberflutung statt und das Ich ist nicht mehr fähig, Innen und Außen zu differenzieren. Es nimmt Gefühle wie Angst oder Ekel wahr und es ist dem Ich nicht mehr möglich, eine Stabilität des Selbst zu entwickeln. Es ist von Emotionen wie Wut, Gefühl, Ohnmacht gezeichnet. Eine intakte Ich-Funktion und ein bereits vorher ausgebildetes gutes Objekt, Vertrauen zu sich selbst und zur Umwelt gehen verloren. Man kann von einer Zerstörung des Ich sprechen. Es kommt zu einer Traumatisierung. Dieser Zustand ist für ein Kind oder einen jungen Menschen unerträglich.

---

[12] Literatur:

Klinisches Wörterbuch, Pschyrembel.Walter de Gruyter; Berlin, New York, 1998.

Nissen, G, G.-E. Trott: Psychische Störungen im Kindes- und Jugendalter. Springer Verlag: 19953

Tölle, R: Psychiatrie – Kinder- und jugendpsychiatrische Bearbeitung. Springer Verlag: Berlin/Heidelberg, 1985

Duden: Das Fremdenwörterbuch, Band 5. Mannheim/Wien/Zürich: Dudenverlag, 1996

Die Therapeutin Annegret Eckhardt-Henn beschreibt das Dilemma eines Kindes, das einem sexuellen Missbrauch ausgeliefert ist, besonders, wenn das im Familienkreis passiert. Das Kind erlebt den Vater in seiner

„Abhängigkeit, seiner Erregung, seiner Angst, und im nächsten Moment wird so getan, als ob nichts geschehen wäre, als ob alles ganz normal sei. Das führt zu einer total inneren Verwirrung und dem Gefühl, selbst „verkehrt" zu sein. (...) Das missbrauchte Kind hofft immer wieder, den missbrauchenden Vater als den guten Vater zurückgewinnen zu können und wird immer wieder enttäuscht." (Annegret Eckhardt-Henn 1998, S. 19)

Durch eine wiederkehrende Enttäuschung hat das Kind keine Möglichkeit, Trauerarbeit zu leisten. Annegret Eckhardt-Henn sieht hier wesentliche Wurzeln selbstverletzenden Verhaltens. Sie beschreibt ebenso wie Luise Reddemann und Ulrich Sachsse, dass offene Selbstbeschädigung und Essstörungen zentrale Bedeutung haben, da diese Menschen Macht ihrem Gegenüber und Kontrolle zeigen, die sie natürlich nicht wirklich besitzen. Sie beschreibt auch, wie im Verlauf der Therapie von diesem Mädchen eine Missbrauchssituation aus einer Mischung von angenehmen, erregenden Gefühlen begleitet war, die aber bald in

„schmerzliche Gefühle von Übererregung und furchtbarer Angst vor der Zerstörung ihrer körperlichen Integrität bis hin zu den realen körperlichen Schmerzen überging. Schmerz war eng mit sexueller Erregung verbunden. Oft wird das bei selbstbeschädigenden Patientinnen nicht gleich deutlich. Die Patientin konnte erst nach langer Zeit über sexuelle masochistische Phantasien sprechen. Die Verquickung von Schmerz und sexueller Erregung, von masochistischer Unterwerfung und dem Gefühl von Macht über den anderen könnte in der Therapie nach und nach verstanden und bearbeitet werden." (ebd., S. 21)

„Ich geriet dabei in die Rolle der Verführerin, der Missbraucherin, die ihre eigene neugierige Lust an ihr befriedigen will, und gleichzeitig der rachsüchtigen, bestrafenden Mutter, die sie des Verrats bezichtigt, ihr nichts glaubt, sie zerstören wird, indem sie sie wegstößt und damit dem psychischen Tod überlässt. Sie unterwarf sich mir, indem sie sich selbst bestrafte und dabei, wie schließlich verstanden werden konnte, die Phantasie hatte, dass ich ihren zerstörten, blutenden Körper sehen wollte, dass ich eine sadistische Lust an ihrer masochistischen Selbstverletzung befriedigte. Gleichzeitig war sie in der sadistischen Position, indem sie mir triumphierend, lächelnd von ihren „selbstverletzenden Orgien" berichtete, als ob sie eine große Leistung vollbracht hätte, gegen die ich in keiner Weise und niemals etwas würde ausrichten können. Ich hatte in dieser Therapiephase mit heftigen Gegenübertragungsgefühlen von Hilflosigkeit, Ohnmacht, Resignation und auch aggressiven Impulsen und Verstoßungsimpulsen ihr gegenüber zu kämpfen. Es konnte schließlich verstanden werden, dass sie die Phantasie hatte, mir nur nah sein zu können, sich der Beziehung nur sicher sein zu können, wenn sie sich mir masochistisch unterwarf, indem sie mir ihren verletzten, zerstörten Körper präsentierte. Der Schmerz des Leidens wird gegen den größeren Schmerz des befürchteten Verlusts des geliebten Objektes eingesetzt: „Du kannst mir antun, was du willst, wenn du mich nur nicht verlässt!" Schließlich konnte sie in der Übertragung die heftige Wut auf mich richten, bis hin zu Phantasien, mich zu zerstören, um mich spüren zu lassen, wie es ihr ergangen ist und wie unerträglich das war. Es ging auch um die ödipale Rivalität; die Attacken gegen ihren weiblichen Körper, und in der Übertragung *gegen meinen Körper, konnten auch als Attacken gegen den Körper der Mutter verstanden werden."* (ebd., S. 21 f)

Durch Bearbeitung der Konflikte hörten die Selbstverletzungen auf und auch die Depersonalisationszustände bildeten sich zurück. Mädchen, die schwer traumatisiert sind, zeigen „masochistische Unterwerfung", weil sie permanent in der Opferrolle sind. Das wiederum ist immer mit einem Allmachtsgefühl verbunden.

„Diese Allmachtsphantasie wird bei selbstbeschädigenden Patienten in der scheinbaren „Gleichgültigkeit" dem eigenen Körper und körperlichen Schmerzen gegenüber deutlich." (ebd.)

Hier handelt es sich um eine Abwehrhaltung von erlebtem Schmerz, von Demütigung und Verlassenheitsgefühlen.

„Das Symptom der Selbstschädigung erfährt eine narzisstische Besetzung und wird zu einer »pathologischen Quelle des Selbstgefühls« (Novick und Novick, zit. n. Wurmser 1993). So wird für viele Patienten mit schweren Formen der Selbstbeschädigung die Krankheit zu einer Art „way of life". Aber um den Preis der kontinuierlichen Ich-Schwächung." (ebd., S. 22 f)

Wenn die Selbstverletzung reduziert wird, haben Patienten oft Angst, das Symptom zu verlieren, das bedeutet für sie, dass sie ein Stück von ihrem Selbst verlieren könnten und keinen Ersatz, kein Ritual haben, um ihren Schmerz auszudrücken.

Eine besondere Rolle spielt beim sexuellen Missbrauch der *„Opfer-Täter-Zyklus".* Die Grenzen des Körpers werden dabei vom Täter missachtet und der Körper darf keine eigenen Bedürfnisse entwickeln, d.h. er wird schmerzunempfindlich gemacht, um Ohnmacht und Hilflosigkeit, Wut und Demütigung besser ertragen zu können. Der Patient wird dann sozusagen selbst zum Täter, indem er den Körper verletzt und ihn zum Opfer macht. Dabei handelt es sich um einen Abwehrmechanismus, man nennt es *„Identifizierung mit dem Aggressor".* Die Selbstverletzung dient unter anderem auch der Entlastung von heftigen Schuld- und Schamgefühlen. Sie ist Ausdruck eines negativen Selbstbildes, das verinnerlicht wurde und hat den Zweck, das gute Objekt zu erhalten. Diese chronische Erkrankung ist so schwerwiegend, dass die Behandlung längerfristig über einige Jahre eingeplant werden muss.

Krankheitsbilder, die hinter einer Selbstverletzung stehen können

Persönlichkeitsstörung

Als Persönlichkeitsstörung gelten anhaltende, stabile und tief verwurzelte Verhaltensmuster, die mit subjektiven Leiden und / oder deutlichen Einschränkungen der beruflichen und sozialen Leistungsfähigkeit verbunden sind. Die Reaktionen der Betroffenen in persönlichen und sozialen Situationen sind unpassend. Besonders in Affektivität, Antrieb und Impulskontrolle sowie in Wahrnehmen und Denken besteht eine deutliche Unausgeglichenheit. Persönlichkeitsstörungen nehmen eine Mittelstellung zwischen psychiatrischer Erkrankung und Normalität ein.

Symptomatik:

Persönlichkeitsgestörte Menschen sind durch ein unflexibles und schlecht angepasstes Stressmuster geprägt. Sie verwenden immer das gleiche Schema / Muster, auch wenn es nicht passt. Einerseits zeigt sich das in der Affektivität (Weinen, hysterisches Gelächter) sowie auch im Verlust der Impulskontrolle (sie folgen dem Lustprinzip). Es kommt stets zu Problemen auf der Beziehungsebene und im Arbeitsbereich. Diese Menschen haben das Gefühl, dass sie nicht geliebt, verstanden, ungerecht behandelt werden. Persönlichkeitsstörungen treten immer in einem interpersonellen Zusammenhang auf. Die Betroffenen gehen zwischenmenschliche Beziehungen ein, in denen sie weder mit dem noch ohne den anderen Menschen leben können. Entweder gehen sie nie oder laufend eine neue Beziehung ein.

Betroffene sind oft schlechter sozial lernfähig. Auch das Umfeld von Betroffenen leidet darunter. Persönlichkeitsgestörte ahmen andere in einer Art und Weise nach, die nicht zu ihnen selbst gehört und die es für das Umfeld schwierig macht, gegenüber den Betroffen eine neutrale Distanz zu bewahren. Dies erklärt auch die häufigen therapeutischen Schwierigkeiten.

Depersonalisation

Sachsse, der sich sehr intensiv mit der Selbstverletzung im NLKH Göttingen auseinandersetzte, und auch seine Erkenntnisse veröffentlichte, meint, dass

„Patienten mit einer Selbstbeschädigungsproblematik in der Symbiose nicht nur einer Deprivation, sondern großenteils wahrscheinlich auch Kindesmisshandlungen ausgesetzt gewesen sind. Sie mussten in der Symbiose ein insuffizientes oder hochambivalentes, eigentlich mehr „schlechtes" Mutterobjekt internalisieren. Mögliche Prä- und perinatale Schädigungen mit einer daraus resultierenden hohen oralen Bedürftigkeit einerseits verstärkten sich mit der realen Insuffizienz der Primärobjekte andererseits. Daraus resultieren auf der Ebene der Grundstörung (Balint 1968, 1970) drei Lebensgefühle: ein seltener, fast euphorischer Zustand anaklitischer Depression mit Gefühlen von Leere und Sinnlosigkeit (Spitz 1965m 1980) oder ein besonders schlimmer Zustand heftigen Zwiespaltes und innerer Zerrissenheit, der Panik hervorruft." (Sachsse 1999, S. 356)

Das Problem liegt darin, dass nie eine gute Beziehung zum eigenen Körper aufgebaut werden konnte, der Körper wird als notwendiges Übel angesehen, er muss funktionieren, er wird kaum wahrgenommen, er wird auch nicht als Selbstanteil erlebt, sondern als Fremdkörper.

„Signalisiert der Körper Missbehagen, reagieren die Patienten auf ihn wie überforderte Mütter auf einen schreienden Säugling: Sie schlagen zu." (ebd.) Sachsse schließt sich hier Plassmann, Teisig und Freyberger (1985) an, die den Akt der Selbstbeschädigung als Reinszenierung einer Kindesmisshandlung deuten." (ebd.)

Ich möchte an dieser Stelle betonen, dass man nur bei schweren Selbstverletzungen diese Rückschlüsse ziehen kann, ich würde diese These keinesfalls allgemein bei Selbstschädigung vertreten, speziell bei leichteren

Formen, da es sich dabei sehr häufig um eine Pubertätskrise handelt, die sich bald wieder auflöst.

Von Depersonalisation spricht man, wenn Teile des Körperinneren als Störfaktor bei unangenehmen Empfindungen erlebt werden, dieser Bereich wird als schlechter Selbstanteil abgespalten und als Nicht-Selbst erlebt. Bei traumatisierten Menschen mit intrusiver Symptomatik ist es naheliegend und auch ein „Lösungsansatz", eine Borderline-Persönlichkeitsstörung zu entwickeln.

Das bedeutet, dass es sich hier um einen Schutzmechanismus handelt, weil dieser so schmerzhafte Anteil für den Betreffenden nicht mehr zugänglich ist. Während der Körper hier durch die Abspaltung direkt betroffen ist, spielt Haut und Blut eine andere Rolle, sie dienen als Übergangsobjekt, die als verfügbares Objekt ein Angriffsfeld der eigenen Aggressivität bieten. Die Haut wird durch die Selbstverletzung beschädigt, sie wird auch real löchrig, der Körper symbolisiert praktisch den psychischen Zustand, denn der hat bereits Löcher, weil von innen nach außen und von außen nach innen keine Grenzen gesetzt werden können. Auf den Patienten prasselt alles schutzlos ein. Er ist durchlässig geworden, er kann keine Schranken um sich bilden, um sich zu schützen. Leere umhüllt ihn und bringt ihn in einen Zustand der Unerträglichkeit. Im Schneiden kann er sich wieder spüren. Der Druck fällt weg, indem Blut fließt. Das Blut führt vor Augen, dass man doch noch am Leben ist, das Gefühl der Leere kann zumindest kurzzeitig gebannt werden.

Depersonalisations-Syndrom (DP)

Menschen mit einem Depersonalisations-Syndrom empfinden ihren Körper als „Fremdkörper" und bestimmte Körperteile haben sie nicht zur Verfügung. Einige bringen ihren Körper speziell im Sport bis an die mögliche Schmerzgrenze, um sich selbst zu spüren.

Die Störungen liegen im seelischen Bereich, die Patienten leben phasenweise in einer „anästhetisierten" oder übererregten Gefühls- und Denkbereich, oft liegt eine damit verbundene Persönlichkeitsstörung vor.

Im seelischen Bereich spricht man von „seelenblind" oder depersonalisiert. Depersonalisation kann jedoch keiner psychiatrischen Grundkrankheit zugeordnet werden, trotzdem tritt sie als *„Symptomkonfiguration" (ebd., S. 34)* auf und ich möchte deshalb näher darauf eingehen, weil es mir sehr häufig in Zusammenhang mit Selbstverletzung begegnet ist.

Im Folgenden eine Fallbeschreibung von H. Neun und M. Dümpelmann (ebd., S. 36), die den Begriff „Depersonalisation deutlicher macht:

»Eine junge Krankenschwester kommt nach einem kurzfristigen stationären Aufenthalt in einer psychiatrischen Einrichtung nach Tiefenbrunn zur klinischen Behandlung. Vorausgegangen war nach ihrer Schilderung ein Leben, seit langem mit Angst und Panik ausgefüllt, indem sie noch immer periodisch Bekannte habe aufsuchen können, um sich „abzulenken". Dann aber habe sie sich andere „Fluchtwege" gesucht: Alkohol, jede Art von Beruhigungsmittel, die sie als Krankenschwester entwenden konnte, sowie Drogen. Manchmal habe sie sich mit dem Messer in den linken Arm geschnitten oder mit dem Kopf so lange gegen die Wand geschlagen, bis er ganz verbeult gewesen sei. In die Wunden habe sie dann noch Zitronensaft oder Alkohol geträufelt, damit sie richtig brannten. Dann sei ihr inneres Gefühl der Leere etwas geringer geworden. Wenn das Blut floss, wurde sie ruhig, denn „da weiß man, was man hat...und spürt sich wieder richtig". Schließlich habe sie selbst Gegenstände, an denen sie besonders gehangen habe, z.B. Porzellanfiguren zerstört und sei „ in Dreck und Asche untergegangen". Wegen 2maliger Suizidversuche wurde sie in eine psychiatrische Einrichtung gebracht.

Erst mit dem Zurücktreten der impulshaften Handlungen enthüllte sie eine Leidensgeschichte, in der der Körper in verschiedener Weise involviert war: in Zuständen von Angst und Wut reagierte sie mit Erbrechen, bei Nervosität mit einem lästigen Harndrang; unter Spannungszuständen zu Beginn der Pubertät aß sie so viel, dass sie mit 70 kg stark übergewichtig war, reagierte dann mit einer Serie von Hungerdiäten, litt trotzdem an ihrem unattraktiven Aussehen. In der Zeit des Ausbildungsbeginns zur Krankenschwester hatte sie schon herausgefunden, ihren Körper bewusst in den Dienst anderer Formen von Spannungsabfuhr zu stellen – „viele Männer" seien bei ihr aus und ein gegangen, und dazu war sie mit regelmäßigen Whiskygenuss schon am Morgen in der Lage; obwohl einerseits schon früh an verschiedenste Schmerzzustände im Hals und im Nacken-Schulter-Bereich gewöhnt, habe sie herausgefunden, dass bei Druck an bestimmten Punkten der linken Kopfhälfte ein migräneartiger Kopfschmerz auszulösen war. Kurz vor der Aufnahme hatte sie einen 18jährigen Jungen kennengelernt, von dem sie sich insgesamt abgelehnt fühlte – jetzt sei sie ganz sicher, von ihm schwanger geworden zu sein. Erst bei der Frage, was denn wohl das Schlimmste für sie sei, antwortete sie: „wenn ich mich wie in Watte fühle – das ist schlimm!".

Die erste Begegnung mit dieser Patientin schildert der Therapeut folgendermaßen: Pummelige Patientin mit Pagenhaarschnitt, mit einem gleich bleibend steifen Lächeln und einem zunächst lockeren Redefluss, auf den der Therapeut zunächst nur sparsam und zuhörend eingeht. Darauf reagiert die Patientin mit zunehmender Unruhe, zupft an den Haaren, zieht die Beine zu sich auf den Stuhl, wechselt das Thema und kann schließlich nicht verhindern, dass ein Schweigen eintritt. In dieser Pause spürt der Therapeut die Atmosphäre von Wut, selber bei sich einen Magendruck und fühlt sich wie gegen die Stuhllehne gedrückt. Mit einer kleinen Bemerkung von ihm kommt der Redefluss wieder in Gang, und die Patientin vermittelt in der Art ihrer Selbstschilderung, wie unduldsam und streng sie sich selber darstellt, sich an den Pranger stellt und verurteilt. Der Therapeut merkt den Impuls, mehr als er es angemessen findet, in sie einzudringen, fühlt sich in ein zeitloses Reden mit eingeschlossen, bis er das Gespräch unterbricht. Er fühlt, wie die Patientin sich daraufhin ganz zurückzieht und nur noch körperlich präsent ist. Nach ihrem schnellen Verschwinden vermerkt er, dass in diesem Kontakt wenig personaler Bezug enthalten war, und ihm kommt das Bild einer Frau, die von einer Gummimauer umgeben ist.

Die Lebensgeschichte dieser Frau durchzieht wie ein roter Faden die Schilderung eines unwerten, von allem Anfang an nicht gewünschten Kindes, das von Vater und Mutter missachtet und geschlagen wurde und das Gefühl des stets Unterdrückt- und Gequältseins auch im weiteren beruflichen Leben nie verloren hatte. Von der Großmutter verwöhnt und mit Essen "gepäppelt", hatte sie sich eine Sehnsucht nach einer harmonischen Beziehung erhalten, eine solche aber nie erreicht. Gerade von liebevollen Männern habe sie sich immer wieder rasch zurückgezogen oder sich vor anderen, die ihr die kalte Schulter gezeigt hätten, erniedrigt.

In der Töpfergruppe formt sie zum Erschrecken der Teilnehmer einmal eine ausgehöhlte Figur, ein anderes Mal einen Säugling mit großen Löchern im Körper. In einer Zeit zunehmender Annäherung an den Therapeuten schildert sie folgende Begebenheit: „Ich war mit meinem Fahrrad in der Stadt und schob dies gerade über eine Kreuzung. Da sah ich einen Lastwagen auf mich zukommen. Ich war einen Augenblick wie gelähmt, gebannt und unfähig, einen Schritt zu tun. Da kam mir schlagartig der Wunsch ins Bewusstsein, von dem Lkw überfahren zu werden, völlig in dieser mächtigen Maschine aufzugehen." Dies war der Zeitpunkt einer Krise, deren Durcharbeiten zugleich die Wende für eine dauerhafte Besserung war." « (ebd. S. 36/ 3)

Unter dem Begriff Depersonalisation verstehen H. Neun und M. Dümpelmann sowohl, dass eine Veränderung des eigenen seelischen Erlebens als auch des eigenen Körpererlebens und eine veränderte Außenweltwahrnehmung stattfindet und somit eine Veränderung im Wesen der Persönlichkeit. Im DSMD III kann man sich an einer Definition des DP-Symptoms orientieren:

Das Symptom der DP besteht in der Änderung von Selbstwahrnehmung oder –erleben dergestalt, dass das übliche Gefühl der eigenen Wirklichkeit vorübergehend verloren geht oder verändert wird. Dies drückt sich in einem Gefühl der Selbstentfremdung oder der Unwirklichkeit aus, ein Gefühl, dass die Glieder ihre Größe geändert hätten, oder dem Eindruck, sich selbst entfernt zu sehen. Darüber hinaus kann der Betroffene sich mechanisch fühlen oder wie im Traum. Verschiedene Formen sensorischer Gefühlsstörungen und das Gefühl, eine Handlung einschließlich der Sprache nicht völlig beherrschen zu können, kommen oft vor. Alle diese Empfindungen sind ich-dyston und der Betroffene behält im Großen und Ganzen eine intakte Realitätsrolle.

Typische Kennzeichen von Depersonalisationsstörungen

Selbstbeobachtung

Menschen mit dieser Störung beobachten mit einem Teil der eigenen Person einen anderen sowohl physisch als auch psychisch und vergleichen ihn mit einem früheren Zustand. Er empfindet dies als krankhaft.

„Das DP – Syndrom wird zu den dissoziativen Störungen gerechnet, weil das Gefühl der eigenen Realität, eine wesentliche Komponente der Identität, verloren geht." (DSMD III)

Gemeinsam ist beiden, dass es sich um einen Zustand der Verwirrtheit und Desorientiertheit handelt. Dieses Phänomen kann durchaus im Bereich der Identität vorkommen, dass der Patient sich plötzlich nicht mehr an seine Identität erinnert, von zu Hause oder vom Arbeitsplatz weggeht. Man spricht hier von „psychogenem Weglaufen". (ebd. S. 38)

1. Qualitative und quantitative Veränderungen des Selbsterlebens:

    Veränderung des Gefühls der Wirklichkeit, Gegenwärtigkeit und Lebhaftigkeit, das Lebendige geht verloren. Das Ich verändert sich, es verliert an Festigkeit, *„Kontinuität, Konsistenz und Kausalität der Erlebnisse"* gehen verloren. (ebd.)

    Damit verändert sich auch das Vorstellungs- und Erinnerungsvermögen, Phantasievorstellungen, eigene Körperteile werden oft als weit weg oder als *„taub wie eine Holzpuppe"* wahrgenommen – Teile des eigenen Körpers werden als fremd erlebt, ohne Gefühl, z.B. nimmt man Teile des Gesichts als geschwollen wahr, fühlt einen erhöhten Herzschlag, eine erhöhte Blasentätigkeit etc. Die Veränderungen der Körperteile werden unterschiedlich in ihrer Funktion wahrgenommen, d.h., das Nichtfunktionieren von Körperteilen verschiebt sich immer wieder.

    Die meisten Autoren sind sich einig, dass Veränderungen des körperlichen und seelischen Selbst auch immer mit Veränderungen der Außenweltwahrnehmung verbunden sind.

2. Die begleitenden Gefühle:

    Der Patient fühlt eindeutig, dass er seine Umwelt nicht klar auf- und annehmen kann; sie wird als fremd, unerträglich erfahren – es kommt ein Gefühl der Verzweiflung und Hoffnungslosigkeit, Ohnmacht auf. Die Folgen sind Depressionen und ein Gefühl der LEERE. Der Patient steckt in einer tiefen Krise, weil er sich zweigeteilt erlebt.

    Alle diese Gefühle stehen in enger Beziehung zu DP, sind aber nicht unbedingt spezifisch.

3. Interaktionen:

    Patienten mit DP Symptomen neigen immer wieder zu impulshaften Handlungen. Hier besteht ein Zusammenhang zwischen dem instabilen Zustand und unberechenbaren Handlungen. Meistens liegen auch Kommunikationsstörungen vor, während des Gespräches gleiten sie immer wieder in die Teilnahmslosigkeit, vermeiden Blickkontakt oder sprechen unaufhörlich. Sie können schwer in Beziehung treten.

    ### Klassifikationsversuche

    DP setzt sich aus verschiedenen Symptomen zusammen, verbunden mit einer Störung im Selbsterleben, indem weder der Zeitfaktor noch Erinnerung und Außenwelt real wahrgenommen werden können.

Das Depersonalisationssyndrom wird im DSMD III (American Psychiatric Association 1984, S 271-272) erwähnt:

Auftreten von einer oder mehreren Episoden von DP, die eine soziale oder berufliche Beeinträchtigung zur Folge haben (leichte DP-Erscheinungen ohne wesentliche Beeinträchtigung kommen schätzungsweise bei 30-70% der jungen Erwachsenen zu irgendeinem Zeitpunkt vor); die Diagnose trifft nicht zu, wenn ein DP-Syndrom als Folge irgendeiner anderen Störung auftritt (das so definierte DP-Syndrom darf nicht bei anderen Erkrankungen wie Psychosen, Intoxikationen, Epilepsie, Angstsyndromen und Persönlichkeitsstörungen auftreten). Als „Nebenmerkmale" werden genannt: häufig Derealisation; üblicherweise Schwindel, Depressionen, zwanghafte Grübeleien, Ängstlichkeit, Furcht, verrückt zu werden, Störung des Zeitgefühls und des Erinnerungsvermögens. Hypochondrie kommt als Komplikation dieser Störung vor.

Folgende prädisponierende Faktoren werden genannt: Übermüdung, Rekonvaleszenz nach Substanzintoxikation, Hypnose, medikamentöse Behandlung, körperliche Schmerzen, Ängstlichkeit, Depressionen und schwere Belastungen wie militärische Gefechte oder ein Autounfall.

DP Patienten leiden unter Selbstunsicherheit (Meyer), die die Furcht bewirkt, von äußeren Objekten verlassen zu werden. DP wird innerhalb einer breiten Skala seelischer Befindlichkeiten beschrieben, begonnen von traumatischen Erlebnissen bis hin zu Agoraphobien, schizophrenen Psychosen und organischen Hirnerkrankungen. Sie wird auch von Autoren unterschiedlich beschrieben, so diskutiert z.B.

„Oberst (1983) DP als wenig spezifischen Schutzmechanismus im Sinn eines Filters. Meyer (1968) beschreibt DP als Störung der „Ich-Außenwelt-Beziehung" und als Gegenstück zu Zwang und Phobie, wobei den Patienten gemeinsam ist, dass sie unter Selbstunsicherheit leiden, die die Furcht bewirkt, von äußeren Objekten verlassen zu werden. DP-Patienten leiden – so Meyer – unter ihrer „Abgeschiedenheit", Zwangskranke und an Phobien Leidende an ihrem Ausgeliefertsein an die Außenwelt. Die Einordnung der DP aus psychoanalytischer Sicht als Symptom, Abwehrvorgang oder als eigenes Krankheitsbild ist nicht einheitlich (Roshco 1967), sondern abhängig vom individuellen Krankheitsbild in seiner gesamten Erscheinung und dem Stellenwert von DP darin. (H. Neun und M. Dümpelmann in: Hirsch 2000., S. 51)

DP ist eher mit der Verarbeitung von Konflikten, den daran beteiligten Affekten und mit der Persönlichkeitsstruktur im Zusammenhang zu sehen. Nach Freud bringt die Signalangst das Ich dazu, auf eine innere Gefahr durch mobilisierte Triebimpulse so zu reagieren, wie auf eine äußere Gefahr, vor der es sich durch Vermeidung schützen kann. Vorbedingung dafür ist, dass mit den Abwehrmechanismen die Verschiebung und Symbolisierung die Vorstellung eines Objektes, das für das Ich und Über-Ich nicht akzeptablen Impulse auslöst, sich auf ein anderes Objekt konzentriert, ein Gegenstand kann somit gemieden werden, wonach die Verdrängung als Abwehr wieder ausreicht. Bei DP handelt es sich nicht um einen einzelnen Abwehrmechanismus, sondern es hat Syndromcharakter. 2 Mechanismen sind häufig anzutreffen: einerseits die Spaltung, andererseits die Verleugnung.

E. Jacobson beschreibt es als eine veränderte Wahrnehmung, seelische Vorgänge werden wie konkrete Situationen erlebt und bekommen auch ihren Platz. Dabei befindet sich der Körper immer wieder auf der Suche nach der Differenzierung zwischen einem Selbst und Nichtselbst, wobei der Körper zu diesem Zeitpunkt für das Selbst steht. Es stehen Körpervorstellungen zur Verfügung, *„die dem Bedürfnis nach regressiver Konkretisierung besonders entsprechen".* (ebd., S. 53 f, zit. n. Jacobon 1971)

„So ist auch zu erklären, dass innere Realität, Emotionen, Affekte etc. verleugnet werden können wie äußere Realität und dass auf dieser Wahrnehmungsebene durch Isolierung, Verschiebung, Verschmelzung, Verdichtung, Verkehrung ins Gegenteil sowie Wendung gegen das Selbst Aufteilungen wie auch Neuordnungen psychisch der Inhalte in konkreter Form möglich sind. Jacobson (1971) betont die Bedeutung dieser Regression auf ein konkretistisches Wahrnehmungsniveau für DP quasi als Vorbereitung dafür. So tritt z.B. an die Stelle eines subjektiv nicht zulässigen Triebimpulses oder einer verpönten Objektbeziehung ein Körperteil, der, gerade, weil er hoch besetzt ist, entfremdet werden muss." (ebd., S. 53)

Das Ich wird plötzlich durch eine Situation, in der sich der Patient überfordert fühlt, überschwemmt, überflutet, dabei kommt es häufig zu Zuständen von Angst, Wut und Verzweiflung. Danach folgen häufig DP-Phasen, im Sinne von unreifen Abwehrvorgängen. Die Innen- und Außenwelt kann bei DP differenziert werden. Der Realitätsverlust findet im inneren Bereich statt, ebenso die Fehlwahrnehmung, d.h., es kommt zu einer veränderten Selbstwahrnehmung.

„Man könnte zur Unterscheidung von Spaltungs- und Projektionsprozessen bei Psychosen und beim Borderline-Syndrom bildhaft davon sprechen, dass die Spaltung stecken bleibt, noch erfahren wird und als Veränderung der Selbstwahrnehmungsmodalität (partiell) ins Bewusstsein gelangt. Der entfremdete Teil des Körpers bzw. des psychischen Selbst ist – fremdartig erlebtes – Subjekt, wie er auch teilweise Züge eines Objekts bekommen hat." (ebd., S. 54)

Durch die Veränderung des Ich und Selbst verändert sich auch die Wahrnehmung von Objekten. Es gibt Mechanismen, die sich gegen das Selbst wenden. Das Über-Ich steht gegen das wertlose Ich, das Selbst ist wertlos geworden durch die Identifizierung mit einem aggressiv besetzten Objekt. Der größere Anteil des Selbst und Ich bleiben trotz einer Regression im Über-Ich funktionsfähig. Aus dem nicht akzeptierten Teil kommen Selbstschädigungstendenzen, die allgemein nicht suizidal zu werten sind.

DP ist ein Begleitsymptom, das bei unzähligen Zustandsbildern auftreten kann.

Sehr häufig ist das Körpergefühl sehr schlecht, weil das Körperselbst von anderen Selbstanteilen dissoziiert ist. An dieser Stelle gibt es natürlich auch Stimulationstechniken, wie z.B im Sportbereich, Sport wird bis an die Schmerzgrenze betrieben. Auch viele DP –Patienten ritzen sich, um sich wieder zu spüren.

Borderline

Laut Christa Rohde-Dachser wird Borderline als ein *„Krankheitsbild sui generis"* gesehen,

„das phänomenologisch zwischen Neurose, schwerer Charakterstörung und Psychose angesiedelt ist und dort eine relativ stabile Konfiguration darstellt" (Rohode-Dachser 2000, S. 27)

Dieses Krankheitsbild unterscheidet sich trotz mancher Gemeinsamkeiten gravierend von der Schizophrenie und kann psychotherapeutisch unter Berücksichtigung bestimmter „Parameter" gut behandelt werden.

Beobachtete Charakterzüge: (Grinker et al)

1. Wut: die sich gegen die verschiedensten Zielscheiben richtet und den hauptsächlichen oder einzigen Affekt darstellt.
2. Defekt in zwischenmenschlichen Beziehungen
3. Fehlen von Anzeichen einer in sich geschlossenen Identität.
4. Depression: weniger Schuldgefühle als auf Gefühle der Einsamkeit und dem Erlebnis der Unfähigkeit, sich in einer Welt von aufeinander bezogenen Individuen zu engagieren. (ebd., S. 29)

Wut und Ärger wird von manchen Autoren als *„vorherrschender Affekt"* (ebd.) beobachtet, während andere gerade das Gegenteil erfahren, nämlich eine *„weitgehende Aggressionshemmung"* oder auch eine *„passive Aggression"* (ebd.). Diese entpuppt sich erst während einer therapeutischen Behandlung in Form von Wut, die sie auf einen oralen oder narzisstischen Ursprung zurückführen. Sie nimmt den Charakter einer chronischen Feindseligkeit an. Für andere Autoren steht die Depression, Angst, Fremdheitsgefühle, Leere, Verletzbarkeit, Anhedonie (= geschlechtliche Empfindungslosigkeit), Selbstdestruktivität im Vordergrund.

Christa Rohde-Dachser findet es sinnvoll, Borderline in Relation zu einer Charakter-Diagnose zu setzen.

Spezielle Pathologie: In der Pathologie resultiert Borderline aus dem Einsatz von Spaltungsoperationen und anderen Abwehrmechanismen, die die Aufrechterhaltung der Spaltung unterstützen. Es handelt sich um eine Überlebensstrategie gegen massive Kindheitstraumen; insbesondere psychischen und sexuellen Missbrauch, die mit der Störung des Loslösungs- und Individuationsprozesses einhergeht – und zu einer Beeinträchtigung wichtiger Ich-Funktionen führt.

KERNBERG, KOLBERG, GIOVACCHINI haben darauf hingewiesen, dass das Borderline-Syndrom gurndsätzlich mit jedem *„neurotischen Stil"* vereinbar ist: es gibt Borderline-Patienten mit schizoider, depressiver, zwanghafter, hysterischer Persönlichkeitsstruktur und Mischformen.

Für Kernberg besteht das eigentliche Borderline-Phänomen in einer spezifischen Ich-Pathologie, die sich aus dem Einsatz archaischer Spaltungsmechanismen zu Abwehrzwecken ergibt und mit einer entsprechenden Pathologie der inneren Objektbeziehungen und des Über-Ich korrespondiert. Daneben existieren unspezifische Anzeichen von Ich-Schwäche: mangelnde Angsttoleranz, mangelnde Sublimierungsfähigkeit und eine Nähe des Denkens.

Zwetzel vertritt die Auffassung, dass der Narzissmus eine hervorragende charakterliche Komponente bei Borderline-Patienten darstelle und vorwiegend der

Abwehr paranoider Tendenzen diene, die aus der Projektion primitiver oraler Wut entstehe.

Borderline meint ein eigenständiges psychisches Krankheitsbild, das phänomenologisch im Grenzbereich von Neurose, schwerer Charakterstörung und Psychose angesiedelt ist, sich differentialdiagnostisch aber hinreichend genau von diesen nosologischen[13] Kategorien unterscheiden lässt. Psychische Strukturen werden in Mitleidenschaft gezogen. Es finden Spaltungsprozesse des Ichs und andere Abwehrmechanismen statt, dabei handelt es sich um eine Überlebensstrategie gegen massive Kindheitstraumen, insbesondere psychischen und sexuellen Missbrauch, die mit einer Störung des Loslösungs- und Individuationsprozesses einhergeht und zu einer Beeinträchtigung wichtiger Ich-Funktionen führt.

Diagnostische Kriterien von DSM-IV

Eine Borderline-Störung drückt sich in Beziehungen, im Selbstbild und in den Affekten sowie in einer übertriebenen Impulsivität aus. Der Beginn dieser Erkrankung liegt im frühen Erwachsenenalter und manifestiert sich in den verschiedenen Lebensbereichen. Mindestens fünf der folgenden Kriterien müssen erfüllt sein:

(1) verzweifeltes Bemühen, tatsächliches oder vermutetes Verlassenwerden zu vermeiden
(2) Ein Muster instabiler, aber intensiver zwischenmenschlicher Beziehungen, das durch einen Wechsel zwischen den Extremen der Idealisierung und Entwertung gekennzeichnet ist
(3) Identitätsstörungen: ausgeprägte und andauernde Instabilität des Selbstbildes oder der Selbstwahrnehmung
(4) Impulsivität in mindestens zwei potentiell selbstschädigenden Bereichen (Geldausgaben, Sexualität, Substanzmissbrauch, rücksichtsloses Fahren, „Fressanfälle")
(5) wiederholte suizidale Handlungen, Selbstmordandeutungen oder –Drohungen oder Selbstverletzungshandlungen
(6) affektive Instabilität infolge einer ausgeprägten Reaktivität der Stimmung (z.B. hochgradige episodische Dysphorie, Reizbarkeit oder Angst, wobei diese Verstimmungen gewöhnlich einige Stunden und nur selten mehr als einige Tage andauern)
(7) chronische Gefühle von Leere
(8) unangemessene, heftige Wut oder Schwierigkeiten, die Wut zu kontrollieren (z.B. häufige Wutausbrüche andauernde Wut, wiederholte körperliche Auseinandersetzungen)
(9) vorübergehende, durch Belastungen ausgelöste paranoide Vorstellungen oder schwere dissoziative Symptome (DSM IV 1998, S. 739)

Punkt 5 weist auf den engen Bezug zwischen Selbstverletzung und Borderline-Diagnose hin. Dr. Niehnusmayr betont ebenso die Häufigkeit von

---

[13] Krankheitslehre, systematische Einordnung und Beschreibung der Krankheiten

Selbstverletzungen in Zusammenhang mit Borderline, auch spielen Traumatisierungen in der Kindheit und Jugendzeit eine große Rolle. So entsteht ein enger Zusammenhang zwischen der Borderline-Persönlichkeitsstörung und der posttraumatischen Belastungsstörung. Sachsse betont, dass wahrscheinlich in Zukunft eine „komplexe chronifizierte posttraumatische Belastungsstörung" das Selbstverletzende Verhalten am besten beschreiben würde. (Sachsse 1997, S. 56)

Sachsse, Esslinger und Schilling stellten fest, dass SVV-Patientinnen vermehrt unter Persönlichkeitsstörungen, insbesondere unter BPS leiden. Schaffer und Caroll (49) verglichen 14 SVV-Patientinnen mit einer parallelisierten Kontrollgruppe sich nicht selbst verletzender Psychiatriepatienten. Sie fanden dabei signifikant höhere Gesamtwerte im DIB (Diagnostic Interview for Borderlines, 24) bei den SVV-PatientInnen. Herpertz und Saß diagnostizierten nach DSM-III-R bei einer Gruppe von 36 SVV-Patientinnen als häufigstes Störungsbild Essstörungen (22mal), gefolgt von BPS (21mal).

„Was das Ausmaß traumatischer Erfahrungen in der Kindheit von SVV-PatientInnen anbelangt, so fanden Caroll und Schaffer (5) in einer weiteren Studie mit derselben Stichprobe (49), dass von den 14 SVV-PatientInnen fast alle körperlich misshandelt und ein Drittel sexuell missbraucht worden waren. Leider wurden die Ergebnisse beider Studien nicht zusammengefügt, so dass nicht genau zu erkennen ist, wie viele SVV-Patientinnen mit der Diagnose BPS körperlich oder sexuell traumatisiert wurden." (ebd., S.17)

Borderline Symptome nach Christa Rohde-Dachser

Die Symptome zeigen keine Stabilität, charkateristisch dabei ist eine ständige Fluktuation, bei typischen Neurosen hingegen ist auf Grund der Abwehr doch eine bestimmte Stabilität auf pathologischer Ebene gegeben. Deshalb ist es wichtig, eine Diagnose auf mehrere Symptome, die typisch für Borderline sind, zu stützen und den Patienten über einen längeren Zeitraum zu beobachten, um eine voreilige Diagnose zu vermeiden. Auch Kernberg betont, dass es von großer Bedeutung ist, mehrere Symptome gleichzeitig für die Diagnose heranzuziehen.

Christa Rohde-Dachser fasst ihre differentialdiagnostischen Überlegungen zu Borderline folgendermaßen zusammen:

1. Chronische, frei-flottierende Angst:

Es geht darum, dass vermehrt Angst vorhanden ist, aber nicht gebunden werden kann, in diesem Fall ist es schwierig diese von neurotischen Erkrankungen zu unterscheiden. Die Angst wird eingesetzt, um andere bewusstseinsnahe inkompatible Affekte zuzudecken.

2. Multiple Phobien:

Diese sind für den Betreffenden besonders schwer lebbar, wenn damit soziale Einschränkungen einhergehen oder ihn durch eigene körperliche Reaktionen handlungsunfähig machen, wie z.B. Furcht vor Blicken, ständiges Erröten.

Wenn Phobien sich ständig auf symbolische Repräsentanzen des phobischen Objektes beziehen, ist dies ein Hinweis dafür, dass es sich um mehr als eine typische Neurose handelt.

3. Zwangssymptome, die sekundär ich-synton geworden sind und die Qualität überwertiger Ideen und Verhaltensweisen angenommen haben.

Hier will der Patient seine unangenehmen Gedanken abschütteln und versucht dabei, durch Vernunft seine Gedanken in den Griff zu bekommen. Kernberg nennt dabei das Beispiel, dass das ständige Hände Waschen „hygienisch" sei. Dazu gehören auch Patienten mit paranoiden oder hypochondrischen Gedanken, von denen sie längerfristig begleitet werden.

4. Multiple, ausdifferenzierte oder bizarre Konversionssymptome:

Dazu zählen

„monosymptomatische Konversionssymptome, die über mehrere Jahre dauern und „Konversionssymptome, die an Körperhalluzinationen grenzen oder mit bizarren Bewegungsabläufen verbunden sind". (Rohde-Dachser 2000, S. 43)

5. Dissoziative Reaktionen:

Hier handelt es sich um hysterische Dämmerzustände und auch Bewusstseinsstörungen mit bizarren Handlungen. Dabei fehlt häufig das Gefühl für Zeit, Ort und Personen. Manche Borderline-Patienten entwickeln eine Technik von tranceartigen Zuständen, um unangenehme Erfahrungen fernzuhalten. Andere benutzen Drogen, um sich in einen anderen Ich-Zustand zu versetzen. Dazu gehören auch chronische Depersonalisation oder häufig schwere Depersonalisationserlebnisse. Manche Patienten sind innerlich von Einsamkeit durchdrungen und schaffen es, nach außen hin gleich bleibend freundlich zu bleiben. Rohde-Dachser nennt das „Schneekönigin-Syndrom". Sie beschreibt auch, dass es in ihren Therapiestunden besonders eindrucksvoll war, dass „in dem seltenen Phänomen der multiplen Persönlichkeit, in ein Patient sich beispielsweise mit einem heimlichen imaginären Spielgefährten so identifiziert, als ob es sich um Objekte und Vorgänge in der Außenwelt handle." (ebd., S. 45)

Ein Beispiel dafür wäre, wenn ein Patient einem imaginären Spielgefährten ein Eigenleben gibt und dann zeitweise die Gestalt des Patienten annimmt.

6. Depressionen:

Bei Borderline-Patienten liegt häufig ein idealisiertes Selbstbild vor. Wenn dieses Bild zusammenbricht und mit ohnmächtiger Wut oder hilflosen Gefühlen gebündelt ist, so kommt es zu depressiven Zuständen. An dieser Stelle kann es zur Selbstverletzung oder auch zu wahllosen Wutanfällen gegen andere kommen. Wenn suizidale Handlungen gemeinsam mit Wut ohne Depression stattfinden, so deutet dies auf Borderline hin. Nach Kernberg kann man bei dieser Erkrankung auf ein schlecht integriertes Über-Ich schließen.

7. Polymorph-perverse Sexualität:

Dabei werden mehrere perverse Züge gleichzeitig ausgelebt, z.B.:

„Ein männlicher Patient aus dieser Gruppe zeigte beispielsweise heterosexuelle und homosexuelle Promiskuität mit sadistischen Elementen. Ein anderer, ebenfalls homosexueller Patient exhibierte gegenüber Frauen. Eine Patientin bot Homosexualität mit perversen und masochistischen heterosexuellen Zügen" (ebd., S. 46)

8. Episodischer Verlust der Impulskontrolle:

Hier geht es um

„chronische, repetitive Impulsausbrüche, die ein hohes Ausmaß an Triebbefriedigung mit sich bringen, welche außerhalb der impulsbestimmten Episode als ich-syston erlebt wird" (ebd., S. 47).

Zu dieser Gruppe gehören Drogenabhängigkeit, Alkoholismus und bestimmte Formen von Sexualität.

Innere Spannungen können z.B. durch wahlloses Hineinstopfen von Medikamenten, Nahrungsmitteln usw. zum Ausdruck kommen.

Bei Borderline-Patienten ist ein wichtiger Aspekt, dass nicht nur ein Symptom auftritt, sondern mehrere in wechselnder Reihenfolge. Es liegt eine „mangelnde Fähigkeit der Verdrängung und der eng damit verbunden spezifischen Pathologie des psychischen Apparates unter Stressbedingungen mit dem verstärkten Einsatz von Spaltungsoperationen zu Abwehrzwecken vor. (vgl. S. 47 f)

Denkstörungen

Diese sind bei Borderline-Patienten sehr schwer zu definieren, weil das Krankheitsbild so vielfältig ist. In Konfliktsituationen reagieren sie mit regressiven Ich-Veränderungen, die durch eine Abwehrreaktion eine aktive Spaltung von Denkprozessen produzieren. An dieser Stelle wäre es wichtig, die Denkstörung zu differenzieren, zu schauen, ob sie auf diesen Konflikt reduziert ist, oder ob es sich allgemein um eine Denkstörung handelt.

Störungen der Denk- und Assoziationsprozesse

- Charakteristische Anzeichen für primärprozesshaftes Denken
- Störungen der Gedankenkontinuität und des zielgerichteten Denkens;
- Störungen des Gedankenflusses;
- Störungen der Bewusstheit, Aufmerksamkeit, Antizipation und Konzentration;
- Schwäche im Prozess der Begriffsbildung

   Inhaltliche Störungen des Denkens und der Assoziationen

- Inhalt beherrscht von stereotypisierten, anachronistischen Begriffen und Einstellungen;
- Verzerrte Vorstellungen des Selbst, der Körper-Imago, der Welt und der Beziehungen zwischen diesen;
- Rigide und verzerrte Vorstellungen über die Bedeutung und den Gebrauch von Intellekt, Gefühl und Verhalten
- Chaotische Vorstellungen über die Sexualität.

   Ein Beispiel:

„Ein 22jähriger Patient sitzt mir freundlich distanziert gegenüber und berichtet über sein Befinden. In diesem Zusammenhang kommt er auf seine Zahnschmerzen zu sprechen. Sein Bericht enthält, ineinander übergehend, drei Feststellungen: «Zahnarzt hat mir eine falsche Füllung gemacht. Davon habe ich eine Bleivergiftung bekommen. - Ich bin ja selbst schuld. Ich habe meine Zähne vernachlässigt, bis sie kaputt waren. – Ich bin immer regelmäßig zum Zahnarzt gegangen.» Jeder Zuhörer ist darauf eingestellt sich von den Aussagen seines Gegenübers einstimmen zu lassen. Genau das misslingt hier. Die erste Feststellung ist eine Anklage gegen den Zahnarzt. Der Patient stellt sich als Geschädigter dar. Der Gesprächspartner nimmt an, der Patient sei wohl auf den Arzt böse, gleich ob zu Recht oder zu Unrecht. Die zweite Feststellung des Patienten negiert zugleich die erste. Der Patient klagt sich selbst an. Der Therapeut darf als Gefühlshintergrund vermuten, der Patient sei wohl zu ängstlich gewesen, um sich rechtzeitig behandeln zu lassen. Offenbar hat er lieber Schaden genommen, als sich der unangenehmen Behandlung auszusetzen. Die dritte Feststellung negiert wieder völlig die zweite und stellt die erste in Frage. Offenbar ist der Patient aus Angst um seine Gesundheit regelmäßig zum Zahnarzt gegangen, war also nicht selber schuld; aber ob deshalb der Arzt versagt hat oder die Zähne ohnehin schlecht waren, bleibt offen.

Der ständige Wechsel des Standortes verwirrt den Zuhörer, der sich auf eine engen Bezug zum Patienten einlässt. Er hat das Gefühl: «Jetzt verstehe ich überhaupt nichts mehr. Verwirrung und Orientierungslosigkeit treten auf, wie beim Anblick einer optischen Täuschung, wo eine Treppe sowohl nach aufwärts wie nach abwärts führt, je nachdem, wie man hinschaut» (ebd. S. 50)

Das ist ein typisches Beispiel für Menschen mit einer Borderlinediagnose, denen ein logischer Faden in der Beurteilung von Situationen und Strukturen fehlen.

Realitätsbezug von Frosch (Rohde-Dachser 2000, S. 54)

Frosch versucht eine Differenzierung zwischen Borderline-Patienten und Psychotikern zu treffen:

Er unterscheidet:

-   die Beziehung zur Realität („relationship with reality") als die Fähigkeit, die äußere und innere Realität korrekt wahrzunehmen und in angemessener Form zwischen innen und außen zu unterscheiden.
-   das Realitätsgefühl („feeling of reality") als ein unmittelbares Erleben der Wirklichkeit der äußeren und der inneren Welt. (Eine typische Störung des Realitätsgefühls findet man im Erlebnis der Depersonalisation, wo dieser Sinn für die Wirklichkeit verlorenengeht.)

Die Fähigkeit zur Realitätsprüfung („capacity to test reality") ist die Möglichkeit durch Beobachtung und logische Schlussfolgerung Störungen in den beiden ersten Bereichen des Realitätsbezuges zu korrigieren.

Die Fähigkeit Realität zwischen innen und außen zu differenzieren, kann zwar beim Borderline-Patienten ernsthaft beeinträchtigt sein, trotzdem aber ist er im Unterschied zum Psychotiker in der Lage, durch Beobachtung anderer seine Erfahrung zu korrigieren.

Objektbeziehungen

Allgemein bleiben Objektbeziehungen konstant vorhanden, wenn auch möglicherweise problematische Muster zugrunde liegen. Patienten schaffen es oft schwer, sich sozial zurückzuziehen. Es gibt zwar bei vielen eine eigene Phantasiewelt, die auch ausgelebt wird, aber dieser Rückzug ist meistens zeitlich begrenzt.

In der Beziehung zu anderen hat der Borderline-Patient kaum die Fähigkeit, dass er eine echte Objektbeziehung leben kann und den anderen als eigenständiges

Individuum mit all seinen Wünschen und Bedürfnissen wahrnehmen und akzeptieren kann. Das würde eine klare Trennung von Selbst- und Objektrepräsentanzen voraussetzen. Häufig ist damit eine projektive Identifizierung gekoppelt. Eine beginnende Psychose wäre es erst dann, wenn das narzisstische Element in der Objektbeziehung überwiegt. In diesem Fall würde er in mitmenschlichen Beziehungen kaum leben können, weil er andere Menschen wie innerlich unbelebte Objekte behandelt. Er wird die anderen nicht als Gesamtpersönlichkeit wahrnehmen.

Andere Auffälligkeiten

Es gehört zu einer umfassenden Diagnostik dazu, ein Gesamtbild der Symptome zu erstellen und die strukturelle Einbettung in die Familie näher ins Auge zu fassen. Auffallend ist, dass viele Patienten einen Elternteil haben, der schizophren, manisch depressiv usw. ist und die Kinder sich verzweifelt gegen eine Identifikation mit diesem Elternteil wehren. Rohde-Dachser hat die Erfahrung gemacht, dass die Kinder sehr häufig dieselben Muster übernehmen und sich derselben Mechanismen bedienen wie ihre Eltern.

„Die psychotische Dekompensation wirkte in diesen Fällen wie das Ergebnis einer self-ful-filling prophecy". (ebd., S. 56)

- Frühkindliche Traumata

Psychosen werden meist in den ersten sechs Lebensmonaten angesiedelt, in denen

„es bereits zu einer ersten Trennung von Selbst- und Objektrepräsentanzen auf der Basis ganzer Objekte gekommen ist und das Ich sich soweit strukturiert hat, dass es in der Lage ist, die für das Borderline-Syndrom typischen Spaltungsmechanismen aktiv zu Abwehrzwecken einzusetzen" (ebd., zit. n. Kernberg)

Hier können verschiedene Ursachen vorliegen, z.B. längere Hospitalisierung, wenn die Mutter noch nicht die Reife hat, dem Kind Liebe zu geben oder bei einer längeren Erkrankung, schwere Belastungen in der Ehe usw.

- Umgang mit Affekten

Wenn das Kind keine Möglichkeit hat, gravierende Affekte zu verbalisieren, wenn es sozusagen auf der präverbalen Ebene bleibt, dann entziehen sich die Affekte der sekundären Bearbeitung und es kommt zu einer Ausdrucksform, in der sich ein psychisches Gleichgewicht in Form eines psychotischen Niveaus bildet. Wenn diese ursprünglichen Probleme in der Therapie auf eine sprachliche Ebene gebracht werden können, so gibt es die Möglichkeit, das Problem neu zu bearbeiten und zu *„verdauen"*.

- Ich-Grenzen

Hier ist die Frage, ob der Patient die Ich-Grenzen soweit gefestigt hat, dass er Selbst- und Objektrepräsentanzen auseinanderhalten oder auf eine zentrale Konfliktzone beschränken kann, meistens im aggressiven Bereich.

- Das Ich in Bezug auf Stressbedingungen

Es geht um die Fähigkeit, dass das Ich auch unter Stressbedingungen und in Konfliktsituationen Bewältigungsstrategien aufrechterhalten bzw. entwickeln kann. Wenn das nicht möglich ist, entsteht eine Ich-Regression, d.h., dass ein Patient über typisch neurotische Fixierungspunkte nicht hinaus kann, weil ihn ein Gefühl der Ausweglosigkeit gekoppelt mit Angst überschwemmt.

- Der Gewinn der Regression

Dem Patienten kommt die Regression entgegen, wenn er dadurch eine unerträglich empfundene Realität verleugnen kann. Hier wird eine Phantasiewelt kreiert, die Frage ist, inwieweit die gesunden Ich-Anteile dem Widerstand leisten können.

- Akzeptieren von psychischen Vorgängen

Wenn ein Patient sich seinen seelischen Vorgängen öffnet, ist die Gefahr groß, dass er sein Gleichgewicht verliert und von Gefühlen überschwemmt wird. An dieser Stelle benötigt der Patient Struktur von Seiten des Therapeuten, um das Ich zu stärken und Eigeninitiative zu entwickeln.

Allgemeines über Borderline

In der Literatur sind sich die Autoren einig, dass bei Borderline eine spezifische Ich-Störung vorliegt. Diese Störung besteht darin, dass zu wenig reifere Abwehrmechanismen im Sinne von Verdrängung gebildet werden konnten, um den Affekten ein stabiles Gegenüber zu schaffen und diese bewältigen zu können. Hier bilden sich archaische Spaltungsmechanismen, die das Gute vom Bösen trennen und Borderline-Erkrankte haben nicht die Möglichkeit, das Ich mit den vorbewussten Objektrepräsentanzen zu verbinden. Damit geschieht eine Spaltung realer Objekte in gute und böse innere Repräsentanz.

In der normalen Entwicklung reift langsam die Ich-Grenze eines Kindes heran, es kann sozusagen die äußere Realität deutlich wahrnehmen und erfassen. Beim Boderline-Patienten kann die Realität in konflikthaften Bereichen nur vage wahrgenommen werden. Aus dieser mangelnden Trennschärfe von Selbst- und Objektrepräsentanzen empfindet der Borderline-Patient die Außenwelt als bedrohlich. Er charakterisiert seine Außenwelt entweder als „böse" oder idealisiert sie als „gut", um sich so die Umwelt durch einen Kontrollmechanismus berechenbar zu machen. Außerdem sind nicht-neutralisierte Triebenergien vorhanden, die sich in Form von Aggressivität oder Sexualisierung ausdrücken. Wenn das Ich geschwächt ist, kommen diese Triebenergien hoch und die Realitätsbewältigung ist besonders in Konfliktsituationen schwierig. Er wird förmlich überschwemmt, aber er hat nicht die Möglichkeit, das Problem reflexiv zu bearbeiten. Dabei werden Entwicklungsschritte im Bereich einer stabilen Ich-Identität stark behindert.

„Das Ich-Ideal spiegelt die unvermindert fortbestehende Idealisierung früher«guter» Elternimagines wider, mit entsprechend unrealistischen Anforderungen an das Ich, denen dieses nur mit vernichtender Selbstkritik begegnen kann." (ebd., S. 74)

Dem Borderline liegt eine Ich-Schwäche zugrunde, die sich in mangelnder Angsttoleranz, Mangel an Impulskontrolle, mangelnder Sublimierungsfähigkeit ausdrückt. Nach Kernberg kann die Angst weite Teile des psychischen Apparates überfluten.

Spaltung, projektive Identifikation

Ein wichtiger Bestandteil in der menschlichen Entwicklung ist, dass Objekte idealisiert werden. Das dient dazu, dass einerseits durch das besondere Hervorheben von Objekten Wünsche erfüllt werden, andererseits schützt es auch vor zerstörerischen Impulsen.

Kernberg spricht von einer primitiven Idealisierung, die den Zweck hat, dass äußere Objekte als ausschließlich gut angesehen werden, die vor den bösen Objekten schützen können. Er spricht in diesem Zusammenhang von einer *„prädepressiven Idealisierung"*, Borderline-Patienten bleiben meist auf dieser Stufe stehen und beziehen von dort her ihre *„omnipotenten Identifikationen"*. Ein Beispiel dafür zeigt Rohde-Dachser in Freuds Krankengeschichte von Wolberg in *„der Wolfsmann"* auf, wo das Kind die Ablehnung durch die Eltern und ihre völlige Selbstbezogenheit verleugnet und die Eltern idealisiert, während es sich gleichzeitig selbst für sein Nicht-Geliebtwerden tadelt und den Hass gegen die Eltern auf Geschwister und Kinderfrau ablenkt. (vgl. S. 86)

Hier handelt es sich um einen gezielten Abwehrvorgang, der einerseits mit *„exzessiver Aggression"* vorgeht, wobei die mobilisierte Aggression auf andere Objekte gelenkt wird, andererseits werden die Eltern idealisiert. Die Projektion ist notwendig, um die Idealisierung aufrechtzuerhalten.

Im Normalfall ist es für Kinder im Laufe der Entwicklung möglich, sich durch Realitätsprüfung von dem Schwarz-Weiß-Bild zu lösen und die Welt facettenreicher wahrzunehmen.

Verleugnung

Die Verleugnung ist der Hauptabwehrmechanismus, die die Spaltung aufrechterhält. Verleugnung wird dort eingesetzt, wo die Verdrängung fehlt. Das Problem der Verleugnung ist, dass sie eine inkompatible Vorstellung nicht vom Bewusstsein ausschließen, sondern maximal in das Vorbewusste abschieben kann. Das Ich ist auf ein Gefahrensignal vorbereitet und reagiert in gleich starkem Maß, nämlich mit Verdrängung. Damit ist die Möglichkeit einer Entwicklung des Individuums praktisch auf Null reduziert.

Bei der Behandlung zeigt sich die Verleugnung durch das Vergessen aktueller Konflikte oder in einer Therapie wird ein kaum überwindbarer Widerstand entgegengesetzt.

Jacobson geht davon aus, dass die Fähigkeit der Verleugnung Hand in Hand mit der Wahrnehmung der äußeren Realität beim Kind geht. Die innere Realität kann nur dann verleugnet werden, wenn die äußere Realität der inneren gleichgesetzt wird.

„Nach Jacobson geschieht dies durch eine partielle Regression der inneren Realität auf ein «konkretistisches infantiles Stadium», wo das Kind den Unterschied zwischen innerer und äußerer Welt zwar bereits wahrnimmt, aber innere und

äußere Objekte noch in gleicher Weise behandelt.[...] Die Verleugnung setzt also eine Auflösung abstrakter psychischer Strukturen und deren «regressive Desymbolisierung» zurück auf das Niveau konkretistischer Objekte beim Individuum voraus". (ebd., S. 94)

Die Beschaffenheit der Selbstbilder

Der Borderline-Patient verfügt einerseits über ein megalomanes Größenselbst, andererseits existiert ein Selbstbild, indem er sich selbst stark abwertet. In Beziehung mit anderen Menschen ist er ständig von unverhältnismäßig großer Furcht geprägt, weil er schwer Grenzen zwischen sich und anderen ziehen kann und so steht ihm oft nur der abrupte Rückzug aus der Beziehung zur Verfügung. Andererseits benötigt der Borderline-Patient andere Menschen als Gegenkraft, wo er sich „reiben" muss, um sich selbst erleben zu können.

„Das Ich wird zwischen dem Selbst und dem anderen in einer symbiotischen, sado-masochistischen Operation gespalten. Ohne den anderen (Elternteil oder Analytiker), der als Spiegel oder Gegenkraft dient, fühlt sich der Patient zerstört. Der Patient erlebt keine unabhängige Ichkraft. Das Teil-Ich existiert nur, wenn es dem Rest des Ich (der im anderen lokalisiert ist) Widerstand leisten kann. Infolgedessen können sich diese Patienten nicht voll äußeren Zielen hingeben – sie können Fertigkeiten und Kenntnisse nicht als Zeichen der Ich-Expansion erleben, weil diese nicht den Zweck erfüllt, das Teil-Ich mit dem anderen Teil-Ich zu vereinigen." (Rohde-Dachser S. 108, zit. n. S. Rosner)

A.B. Lewis beschreibt die Problematik, dass Borderline-Patienten ihre Selbstgrenzen nur mit Hilfe ihres idealisierten Objektes verschmelzen können. Damit haben sie keine Selbstgrenzen gebildet und sind durchlässig. Einerseits hungern Borderline-Patienten nach Identifizierung, um ihre Leere füllen zu können, andererseits sehen sie auch die Gefahr des völligen Identitätsverlustes. Sie versuchen ständig ihr Selbstbild dem Fremdbild anzupassen und sind versucht, das Fremdbild zu übernehmen, um eigene Spannungen abzubauen. Nach Kernberg ist die Fähigkeit, Gefühle zu entwickeln, reduziert, weil der Patient ambivalente Gefühle gegenüber einem Objekt empfindet. Um ihre Leere loszuwerden, ringen manche Patienten ständig um das Lebendigsein. Der Kampf um das Gefühl zu leben, lässt sie destruktiv werden, sie müssen sich selbst körperliche Verletzungen zufügen, oder sich riskanten Situationen aussetzen, um sich in ihrer Todesangst der eigenen Existenz sicher zu sein.

Es gibt verschiedene Thesen von Entwicklungsstörungen, die zu Borderline führen könnten. Viele Autoren gehen davon aus, dass das Borderline-Syndrom auf eine frühe Störung in der Mutter-Kind-Beziehung zurückgeht, wobei keine eindeutige Antwort auf diese Frage gefunden werden konnte. Wenn die Mutter zu wenig Empathie gegenüber dem Kind entwickeln konnte, so kann das Kind nicht während der Loslösung auf ein internalisiertes Mutterbild zurückgreifen, sondern ein Muster von schlechten Erfahrungen vorfindet und (wird) ist traumatisiert. Green meint, dass dem Borderline-Patienten

„ausreichende Erinnerungsspuren früher Befriedigungserlebnisse fehlen, auf denen er Sicherheits- und Identitätsgefühl aufbaun und auf die er in der Regression zurückgreifen konnte". (ebd., S. 128)

Giovacchini sieht das Trauma

„lange vor der Differenzierung von Selbst und Objekten: Die Mutter könne das Kind nicht befriedigen, weil sie sich ganz generell durch die Pflegeaufgabe überfordert fühle und an Minderwertigkeitsgefühlen leide, die mit einem amorphen Selbstbild verbunden sind". (ebd.)

Masterson und Odier sehen das Trauma in

„frühen Trennungserfahrungen, die für das Kind den Charakter unmittelbarer Todesgefahr hatten. Als Folge die Erlebnisse klammere sich das Kind an die Mutter und verzichte auf Verselbständigung, um seine Sicherheit nicht erneut zu riskieren". (ebd.)

Andere Autoren sehen in der Mutter eine allzu übermächtige Frau, wo das Kind die eigene Motivation, um etwas zu lernen, aufgeben muss. Die Mütter werden als „intelligent und überfütternd" beschrieben. Die Autonomiebestrebungen werden unterbunden. Das wiederum führt in der Pubertät zu einem innerlichen Chaos, das sich später zu einer Borderline-Störung entwickeln kann. Der Jugendliche muss dann auf die Allmacht der Mutter verzichten, kann es aber nicht wirklich.

Zusammenfassung

Menschen, die unter Borderline leiden, haben häufig Angst davor, von ihren Bezugspersonen verlassen zu werden. Eine kleine Verspätung eines Freundes kann bereits diese Angst auslösen. Wutausbrüche sind auch oft eine Folge, wenn die Vorstellungen von denen anderer auseinanderklaffen. Das kann zu starken Gefühlsschwankungen und zu einer Veränderung des Selbstbildes führen. Plötzlich sieht sich der Betroffene als „böse". Das Alleinsein bereitet den Betroffenen auch Probleme, sie brauchen ständig jemanden um sich. Sie haben häufig wechselhafte, aber intensive Beziehungen. Ihre Umgebung wird kurze Zeit idealisiert, das kann dann aber plötzlich umschlagen. Sie erleben intensive, stark schwankende Gefühle, Depression, Traurigkeit, Angst, Schuld oder Scham. Ihre Schwierigkeiten im zwischenmenschlichen Bereich beziehen sie auf sich selbst und plötzlich kann ihr negatives Selbstbild wieder auftauchen. Sie erleben auch manchmal sehr positive Gefühle, meistens dauern diese Episoden nur einige Stunden, selten einige Tage.

Wenn sie von negativen Gedanken umgeben sind, kommt es zu einem Gefühl der Leere. Sie finden Langeweile unerträglich und versuchen sich deshalb ständig zu beschäftigen.

Die auffälligste „Gefühlsstörung" sind Wutausbrüche. Sie reagieren bei Konflikten mit Ärgerausbrüchen und heftigen Streitereien, die mit Beschimpfungen, manchmal sogar mit körperlichen Auseinandersetzungen enden.

Wenn Menschen mit Borderline sehr stark belastet werden, können sich auch vorübergehend paranoide Vorstellungen bilden. Sie sind davon überzeugt, dass sie niemandem trauen können und äußerst vorsichtig sein müssen. Manchmal haben sie dann das Gefühl des Unwirklich-Seins oder fühlen sich losgelöst vom eigenen Körper. Bei einer Reduktion der Belastung, verschwinden diese Symptome wieder.

„Die Borderline-Persönlichkeitsstörung ist eine mehrfaktoriell verursachte Erkrankung (Entwicklungsfaktoren, traumatisierende Erfahrungen, Scheitern bei unsicher- ambivalenten Beziehungsmustern, ungünstige Lösungsmuster), ihr Ausbruch steht im Zusammenhang mit stressreichen Lebensereignissen. Die Krankheit hat einen großen Leidensdruck für die Betroffenen zur Folge und führt zu erheblichen Belastungen der Angehörigen. Der Verlauf der Erkrankung hängt maßgeblich von krankheitsunabhängigen Faktoren ab, etwa dem Bewältigungsverhalten, der sozialen Unterstützung, der sozialen Kompetenz des Betroffenen und (vom Ergebnis) der Therapie. Den meisten Betroffenen gelingt im Laufe der Erkrankung eine doch wenigstens tragbare Kompensation der Symptome. Bei vielen kommt es allerdings zur Entwicklung von Folgeproblemen, etwa von Suchterkrankungen." (Rahn 2003, S. 36)

Der Wiener Aktionismus ist ein österreichisches Spezifikum, der, wie der Name schon sagt, von Wien ausging und sich als eigene Kunstrichtung in Österreich entwickelte.

Ursprünglich entstand der Wiener Aktionismus vor dem Hintergrund von wertkonservativen, autoritär erstarrten Strukturen in einem bestimmten Klima zwischen Politik und Gesellschaft von 1968. Diese Kunstrichtung stellte bestehende Ordnungen infrage und versuchte diese Ordnungen auch zu überwinden. Der österreichische Aktionismus versuchte sich aus einem stickigen, konservativen und klerikalen Klima zu befreien und wandte sich bewusst gegen Unfreiheit, Unterdrückung, Krieg und Folter. Er regte viele Künstler wie Günter Brus, Elke Krystufek und Hermann Nitsch durch seine Radikalität an, ihren Körper als Form des Ausdrucks und als Möglichkeit künstlicher Strategien einzusetzen. Die Wiener Aktionisten hatten den radikalen Anspruch auf Erneuerung, die Künstler wollten gesellschaftliche Realitäten widerspiegeln, indem sie vor allem auf die Verbrechen der Nazizeit und das Totschweigen derselben reagieren wollten. Insofern war der Wiener Aktionismus eine Antwort auf das Schweigen und Nichtreagieren der Österreicher. Ziel dieser Nachkriegskunst war es, eine Entgrenzung herbeizuführen und gegen den bürgerlichen Kunstbegriff zu agieren. Man wollte die Verdrängung von Gefühlen aufheben und dem Zuschauer eine sinnliche Wirklichkeitserfahrung vor Augen führen. Durch das Teilnehmen an diesen Aktionen wollte man in erster Linie schockieren, in zweiter Linie den Einzelnen von psychisch-sozialen Zwängen befreien. Das Ziel mancher Aktionen war es, dass der Mensch die Möglichkeit bekam, Grenzen zu überwinden, sich selbst zu finden und sich sowohl individuell als auch kollektiv zu reinigen.

Die Wiener Aktionisten wollten die bürgerliche Moral und Vorstellung von Sexualität bloßstellen. Inspiriert wurden sie durch Sigmund Freud, der die Sexualität zu einem gesellschaftlichen Thema machte. Trotzdem war die Sexualität in den 50er / 60er-Jahren noch immer tabuisiert, deshalb verwendeten die Wiener Aktionisten bewusst nackte Körper. Schockieren konnten sie auch durch die Verwendung von religiösen Ritualen und gesellschaftlichen Mustern, die sie provokant durch ihre Aktionen in Frage stellten. Sie wollten viele Menschen damit wachrütteln. Die Künstler verwendeten Themen wie Opfer, Selbstkasteiung, Märtyrer-Ikonografie, Prozessionen. Wichtige Inspirationsquellen waren für viele Künstler die Religion und deren Riten oder Politik.

Der Wiener Aktionismus stellte den menschlichen Körper in den Mittelpunkt von Aktionen und Dokumentationen. Er konzentrierte sich auf die Körperflüssigkeit Blut von Mensch und Tier und behandelte dieses Thema in den unterschiedlichsten Ausprägungen der sechziger und siebziger Jahre. Hermann Nitsch ist hier der berühmteste Künstler, der mit Tierblut und Fleisch sein Mysterien-Theater inszenierte. Die Ausdrucksmittel, die in der Geschichte bisher verwendet wurden wie Malerei, Skulptur und Zeichnen wurden durch das Miteinbeziehen von Körper und Gegenständen erweitert. Bei den Wiener Aktionisten wurde das Modell immer mehr ausgeschlossen. Vielmehr nahm sich der Künstler selbst als Leinwand. Hermann Nitsch und Otto Mühl arbeiteten mit dem Körper anderer während Günter Brus und später auch Elke Krystufek den eigenen Körper für Selbstbemalungen oder Selbstverstümmelungen verwendeten.

Rückblickend ging es den Künstlern in den sechziger Jahren um die Öffnung des Körpers, um die Befreiung von Zwängen in der Gesellschaft, auch um die Zerstörung der Integrität. Die Künstler drückten diese Kritik in Form von nackten Körpern und Körperflüssigkeiten aus, indem z.B. Günter Brus zuerst urinierte und dann sich mit einem Messer in den Oberschenkel schnitt, sodass Blut aus seinem Fleisch floss. In der Religion ging es genauso um Körperflüssigkeiten (Blut) wie in der Kunst. Im Mittelpunkt standen Symbole des Schmerzes und der Leiden, die oft aus dem Zusammenhang gerissen schockierend wirkten, vor allem, wenn profane Symbole in ihrer eigentlichen Bedeutung bedroht waren. Kunst, in der Blut oder Urin verwendet wurde, drang in die öffentliche Sphäre ohne Kontext. Das empfanden viele Zuseher als ekelerregend und abstoßend. Außerdem war es für die Zuseher eine neue Situation, dass sich der Künstler selbst als Material zur Verfügung stellte. Er führte dem Zuschauer eine Kulthandlung vor Augen, es blieb ihm keine andere Wahl, als bei der Inszenierung einer Selbstverletzung zuzusehen, da der Künstler die Selbstgefährdung als künstlerische Strategie einsetzte, indem er sich selbst verletzte, Wunden zufügte, Selbstamputation vortäuschte oder einen „Fast-Selbstmord" inszenierte. Die Wiener Aktionisten wollten die Grenze zwischen Kunst und Leben aufheben. Dabei überschritten sie bewusst die Scham- und Ekelgrenze und später wiesen speziell feministische Künstlerinnen durch symbolhafte und metaphorische Handlungen auf Unterdrückungsmechanismen hin. Dazu gehörte auch die Selbstverletzung.

In den 60er-Jahren stieß Valie Export auf die Künstlergruppe. Sie war eine der wenigen Frauen, die in der Kunst eine wichtige Rolle spielte, ansonsten waren Frauen zu dieser Zeit eher ausgeschlossen, sie waren Randerscheinung. Es war ein Anliegen von Valie Export, die Rolle der Frau in einer von Männern dominierten Gesellschaft zu thematisieren. Sie gestaltete ihren eigenen Körper und erklärte ihn zu einer Projektionsfläche männlicher Phantasien. So zeigte sie während einer Aktion z.B. ihren linken Oberschenkel, auf dem ein Strumpfband in einem schmerzhaften Prozess eintätowiert wurde. Einerseits war die Tätowierung Zierde andererseits ein Brandmal. Valie Export wollte damit eine Befreiung des weiblichen Körpers von der Männerwelt demonstrieren.

In den siebziger Jahren bekam die Performance eine neue Bedeutung und versuchte besonders auf die Leiden der Frau wie Vergewaltigung, Unterdrückung, Opferrolle aufmerksam zu machen. Auch Gina Pane führte eine Performance mit demonstrativer Selbstverletzung im Gesicht durch, in der sie auf die tägliche Unterdrückung der Frau hinweisen wollte.

Die Unterschiede zwischen den einzelnen Aktionskünstlern waren groß, trotzdem gab es aber Gemeinsamkeiten. Im Zentrum des Geschehens der „Happenings" stand immer der menschliche Körper (die Akteure waren meistens nackt und somit schutzlos), Materialen jeder Art (tote Tiere, Tierblut) wurden verwendet und aggressive Handlungen durchgeführt. Dabei stand der Schmerz im Mittelpunkt. Durch Schockieren wollte man den „biederen" Bürger aufrütteln. Eine wichtige Rolle spielte der Voyeurismus des Publikums, denn ohne ihn hätte das Mittel der exhibitionistischen Provokation der Künstler keinen Raum finden können. Die Kunst lebte sozusagen von Schaulustigen. Zusätzlich war noch die Presse meistens gegenwärtig, die diese Aktionen zum Skandal machten und somit rückte der Wiener Aktionismus in die Öffentlichkeit. Die Presse war sozusagen Mitakteur. Viele Menschen konnten sich mit dem Wiener Aktionismus nicht anfreunden. Um die Hintergründe der Kunst zu erklären und sich auch zu rechtfertigen, verfassten unter anderem auch Günter Brus und Otto Mühl 1968 ein Flugblatt. Oswald Wiener brachte den Inhalt des Flugblattes noch einmal sehr treffend auf den Punkt:

„nicht wir sind entfremdet, sondern die welt. Die institutionen

ersticken uns. Die kommunikation ist fremd. Wir brauchen chaos.

Nur das zerbröseln von institutionen schafft luft, nur der affront,

die verfremdung bezeichnet die entfremdung."[14]

Auch andere Künstler außerhalb von Österreich führten auch Performances durch. Etwas später ließ sich die Französin Orlan zwischen 1990 und 1993 Operationen an ihrem Gesicht im Rahmen einer Performance durchführen. Sie stellte eine Vorlage nach fünf Frauenbildern der Kunstgeschichte zusammen, die nicht dem Schönheitsideal von heute entsprechen, die Stirn stammt etwa von Mona Lisa, die Haut von Boticellis Venus. Sie sieht nicht den Schmerz im Vordergrund, sondern sie sieht sich als lebende Skulptur. Die Künstlerin fokussiert nicht die die vollkommene Schönheit, sondern die

„Operation der Performance" und den *„modifizierten Körper".* (Schneede 2002, S. 130)

Sie ließ sich vor großem Publikum operieren, das dem Geschehen beiwohnte. Nach jeder Operation wurde sie kontinuierlich fotografiert. Jedoch wurden die Bilder, die die Entwicklung ihres veränderten Gesichtes zeigten, 40 Tage geheim gehalten, um die Spannung zu erhöhen. Orlan nannte ihre Arbeit „L'Art Charnel" – „Kunst aus Fleisch und Blut". Sie versuchte, das zu zeigen, was sonst bei jeder Operation geheim gehalten wird, blau unterlaufene Augen, wilde Schnitte und geschwollene Gesichtspartien.

„Einerseits scheint Orlan mit dem Publizieren der verschiedenen Zustände ihres Gesichts eine Art Voyeurismus zu bedienen, denn „die Chirurgie ist ein Geheimnis", wie sie auch Mike Hentz gegenüber äußerte, „es muß mysteriös und magisch bleiben". Andererseits leistet sie sich eine Anti-Haltung, stellt sie gängige Verhaltensnormen und Schönheitsideale infrage. Wo in der Bildkunst ansonsten die subtile Verwandlung, das Prinzip der Metamorphose gilt, triumphiert hier das Physisch-Faktische. Orlan nimmt sich die Freiheit des Experiments am eigenen Leibe. Sie setzt im wahrsten Sinne des Wortes ihren Kopf aufs Spiel." (ebd., S. 130)

An dieser Stelle greift die Künstlerin Orlan den Wahnsinn des Körperkultes in unserer Zeit auf. Das Schönheitsideal der Frau wird uns täglich durch die Medien vor Augen geführt, der Druck auf das Individuum wird in unserer Gesellschaft immer größer. Das Maßschneidern unseres Körpers ist mittlerweile alltäglich, nicht nur Models, die ihren Körper ständig präsentieren müssen und sich sozusagen keinen Fehler leisten dürfen, unterziehen sich Schönheitsoperationen, diese Praktik greift nun allgemein um sich. Wer es sich leisten kann, verändert das eine

---

http://class.georgiasouthern.edu/~hkurz/wiener/ow-c-3.htm)

oder andere Detail an sich. Nach wie vor gibt es hier einen Unterschied zwischen Mann und Frau. Orlan kritisiert die Erwartungen der Gesellschaft an die Frauen und zeigt durch ihre Aktionen den Schmerz, die Opferbereitschaft, die dafür notwendig ist, auf. Jugendliche, die wenig Selbstwertgefühl haben, glauben oft, dass eine Lösung in der Veränderung ihres Körpers liegt.

Meine Gedankenverbindung vom Wiener Aktionismus und von ähnlichen Kunstströmungen zum Schneiden und Ritzen

ist folgende: Der Gedanke, dass Jugendliche sich freiwillig selbst verletzen, weil ihre seelische Not so groß ist, war für mich gewöhnungsbedürftig. Da ich selbst manchmal auf körperliche Schmerzen wehleidig reagiere und sie auf jeden Fall zu vermeiden versuche, war es mir fremd, sich selbst Leid zuzufügen. Dieser schonungslose Umgang mit dem eigenen Körper schockierte mich. Als ich ein Plakat, das eine Ausstellung von Elke Krystufek 2003 ankündigte, sah, entdeckte ich, dass sie in ihren Arbeiten Körper, Haut, Blut, die Frau in der Opferrolle zum Thema machte. In ihren Performances überschritt Elke Krystufek ihre „Hautgrenze" und schnitt sich dabei mit einem Messer ins Fleisch. Blut floss aus ihrem Körper heraus. Ich wurde neugierig, welches Motiv Elke Krystufek zu solchen Aktionen bewegte, was die Grundaussage ihrer Kunst sein könnte. Immerhin setzte sie ihren ganzen Körper für ihre Aktionen ein und zeigte ihre Verwundbarkeit auf.

Also auch in der Kunst gibt es dieses Phänomen der Selbstverletzung. Kunst ist für mich immer eine spannende Auseinandersetzung mit gesellschaftlichen Phänomenen. Aber wo könnte ich eine Parallele finden zwischen Kunst, die den Körper zum Thema macht, ihn gestaltet und bearbeitet, tief verletzt und den ritzenden Mädchen, die sich ebenso Wunden zufügen, um ihre Leere nicht mehr spüren zu müssen? Intuitiv spürte ich einen Zusammenhang, konnte aber die Gemeinsamkeiten noch nicht zur Sprache bringen. In beiden Fällen werden die gleichen Bilder und Symbole verwendet.

Elke Krystufek wollte auf eine Welt aufmerksam machen, die nicht miteinander kommuniziert, die den Einzelnen in einer individualisierten Welt stehen lässt, die isoliert. Sie steht auf der Seite der Schwächeren in unserer Gesellschaft, weil sie sich mit sozialer Diskriminierung Gewalt, Sex und Tabus beschäftigt. Sie stellt das ungeschützte Individuum bloß, indem sie die Nacktheit des Menschen in eigener Person vorführt, aber sie weist auch auf die Maskierung von kulturell normierten Zeichen und Rollen hin, indem sie sich z.B. wie eine „Hure" kostümiert und dem Zuschauer die „Traumfrau" mit Netzstrumpfhose und durchsichtiger Bluse, grell rot geschminkten Lippen und langen Haaren vor Augen führt, es ist ein Bild das nach Elke Krystufek von männlich phallischen Projektionen bestimmt ist. Sie zeichnet ein klares gesellschaftliches Bild und weist auf die Opferrolle, in der sich häufig Frauen befinden, immer wieder hin. Mädchen, die schneiden, befinden sich auch in dieser Opferrolle, und zwar in einer passiven weiblichen Rolle. Elke Krystufek ist eine Künstlerin unserer Zeit. Ich wollte den Beginn des Phänomens seit dem Wiener Aktionismus näher kennen lernen und seine Geschichte bis in die Gegenwart unter die Lupe nehmen. Dabei möchte ich auf die drei wichtigsten Vertreter näher eingehen und einen Bezug zwischen Selbstverletzung und Wiener Aktionismus aufzeigen. Zunächst aber beschreibe ich ein paar Künstler, die mit ihrer Kunst die Verletzlichkeit des menschlichen Körpers in den Mittelpunkt stellten, um einen kleinen Einblick in die Vielfalt dieser Kunstrichtung zu geben.

Blut ist ein zentrales Thema beim Wiener Aktionismus und ähnlichen Kunstströmungen. Michel Journiac bot in der *Messe für einen Körper* einen aus seinem Blut produzierten Körper in Form eines Puddings an. Er wies dabei auf die besondere Verletzbarkeit des Körpers hin und machte Isolierung, Einsamkeit, Risiko, Gefährdung, Schmerz und Überwindung des Schmerzes ähnlich wie andere Aktionisten zum Thema. Marina Abramovic führte die Aktion „The Thomas'Lips" 1975 in Innsbruck durch, wo sie Opfernde, aber auch Opfer war. Sie aß langsam einen Kilo Honig vor dem Publikum auf, trank einen Liter Rotwein und zerbrach das Weinglas in ihrer Hand. Mit den Scherben zeichnete sie einen Stern mit fünf Zacken auf ihren Bauch. Dann peitschte sie sich aus und legte sich auf eine Eisfläche, bis das Publikum sie von ihrer Tortour rettete. Für M. Abramovic waren zum einen die in Szene gesetzten Psychodramen wichtig, zum anderen ihre Grenzerfahrungen in Bezug auf Schmerz.

In den 70er-Jahren machte die Künstlerin Ana Mendieta auf sich aufmerksam. Von Anfang an setzte sie ihren Körper als Material der Kunst ein, wobei das Blut immer eine zentrale Rolle spielte. Ana wurde in einer wohlhabenden Familie geboren, aber mit 12 Jahren von ihrer Familie getrennt. Ihr Vater war Anti-Kommunist und Castro-Gegner und aus politischen Gründen schickte er seine beiden Töchter vorsichtshalber allein in die Vereinigten Staaten. Zuerst wuchs Ana in einem Waisenhaus auf, dann in einer Pflegefamilie. Ihre Hoffnungslosigkeit und Hilflosigkeit drückte sie in ihren Werken aus. Sie musste mit ihrer Einsamkeit und ihrer Entwurzelung klarkommen. Es war für sie eine Möglichkeit, sich abzureagieren, indem sie Aktionen inszenierte. Hinzu kam noch, dass sie wachgerüttelt wurde, als eine Studentin vergewaltigt und ermordet wurde. Zu diesem Zeitpunkt inskribierte sie gerade an der Universität in Iowa. Dieses Ereignis war Anlass, dass Ana Mendieta eine Vergewaltigungsszene inszenierte, indem sie in ihrem Apartment halbnackt, blutverschmiert über den Tisch gefesselt lag. Rundherum lag blutige Kleidung und zerbrochenes Geschirr verstreut. Damit brachte sie diesen Fall aus der Anonymität in die Öffentlichkeit und brach das Schweigen durch Schockieren. Einen Monat später führte sie eine neue Aktion durch. „People Looking at Blood. Moffit" – „Menschen im Angesicht von Blut". Moffit war der Name des Vermieters. Ana Mendieta goss Blut vor ihre Eingangstür und zeichnete die Reaktionen der vorbeikommenden Menschen mit einer Kamera auf. Viele Menschen fragten natürlich nach der Herkunft des Blutes, wobei es vorbeigehende Menschen schockierte, dass man sie an einem öffentlichen Ort als Unbeteiligte damit konfrontierte. Ana Mendieta versuchte, ihre Verlassenheitsgefühle, das Herausgerissenwerden aus ihrer Familie in die völlige Fremde durch Aktionen mit Blut als Ausdrucksmittel für seelischen Schmerz zu verwenden.

Jenny Holzer gestaltete das Titelblatt der Süddeutschen Zeitung (19. November 1993) mit den Worten

„Da wo Frauen sterben bin ich hellwach". Ihr Gedanke war, dass „Blut an den Händen klebt, wenn die Schuld am Tod eines anderen unabweisbar ist." (Schneede 2002, S. 147)

Auf der Innenseite wurde von der Redaktion folgende Erklärung abgegeben: „Dieser Satz auf der Titelseite wurde nicht mit normaler Farbe gedruckt. Wenn Sie die Schrift berühren, dann berühren Sie Blut, das Blut von Frauen. Mit diesem symbolischen Akt will die amerikanische Künstlerin Jenny Holzer das Thema ihres

Zyklus zuspitzen: Gewalt gegen Frauen." Jenny Holzer schrieb den Text auf die Haut, um seelische Schmerzen der Betroffenen spürbar zu machen und sie wollte *„physischen Schmerz"* symbolisch darstellen. Sie versuchte mit der Wirkungsmacht des Authentischen eine reale Substanz einzusetzen, um so die Menschen zu erreichen.

„Warum ist das Blut auf der

Titelseite so ein Schock? Weil

wir es plötzlich mit den Hän-

den berühren können. Es wird

so viel Blut vergossen auf der

Welt, und wir schauen seelen-

ruhig zu. Erst wenn wir mit

dem Blut in Berührung kom-

men, erst wenn es regelrecht

an unseren Händen klebt, sind

wir schockiert."

Jenny Holzer

In den 90iger Jahren gewinnt der Künstler Marc Quinn an Bedeutung. Er will seinen Körper miteinbeziehen. Es ist ein Versuch, *„zu klären, was es heißt, ein lebendiges, materielles Wesen zu sein"*, d.h., er will seinen Körper verstehen. Er will begreifen, „was es heißt, eine Person in der Welt zu sein":

„Ich beginne mit dem einzigen Körper, den ich in- und auswendig kenne, also mit mir selbst." Er glaubt, dass der Körper ein gemeinsamer Nenner der Menschen ist und so zu Verständigung beiträgt. *„Er spricht eine Sprache, die von allen verstanden wird weil alle anderen ebenfalls körperliche Wesen sind."*

 Marc Quinn fertigt einen Silikonabdruck seines Kopfes an und füllte diese Gussform mit seinem eigenen Blut, 5 Liter, das entspricht der Menge, die normalerweise in einem menschlichen Körper zirkuliert. Das Blut zapfte er vorher kleinweise ab. Sein einzigartiges Selbstbildnis wurde mit einer Kühleinrichtung vor dem Auftauen bewahrt. Marc Quinn sieht diesen Prozess so:

„Aus etwas Eigenem ist ein Teil der Anderen beschrieben. Aber es ist dieselbe Materie … Ich bin in ihr verkörpert … Die Materie ist nicht einfach physische Masse oder totes Material." (Marina Schneede 2002, S.150).

Der Künstler stellte symbolisch seine ständige Gegenwart durch die Kopfskulptur dar, er verewigte sich in seinem Kunstwerk, andererseits lässt ihn die erstarrte Masse aus Blut leblos erscheinen. Blut, das symbolisch für Leben steht, bekommt in diesem Zusammenhang eine neue Bedeutung. Die Maske beschreibt einen Zustand zwischen Leben und Tod, der überaus beklemmend wirkt. Hier finde ich eine Parallele zu den Mädchen, die sich selbst verletzen. Sie befinden sich auch in einem Zustand, wo sie sich nicht besonders lebendig fühlen, jedoch alles unternehmen, um nicht tot zu sein. Sie wirken auch oft eingefroren, nicht fähig, ihre Gefühle zu ordnen, Orientierung zu finden, Boden unter den Füßen zu gewinnen. Hier kann man Marc Quinns Kopf als Symbol sehen.

„Natürlich ist die Kunst nicht

dasselbe wie die Wissen-

schaft. Aber beide behandeln,

in verschiedener Weise,

dieselben Probleme. Beide

fragen nach der Konstitution

der materiellen Welt."

Marc Quinn

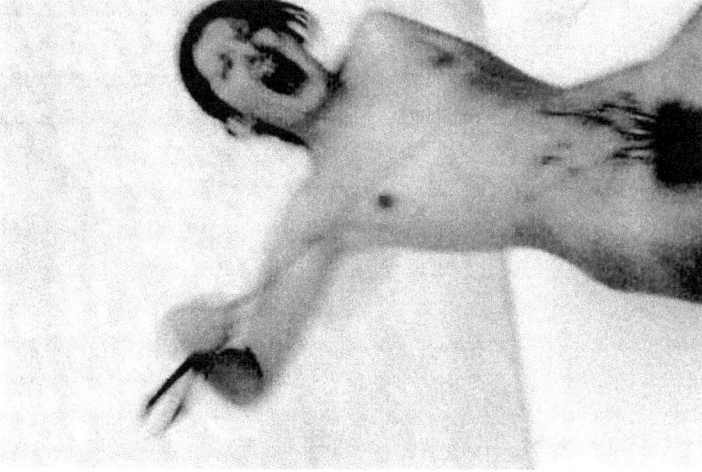

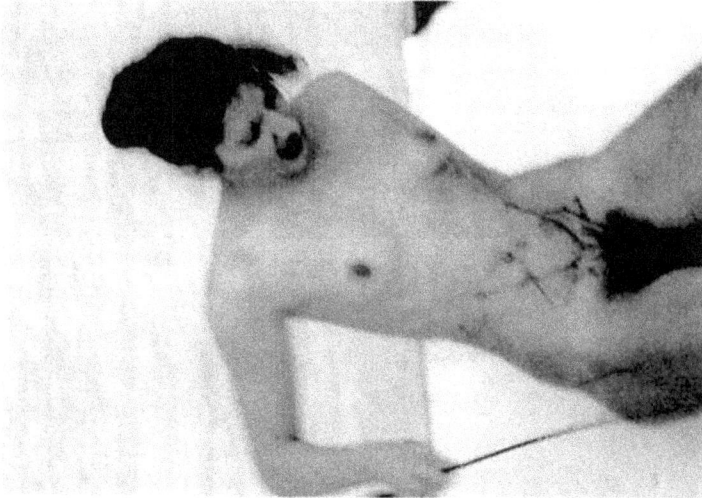

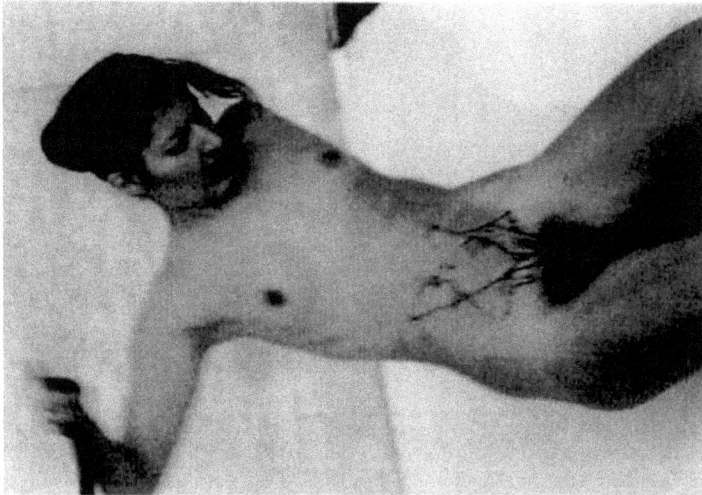

Vorhergehende Seite:

Abbildung 6: „THOMAS' LIPS", 1975, Marina Abramovic

Hermann Nitsch

Blut war, wie ich schon vorher erwähnt habe, ein essentieller Stoff für die Kunst. Es wurde in der 2. Hälfte des 20. Jahrhunderts als neues Material in der Aktionskunst verwendet. Hermann Nitsch wurde in den 60er-Jahren für seine Blutorgien berühmt. Er setzte Blut ein, weil die Farbe Rot für ihn die intensivste war. Blut steht auch bei ihm als Symbol für Leben und Tod, außerdem hat Blut eine hohe Ausdruckskraft.

„Rot ist die intensivste Farbe,

die ich kenne, Rot ist die

Farbe, die am intensivsten zur

Registration reizt, weil sie die

Farbe des Lebens und des

Todes gleichzeitig ist.“

Hermann Nitsch

(Marina Schneede 2002, S. 136)

Hermann Nitsch hatte schon sehr früh die Idee, ein Orgien-Mysterientheater zu veranstalten, es wurde als Ritual ähnlich einer katholischen Messe aufgeführt und genauestens geplant. Noch immer werden Aktionen von H. Nitsch inszeniert. Bei diesen Festen werden Tiere (meistens Lamm oder Stier) getötet, gehäutet und ausgeweidet, das Blut wird von den meistens in weiß gekleideten Helfern, die das Theater mitinszenieren, in Eimern gesammelt. Akteure werden mit verbundenen Augen auf Bahren oder Kreuze gebunden, mit Tierkadavern bedeckt, mit deren Gedärmen abgerieben und mit Tierblut überschüttet. Somit hat das Blut symbolische Bedeutung, nämlich das eines Kreuzigungsopfer. Es entstehen intensive Bilder, die tief ins Unbewusste vordringen. Zusätzlich zum Blutgeruch mischt sich Weihrauch. Prozessionen werden von Musik begleitet, es wird orgiastisch getanzt. Hermann Nitschs Aktionen dauern mehrere Tage. Sie verstehen sich als Lebensfeste. Hermann Nitsch wollte die Erinnerung an archaische barbarische Bräuche wieder lebendig machen, ins Bewusstsein rufen. Ursprünglich wurden Menschenopfer dargebracht, um die Götter gut zu stimmen, später wurden sie vom Tieropfer abgelöst. Nitsch thematisiert das Blut, das er für sein Orgien-Mysterien

Theater verwendet:

„Ich nehme durch meine Kunstproduktion (Form der Lebensandacht) das scheinbar Negative, Unappetitliche, Perverse, Obszöne, die Brunst und die daraus resultierende Opfer-Hysterie auf mich, damit IHR EUCH den befleckten, schamlosen Abstieg ins Extrem erspart." (ebd., S. 139)

H. Nitsch setzte nicht nur Blut ein, sondern auch Blutkadaver, eben als Symbol für das Tieropfer. Mit seinen Aktionen ging er an äußerste Grenzen, was die Belastung des Publikums betraf. Er wollte die verdrängten Bereiche durch die Kunst zugänglich machen, indem er dem Publikum das Ausleben der Triebe intensiv vor Augen führte. Er argumentierte seine „Abreaktionsspiele" mit folgenden Worten:

„Eine rückversetzung in unbewußtere psychische zustände des menschen legt werte der tragödie frei, den nackten existenzentwurzelten erregungszustand, der hinter dem wort im schrei liegt." (ebd., S. 139)

Für Hermann Nitsch stellt seine Kunst einen Entwicklungsprozess dar, sie hat nichts zu tun mit einer banalen Idee, sondern Hermann Nitsch wurde von Religion, Philosophie und natürlich auch von Kunst inspiriert. Am meisten beeindruckten ihn die Expressionisten, die den Ausdruck von Schmerz und Leid, auch verbunden mit dem Tod, in ihren Bildern veranschaulichten. Das Tragische rüttelt den Einzelnen aus dem Alltag, aus den Lebensgewohnheiten wach, es bewirkt eine Verwandlung und ist notwendig für die Lebendigkeit „allen Seins". Um dem Sein begegnen zu können, muss der Mensch mit dem Tod konfrontiert werden. Für Nitsch ist das Inhaltliche unwesentlich, ihm geht es um die Form. Sie bietet ihm die Möglichkeit, eine eigene Sprache zu entwickeln, seinen „Ausdruckswillen" zu entfalten. Die Konsequenz der gewählten Form bringt ihn in tiefste Abgründe erotischer, sadomasochistischer Lebendigkeit. Seine Ausdrucksform steht jenseits von Gut und Böse, jenseits von Ethik und Moral. Die Form ist die Voraussetzung, um das Tragische ausdrücken zu können. Sie gibt ihm als Künstler die Möglichkeit, Leid expressiv darzustellen.

Der Begriff des Unbewussten, den er von Sigmund Freud und Friedrich Nietzsche übernahm, spielt bei Hermann Nitsch eine wichtige Rolle. Das Unbewusste verliert sich in der Natur und entzieht sich dem Bewussten. Aufgrund unserer Naturhaftigkeit wird der Mensch kalkulierbar, einschätzbar, die Ethik des Christentums gerät dadurch ins Wanken. Das Böse gibt es für Nitsch nicht. Es sieht das sogenannte *„Böse"* als fehlgeleitete Energien, die, wenn sie nicht gelebt werden, Druck ausüben, oder negativ gesehen, *„Abgründiges, Exzessives"* (Otmar Rychlik, S. XLIII) bewirken. Als Folge drückt sich überflüssige Energie in Grausamkeit aus. An diesem Punkt stellt sich die Frage, ob Grausamkeit zum Mensch-Sein dazugehört. Hermann Nitsch bezieht diese Frage auf das Christentum. Er empfindet die Passion Christi als Grausamkeit. Das Leben wird vernichtet, um die Auferstehung in den Mittelpunkt zu rücken. Er glaubt nicht, dass die Christen zum Leben hier auf Erden ein gesundes Verhältnis haben. Durch die Verdrängung der Triebe und Energien kann jederzeit die Grausamkeit im Menschen wieder auftauchen. Hermann Nitsch:

„Ich entdeckte die psychoanalyse für mein theater, es ging mir um eine psychoanalytische dramaturgie. Der abstrakte expressionismuns wühlte die

psyche auf. Längst verdrängte und scheinbar verkümmerte emotionen, eine uns neu und gemäss unserer natur definierende sinnlichkeit rüttelte uns wach, machte unsere archaik bis tief in unsere raubtierhaftigkeit bewusst, ursprünge der mythen legten sich bloss. Die substanzsinnlichkeit der farbe führte zu fleisch und blut, zum öffnen und ausweiden der tierkadaver, zum zeigen und betasten der feuchtschleimigen eingeweide. Blut verspritzt. Die ursache, warum grausamkeit und morde sich in die mythen drängten, zeigte sich. (ebd., XLIII)

Hermann Nitsch war es in seiner Arbeit wichtig, die Psychoanalyse miteinzubeziehen. Seine Theaterinszenierungen sah er als eine Form der Therapie, da sie Sprache überwinden und tiefliegende Empfindungen, die im Unbewussten als Konflikt vorliegen, an die Oberfläche bringen. Sein Theater bietet dem Zuschauer die Möglichkeit der Abreaktion. Nitsch meint, dass Sigmund Freud diese Form des Abreagierens nur wegen des Wiederholungszwanges ablehnte. Ansonsten hätte Freud das Theater als eine Form des Ausdrucks gewählt.

Nitsch sieht das Leben im Spannungsfeld zwischen Exzess und Leere. Er sagt:

„Unsere tiefste natur liegt im exzessiven ausleben, wird über das (ekstatische) ausleben ergründet und wird ebenso, über die meditative sublimierung des triebhaften, durch die leere erfahren. Der exzess ist intensität, die erfahrung der leere, des ungeboren-seins, wird durch höchste lebendigkeit, wachheit und daseinsintensität gewonnen." (ebd., S. XLVI)

Das Theater hat die Aufgabe, den Menschen frei zu machen.

Hermann Nitsch sieht das Christentum

„als eine krankheit, als eine leibfeindliche sadomasochistische neurose, die es zu überwinden gilt. Auch hier ist das verdrängte leben leicht einsichtig, das sich in der grausamkeit der passion und, letzten endes, im dramatischen exzess des kreuzes ausdrückt. Mein theater sucht das leben und reisst es durch den exzess der intensität aus seiner verdrängung ins bewusstsein." (ebd., S. XLVI)

Die „wollust" wandelt sich in „qualwollust" um und führt zu Zerstörung und geht über Leben und Tod hinaus. Hermann Nitsch sieht im Christentum die „zucht und abtötung der triebe und des leibes" (ebd.) als zentrale Stelle, was wiederum in Form von sadomasochistische lebensenergie gelebt wird. Der Kernpunkt der Botschaft ist die Passion und Kreuzigung Christi. Das Christentum ist voll von Martersymbolen. Er beschäftigt sich intensiv mit Religionspsychologie und Religionsphänomenologie, er will zwar die Kirche kritisieren, aber er will auf keinen Fall Blasphemie betreiben. Nachdem er in diesem christlichen Kulturkreis aufgewachsen ist, versucht er, die Symbolik herauszuarbeiten. Als therapeutisches Ziel sieht er es, dass sich der Einzelne aus dem verdrängten Leben herauslöst, sich befreit und auf frühere Lebensformen zurückgeht.

Hermann Nitsch empfindet sein Sechs-Tages-Festspiel als Fest, die Tragödie soll in ein Fest verwandelt werden, Augenblicke des Leides überwunden werden, der Augenblick der Lebendigkeit soll über den Schmerz triumphieren bis hin zur Erleuchtung. Seine bekannteste Inszenierung ist das „Sechstagespiel" in Prinzdorf 1998.

Parallelen zwischen Kunst und Selbstverletzung bei Jugendlichen

Es stellt sich folgende Frage: Welcher Zusammenhang besteht zwischen moderner Kunst, etwa dem Mysterientheater und ritzenden Mädchen?

Als ich zum ersten Mal auf die Bilder von Hermann Nitsch gestoßen bin, fielen mir sofort diese Mädchen ein. Bei Hermann Nitsch steht das Blut im Zentrum, seine Schüttbilder mit Tierblut ließen mich aufhorchen, weil auch beim Ansetzten von Messer und Rasierklinge das Blut eine wesentliche Rolle spielt. Für die ritzenden Mädchen hat das Blut die Funktion, sich noch spüren zu können, zu wissen, dass man noch am Leben ist. Frauen, die sich selbst verletzen, können meistens ihre diffusen Gefühle nicht verbalisieren. Das Ritzen ist dann ihr Ventil, um eine Druckentlastung herbeizuführen. Sie müssen erst wieder lernen, ihre Wut und Einsamkeit, ihre Aggression zu benennen. Hermann Nitsch meint, dass durch die Verdrängung der Triebe und Energien jederzeit im Menschen Grausamkeit auftauchen kann. Umgesetzt auf das Ritzen würde das heißen, dass durch die Verdrängung, durch das Nicht-Zulassen-Können von negativen Gefühlen grausame Handlungen, jedoch nicht gegen die anderen, sondern gegen sich selbst ausgeführt werden. Nitsch sieht seine Aktion als Form der Abreaktion und diese ist bei den ritzenden Mädchen auch gegeben. Sie müssen ihr erfahrenes Leid abreagieren und diese Aktion wird für sie so essentiell, dass sie unter einem Wiederholungszwang leiden. Nur so finden diese Mädchen ein Ventil, weil sie das Gefühl haben, Probleme nicht zulassen zu dürfen.

Die Verdrängung von Leid und Schmerz hat in unserer christlichen Kultur Tradition. Es wird vermittelt, dass der Einzelne Leid erdulden und annehmen muss. Speziell für Mädchen in unserer Kultur ist die Opferbereitschaft sehr prägend und die Mädchen fühlen sich als Opfer, sie müssen in ihrer meist tristen Familiensituation unheimlich viel ausgleichen und sind nicht in der Lage oder haben einfach nicht die Möglichkeit, wenigstens ihre Nöte zu verbalisieren oder gar zu bekämpfen.

An dieser Stelle möchte ich noch hinzufügen, dass Mädchen in unserer Gesellschaft oft die passive Rolle übernehmen, nach wie vor gibt es große Unterschiede in der Erziehung. Hartmut Kasten (1999) beschreibt in seinem Buch „Pubertät und Adoleszenz", dass eben Mädchen anpassungsfähiger sind

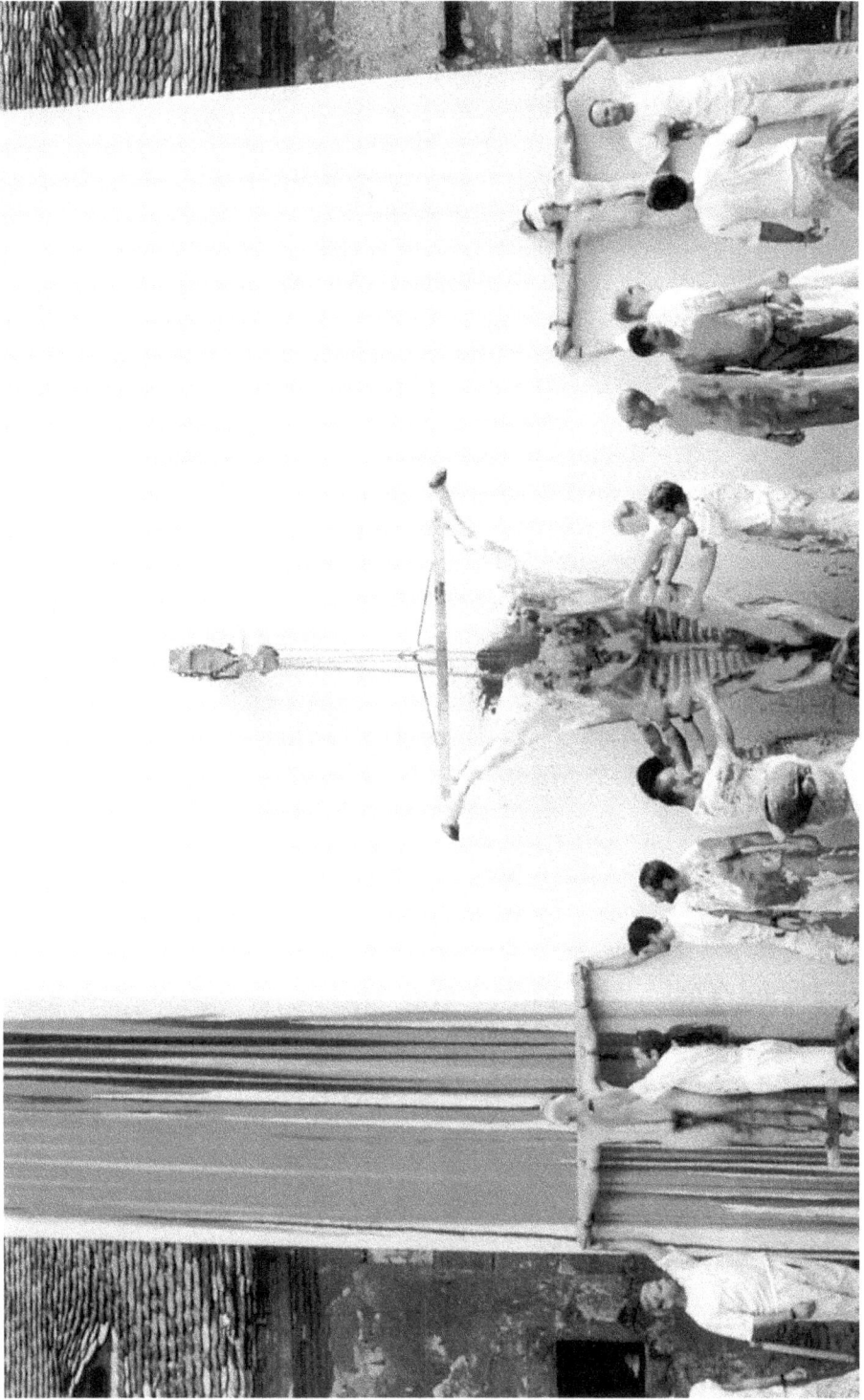

Vorhergehende Seite:

Abbildung 7: „6-TAGE-SPIEL DES ORGIEN-MYSTERIEN-THEATERS", Hermann Nitsch, 1998

und den Anforderungen ihrer Umgebung eher entsprechen. Häufig ist die Wahrnehmung eigener Fähigkeiten und Kompetenzen negativ getönt. Situationen mit bestimmten Anforderungen werden nicht selten als bedrohlich erlebt. Da Mädchen ihre Lernumwelt zumeist als nicht von ihnen selbst kontrollierbar erfahren haben, kommt es oft zu zweifelbesetzten und angstbeladenen Auseinandersetzungen mit dem Lerngegenstand. Das Erleben der eigenen Hilflosigkeit und Ängstlichkeit trägt zum Aufbau eines negativ getönten Selbstwertgefühls bei, das besonders in der Konfrontation mit Lernanforderungen allgemein zum Tragen kommt. Es resultiert schließlich die Selbsteinschätzung:„Ich bin nicht besonders begabt." Aufmümpfiges und aggressives Verhalten wird noch vielfach als unangemessen empfunden. Deshalb vermeiden viele Mädchen von vorn herein Konfliktsituationen. Vielfach verhalten sich Mütter ähnlich in Konfliktsituationen und Kinder übernehmen dieses Muster. Oft schlagen dann Gefühle in Trauer, Depression, Verzweiflung um.

Hermann Nitsch bezeichnet diesen Mechanismus als verdrängtes Leben. Er kritisiert auch die Leibfeindlichkeit und an dieser Stelle sehe ich einen Zusammenhang zum Christentum, weil der Körper im Christentum sehr stiefmütterlich behandelt wurde, er durfte nicht gespürt werden, Körperlichkeit galt als sündhaft und diese Sünde haftet uns eben noch an. Diese Körperfeindlichkeit ist in unserer Gesellschaft immer noch spürbar. Jugendliche, die ihren Körper nicht mehr spüren können, sind ein Teil unserer Gesellschaft und zugleich auch Symptomträger. Mädchen, die ihren Körper beschädigen, sind von einem negativen Körpergefühl begleitet, ihr Körper spielt eine schlechte Rolle, er ist hassenswert.

Ich denke, dass das Ritual ein wichtiges Thema ist. Es spielt bei Hermann Nitsch ebenso eine wesentliche Rolle wie bei den ritzenden Mädchen. Alles hat seine Ordnung, um diese Aktion durchführen zu können. Auch hier sehe ich Gemeinsamkeiten zwischen dem Ritual des Ritzens und dem Mysterien-Theater.

Bei Hermann Nitsch werden innerste, religiöse Symbole angesprochen, sein Mysterien-Theater gleicht einer Messe. Hermann Nitsch sagt:

„Die symbolbildung hat viel mit kunst zu tun. ein symbol ist der sprache überlegen. Es drückt etwas aus, das mit sprache nicht mehr zu sagen ist. Sinnlich intensive eindrücke bzw. substanzen, die sich sinnlich intensiv registrieren lassen, werden für die symbolbildung genützt, assoziationen ketten sich an sinnlich intensiv empfindbare substanzen." (Otmar Rychlik 2003, S. XL)

Nitsch verwendet Symbole wie Blut, Opfer, Reinigung, Kreuzigung. Um den Ausdruck zu steigern, werden Sekrete verschmiert und verspritzt. Es finden Orgien statt, in denen sich der Mensch zu einem übersteigerten sinnlichen

Empfinden bringen kann. Hermann Nitsch will den Menschen von einer *„tiefen Sinnestrunkenheit zu einer tiefen Seinstrunkenheit"* bringen. Er meint, dass eine Reinigung befreiend wirkt. Der Mensch hat zutiefst den Wunsch, den Tod zu überwinden und sich seelisch zu reinigen. Auferstehungsriten wie Kommunion, Beichte, Ölberg, Wandlung, Kreuzigung sieht er in unserer Gesellschaft verankert.

„Zuschauer erleben eine Abreaktion durch das Hinabsteigen in das Unbewusste" *(ebd.),* meint Nitsch. Die Jugendlichen, die sich selbst verletzen, brauchen auch ihr Ritual, um sich zu befreien, ich sehe das Schneiden auch als Reinigungsakt.

Abschließend möchte ich zu Hermann Nitsch noch sagen, dass er mit seiner Kunst sicher etwas Neues geschaffen hat, dass er unsere Kultur hinterfragt. Er nimmt das Schuldbeladene in unserer Gesellschaft unter die Lupe und versucht durch sein Mysterientheater im Zuschauer neues Bewusstsein zu schaffen. Die Reflexion des Menschen ist ein zentrales Thema für ihn. Er hat einen Weg gefunden, der heute noch viele Diskussionen in der Gesellschaft auslöst und viele Menschen vor den Kopf stößt. Auch die ritzenden Mädchen schockieren, sie stoßen den Einzelnen, der diese Thematik nicht kennt, genauso vor den Kopf und erschüttern. Die Art, wie Hermann Nitsch seine Botschaft umsetzt, ist Geschmackssache. Ich finde seine Botschaft in Bezug auf eine Gesellschaftsanalyse, auf die Prägung christlicher Kultur hochinteressant. Nitsch, der ein anerkannter Künstler ist, berührt, weil viele seiner Aussagen zutreffend sind.

Günter Brus

Günter Brus, der 1938 in der Steiermark geboren wurde, besuchte die Kunstgewerbeschule in Graz. Anfangs malte er, hatte jedoch wenig Erfolg damit. Als er Hermann Nitsch und Otto Mühl kennen lernte, begann er selbst mit einer Aktion, wohl aus der Sorge heraus, den Anschluss zu seinen beiden Freunden in der Kunst zu verlieren. Er löste sich von der herkömmlichen Art, er malte nicht, sondern er verwandelte den eigenen Körper in ein Medium. Dazu meint er:

„Mein Körper ist die Absicht, mein Körper ist das Ereignis, mein Körper ist das Ergebnis" (Monika Faber 2003, S. 25 zit. n. Günter Brus)

Zusätzlich versuchte er auch, neue Kreationen von Wörtern und Motiven zu schaffen und in neuen „Sinn-Bildern" seine Sichtweise darzustellen. Er begründete durch seine Kunst die Körperkunst und „Body-Art", weil er in seinen Aktionen den Körper in den Mittelpunkt stellte. In dem Sinne gab es einen Paradigmenwechsel von der Malerei zu Aktionen bis hin zur Selbstbemalung. Anders als die anderen Aktionisten arbeitete er immer mit seinem eigenen Körper mit Ausnahme seiner Frau Anni und seiner Tochter Diana, die ebenso an seinen Performances beteiligt waren. Er konfrontierte den Zuschauer immer wieder mit der Verletzlichkeit des eigenen Körpers und hantierte mit verletzenden Gegenständen wie Messer, Schere Axt, Gabel und Rasierklinge. Er versuchte, seine Suggestion der Autoaggression möglichst weit zu treiben. Seine bekannteste erste, öffentliche Aktion, die er zum ersten

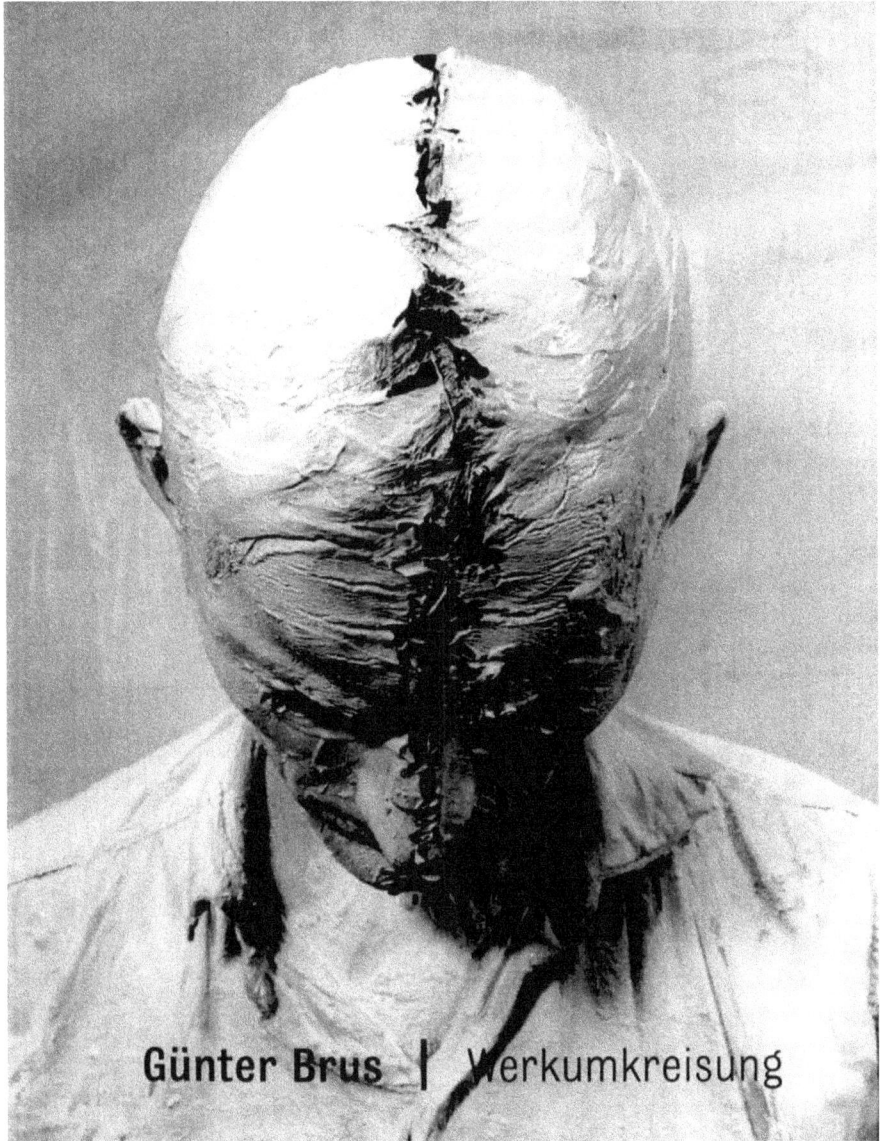

Günter Brus | Werkumkreisung

Vorhergehende Seite:

Abbildung 8: „WERKUMKREISUNG", 1964, Günter Brus

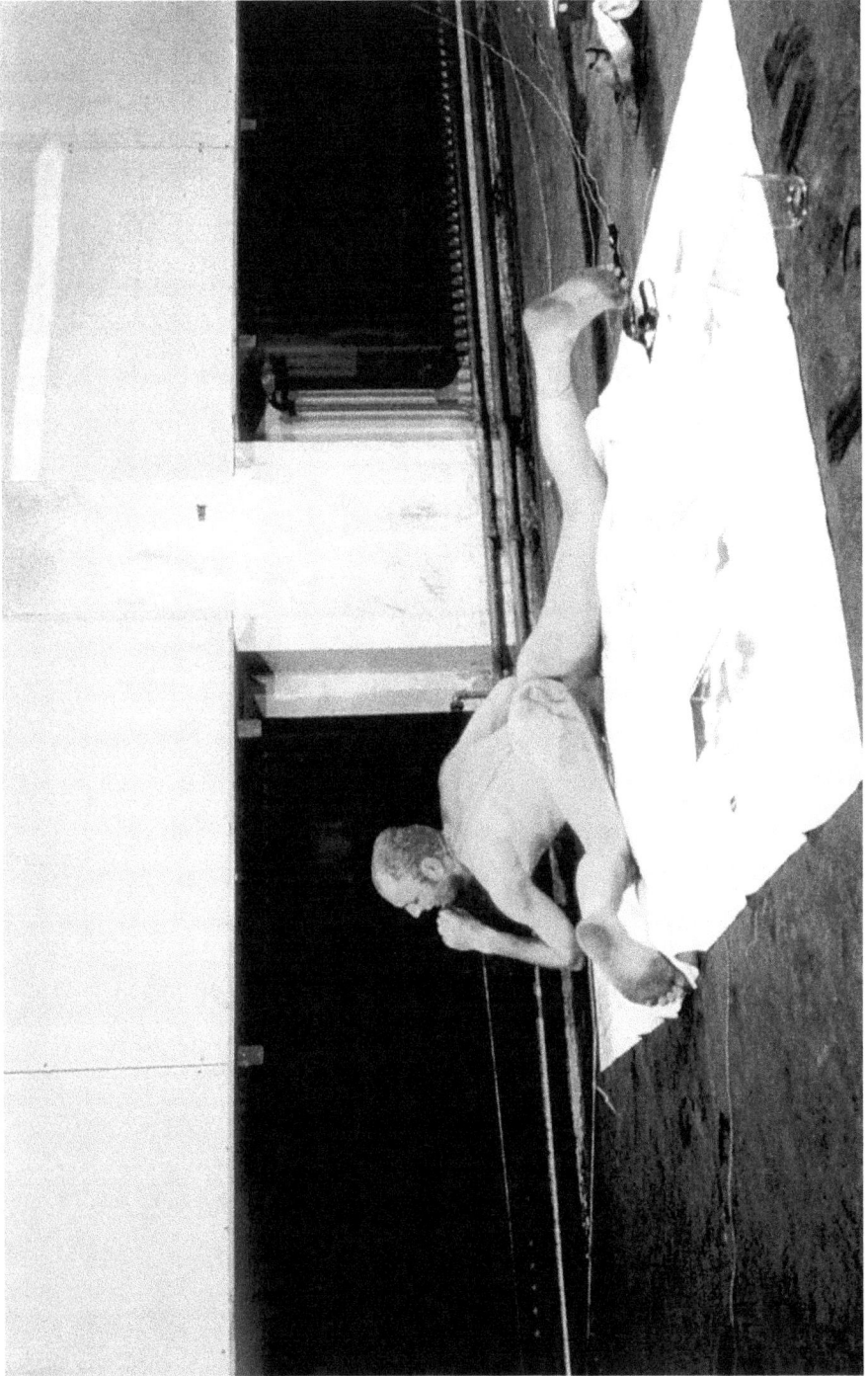

Vorhergehende Seite:

Abbildung 9: „ZERREISSPROBE", 1970, Günter Brus

Mal öffentlich durchführte, war der „*Wiener Spaziergang*" 1965. Er bemalte sich von Kopf bis Fuß völlig weiß, doch in der Mitte wurde sein Körper mit einer schwarzen Trennlinie in zwei Hälften geteilt. So spazierte er durch Wien. Sein Körper wirkte gespalten, verletzlich. Sein erster öffentlicher Auftritt war ein Erfolg, weil die Menschen auf der Straße stehen blieben und Günter Brus erstaunt beobachteten.

Etwas später, 1966, führte G. Brus die Aktion „*Malerei. Selbstbemalung. Selbstverstümmelung*" durch. Er malte einen Strich vom Gesicht bis hin bis zu seiner Brust, wo er eine aufklaffende Wunde simulierte. Über seiner linken Augenbraue malte er eine Rasierklinge, dann aber scheute er nicht davor zurück, sie auch zu benutzen, um sich tiefe Wunden in sein eigenes Fleisch zu schneiden, wie z.B. bei der Aktion „der helle Wahnsinn". Das Publikum schaute zu, wie G. Brus die Blase und den Darm entleerte und sich schließlich die Haut mit einer Rasierklinge aufritzte. Günter Brus wollte die Zerstörungen und Verstümmelungen nicht als allgemein-menschliches Problem sehen, sondern er stellte die neue Devise „Wir sind Krüppel" auf und brachte sie in einen aktuellen Zusammenhang. Günter Brus setzte sich mit der Schmerzgrenze des Menschen auseinander, er ging zwar physisch bis an seine Grenzen, zeigte aber zugleich die psychische Verstümmelung mit seinen Aktionen auf. Er stellte sich sozusagen einer „*Zerreißprobe*", wie der Titel einer Performance zeigte und plante zuerst zeichnerisch

„*gedehnte, verletzte und verstümmelte Körper, malträtiert von Geräten wie Messern, Nägeln, Schnüren, die zusammenhanglos dem undefinierten Bildraum ausgesetzt werden.*" (ebd., S. 76).

Seine Pläne verwirklichte er, indem er selbst seinen Körper diesen Tortouren aussetzte.

Im Mai 1968 lud Günter Brus am Judenplatz in Wien zu einer „HipHop" Aktion ein. Er stellte sich nackt auf einen Sessel, zog sich ein Hemd und eine Damenunterhose mit Nylon-Strümpfen an. Damit versucht er, sich zu einer geschlechtsneutralen Person zu verwandeln. Er stellte die Geschlechterrollen und die Identität der Frauen bzw. der Männer in Frage. Außerdem wollte er gegen die bürgerliche Moral und ihre Ausgrenzungen revoltieren. Er ritzte sich dann öffentlich mit einer Rasierklinge in den Oberschenkel und in die linke Brust und fing die Blutstropfen mit Hilfe eines Gurkenglases auf, in das er vorher zwei Eidotter und ein paar Schamhaare hineingegeben hatte. Am

Vorhergehende Seite:

Abbildung 10: „INFORMEL", 1964, Günter Brus

Schluss ließ er Beethovens 5. Symphonie erklingen während er seinen Kot ausschied. Die Tageszeitung berichtete zwar unter dem Motto „Happening-Künstler schockierte Anhänger", aber die Öffentlichkeit nahm noch wenig Notiz von Brus Aktionen.

Im selben Jahr lud die SÖS (Sozialistischer Österreichischer Studentenverband) zu dem Event in der Wiener Universität unter dem Titel *„Kunst und Revolution"* Günter Brus, Otto Mühl, Peter Weibel, Oswald Wiener u.a. ein. Günter Brus führte seine Aktion *„Zerreißprobe"* durch. Dabei schnitt er sich wiederum in Brust, Oberschenkel, urinierte, beschmierte sich mit Kot und sang onanierend die Bundeshymne. Diese Aktion schockierte zum Teil, begeisterte aber auch manche Studenten. Durch die Boulevardpresse, die die sofortige Verhaftung der „Uniferkel" Brus, Wiener und Mühl forderte, kamen die drei Künstler für zwei Monate in Untersuchungshaft. Günter Brus wurde in der Öffentlichkeit zum Feindbild abgestempelt. Ein psychiatrisches Gutachten erklärte:

„Die Darbietungen von Günter Brus zeigen naturgemäß, weil sie gegen die heute gültigen Gesellschaftsnormen verstoßen, einen ausgesprochen provokativen und auch aggressiven Charakter". (ebd., S. 81)

Im Gutachten kam man zu dem Schluss, dass er *„nicht geistes- oder gemütskrank"* war, aber man wollte auf keinen Fall sein überaus provokantes Auftreten respektieren. Günter Brus betonte, dass es sich bei seinen Aktionen um eine neue Kunstform handle, in der der Mensch in den Mittelpunkt gestellt wird. Er wollte mit der Bundeshymne aufzeigen, dass in Österreich alles boykottiert werde, was fortschrittlich sei. Über Günter Brus wurde, im Unterschied zu seinen beiden Kollegen, die Höchststrafe von sechs Monaten „strenger Arrest" verhängt. Nachdem G. Brus Berufung einlegte, diese aber abgelehnt wurde, flüchtete er mit seiner Frau und seiner Tochter nach Berlin. Später konnte er die Haftstrafe in eine Geldstrafe umwandeln.

Im Juni 1970 wurde Günter Brus zu einer Aktion eingeladen, die er wiederum *„Zerreißprobe"* nannte. Es war die Aktion, mit der er das Aktionismuskapitel dann abschloss. Der Künstler ließ sich kahl rasieren, zuerst erschien er in Frauenunterwäsche, dann nackt. Er stand stellvertretend für die Gesellschaft auf der Bühne als Gezeichneter mit kahl geschorenem Kopf. Er bezog sich auf die Leidensgeschichte Christi, indem er in seine Seitenwunde den Finger legte.

„Auch Kokoschka ließ sich den Kopf scheren, seine Devise lautete, dass man das Leiden der Zeit überwinden kann, indem man es ausspricht." (ebd., S. 84, zit. n. Kokoschka)

Vorhergehende Seite:

Abbildung 11: „SELBSTVERSTÜMMELUNG I", 1965, Günter Brus

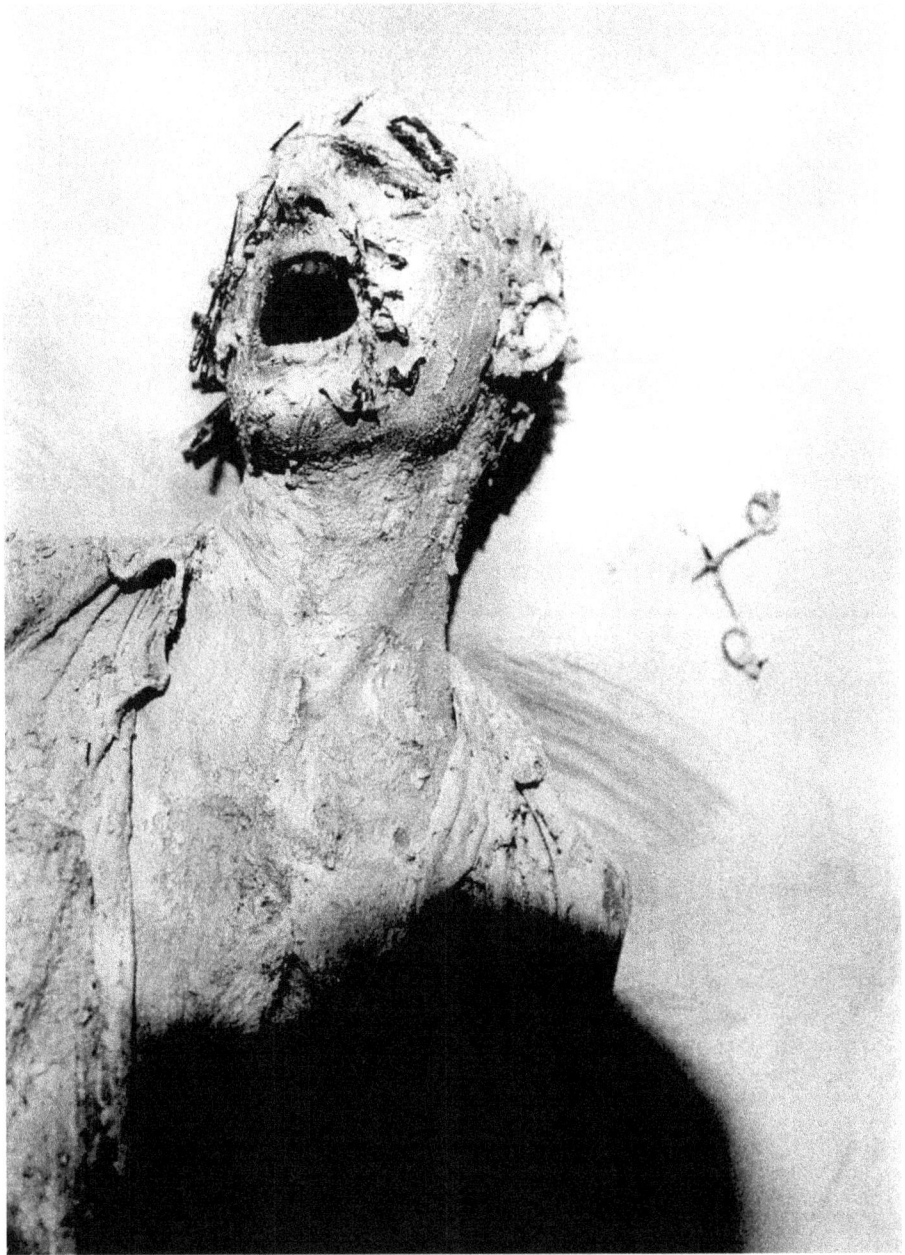

Vorhergehende Seite:

Abbildung 12: „SELBSTVERSTÜMMELUNG I", 1965, Günter Brus

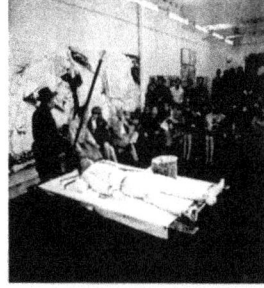

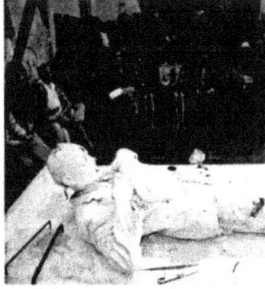

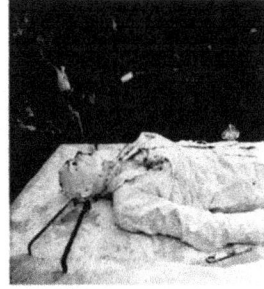

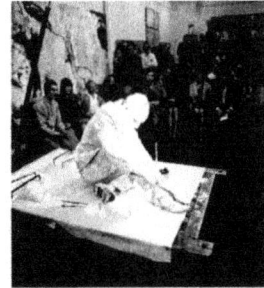

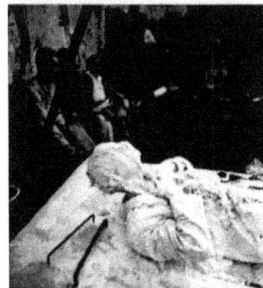

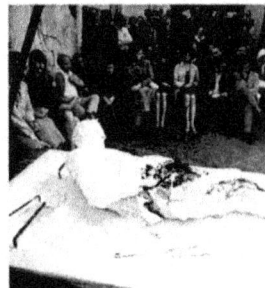

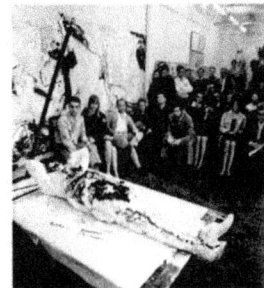

Vorhergehende Seite:

Abbildung 13: „MALEREI-SELBSTBEMALUNG-SELBSTVERSTÜMMELUNG", 1965, Günter Brus

Dem Künstler geht es um die dramatische Situation, den Körper auf eine harte Probe zu stellen,

„Muskelflattern entsteht und Keuchatem, Achselschweiß und sonstiger Schweiß und Selbststörung mit geröteten Augen. Provokation spielt kaum mehr eine Rolle." (ebd., S. 84)

Im Zentrum steht die Verletzbarkeit, der Schmerz des Individuums. Das Opfer schlägt sich am Boden herum und versucht, den körperlichen Schmerz irgendwie auszuhalten. Im Wiener Museumsquartier ist der Film *„Die Zerreißprobe"* zu sehen. Ich habe diese Bilder, wie sich Künstler selbst Wunden zuzufügen, sich am Boden vor Schmerz wälzen, ihre Schreie nur schwer ausgehalten. Diese heftigen Konfrontationen gingen bei G. Brus nicht spurlos vorüber. Er kämpfte mit schweren Zweifeln an seiner künstlerischen Tätigkeit und zog es schließlich vor, sich nicht mehr über seinen eigenen Körper auszudrücken, sondern auf Papier.

Günter Brus ging es darum, seinen Körper auf die harte Probe zu stellen. Die Verletzbarkeit und der Schmerz standen im Zentrum des Individuums. Innere Spannungszustände und sprachlose Verzweiflung bestimmten den Ablauf. Er versuchte, seine seelischen Befindlichkeiten körperlich auszuagieren. Günter Brus schlug den Weg des Opfers ein. Gerhard Roth schrieb zu Günter Brus:

„Der Aktionismus und speziell die Arbeiten von Günter Brus überrumpelten, irritierten und erschreckten mich anfangs fast genauso wie mein entsetzliches Erlebnis – beide liegen in der Topografie meiner Erinnerungen merkwürdigerweise so eng beisammen, dass sie wie eine einzige auftauchen, beide sind mir unauslöschlich eingeprägt. War es beim Unfall das Grauen eines gewaltsamen Todes, das mich in seinen Ekel erregenden Bann schlug, so war es beim Aktionismus das Grauen beim Anblick seelischer Nacktheit, das von den Schwarzweiß-Fotografien ausging. Die menschlichen Körper waren darauf nur noch als Bündel Schmerz erkenntlich, zu Sexualorganen transformiert oder auf das Dinghafte reduziert. Ehrlich gesagt kümmerte mich die Kunsttheorie, die dahinter stand, damals wenig. Ich kannte den Anblick menschlicher Leichen von meinem Medizinstudium her und lange davor aus gerichtsmedizinischen Büchern. Aber zum Unterschied davon waren die Aktionsfotografen auch eine ungeheure Provokation, eine Ohrfeige in das Antlitz des schönen Scheins. Sie waren für mich die Antwort auf Krieg, Verbrechen, Pornografie, Bordelle, Sektenkulte und kolonialistische Unterdrückung, die Antwort auf den in Österreich schwärenden Katholizismus, die Heuchelei des Alltags." (ebd., S. 167, zit. n. Günter Brus)

Wirkung der Wiener Aktionisten

Ich denke, dass die Wiener Aktionisten durch ihre Performance aufzeigten, wie in unserer Gesellschaft tiefe seelische Verletzungen ausgedrückt werden. Das Schneiden und Ritzen wird nicht nur in der Performance praktiziert, Selbstverletzung passiert gehäuft in unserer Gesellschaft auf Grund traumatischer Erlebnisse und es liegen psychische Konflikte vor, die häufig mit Schuld- und Schamgefühlen, Selbstunsicherheit und Minderwertigkeitsgefühlen verbunden sind. Wenn sich ein Mädchen selbst ritzt, ist das ein Zeichen dafür, dass der Druck, die Einsamkeit, die seelische Not zu sehr auf ihm lastet. Diese Not kann einerseits aus der Herkunftsfamilie durch Vernachlässigung, Trennung der Eltern oder Verlassenheitsgefühle (weil z.B. lebenswichtige Entscheidungen wie Berufswahl zu treffen sind und niemand sie dabei begleitet) entstehen, andererseits stellt unsere Gesellschaft eine unheimlich hohe Erwartung an unsere Jugend, mit Problemen wird sie in unserer individualisierten Gesellschaft alleine gelassen. Die Kunst nimmt meiner Meinung nach immer gesellschaftliche Zustände sensibel auf und führt sie schonungslos dem Publikum vor Augen. Sie wehrt sich gegen das Totschweigen von Problemen und richtet sich gegen kleinbürgerliche Moral. Sie will diese Tabus brechen. Die Wiener Aktionisten überschreiten die Grenze der Schamgefühle des Publikums. Dadurch haben die Künstler die Möglichkeit, durch ihre grenzüberschreitende Darstellungsweise auf bestimmte Vorgänge und Zustände aufmerksam zu machen. Somit ist Kunst ein Spiegel der Gesellschaft!

Bemerkenswert erscheint mir, dass die Kunst zuerst einen Aufschrei auslöst, weil sie einen wunden Punkt trifft und schockiert. Einige Jahre, Jahrzehnte später ist von einem Aufschrei nichts mehr zu spüren, im Gegenteil, das ehemals Schockierende wird kanonisiert, die Künstler werden zu Professoren ernannt. Aus „Nitsch, der Natsch" (= Schwein) wird Prof. Nitsch. Mir scheint, dass diese Art des Umgangs der Kunst nur die Kehrseite der Kunst darstellt und nichts mit wirklichem Verständnis der Gesellschaft und echtem Verarbeiten der Inhalte zu tun hat.

Elke Krystufek

Sie ist eine zeitgenössische Künstlerin, die 1970 in Wien geboren wurde. Neben vielen Leinwandbildern, Zeichnungen, Fotografien und Videos führt sie auch immer wieder Performances durch. Das Besondere an ihrem Schaffen ist, dass sie ihren Körper als Medium verwendet, sie zeigt sich selbst als Kunstfigur „Elke Krystufek", sie bezieht sich selbst in die Kunst mit ein, indem sie nicht zwischen verschiedenen Oberflächen unterscheidet, sondern sie setzt ihre Zeichnung von Papier auf die Haut fort. In ihren Performances bezeichnet sie sich als Kunstobjekt und überschreitet ihre Hautgrenze, indem sie sich z.B. mit einem Stanleymesser Bilder ins blutende Fleisch ritzt. In ihren Arbeiten ist eine bestimmte Radikalität und Intensität vorhanden, die in der heutigen Kunstszene herausragend ist. Die Präsentation ihres nackten

Vorhergehende Seite:

Abbildung 14: „SELBST", 1990, Elke Krystufek

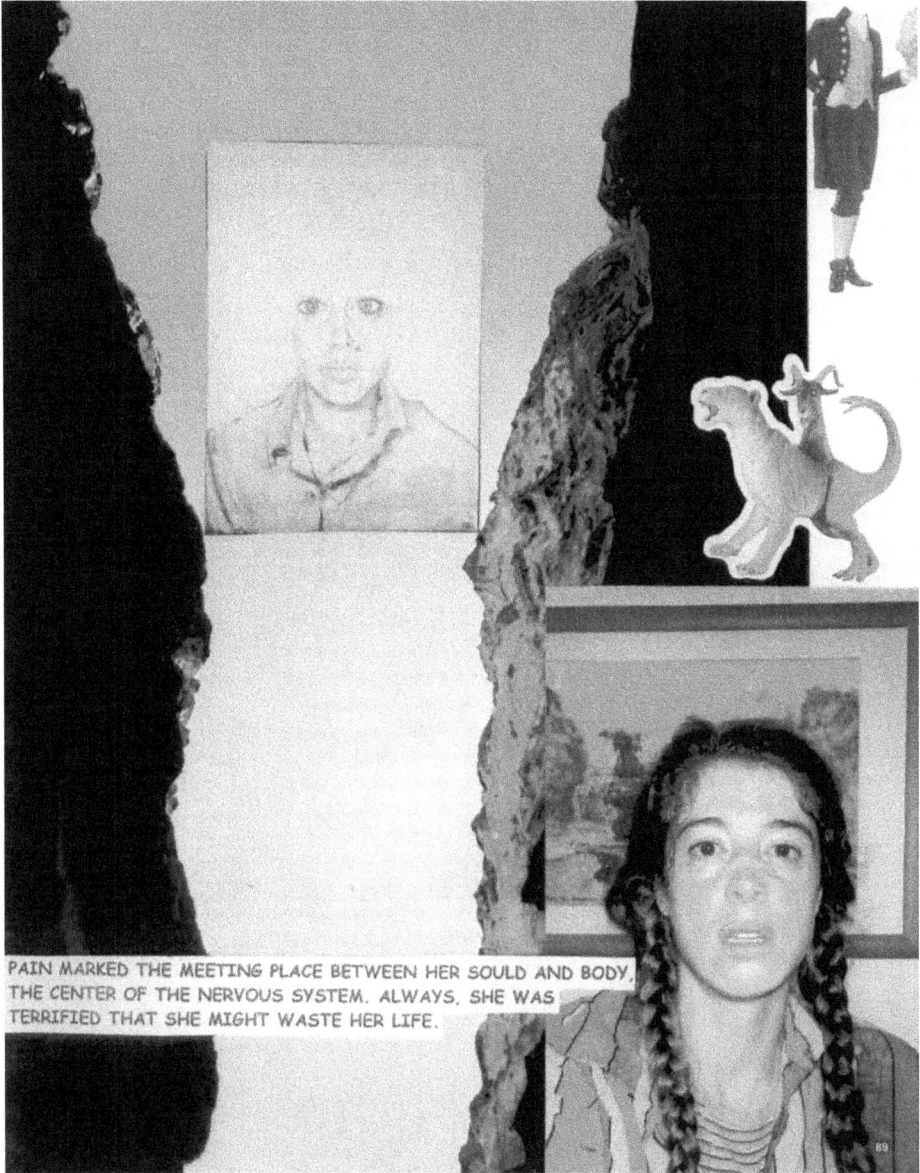

PAIN MARKED THE MEETING PLACE BETWEEN HER SOULD AND BODY, THE CENTER OF THE NERVOUS SYSTEM. ALWAYS, SHE WAS TERRIFIED THAT SHE MIGHT WASTE HER LIFE.

Vorhergehende Seite:

Abbildung 15: „SELBSTPORTRAIT", 1996, Elke Krystufek

Körpers bewegt sich für den Zuschauer an der Grenze zwischen Öffentlichem und Privatem, das schockiert natürlich stark, weil sie ständig Tabuzonen durchbricht und mancher Betrachter wird dadurch vor den Kopf gestoßen. Sie geht gezielt auf zwanghafte Verhaltensmuster in der Gesellschaft ein. Ihre Themen kreisen um anerzogene oder gesellschaftlich normierte Vorstellungen sowie eigene und fremde Wahrnehmung von Identität und deren sozial bestimmte Fixierung. Für Elke Krystufek werden Phänomene wie Macht, Verfügbarkeit von Frauen, Kommunikation, Körper, der ständig nach Maß „zugeschnitten" werden muss, Grenzerfahrungen und Identitäten im sozialen Kontext zum zentralen Thema.

„Sie beschäftigt sich mit sozialer Diskriminierung, Gewalt, Sex und Tabus. Aber auch Schönheit, Freizeit und Popkultur sind Inhalt ihrer konzeptuellen Arbeiten." (Gabriele Bösch 2003, S. 12)

Werbung spielt in unserer Zeit eine große Rolle, sie begleitet uns permanent und ist allgegenwärtig. Elke Krystufek greift dieses Thema auf und verwendet die Botschaften der Werbung in ihren Kunstwerken. Sie bezieht sich auf ein bestimmtes Körperbild in der Werbung, besonders der erotische, sexuelle Körper in Verbindung mit Produkten ist der Künstlerin ein Dorn im Auge.

Ihre Bilder beinhalten viele Botschaften, nicht nur die der Werbung, sondern Botschaften, die in sexuellen und pornografischen Codes verschlüsselt sind. Sie verwendet Zeitungsausschnitte, politische Statements, Reflexionen über die Öffentlichkeit. Alltagsgegenstände werden in ihren Arbeiten angehäuft und mit Fotografien und Zitaten aus der Film - und Popkultur untermalt. Sie stellt eine Welt von Überflutung mit Waren und Bildern dar. Ihre Arbeiten sind provokant und schwer konsumierbar, ihre Kunst steht also gegen den Zeitgeist, in dem der „Konsumrausch" für viele lebensnotwendig geworden ist, um immer wieder etwas erleben zu können. Elke Krystufek fordert von ihrem Betrachter Auseinandersetzung mit sich selbst und der Rolle der Gesellschaft.

Sie beschäftigt sich mit Themen wie sozialer Einengung und Begrenzung, gleichzeitig mit Öffnung und Ausweitung und stellt diese Themen in einer schockierenden Weise, die niemanden unberührt lässt, dar. Sie zeigt ihren Körper in seiner Nacktheit, seiner Intimität. Sie rückt sich in einer Weise ins Zentrum – mit großen Augen, wollüstigem Mund, den nackten Körper einer Frau, den die Menschen sehen wollen, weil er einem allgemeinen Schönheitsideal entspricht. Auf der anderen Seite ist die Art der Darstellung eine Bloßstellung des weiblichen Körpers, es entsteht ein ambivalentes Phänomen, das typisch für unsere Zeit ist. Elke Krystufek greift diese Grenze zwischen Privatem und Öffentlichem auf und setzt sich mit dieser Thematik in ihren Bildern, Videos und Aktionen auseinander. Sie sieht Nacktheit in einem sozial-kulturellen Zusammenhang, weil sie die Nacktheit zum Alltag im Beruf,

I'm never made to feel at home here
Jacques Lacan
in Hollywood
and out
ENJOY YOUR SYMPTOM!
SLAVOJ ŽIŽEK
I don't feel at home here
butterfly
HOLLYWOOD

Verhergehende Seite:

Abbildung 16: „DIDENTIFICATION", 2002 und „THE IDEA OF LOVE", 1999, Elke Krystufek

in der Kunst, auch im politischen Bereich, wo es um Machtausübung geht, in Beziehung bringt.

„Elke Krystufek ist eine populäre Figur, noch bevor man sie kennt, weil sie sich selbst dazu macht. Sie vervielfältigt sich, definiert sich als Objekt, ist scheinbar ganz nah. Das Konzept geht auf: Krystufek schafft ihre „Soap-Opera" für eine Gesellschaft des Spektakels, die an einer warenüberflutenden, gewalttätigen und menschenverachtenden Oberfläche lebt. Krystufek kratzt intensiv an der Phantasie und den Sehnsüchten des Privaten, das schon lange auf die Seite des Öffentlichen gewechselt ist. Sie hält einen Spiegel vor und öffnet mit den Bildern und Waren der Verführung die Bilder in den Köpfen anderer." (ebd., S.14)

Elke Krystufek hat beschlossen, ihr Leben, ihren Körper zum Kunstwerk zu machen. Sie hat kein Privatleben, sie hat es öffentlich gemacht. Sie stellt ihren Körper nackt zur Schau und versucht, einen Kontakt mit dem Betrachter herzustellen. Trotzdem schafft sie es, von ihrer Person nicht viel preiszugeben. Sie bewahrt sich Privatraum, auch wenn sie sich oberflächlich gesehen ihre Intimitäten zur Schau stellt, um gesellschaftliche Mechanismen auszudrücken.

„Ausstellungstitel bezeichnet sie *„I am dreaming with you"* oder *„I am your mirror/ Ich bin euer Spiegel".* Sie versucht einen Bogen zwischen ihrem Sein und der Gesellschaft zu spannen, indem sie alltägliche Verhaltensstrategien in ironischen Nachahmungen aufzeigt und inszeniert. Sie weist darauf hin, dass eine bestimmte Sexualsphäre, die viele als Intimbereich betrachten, längst schon kulturell normal und öffentlich geworden ist. Sie versucht als „Selbstporträtistin" Rollenbilder, Haltungen, Gesten, Posen, Blicke nicht fassbar zu machen, sondern sie

„löst sich in den pluralen Subjekt-Objekt-Beziehungen der Kommunikation und Interaktion auf. Wenn hier nicht mehr die Festlegung des Menschen auf ein personenhaftes Wesen, einen psychischen oder biologischen Ich-Kern, ästhetisch eruiert wird, deckt sich dies mit der Erkenntnis der Interaktionssoziologie über die instabile Struktur sozialer Zusammenkünfte und Begegnungen, die zeitlich begrenzt sind und von wechselnden Partnern in sozialen Situationen vollzogen werden." (Peter Gorsen 2003, S. 38)

Elke Krystufek agiert aus dem Bewusstsein heraus, dass Männer ihre Macht in unserer Gesellschaft über die Frauen ausüben und sie zu Lustobjekten und Opfern diskriminieren. Sie stellt sich die Frage, wie Frauen auf sexuell, pornographische Phantasien der Männer reagieren. Sie versucht allerdings hinter dem Opferprofil der Frau ein Fragezeichen zu setzen und kritisiert auch die negative Haltung vieler Frauen gegenüber ihrem Körper, die ihren weiblichen Anteil nicht akzeptieren oder unterdrücken. Daraus entstehen

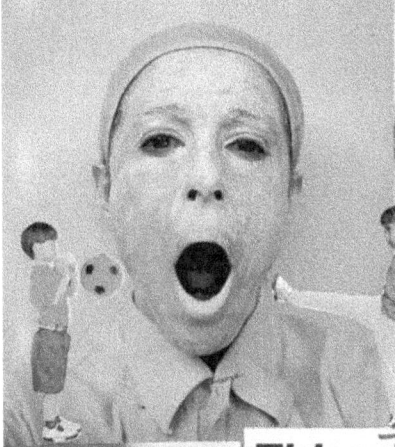

Vorhergehende Seite:

Abbildung 17: "SILENT SCREAM", 2002 und „TEACHING", Elke Krystufek

bestimmte Erkrankungen wie z.B. Anorexie, Bulimie, die *„mehr mit dem männlichen Blick zu tun haben als mit ihr selbst"* (Peter Gorsen 2003, S. 39)

Elke Krystufek sieht die Frage nach dem *„weiblichen Subjektverständnis in der Kunstproduktion" (ebd.)* weitgehend unbeantwortet.

„Zwar ist der Glaube an die weibliche Identität, ein natürliches, biologisches Subjektsein in der modernen Gender-Debatte gründlich erschüttert. Doch will man sich nicht mit dem Objekt- und Opferstatus der Frauen wie in pornografischen Gewaltdarstellungen abfinden, müssen neue Formen weiblicher Definitionsmacht und kritischer Subjektivität gefunden werden. Hier setzt die Abject Art an, indem sie den abjekten oder obszönen sexuellen Körper als Kritik gegenüber normativer Weiblichkeitsrepräsentation und kultureller Hegemonie rehabilitiert." (ebd., S. 40)

Die pronografische Darstellung des weiblichen Körpers ist in der männlich-patriarchalen Kulturtradition zensuriert, d.h., der weibliche Körper kann in der Kunst ideal als Waffe und Provokation eingesetzt werden. Damit spielt Elke Krystufek. Sie arbeitet mit der Strategie der Verletzung und durchbricht die Grenze der Scham mit ihren obszönen oder abjektiven Körper die gegen die klassische Ästhetik verstoßen. Sie stellt ihre weiblichen Geschlechtsorgane zur Schau und zeigt ihre Vulva zwischen den aufgeklafften Schenkeln. Sie zeigt sich als verwundbare Frau, indem sie aus ihrem abjekten Körper blutet und verwendet dieses „Selbstportrait" als Angriffswaffe *„gegen die soziokulturellen Images männlicher Machtpräsentation".* (ebd., S. 42)

Elke Krystufek will den Betrachter in ihren Aktionen auf gesellschaftlich vorhandene Vorstellungen und Gegebenheiten provokativ wachrütteln. Sie zeigt Konstruktionen von Identität, von Sexualität und Körper auf und stellt sich selbst als Projektionsfläche und „Schnittstelle" der Diskussion zur Verfügung. Sie stellt alles in einen Kontext visualisierter gesellschaftlicher Zuschreibungen und Tabus in Form einer Performance und bietet im gleichen Augenblick Strategien der Verweigerung an. Sie stellt den Einsatz von Accessoires, Erzählungen und Bildhintergründen aus dem privaten Umfeld, bei denen es sich um medial aufgezeichnete und bearbeitete Codes handelt, in einen sozialen Erfahrungshorizont. Das Spannende an diesen Arbeiten ist für mich, dass Elke Krystufek versucht, Gesellschaft als Gesamtes in ihrem Körper sehr expressiv zu bündeln.

Für Elke Krystufek ist die Kunst der Ort, an dem sie ihre kompromisslose Auseinandersetzung mit politischen und gesellschaftlichen Missständen ausdrücken kann. Sie entwickelt aus diesem Wissen, dieser Erfahrung eine eigene expressive Formensprache, ihre Bilder zeigen ihre Fingerabdrücke. Die Kunst spiegelt sozusagen immer die Nöte und Ängste der Menschen wider. Elke Krystufek verwendet ihren meist nackten Körper als Symbol für Körper in

Do you know what the message of Western Civilization is ?

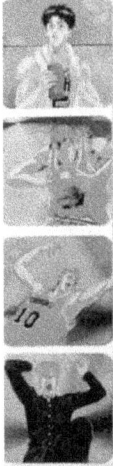

BEAUTÉ

I am alone.

(Eileen Myles)

place confirmed and we race you out of your mind. Hey now time´s running you and you keep rimmung. Cheap chears and laughter . Beers for euueryone we liquidate you cheaply. You are offf. Lines and lines to cheer you out and fail you appartment pieces. It´s too cheap to live. It´s too cheap to fill in the gaps of the societiers.

Vorhergehende Seite:

Abbildung 18: „GRAND HOTEL HAEUNDAE", 2000, Elke Krystufek

der Gesellschaft. Sie bringt zum Ausdruck, was für viele nicht in Sprache umwandelbar ist. Ich denke, die ritzenden Mädchen haben nicht die Möglichkeit, ihre Ängste, ihren großen Druck zu verbalisieren, sie können sich nur in Form von Körpersprache artikulieren, sie können ihren hassenswerten Körper nur spüren, wenn sie sich beschädigen, die Aggression gegen sich selbst richten. Die Isolation und Einsamkeit in unserer Gesellschaft wirft das Individuum auf sich selbst zurück. Auch die ständige Flut der Medien überfordern Jugendliche häufig. Der dabei vermittelte Perfektionismus ist fast unerträglich, weil wir alle in der Gesellschaft ständig im Defizit von bestimmten Bildern leben, die uns vermittelt werden. Wir haben das Gefühl, perfekt sein zu müssen, spüren aber, dass wir weit davon entfernt sind. Jugendliche, die erst eine Festigkeit in ihrer Identität entwickeln müssen, sind oft sich selbst überlassen und damit überfordert. Elke Krystufek zeigt allgemein diese Isolation, das Zurückgeworfen Sein auf sich selbst, sie hält uns einen gesellschaftlichen Spiegel vor Augen.

Niki de Saint Phalle

Niki de Saint Phalle wurde 1930 in Neuilly-sur-Seine geboren und wuchs in den USA und in Frankreich auf. Sie gehört zwar nicht zu den Wiener Aktionisten, ich wollte sie aber deshalb in meine Arbeit mit hereinnehmen, weil Niki de Saint Phalle in einer nach außen hin intakten Familie aufwuchs, nach innen jedoch sehr enge Regeln und auch Gewalt in der Familie erlebte. Sie rebellierte schon sehr früh gegen Einschränkungen in der Familie, gegen Religionsschulen und Sozialstrukturen. Sie war als schwieriges Kind bekannt, weil sie gegen traditionelle Methoden, z.B. im Unterricht rebellierte. Nike de Saint Phalle entwickelte sich rasch zu einer eigenen Persönlichkeit. Sie erhielt eine französisch-amerikanische Ausbildung und war Photomodell für „Vogue" und Life". Während sie Karriere als Model machte, heiratete sie und bekam zwei Kinder. Da sie sehr ehrgeizig in ihrer Arbeit war und gleichzeitig für ihre Familie sorgen musste, erlitt sie mit 22 Jahren einen Nervenzusammenbruch. Während der Genesung strebte sie die Karriere als Malerin an. Sie bekam einen neuen Zugang, sich selbst auszudrücken und gewann damit mehr Selbstvertrauen. Sie versuchte, ihre Vergangenheit aufzuarbeiten und sich einen neuen Lebensweg zu bahnen. Dabei ließ sie ihren Ehemann und ihre zwei Kinder zurück. Sie schaffte es jedoch, ihren Schmerz, die persönlichen Gräuel, an denen sie schon früh durch Vergewaltigungen durch ihren Vater gelitten hatte, in ihren Bildern zu verarbeiten. Durch ihre Schießbilder konnte sie ihre emotionale Verwundbarkeit, ihre Wut ausdrücken. Die Kunst war ein Ventil für die Bewältigung von Ängsten, Phobien, Leiden und Verzweiflung.

Niki de Saint Phalle malte zuerst gegenständlich, aber bald entstanden dreidimensionale Bilder. Sie gestaltete Reliefs und arbeitete Gegenstände und Figuren in ihre Bilder ein. Inspiriert von einer Ausstellung in Paris wollte sie ihre Bilder verändern. Ihr neues Thema war die „Metamorphose". Sie kaufte Spielzeug und gebrauchte Gegenstände am Flohmarkt und begann ihre eigenen Kunstwerke zu schaffen. Hauptsächlich waren es Dinge, die mit Gewalt zu tun hatten, wie Pistolen, Beile, Messer. Niki de Saint Phalle begann ein Bild mit Plastiktüten, die mit Farbe gefüllt waren, zu behängen. Zusätzlich gab sie noch Utensilien dazu, die so herumlagen. Spaghetti, rohe Eier usw. Die Schießaktion konnte beginnen.

„Das Blutbad in Rot, Gelb, Blau spritzte auf das reine weiße Relief. Das Bild wurde zum Tabernakel für TOD und AUFERSTEHUNG. Ich schoß auf MICH SELBST.

Die Gesellschaft mit ihrer UNGERECHTIGKEIT. Ich schoß auf meine eigene Gewalttätigkeit und die GEWALT der Zeit. Indem ich auf meine eigene Gewalt schoß, brauchte ich sie nicht länger mit mir herumzuschleppen wie eine Last. Während der Jahre, in denen ich schoß, war ich keinen einzigen Tag krank. Es war eine großartige Therapie für mich. Das Ritual, ein Relief immer wieder in jungfräulichem Weiß anzumalen, war sehr wichtig für mich. Das Theatralische an der ganzen Vorstellung begeisterte mich sehr.“ (Ulrich Krempl 2000 zit. n. Brief an Pontus Hulton, in : Hulten, S. 161 f)

Die Aggressionen der Künstlerin kamen immer mehr zum Ausdruck. Sie schuf Objekte des Todes und der Verwüstung. Die Auseinandersetzungen mit ihrer Familie konnte sie endlich in ihren Bildern ausdrücken. Sie konnte die Gewalt, die ihr Vater ihr in der Kindheit angetan hatte, endlich zur Sprache bringen und ihre Wut darüber auslassen. Die Kunst war für sie zu einem lebenswichtigen Ausdruckmittel geworden. Niki de Saint Phalle verwendete gerne bunte Farben, als Hintergrund bevorzugte sie Weiß, damit sich die bunten Farben abheben konnten. Die Farbe Weiß hatte für Niki de Saint Phalle etwas mit Heil zu tun, mit dem Bild der Unversehrtheit, der Unberührtheit. Weiß gab ihr die Möglichkeit, Kontraste und Spuren sichtbar zu machen. Das Bild bekam dadurch eine einheitliche Form, es war wie eine Haut, die das Bild zusammenfügte. Niki de Saint Phalle schoss symbolisch auf *„ihren Papa, auf große und kleine Männer“*. Es machte ihr Spaß, sie hatte das Gefühl, dass das Gemälde blutet und stirbt.

„In den Schießbildern und den Assemblagen, die sie zu Serien von Herzen, Hexen, Gebärenden und Huren zusammenfasste, hatte sie sich, eine Art therapeutischer Selbstbefreiung vehement mit ihrer großbürgerlichen Herkunft, ihren eigenen sexuellen Erfahrungen (als Mädchen wurde sie von ihrem Vater missbraucht), ihrer streng katholischen Erziehung sowie dem Repertoire weiblicher Rollenklischees auseinandergesetzt.“ (Bettina Scheeder 1999, S. 34)

Politisch gesehen war es eine Zeit, wo Niki de Saint Phalle die Enge Amerikas ausdrücken wollte, das Ende des kolonialen Zeitalters in Europa. Frankreich führte gerade Krieg gegen Algerien. Die Künstlerin wollte mit ihren provokanten Schießbildern das Tabu des Schweigens über Gewalt brechen. Sie kritisierte in ihren Schießbildern nicht nur ihre Familie, sondern auch die Politik Frankreichs. Die Wiener Aktionisten hatten sich dasselbe Ziel gesetzt, sie wollten auch Tabus aufbrechen und Missstände aufzeigen.

„Die Gewalt“ von Niki de Saint Phalle

„1960 war ich eine sehr zornige junge Frau. Zornig

auf die Männer, auf ihre Macht. Ich fühlte, dass sie mir

meinen eigenen Freiraum geraubt hatten, in dem ich

mich individuell entfalten konnte, Ich wollte ihre Welt

erobern, mein eigenes Geld verdienen. Zornig auf meine

Eltern spürte ich, dass sie mich für den Heiratsmarkt

großgezogen hatten. Ich wollte ihnen zeigen, dass ich

jemand war, dass ich existierte, dass meine Stimme, mein

Protestschrei als Frau wichtig war.

Ich war bereit zu töten.

Das Opfer, das ich wählte, waren meine eigenen Bilder.

In meine Schießbilder arbeitete ich kleine Farbbeutel mit

Farbe hinter Gips ein und schoß auf sie. Dann bat ich

den Betrachter auf meine Bilder zu schießen. Ich wurde

zum Zeugen meiner eigenen Mordaktion. Die, die auf

meine Bilder schossen, sagten mir, dass in ihnen

unglaublich heftige Emotionen entstanden. Die Bilder

bluteten. Die weiße Oberfläche wurde mit ausspritzender

Farbe bedeckt. Das Bild begann zu leben."

Niki de Saint Phalle wurde nicht nur für ihre Schießbilder berühmt, sondern auch für ihre weiblichen Figuren mit Rundungen, mit den „Nanas". In der französischen Umgangssprache ist „Nana" gleichbedeutend mit Mädchen, aber auch Göre, Mieze, der manchmal etwas Freches, oder Anzügliches anhaftet. Sie selbst bezeichnete ihre *„Nanas als „Nana Power"* Sie waren ein Symbol

„einer fröhlichen, befreiten Frau. Heute, nach beinahe zwanzig Jahren, sehe ich sie anders. Ich sehe sie als Vorboten eines neuen matriachalischen Zeitalters, von dem ich glaube, dass es die einzige Antwort ist. Sie repräsentieren die unabhängige, gute, gebende und glückliche Mutter. Es überrascht daher nicht, dass sie so heftige Emotionen von Haß und Liebe in den Leuten hervorrufen. Der Betrachter wird mit seinen Gefühlen der eigenen Mutter gegenüber konfrontiert." (Ulmer Museum 1999, zit.n. Heidi E. Violand-Hobi, Jean Tinguely. Biographie und Werk, München 1995, S. 12)

Niki de Saint Phalle habe ich deshalb ausgewählt, weil sie den sexuellen Missbrauch in ihrer Kindheit erlebte und ihn nicht vergessen konnte. Sie fand einen Ausweg aus ihrer Aggression, indem sie sich in der Kunst abreagieren konnte. Ihr Ventil waren die Schießbilder. Niki de Saint Phalle kämpft für ein positives Frauenbild in einer männlich dominierten Gesellschaft, sie hat die Erfahrung gemacht, dass Frauen meisten Opfer und nicht Täter sind. Es gelang ihr eine Einheit zwischen Kunst und Leben zu schaffen. Durch ihr eigenes Erleben schuf sie in einer phantasievollen Weise eine neue Kunstrichtung. Sie greift das Frau-Sein in einer rebellischen Weise auf, provoziert und schafft es, ihrer Kunst eine eigenen Handschrift zu geben.

„Kinder und Jugendliche leiden heute unter neuartigen Entbehrungen, die nicht mehr die der autoritären Ära sind, deswegen aber nicht weniger gravierend. Was heute die Heranwachsenden verstümmelt, sind nicht mehr in erster Linie die Strenge und Grausamkeit väterlicher Verbote und Züchtigungen, sondern Kälte und Beziehungslosigkeit, die von der familiären Binnenstruktur Besitz ergreifen und sie vergletschern. Die Familie hatte die Funktion, vor dem Aufprall der gesellschaftlichen Kälte zu schützen, die heute die Kinder immer unvermittelter und früher trifft." (Götz Eisenberg 1994, S. 99)

Ich denke, Jugend steht für Lebendigkeit, sie trägt gesellschaftlich gesehen eine unheimliche Sprengkraft in sich, sie konnte im Laufe der Geschichte vieles verändern.

Es macht mich immer wieder betroffen, dass junge Menschen, von bestimmten Lebensumständen gezwungen, es nicht schaffen, ein konstruktives Leben zu führen.

Es war mir ein Anliegen, mit dieser Arbeit einen sozialkritischen Kontext herzustellen, darauf aufmerksam zu machen, wie sich eine Lebenswelt für jene Jugendliche gestaltet, die auf der Verliererseite in der Gesellschaft stehen.

Selbstverletzende Mädchen hinterlassen Narben auf ihrem Körper, d.h., sie erzählen eine Geschichte, in der sie vieles an Abwertung und Unterdrückung erfahren haben. Sie haben es nicht gelernt, ihre Aggression gegen die sogenannten „Täter" zu richten, sondern sie fanden ihren einzigen Weg darin, indem sie sich selbst verletzten oder verstümmelten. Sie müssen lernen, sich ihren eigenen Freiraum zu schaffen und wieder Vertrauen zu sich selbst und zu den anderen zu fassen.

Ich wünsche mir für diese Jugendlichen, dass sie den Mut finden können, sich in die Tiefe der eigenen Seele einzulassen, die eigene Identität zu hinterfragen und wieder mit professioneller Hilfe Lebensperspektiven gewinnen können, dass sie ein Umfeld erleben, das sie wachsen lässt.

Schließen möchte ich mit den Worten des Schriftstellers und Kabarettist Hermann van Veen, der das Befinden eines Betroffenen und das Unverständnis seiner Umwelt im Text klar für sich sprechen lässt:

Was Scharfes?

Na, hier wohne ich also.
's ist nicht groß,
aber alles ist ganz in der Nähe,
mitten in der Stadt, sehr praktisch.
Setz dich.

Nicht auf meine Handgelenke gucken.
Ach, ‚s' ist nichts.
Du darfst es ruhig sehen.
Aufgeschnitten.
Es tat nicht weh.
Als ob man einen Briefumschlag zuklebt
und sich in die Zunge schneidet.

Möchtest du Kaffee?

‚s still.
Sah mich selbst liegen,

eine tote Amsel auf dem Gartenweg,
konnte überall hin,
quer durch die Mauern.

Milch

Bin zum Friedhof gegangen.
Da werde ich liegen,
hinter den beiden Eichen
neben unserem zärtlich geliebten,
tief betrauerten Adriaan de Groot
und die Hecke.
Nur deine Knochen,
den Rest behältst du selbst.

Zucker?

Aufgeschnitten.
Es sah aus, als ob sie sich übergaben.
Einen Augenblick lang nichts
und dann war es, als ob zwei
Blumen aufgingen.

Wie kannst du so etwas nur tun?
Die Schande.
Wir waren immer für dich da.
Du durftest alles.
Kindchen, warum?
Immer saubere Kleider.
Es könnte dir ja mal was zustoßen.

Ich bin nicht verrückt.
Ich habe mich verirrt.
Jede Woche muss ich
zu ihm.
Ich rede,
er nickt
und sagt
zwischen elf und zwölf
dass er ein Freund ist.

Möchtest du etwas dazu?
Was Scharfes?

(Hirsch 2000, S. 94)

Literaturliste

ACKERMANN, Stefanie: Selbstverletzung als Bewältigungshandeln, Frankfurt am Main 2002

ANZIEU, Didier: Das Haut-Ich, Frankfurt am Main 1996

BAACKE, Dieter: Die 13 – 18jährigen. Einführung in die Probleme des Jugendalters, Weinheim und Basel [7] 2000

BECK, Ulrich: Risikogesellschaft. Auf dem Weg in eine andere Moderne, Frankfurt am Main
1990

BION, Wilfred. R.: Lernen durch Erfahrung, Frankfurt am Main 1992

BRADBURNE, James M. unter Mitarbeit von Annette Weber (Beiträge von: James Clifton, Valentina Conticelli, Stanislaw Dumin, Claudia Eberhard-Metzger, Mino Gaabriele, Henry A. Girouix, Christian Holtorf, Georg Kugler, Jonathan Miller, Guiseppe Orefici, Kim Pelis, Joachim Pietzsch, Miri Rubin, Annette Weber und Peter Weiermair, München, London, New York, Frankfurt 2001

ECKHARDT-HENN, Annegret: Psychoanalytische Aspekte der Autodestruktion,. In Jörg Wiesse, Peter Joraschky (Hrsg.) Psychoanalyse und Körper. 9-26. Göttingen 1998

FABER, Monika: Günter Brus / Werkumkreisung, Albertina Wien 2004

FREELAND, Cynthia: Auch das ist Kunst, Zürich-Berlin 2003

FRIESL, Christian: Experiment Jung-Sein, Wien 2001

GÖTZ, Eisenberg: Das moralische Ozonloch in Psychosozial, S. 97 – 114, 17. Jahrgang 1994 Heft II

GUGUTZER, Robert: Soziologie des Körpers, Bielefeld 2004

HENKENBORG, Peter: Die Sozialität in der Schule gestalten in Psychosozial, S. 51 – 68, 17. Jahrgang 1994 Heft II

HIRSCH, Mathias: Der eigene Körper als Objekt, Gießen [2] 2000

HURRELMANN/ PALENTIN/ WILKEN: Anti-Gewalt-Report, München 1995

JELINEK, Elfriede: Die Klavierspielerin, Hamburg 1998

KASTEN, Hartmut: Pubertät und Adoleszenz. Wie Kinder heute erwachsen werden, München, Basel 1999
KERNBERG, F. Otto: Borderline – Störungen und pathologischer Narzissmus, Frankfurt am Main, 1978

KREISMAN/ STRAUS, Jerold J., Hal: „Ich hasse dich – verlass mich nicht Die schwarzweiße Welt der Borderline-Persönlichkeit", München 1992

FLICK, VON KARDORFF, STEINK/ Uwe, Ernst,, Ines: Qualitative Forschung, Reinbek bei Hamburg [2] 2003

HARING, Christian: Ein Konzept zur Prävention selbstschädigenden Handelns Jugendlicher. In: Hakl M, Hammer R., Hinterhuber H., Mutz N., Staudinger R.: Gesundheits- und Krankenhausmanagement 1, Berenkampverlag 149 – 203, 2002

KLOSINSKI, Gunther: Wenn Kinder Hand an sich legen – Selbstzerstörerisches Verhalten bei Kindern und Jugendlichen, München 1999

KRYSTUFEK, Elke: SAMMLUNG ESSL: Kunst der Gegenwart, Nackt & Mobil, Wien 2003

MENTZOS, Stavros: Neurotische Konfliktverarbeitung, München 1982

MERTZ, J. Erik: Borderline – Weder tot noch lebendig, Stuttgart 2000

MONTAGU, Ashley: Körperkontakt, Stuttgart [2] 1980

NEUN, DÜMPELMANN, H., M.: Depersonalsisation. In Mathias Hirsch (Hrsg) Der eigene Körper als Objekt, 33 – 76, Gießen 2000

NIKI DE SAINT PHALLE: Liebe Protest Phantasie, Ulmer Museum 1999, Wilhelm-Hack-Museum 2000, Kunsthalle Emden 2000

Österreichische Gesellschaft für Autogenes Training und allgemeine Psychotherapie: Imagination, 20. Jahrgang, Nr. 3/1998, Wien

PIAGET, J.: Das affektive und das kognitive Unbewusste In: 1976: Probleme der Entwicklungspsychologie

PLASSMANN, R.: Artifizielle Krankheiten und Münchhausen-Syndrome. In Mathias Hirsch (Hrsg) Der eigene Körper als Objekt, 118 – 154; Gießen 2000

RENGGLI, Franz: Selbstzerstörung aus Verlassenheit, 1992

RHOHDE-DACHSER, Christa: Das Borderline - Syndrom, Bern; Göttingen [6] 2000

RYCHLIK, Otmar: „Hermann Nitsch – Das Sechstagespiel des Orgien Mysterien Theaters Prinzdorf 3.-9. August 1998, Leobersdorf 2003

SACHSSE, Ulrich: Zwischen Ver-nicht-ung und Ver-zwei-flung. In Österreichische Gesellschaft für Autogenes Training und allgemeine Psychotherapie (ÖGATAP) in Imagination. 13-27. 20. Jahrgang, Nr. 3/1998

SACHSSE, Ulrich (2000): Selbstverletzendes Verhalten, - somatopsychosomatische Schnittstelle der Borderline-Persönlichkeitsstörung. In O.F. Kernberg, B. Dulz & Sachsse (Hrsg.) Handbuch der Borderline-Störungen. 348-368. Stuttgart: Schattauer

RAHN, Ewald: „Basiswissen: Umgang mit Borderline-Patienten", Bonn 2003

REDDEMANN, SACHSSE/ Luise, Ulrich (2000): Traumazentrierte Psychotherapie der chronifizierten, komplexen Posttraumatischen Belastungsstörung vom Phänotyp der Borderline-Persönlichkeitsstörungen. In O.F. Kernberg, B. Dulz & Sachsse (Hrsg.) Handbuch der Borderline-Störungen. 555-571. Stuttgart Schattauer

SACHSSE, Ulrich: Blut tut gut.) In Mathias Hirsch (Hrsg) Der eigene Körper als Objekt. 94 – 117, Gießen 2000

SACHSSE, VENZLAFF, DULZ, Ulrich, Ulrich, Birger: 100 Jahre Traumaätiologie, Stuttgart 1997

SACHSSE, DULZ/ Ulrich, Birger: Dissoziative Phänomene: vom Tagtraum über die Multiple Persönlichkeitsstörung zur Dissoziativen Identätsstörung, Göttingen

SACHSSE, ESSLINGER, SCHILLING/ Ulrich, Katja, L.: Vom Kindheitstrauma zur schweren Persönlichkeitsstörung. In der Fachklinik für Psychiatrie und Psychotherapie NLKH Göttingen. Fundamenta Psychiatrica, 1997; 11:12-20

SACHSSE, REDDEMANN/ Ulrich, Luise: Stabilisierung, Stuttgart, 1997

SACHSSE, REDDEMANN/ Luise, Ulrich: Traumazentrierte imaginative Therapie In: TIBER EGLE, HOFFMANN, JORASCHKY/ Ulrich, Sven Olaf, Peter: Sexueller Missbrauch, Misshandlung, Vernachlässigung, Stuttgart, New York, 1997

SACHSSE, Ulrich: Selbstverletzendes Verhalten. Psychodynamik – Psychotherapie. Das Trauma, die Dissoziation und ihre Behandlung, Göttingen [6,] 2002

SCHELLENBAUM, Peter: Die Spur des verborgenen Kindes, Heilung aus dem Ursprung: München [13,] 2002

SCHELLENBAUM, Peter: Abschied von der Selbstzerstörung, Befreiung der Lebensenergie, München [3,] 2004

SCHNEEDE, Marina: Mit Haut und Haaren . Der Körper in der Zeitgenössischen Kunst, Hamburg 2002

SCHNEIDER, Gerhard: „Psychoanalyse + Bildende Kunst", Tübingen, 1999

TEUBER, Kristin: Ich blute, also bin ich, Herbolzheim 2000

ULMER MUSEUM: „Niki de Saint Phalle", Ulm 1999

VAN DER KOLK, Bessel A.: Die Vielschichtigkeit der Anpassungsprozesse nach erfolgter Traumatisierung: Selbstregulation, Reizdiskriminierung und Entwicklung der

Persönlichkeit. In: B. A. van der Kolk, Alexander Mc Faslane, Lars Alexander Weisaeth
(Hrsg.) Grundlagen & Behandlungsansätze: 170-193. Jungfern 2000
WENGLEIN, HELLWIG, SCHOOF/ Erik, Arno, Matthias: Selbstvernichtung,
Psychodynamik und Psychotherapie bei autodestruktiven Verhalten, Göttingen; Zürich
1996

WIEDEMANN, Wolfgang: Krankenhausseelsorge und verrückte Reaktionen, Göttingen;
Zürich 1996

WILLENBERG, H.: Mit Leib und Seel' und Mund und Händen. In Mathias Hirsch (Hrsg)
Der eigene Körper als Objekt, Gießen 2000

WINNICOTT: Eine Kinderanalyse, 1980
Anmerkung:
Auch Originalzitate aus er Zeit vor der neuen Rechtschreibung habe ich nach Möglichkeit
dem heutigen Standard angeglichen.

Abbildung 1
„BALANCE" (2006) Acryl auf Leinwand, Margherita Müllner

Abbildung 2
„A HAPPY DAY" Bleistiftzeichnung von Sabine, 2003

Abbildung 3
Diagramm: Häufigkeit absichtlicher Selbstverletzung nach Geschlecht

Abbildung 4
Diagramm: Gegenüberstellung der Motivationsursache zur Selbstverletzung
zwischen weiblichen und männlichen Jugendlichen.

Abbildung 5
„EIN BRUNNEN VOLL BLUT" (um 1669), Francois Spirre in BRADBURNE, James
M. unter Mitarbeit von Annette Weber (Beiträge von: James Clifton, Valentina
Conticelli, Stanislaw Dumin, Claudia Eberhard-Metzger, Mino Gaabriele, Henry A.
Girouix, Christian Holtorf, Georg Kugler, Jonathan Miller, Guiseppe Orefici, Kim Pelis,
Joachim Pietzsch, Miri Rubin, Annette Weber und Peter Weiermair, München,
London, New York, Frankfurt 2001, S. 86

Abbildung 6
„THOMAS' LIPS" (1975), Marina Abramovic in SCHNEEDE, Marina: Mit Haut und
Haaren . Der Körper in der Zeitgenössischen Kunst, Hamburg 2002, S. 60

Abbildung 7
„6-TAGE-SPIEL DES ORGIEN-MYSTERIEN-THEATERS", Videos (1998), Hermann
Nitsch in BRADBURNE, James M. unter Mitarbeit von Annette Weber (Beiträge von:
James Clifton, Valentina Conticelli, Stanislaw Dumin, Claudia Eberhard-Metzger,
Mino Gaabriele, Henry A. Girouix, Christian Holtorf, Georg Kugler, Jonathan Miller,
Guiseppe Orefici, Kim Pelis, Joachim Pietzsch, Miri Rubin, Annette Weber und Peter
Weiermair, München, London, New York, Frankfurt 2001, S. 207

Abbildung 8
„WERKUMKREISUNG" (1964) in FABER, Monika: Günter Brus / Werkumkreisung,
Albertina Wien 2004, Titelblatt

Abbildung 9
„ZERREISSPROBE" (1970) in BRADBURNE, James M. unter Mitarbeit von Annette
Weber (Beiträge von: James Clifton, Valentina Conticelli, Stanislaw Dumin, Claudia
Eberhard-Metzger, Mino Gaabriele, Henry A. Girouix, Christian Holtorf, Georg Kugler,
Jonathan Miller, Guiseppe Orefici, Kim Pelis, Joachim Pietzsch, Miri Rubin, Annette
Weber und Peter Weiermair, München, London, New York, Frankfurt 2001, S. 207

Abbildung 10
„INFORMEL" – Actionpainting – Selbstbemalung (1964) in FABER, Monika: Günter
Brus/ Werkumkreisung, Albertina Wien 2004, Katalog S. 54

Abbildung 11
„SELBSTVERSTÜMMELUMG I" (1965) in FABER, Monika: Günter Brus /
Werkumkreisung, Albertina Wien 2004, Katalog S. 61

Abbildung 12
„SELBSTVERSTÜMMELUMG I" (1965) in FABER, Monika: Günter Brus /
Werkumkreisung, Albertina Wien 2004, Katalog S. 62

Abbildung 13
„MALEREI-SELBSTBEMALUNG-SELBSTVERSTÜMMELUNG" (1965) in FABER,
Monika: Günter Brus / Werkumkreisung, Albertina Wien 2004, Katalog S. 88/ 89

Abbildung 14
„SELBST" 1990 in KRYSTUFEK, Elke: SAMMLUNG ESSL: Kunst der Gegenwart,
Nackt & Mobil, Wien 2003, Katalog S. 10

Abbildung 15
„SELBSTPORTRAIT" (1996) in KRYSTUFEK, Elke: SAMMLUNG ESSL: Kunst der
Gegenwart, Nackt & Mobil, Wien 2003, Katalog S. 89

Abbildung 16
„DIDENTIFICATION" (2002) und
"THE IDEA OF LOVE" (1999) in
KRYSTUFEK, Elke: SAMMLUNG ESSL: Kunst der Gegenwart, Nackt & Mobil, Wien
2003, Katalog S. 204

Abbildung 17
„SILENT SCREAM" (2002) und
"TEACHING" (2002) in
KRYSTUFEK, Elke: SAMMLUNG ESSL: Kunst der Gegenwart, Nackt & Mobil, Wien
2003, Katalog S. 205

Abbildung 18
„GRAND HOTEL HAEUNDAE" (2000) in KRYSTUFEK, Elke: SAMMLUNG ESSL:
Kunst der Gegenwart, Nackt & Mobil, Wien 2003, Katalog S. 86

BIOGRAFIE

Margherita Müllner

1964 in Hall in Tirol geboren

Intensive Beschäftigung mit der Bildenden Kunst, malt auch (seit 1980)

1983 – 1986	Studium an der Berufspädagogischen Akademie in Innsbruck
1986 – 2007	Arbeitet als Diplompädagogin, sammelt viele Erfahrungen mit verhaltensauffälligen Schülern
1999 – 2006	Mitarbeit bei Konzepterstellung und Umsetzung der Integrations-klasse
1995 – 2002	Zusätzlich Studium an der Universität für Erziehungswissenschaften
2002	Abschluss des Psychotherapeutischen Propädeutikums
2003 – 2006	Lehrtätigkeit an der Berufspädagogischen Akademie in Innsbruck
2002 – 2006	Doktoratstudium der Bildungswissenschaften
2007	Ausgezeichnet durch einen Druckkostenzuschuss für die Dissertation vom Vizerektor für Forschung
seit Juli 2007	Soziotherapeutin in der Gesellschaft für Psychische Gesundheit
seit 2007	Ausbildung der Katathymen Imaginativen Psychotherapie

Lebt mit ihrem Mann und ihren zwei Kindern in Stans i. Tirol

www.ingramcontent.com/pod-product-compliance
Lightning Source LLC
Chambersburg PA
CBHW080643270326
41928CB00017B/3181

* 9 7 8 3 9 0 2 5 7 1 5 0 2 *